COVID-19

Zehelein
Miete in Zeiten von Corona

COVID-19

Miete
in Zeiten von Corona

Herausgegeben von

Dr. Kai Zehelein
Richter am Amtsgericht Hanau

Zitiervorschlag

Bearbeiter in Zehelein Miete in Zeiten von Corona § ... Rn ...

www.beck.de

ISBN 978 3 406 76067 9

© 2020 Verlag C.H.Beck oHG
Wilhelmstraße 9, 80801 München

Druck und Bindung: Druckhaus Nomos
In den Lissen 12, 76547 Sinzheim
Satz: Jung Crossmedia Publishing GmbH
Gewerbestr. 17, 35633 Lahnau
Umschlaggestaltung: Kunst oder Reklame, München

CO_2 neutral
chbeck.de/nachhaltig

Gedruckt auf säurefreiem, alterungsbeständigem Papier
(hergestellt aus chlorfrei gebleichtem Zellstoff)

Die Bearbeiter

Heiner Beckmann
Vorsitzender Richter am OLG Hamm a. D.
Rechtsanwalt, Dortmund und Münster

Dirk Both
Richter am Oberlandesgericht Rostock

Ruth Breiholdt
Rechtsanwältin, Hamburg

Dr. Oliver Elzer
Richter am Kammergericht Berlin

Dr. Michael Gayger
Rechtsanwalt, Köln
Lehrbeauftragter an der Bucerius Law School in Hamburg

Prof. Dr. Ludger Giesberts, LL.M.
Rechtsanwalt, Köln
Honorarprofessor an der Universität zu Köln

Dr. Ulrich Leo
Rechtsanwalt, Hamburg und Köln

Carsten Ludley
Rechtsanwalt, Leipzig

Silvio Sittner
Rechtsanwalt, Berlin

Elmar Streyl
Vorsitzender Richter am Landgericht Krefeld

Dr. Mihai Vuia
Vorsitzender Richter am Landgericht Aachen

Philip Weyand, LL.M.
Rechtsanwalt, Köln

Dr. Kai Zehelein
Richter am Amtsgericht Hanau

Vorwort

Kaum ein Ereignis hat derart weitreichende Auswirkungen auf die Gesellschaft wie die COVID-19-Pandemie. Die wirtschaftlichen Folgen und staatlichen Schutzmaßnahmen vom Kontaktverbot über die Schließung von Einrichtungen bis hin zur Gewerbeuntersagung bedingen weitreichende Änderungen und Beschränkungen für die Menschen.

Auch und gerade das Mietrecht ist betroffen, zumal Deutschland weltweit eine der höchsten Vermietungsquoten bei Wohn- und Gewerberaum einschließlich des Leasings aufweist.

Für die Beratung und Streitentscheidung ergeben sich somit eine Vielzahl unterschiedlicher Aspekte, denen sich das vorliegende Buch widmet. Dabei werden zunächst allgemeine Fragen des Vertragsschlusses, der Durchführung und Beendigung dargestellt, sowie das gesetzliche Kündigungsverbot bei pandemiebedingtem Zahlungsverzug nach Art. 240 § 2 EGBGB. Auch der Gewährleistung gerade bei einer Schließungsanordnung nach § 28 IfSG kommt ebenso Bedeutung zu, wie den vielfältigen vertraglichen Gestaltungen in der Gewerberaummiete. Weitere Besonderheiten ergeben sich für die vermietete Eigentumswohnung und das Leasingrecht. Dabei stellt sich zugleich immer die Frage, ob eine Störung der Geschäftsgrundlage in Betracht kommt.

Relevant wird auch sein, ob die von staatlichen Schutzmaßahmen Betroffenen einen finanziellen Ausgleich nach den Grundsätzen der Staatshaftung erlangen können. Vermieter und Mieter wollen sich zudem durch vertragliche Gestaltung zukünftig für vergleichbare Situationen absichern. Wichtig ist immer, ob der Gläubiger seine Rechte überhaupt im Wege der Zwangsvollstreckung durchsetzen kann. Und nicht zuletzt darf auch ein Blick auf das Steuerrecht nicht fehlen.

Die Autoren weisen als Rechtsanwälte und Richter eine hohe praktische und fachliche Expertise in den jeweiligen Gebieten auf. Der Praktiker erhält somit ein umfassendes Bild und zugleich den Einstieg für die Lösung weitere Fragen, die zukünftig aufkommen.

Hanau, im Mai 2020　　　　　　　　　　　　　　　　　　　　　　　Kai Zehelein

Inhaltsverzeichnis

Die Bearbeiter V
Vorwort VII
Inhaltsverzeichnis IX
Abkürzungsverzeichnis XI

§ 1   Allgemeine Fragen vom Vertragsschluss bis zur Rückgabe (Ludley) 1
§ 2   Kündigungsschutz nach Art. 240 § 2 EGBGB (Zehelein) 29
§ 3   Gewährleistungsrecht – insbesondere Schließungen nach § 28 IfSG (Both) 59
§ 4   Auswirkungen besonderer Vertragsgestaltungen und Vertragskonstellationen in der Gewerberaummiete (Leo/Breiholdt) 69
§ 5   Vermietung von Sondereigentum (Elzer) 99
§ 6   Leasing in Zeiten von Corona (Beckmann) 121
§ 7   Wegfall der Geschäftsgrundlage (Streyl) 139
§ 8   Staatshaftung für Mieter und Vermieter aufgrund staatlichen Infektionsschutzes? (Giesberts/Gayger/Weyand) 149
§ 9   AGB-Recht – Vorhandene Klauseln und künftige Gestaltungsmöglichkeiten (Sittner) 175
§ 10 Pandemiebedingte Fragen der Zwangsvollstreckung unter besonderer Berücksichtigung der Miete (Vuia) 203
§ 11 Steuerliche Aspekte der Pandemie für Mieter und Vermieter (Both) 249

Sachverzeichnis 253

Abkürzungsverzeichnis

a.	auch
aA	anderer Ansicht
abl.	ablehnend
Abs.	Absatz
aF	alte Fassung
AG	Aktiengesellschaft/Amtsgericht/Die Aktiengesellschaft (Zeitschrift)
AGB	Allgemeine Geschäftsbedingungen
ALB	Allgemeine Leasingbedingungen
allg.	allgemein/allgemeine
Alt.	Alternative
aM	am Main
Anh.	Anhang
Anm.	Anmerkung
AnwBl	Anwaltsblatt (Zeitschrift)
AnwZert MietR	AnwaltZertifikat Online – Miet- und Wohnungseigentumsrecht
AO	Abgabenordnung
AOSG	Allgemeines Gesetz zum Schutz der öffentlichen Sicherheit und Ordnung in Berlin
Art.	Artikel
ASOG Bln	Allgemeines Gesetz zum Schutz der öffentlichen Sicherheit und Ordnung in Berlin
Aufl.	Auflage
BAG	Bundesarbeitsgericht
BayLStVG	Gesetz über das Landesstrafrecht und das Verordnungsrecht auf dem Gebiet der öffentlichen Sicherheit und Ordnung (Bayern)
BayObLG	Bayerisches Oberstes Landesgericht
BayObLGZ	Entscheidungen des Bayerischen Obersten Landesgerichts in Zivilsachen
BayPAG	Gesetz über die Aufgaben und Befugnisse der Bayerischen Staatlichen Polizei
BayVGH	Bayerischer Verwaltungsgerichtshof
BB	Betriebs-Berater (Zeitschrift)
BBG	Bundesbeamtengesetz
BDL	Bundesverband Deutscher Leasing-Unternehmen
BeamtStG	Gesetz zur Regelung des Statusrechts der Beamtinnen und Beamten in den Ländern
Beckmann/Scharff LeasingR	H. Beckmann/Scharff, Leasingrecht, 4. Aufl. 2015
BeckOF	Beck'sche Online-Formulare
BeckOGK	Gsell/Krüger/Lorenz/Reymann (Hrsg.), beck-online.Großkommentar zum Zivilrecht
BeckOK BGB	Bamberger/Roth/Hau/Poseck (Hrsg.), Beck'scher Online-Kommentar BGB, 53. Edition 2020, Stand 1.2.2020
BeckOK GVG	Graf (Hrsg.), Beck'scher Online-Kommentar GVG, 6. Edition, Stand 1.2.2020
BeckOK Kostenrecht	Dörndorfer/Neie/Wendtland/Gerlach (Hrsg.), Beck'scher Online-Kommentar Kostenrecht, 29. Edition, Stand 1.3.2020
BeckOK MietR/ Mietrecht	Schach/Schultz/Schüller (Hrsg.), Beck'scher Online-Kommentar Mietrecht, 19. Edition, Stand 1.3.2020
BeckOK Polizei- Ordnungsrecht Nordrhein-Westfalen	Kugelmann/Möstl (Hrsg.), Beck'scher Online-Kommentar Polizei- und Ordnungsrecht Nordrhein-Westfalen, 13. Edition, Stand 1.1.2020

Abkürzungsverzeichnis

BeckOK ZPO	Vorwerk/Wolf (Hrsg.), Beck'scher Online-Kommentar ZPO, 36. Edition, Stand 1.3.2020
BeckRS	Beck-Rechtsprechung
Beschl.	Beschluss
BetrKV	Verordnung über die Aufstellung von Betriebskosten
BGB	Bürgerliches Gesetzbuch
BGB-E	BGB-Entwurfsfassung
BGBl.	Bundesgesetzblatt
BGH	Bundesgerichtshof
BGHZ	Entscheidungen des Bundesgerichtshofs in Zivilsachen
Blank/Börstinghaus	Blank/Börstinghaus, Miete – Das gesamte BGB-Mietrecht, Kommentar, 5. Aufl. 2017
BR-Drs.	Bundesratsdrucksache
Brüssel Ia-VO	Verordnung (EU) Nr. 1215/2012 des Europäischen Parlaments und des Rates vom 12. Dezember 2012 über die gerichtliche Zuständigkeit und die Anerkennung und Vollstreckung von Entscheidungen in Zivil und Handelssachen (Brüssel Ia)
BSeuchG	Gesetz zur Verhütung und Bekämpfung übertragbarer Krankheiten beim Menschen (Bundes-Seuchengesetz), aufgehoben
bspw.	beispielsweise
BT	Besonderer Teil
BT-Drs.	Bundestagsdrucksache
Bub/Treier MietR-HdB	Bub/Treier, Handbuch der Geschäfts- und Wohnraummiete, 5. Aufl. 2019
BVerfG	Bundesverfassungsgericht
BVerfGE	Sammlung der Entscheidungen des Bundesverfassungsgerichts
BVerfGG	Gesetz über das Bundesverfassungsgericht
BVerwG	Bundesverwaltungsgericht
BVerwGE	Entscheidungen des Bundesverwaltungsgerichts
bzw.	beziehungsweise
ca.	circa
COPD	chronic obstructive pulmonary disease (dt. chronisch obstruktive Lungenerkrankung)
COVFAG	Gesetz zur Abmilderung der Folgen der COVID-19-Pandemie im Zivil-, Insolvenz- und Strafverfahrensrecht vom 27. März 2020
COVID-19	Corona Virus Disease 2019 (dt. Coronavirus-Krankheit 2019)
COVInsAG	Gesetz zur vorübergehenden Aussetzung der Insolvenzantragspflicht und zur Begrenzung der Organhaftung bei einer durch die COVID-19-Pandemie bedingten Insolvenz vom 27. März 2020
COVMG	Gesetz über Maßnahmen im Gesellschafts-, Genossenschafts-, Vereins-, Stiftungs- und Wohnungseigentumsrecht zur Bekämpfung der Auswirkungen der COVID-19-Pandemie vom 27. März 2020
COVuR	COVID-19 und Recht (Zeitschrift)
DB-GvKostG	Durchführungsbestimmungen zum Gerichtsvollzieherkostengesetz
DGVZ	Deutsche Gerichtsvollzieher Zeitung (Zeitschrift)
DNotZ	Deutsche Notar-Zeitung (Zeitschrift)
DÖV	Die Öffentliche Verwaltung (Zeitschrift)
DRiG	Deutsches Richtergesetz
DRiZ	Deutsche Richterzeitung (Zeitschrift)
DS-GVO	Verordnung (EU) 2016/679 des Europäischen Parlaments und des Rates vom 27. April 2016 zum Schutz natürlicher Personen bei der Verarbeitung personenbezogener Daten, zum freien Datenverkehr und zur Aufhebung der Richtlinie 95/46/EG
DSL	Digital Subscriber Line
DWW	Deutsche Wohnungswirtschaft – Fachzeitschrift für das gesamte Haus- und Grundstückswesen

Abkürzungsverzeichnis

Ed.	Edition
EGBGB	Einführungsgesetz zum Bürgerlichen Gesetzbuch
EGGVG	Einführungsgesetz zum Gerichtsverfassungsgesetz
EGStPO	Einführungsgesetz zur Strafprozeßordnung
Emmerich/Sonnenschein	Emmerich/Sonnenschein, Miete, Handkommentar, 11. Aufl. 2014
Erman	Erman, Bürgerliches Gesetzbuch mit Nebengesetzen, Kommentar, 15. Aufl. 2017
etc	et cetera
EuGH	Gerichtshof der Europäischen Union
EUR	Euro
evtl.	eventuell
f., ff.	folgende, fortfolgende
FamFG	Gesetz über das Verfahren in den Familiensachen und in den Angelegenheiten der freiwilligen Gerichtsbarkeit
ff.	folgende Seiten
FG	Finanzgericht
Fn.	Fußnote
GBO	Grundbuchordnung
gem.	gemäß
GewSchG	Gesetz zum zivilrechtlichen Schutz vor Gewalttaten und Nachstellungen
GG	Grundgesetz
ggf.	gegebenenfalls
grds.	grundsätzlich
Grundeigentum/GE	Das Grundeigentum – Zeitschrift für die gesamte Grundstücks-, Haus- und Wohnungswirtschaft
GRUR	Gewerblicher Rechtsschutz und Urheberrecht (Zeitschrift)
Guhling/Günter	Guhling/Günter, Gewerberaummiete, Kommentar, 2. Aufl. 2019
GVG	Gerichtsverfassungsgesetz
GVGA	Geschäftsanweisung für Gerichtsvollzieher
GvKostG	Gesetz über Kosten der Gerichtsvollzieher
GVO	Gerichtsvollzieherordnung
GWR	Gesellschafts- und Wirtschaftsrecht (Zeitschrift)
Halbs./Hs.	Halbsatz
Hamb. SOG	Gesetz zum Schutz der öffentlichen Sicherheit und Ordnung (Hamburg)
HessGVGAG	Gesetz, die Ausführung des Deutschen Gerichtsverfassungsgesetzes betreffend (Hessen)
HGB	Handelsgesetzbuch
HiFi	High Fidelity
hM	herrschende Meinung
Hügel/Elzer	Hügel/Elzer, Wohnungseigentumsgesetz, Kommentar, 2. Aufl. 2018
idR	in der Regel
idS	in diesem Sinne
iE	im Einzelnen
iErg	im Ergebnis
IfSBG-NRW	Gesetz zur Regelung besonderer Handlungsbefugnisse im Rahmen einer epidemischen Lage von nationaler oder landesweiter Tragweite und zur Festlegung der Zuständigkeiten nach dem Infektionsschutzgesetz (NRW)
IfSG	Gesetz zur Verhütung und Bekämpfung von Infektionskrankheiten beim Menschen
iHv	in Höhe von
IMR	Immobilien- und Mietrecht (Zeitschrift)
insb./insbes.	insbesondere
InsO	Insolvenzordnung

Abkürzungsverzeichnis

InVO	Insolvenz und Vollstreckung (Zeitschrift)
iRd	im Rahmen der/des
iS	im Sinne
iSd	im Sinne der/des
iSv	im Sinne von
IT	Informationstechnologie
iVm	in Verbindung mit
JA	Juristische Arbeitsblätter (Zeitschrift)
Jura	JURA – Juristische Ausbildung (Zeitschrift)
jurisPK-BGB	Herberger/Martinek/Rüßmann/Weth/Würdinger (Hrsg.), juris Praxis-Kommentar BGB, 8. Aufl. 2017 ff.
jurisPR-MietR	juris PraxisReport Miet- und Wohnungseigentumsrecht (Zeitschrift)
JuS	Juristische Schulung (Zeitschrift)
JZ	JuristenZeitung (Zeitschrift)
Kap.	Kapitel
KfW	Kreditanstalt für Wiederaufbau
KG	Kammergericht
KKZ	Kommunal-Kassen-Zeitschrift
KV	Kostenverzeichnis
LAG	Landesarbeitsgericht
LG	Landgericht
LHO	Landeshaushaltsordnung (NRW)
Lindner-Figura/Opreé/Stellmann	Lindner-Figura/Opreé/Stellmann, Geschäftsraummiete, 4. Aufl. 2017
Lindner-Figura/Stellmann AGB-Ampel	Lindner-Figura/Stellmann, Geschäftsraummiete – Die AGB-Ampel, 1. Aufl. 2015
lit.	litera (dt. Buchstabe)
LKRZ	Zeitschrift für Landes- und Kommunalrecht Hessen – Rheinland-Pfalz – Saarland
LTO	Legal Tribune Online (Onlinemagazin)
Lützenkirchen	Lützenkirchen, Mietrecht, 2. Aufl. 2015
m	Meter/mit
MAC	Material-Adverse-Change (dt. Wesentliche Verschlechterung der Vermögensverhältnisse)
MAH-MietR	Hannemann/Wiegner, Münchener Anwaltshandbuch Mietrecht, 5. Aufl. 2019
mAnm	mit Anmerkungen
Mann/Sennekamp/Uechtritz	Mann/Sennekamp/Uechtritz (Hrsg.), Verwaltungsverfahrensgesetz, Nomoskommentar, 2. Aufl. 2019
Martinek/Stoffels/Wimmer-Leonhardt Leasing-HdB	Martinek/Stoffels/Wimmer-Leonhardt, Handbuch des Leasingrechts, 2. Aufl. 2008
Maunz/Dürig	Maunz/Dürig, Grundgesetz, Kommentar, 89. Aufl. 2020
max.	maximal
MDR	Monatsschrift für Deutsches Recht (Zeitschrift)
mE	meines Erachtens
MietRB	Der Miet-Rechtsberater (Zeitschrift)
MNS	Mund-Nase-Schutz
MR	Medien und Recht (Zeitschrift)

MüKoBGB	Säcker/Rixecker/Oetker/Limperg (Hrsg.), Münchener Kommentar zum Bürgerlichen Gesetzbuch, 8. Aufl. 2019f.
MüKoVVG	Langheid/Wandt (Hrsg.), Münchener Kommentar zum Versicherungsvertragsgesetz, 2. Aufl. 2016f.
MüKoZPO	Krüger/Rauscher (Hrsg.), Münchener Kommentar zur Zivilprozessordnung, 5. Aufl. 2016ff.
mwN	mit weiteren Nachweisen
mWv	mit Wirkung vom
Nerlich/Römermann COVInsAG	Nerlich/Römermann, Insolvenzordnung, Kommentar Loseblatt, 40. Aufl. 2020 (mit Erl. des COVInsAG)
nF	neue Fassung
NJ	Neue Justiz (Zeitschrift)
NJOZ	Neue Juristische Online-Zeitschrift
NJW	Neue Juristische Wochenschrift
NJW-RR	NJW Rechtsprechungs-Report Zivilrecht
Nr.	Nummer
NRW	Nordrhein-Westfalen
NVwZ	Neue Zeitschrift für Verwaltungsrecht
NVwZ-RR	Neue Zeitschrift für Verwaltungsrecht Rechtsprechungs-Report
NWB	NWB- Steuer- und Wirtschaftsrecht (Zeitschrift)
NZA	Neue Zeitschrift für Arbeitsrecht
NZA-RR	Neue Zeitschrift für Arbeits- und Sozialrecht – Rechtsprechungs-Report
NZG	Neue Zeitschrift für Gesellschaftsrecht
NZI	Neue Zeitschrift für Insolvenz- und Sanierungsrecht
NZM	Neue Zeitschrift für Miet- und Wohnungsrecht
o. ä.	oder ähnlich
OBG NRW	Gesetz über Aufbau und Befugnisse der Ordnungsbehörden (NRW)
OLG	Oberlandesgericht
OLG-NL	OLG-Rechtsprechung Neue Länder
OVG	Oberverwaltungsgericht
OWiG	Gesetz über Ordnungswidrigkeiten
Palandt	Palandt, Bürgerliches Gesetzbuch, Kommentar, 79. Aufl. 2020
PdK NW	Praxis der Kommunalverwaltung Nordrhein-Westfalen
PolG BW	Polizeigesetz (Baden-Württemberg)
PolG NRW	Polizeigesetz (Nordrhein-Westfalen)
Preuß. PVG	Preußisches Polizeiverwaltungsgesetz
qm	Quadratmeter
RL	Richtlinie
Rn.	Randnummer(n)
Rpfleger	Der Deutsche Rechtspfleger (Zeitschrift)
RPflG	Rechtspflegergesetz
S.	Satz/Seite/Siehe
s.	siehe
s. a.	siehe auch
s. o.	siehe oben
SARS-CoV-2	lat. severe acute respiratory syndrome coronavirus 2 (dt. Schweres akutes Atemwegssyndrom Coronavirus 2)
SARS-CoV-2-EindVO	Fünfte Verordnung über Maßnahmen zur Eindämmung der Ausbreitung des neuartigen Coronavirus SARS-CoV-2 in Sachsen-Anhalt vom 2. Mai 2020
SB	Selbstbedienung

Abkürzungsverzeichnis

SCC	Standard Contractual Clauses
Schmidt COVID-19	Schmidt, COVID-19 – Rechtsfragen zur Corona-Krise, 2020
Schmidt-Futterer	Schmidt-Futterer/Blank, Mietrecht, Kommentar, 14. Aufl. 2019
Schuschke/Walker/Kessen/Thole	Schuschke/Walker/Kessen/Thole (Hrsg.), Vollstreckung und Vorläufiger Rechtsschutz, Kommentar, 7. Aufl. 2020
sog.	sogenannt
Staudinger	Staudinger, Bürgerliches Gesetzbuch, Kommentar, 13. Bearbeitung 1993ff.
StGB	Strafgesetzbuch
StPO	Strafprozeßordnung
stRspr	ständige Rechtsprechung
tlw	teilweise
u.	und
ua	unter anderem
Uhlenbruck	Hirte/Vallender (Hrsg.), Uhlenbruck Insolvenzordnung, Band 2 EUInsVO, 15. Aufl. 2020
UMTS	Universal Mobile Telecommunications System
Urt.	Urteil
usw	und so weiter
uU	unter Umständen
v.	vom
Verbraucherrechte-RL	Richtlinie 2011/83/EU des Europäischen Parlaments und des Rates vom 25. Oktober 2011 über die Rechte der Verbraucher
VerfGH	Verfassungsgerichtshof
VersR	Versicherungsrecht (Zeitschrift)
VerwArch	Verwaltungsarchiv (Zeitschrift)
VG	Verwaltungsgericht
VGH	Verwaltungsgerichtshof
vgl.	vergleiche
Vor	Vorbemerkung
VuR	Verbraucher und Recht (Zeitschrift)
VVG	Gesetz über den Versicherungsvertrag
VwGO	Verwaltungsgerichtsordnung
VwVfG	Verwaltungsverfahrensgesetz
WEG	Wohnungseigentümergemeinschaft/Wohnungseigentumsgesetz
WEG-E	WEG-Entwurfsfassung
WEMoG	Gesetz zur Förderung der Elektromobilität und zur Modernisierung des Wohnungseigentumsgesetzes und zur Änderung von kosten- und grundbuchrechtlichen Vorschriften
WGG	Wegfall der Geschäftsgrundlage
WM	Wertpapier-Mitteilungen IV – Zeitschrift für Wirtschafts- und Bankrecht
wN	weitere Nachweise
WuM	Wohnungswirtschaft und Mietrecht
zB	zum Beispiel
ZEuP	Zeitschrift für Europäisches Privatrecht
ZIP	Zeitschrift für Wirtschaftsrecht
ZMR	Zeitschrift für Miet- und Raumrecht
Zöller	Zöller, Zivilprozessordnung, Kommentar, 33. Aufl. 2020
ZPO	Zivilprozessordnung
zT	zum Teil
ZVG	Gesetz über die Zwangsversteigerung und die Zwangsverwaltung
ZWE	Zeitschrift für Wohnungseigentumsrecht

§ 1 Allgemeine Fragen vom Vertragsschluss bis zur Rückgabe

Inhaltsübersicht

	Rn.
I. Einleitung	1
II. Konsequenzen einer Anmietung von Räumen ohne Besichtigung	7
1. Widerrufsrecht	9
2. Beschaffenheit der Mietsache	11
3. Virtueller Rundgang	25
4. Grob fahrlässige Unkenntnis	26
III. Unterzeichnung des Mietvertrages	30
IV. Übergabe der Mietsache	35
1. Unmöglichkeit der Übergabe	37
2. Verzug	52
V. Durchführung des Mietverhältnisses	56
1. Mangelbeseitigung und Gewährleistung	56
a) Duldungspflicht des Mieters	56
b) Ausschluss der Minderung	63
c) Schadensersatz/Aufwendungsersatz	65
2. Modernisierungsmaßnahmen	67
3. Zahlungsverzug des Mieters	72
4. Nutzung der Mietsache	79
a) Homeoffice	79
b) Nutzungsänderung	84
c) Internetzugang	88
5. Schnittstelle Betriebskosten	94
a) Desinfektion von Gemeinschaftsbereichen	96
b) Anschaffung	99
c) Einsichtnahme in Belege	102
6. Inanspruchnahme der Kaution im laufenden Mietverhältnis	104
7. Informationspflichten über Corona-Infektionen innerhalb der Mietsache oder des Gebäudes	110
8. Besichtigung vermieteter Räume anlässlich Neuvermietung/Verkauf	114
VI. Rückgabe der Mietsache	120

I. Einleitung

Getreu dem Motto „viele Wege führen nach Rom" haben alle Bundesländer, viele Landkreise und Kommunen seit dem 17.3.2020 in hoher Schlagzahl durch Allgemeinverfügungen und zwischenzeitlich mehrfach geänderten Rechtsverordnungen **freiheitsbeschränkende Maßnahmen** angeordnet, die sich auf die Anbahnung, den Abschluss, die Durchführung und die Beendigung von Mietverträgen aller Couleur auswirken können. 1

An dieser Stelle soll nicht der Frage nachgegangen werden, ob und in welchem Bundesland, in welchen Landkreis oder welcher Kommune welche Maßnahme konkret angeordnet wurden und ob die konkreten Maßnahmen in ihrer Ausgestaltung **in ihrem Geltungsbereich** zu Auswirkungen auf den hierzu betrachtenden Themenkomplex führen und außerhalb dessen nicht. Allerdings sprechen die unterschiedlichen Allgemeinverfügungen und Verordnungen dafür, dass es unterschiedliche Auswirkungen innerhalb der einzelnen Geltungsbereiche geben kann. 2

3 So sieht beispielsweise § 3 Vierte Verordnung zur Änderung der SARS-COV-2-Eindämmungsverordnung des Landes Berlin vor, dass **Aufenthalte im öffentlichen Raum** nur allein, im Kreise der Angehörigen des eigenen Haushalts und zusätzlich höchstens **mit einer haushaltsfremden Person** gestattet sind, es sei denn, die Aufenthalte im öffentlichen Raum dienen der Berichterstattung durch Vertreter von Presse, Rundfunk, Film oder anderen Medien, der Ausübung beruflicher, mandatsbezogener oder ehrenamtlicher Tätigkeiten, die im Freien erbracht werden müssen, der jahreszeitlich bedingt erforderlichen Bewirtschaftung landwirtschaftlicher, gartenbaulicher und forstwirtschaftlicher Flächen, der Benutzung des öffentlichen Personennahverkehrs und von Fahrzeugen oder der Durchführung von pädagogisch begleiteten Außenaktivitäten. In § 4 Vierte Verordnung zur Änderung der SARS-COV-2-Eindämmungsmaßnahmenverordnung des Landes Berlin sind sämtliche öffentliche und nicht öffentliche Veranstaltungen, Versammlungen, Zusammenkünfte und Ansammlungen untersagt, Ausnahmen sind namentlich erwähnt. Unter anderem sind von diesem Verbot Ehe- oder Lebens- Partnerinnen/Partner oder Angehörige des eigenen Haushalts ausgenommen.

4 Demgegenüber wird in § 2 SächsCoronaschutzVO ein Verlassen der häuslichen Unterkunft **ohne triftigen Grund generell untersagt.** Ausnahmegründe sind namentlich und abschließend aufgeführt. Eine ähnliche Regelung findet sich in § 5 Zweite Bayrische Infektionsschutzmaßnahmenverordnung, allerdings mit dem möglicherweise relevanten Unterschied, dass die triftigen Gründe lediglich beispielhaft aufgeführt sind.

5 Schon der Ausflug in diese drei Bundesländer zeigt ein Dilemma auf. In Berlin ist es gestattet, die eigene Wohnung auch ohne triftigen Grund zu verlassen, indes werden Zusammenkünfte im öffentlichen oder nichtöffentlichen Raum untersagt. Hier ist also gegebenenfalls zu klären, ob bei einem Zusammentreffen von Mietern und Vermietern/Handwerkern/Maklern/Miet- oder Kaufinteressenten in der Mietsache im Rahmen der Anbahnung, des Abschlusses, der Durchführung oder der Beendigung eines Mietverhältnisses von **„Zusammenkünften"** gesprochen werden kann. Demgegenüber ist in Sachsen und Bayern bereits das Verlassen der eigenen Wohnung untersagt, es sei denn, es liegen Ausnahmetatbestände vor. In Bayern reicht es dabei aus, sich mit der Frage zu befassen, ob der im Zusammenhang mit Anbahnung, Abschluss, Durchführung oder Beendigung des Mietverhältnisses bestehende Grund für das Verlassen der eigenen Wohnung einen **„triftigen Grund"** darstellt. In Sachsen ist es demgegenüber notwendig, den Grund unter die Ausnahmen der SächsCoronaschutzVO zu subsumieren.

6 Im nachfolgenden soll nach dem **„Worst-Case-Szenario"** unterstellt werden, dass die im Zusammenhang mit Anbahnung, Abschluss, Durchführung oder Beendigung eines Mietverhältnisses bestehenden Gründe, ein Verlassen der eigenen Wohnung nicht rechtfertigen und das Zusammentreffen mehrerer Personen in diesem Zusammenhang eine „Zusammenkunft" darstellt.

II. Konsequenzen einer Anmietung von Räumen ohne Besichtigung

7 Auch im Zeitalter der Digitalisierung und virtueller Rundgänge werden Miträume – nicht selten sogar mehrfach – besichtigt, bevor mieterseits eine Entscheidung über deren Anmietung getroffen wird. Was aber, wenn durch Schutzanordnungen eine Be-

sichtigung der Mietsache nicht oder nur in der Gefahr eine Ordnungswidrigkeit zu begehen, möglich ist?

Die Anmietung ohne Besichtigung ist **kein coronabedingtes Spezifikum.** Vielmehr hat es auch in der Vergangenheit Fallgestaltungen gegeben, im Rahmen derer Mieter Räumlichkeiten – aus welchen Gründen auch immer – ohne vorherige Besichtigung angemietet haben.

1. Widerrufsrecht

Wird eine Wohnung ohne vorherige Besichtigung durch den Mieter angemietet, finden die Vorschriften des § 312a Abs. 3 Nr. 1, 6 und 7 BGB Anwendung (§ 312a Abs. 4 BGB). Damit steht dem Mieter, der als Verbraucher Räumlichkeiten von einem Vermieter, anmietet, ohne diese zuvor besichtigt zu haben, ein **Widerrufsrecht gemäß § 355 BGB** zu; dies gilt jedenfalls dann, wenn der Vermieter Unternehmer ist. Der Vermieter hat den Mieter zudem über dieses Widerrufsrecht zu informieren.

Unterbleibt die **Information über das Widerrufsrecht** oder wird nicht ordnungsgemäß hierüber informiert, kann der Mieter eine nachfolgende auf den Abschluss des Mietvertrages gerichtete Willenserklärung binnen 14 Tagen widerrufen. Die Widerrufsfrist beginnt nicht, bevor der Vermieter entsprechend den Anforderungen des Art. 246a bzw. 246b EGBGB unterrichtet hat, erlischt aber spätestens zwölf Monate und 14 Tage nach dem Vertragsschluss (§ 356 Abs. 3 BGB). Von diesem Risiko betroffen sein dürften vorrangig kleinere Vermieter sein, die ihre Vermietungsaktivitäten den – durch die Umsetzung der Verbraucherrechte-RL (RL 2011/83/EU) seit 13.6.2014 – geltenden Verbraucherschutzanforderungen noch nicht angepasst haben.

2. Beschaffenheit der Mietsache

Aber auch für den Mieter ist die Anmietung ohne vorhergehende Besichtigung nicht risikolos. Kommt der Mietvertrag ohne vorherige Besichtigung der Mietsache zustande, kann sich die **vom Vermieter geschuldete Beschaffenheit** der Mietsache zur „Überraschungstüte" für den Mieter entwickeln. Denn die Frage, ob eine Besichtigung der Mietsache stattgefunden hat und welche Feststellungen der Mieter hierbei zum Zustand der Mietsache treffen konnte, kann sich auf die vertraglich vereinbarte Beschaffenheit der Mietsache (Sollbeschaffenheit) auswirken.

Diese bestimmt sich nach den gegebenenfalls durch Auslegung zu ermittelnden vertraglichen Vereinbarungen. Können keine vertraglichen Bestimmungen zur Sollbeschaffenheit ermittelt werden, ist eine **konkludente Beschaffenheitsvereinbarung** zu prüfen. Ist auch eine solche nicht festzustellen und enthält der Vertrag eine Regelungslücke, bestimmt sich die Beschaffenheit nach dem zum vertragsgemäßen Gebrauch geeigneten Zustand unter Berücksichtigung des vereinbarten Nutzungszwecks und des Grundsatzes von Treu und Glauben (§ 242 BGB) nach der **Verkehrsanschauung.**[1]

---

[1] Allg. Auffassung, BGH NJW 2015, 2177; 2013, 680 (681); Zehelein WuM 2014, 579; Zehelein NZM 2020, 390 (397).

13　Unterbleibt (einvernehmlich) eine Besichtigung – gegebenenfalls unter Hinweis auf bestehende Ausgangssperren oder Zusammenkunftsverbote – hat dies auf die Art und Weise der Bestimmung der Sollbeschaffenheit keinen Einfluss. Auch wenn der Vertragsschluss über eine Mietsache eine **Stückschuld** ist, kann das in der Regel durch Erstunterzeichnung des Mietvertrages vom Mieter abgegebene Angebot an den Vermieter auf Abschluss eines Mietvertrages nach dem objektiven Empfängerhorizont nur so verstanden werden:

> Ich biete die Anmietung der im Mietvertrag benannten und hinsichtlich im Vertrag nicht beschriebener, durch Exposé oder sonstige öffentliche Bekundungen des Vermieters konkretisierte Beschaffenheitsmerkmale und im Übrigen einer mittlerer Art und Güte vergleichbaren Räumlichkeiten entsprechenden Mietsache zu den im Vertrag genannten Konditionen an.

14　Gerade wenn eine Besichtigung unterbleibt, darf der Vermieter nicht davon ausgehen, dass der Mieter bei Unterbreitung eines Vertragsangebots außerhalb der ihm durch Mietvertrag, Exposé und sonstigen Bekundungen des Vermieters bekannt gemachten Umstände einen **schlechteren Zustand erwartet** oder gar billigt, als der in vergleichbaren Mietsache vorfinden würde.[2]

15　Fraglich ist, wie es sich auf die Bestimmung der Sollbeschaffenheit der Mietsache auswirkt, wenn eine der Vertragsparteien eine **Besichtigung explizit einfordert,** die andere Partei eine solche aber in Hinblick auf (behauptete) Ausgangssperren/Zusammenkunftsverbote ablehnt.

16　Grundsätzlich ändert auch dieser Umstand an den Methoden für die Bestimmung der Sollbeschaffenheit nichts. Lehnt der Mieter die Besichtigung der Mietsache unter Hinweis auf Ausgangssperre/Zusammenkunftsverbot ab und unterbreitet er daraufhin durch Unterzeichnung eines vom Vermieter gestellten Vertragstextes ein Anmietungsangebot, kann diesem Angebot nach Maßgabe **des objektiven Empfängerhorizonts** durch den Vermieter kein anderer Inhalt beigemessen werden, als bei einvernehmlich unterbliebener Besichtigung.

17　Zehelein[3] meint, mit der Ablehnung einer vermieterseitig angebotenen Besichtigung gäbe der Mieter zu erkennen, dass er trotz **Möglichkeit der Zustandsfeststellung** von dieser absehe und es ihm mit Ausnahme von Mindeststandards nicht auf den tatsächlichen Zustand der Mietsache ankäme. Infolgedessen wären selbst klassische Mängel, wie Schimmel, verdreckte Fußböden, lose Tapeten, knarrender Fußboden usw. als Bestandteil der Beschaffenheitsvereinbarung und damit vertragsgemäß anzusehen.

18　Diese Auffassung überzeugt nicht, jedenfalls greift sie in den Fällen, in denen der Mieter plausible Gründe für ein unterbleiben der Besichtigung vorbringt, nicht. Angesichts der beispielsweise von Schimmel ausgehenden Gesundheitsrisiken fällt es schwer, bei einer vom Mieter abgelehnten Besichtigung anzunehmen, ihm sei der Zustand der Mietsache gleichgültig, er wolle sogar eine **mit Gesundheitsgefahren behaftete** Mietsache anmieten.

19　Mit der Annahme einer negativen Beschaffenheitsvereinbarung dergestalt, dass der Mieter mit einem **hinter dem üblichen Standard zurückbleibenden Zustand** der Mietsache einverstanden ist und dies als Sollbeschaffenheit dem Mietvertrag zugrunde

---

[2] So auch Zehelein WuM 2014, 579.
[3] Zehelein WuM 2014, 579.

legen will, ist Zurückhaltung geboten. Grundsätzlich ist davon auszugehen, dass der Mieter – sofern keine anderweitigen wechselseitigen Erklärungen zum Zustand der Mietsache ermittelbar sind – keinen hinter dem Standard zurückbleibenden Zustand vereinbaren will, sondern vielmehr eine Mietsache „mittlerer Art und Güte" anmieten möchte. Denn der Mieter darf nach allgemeiner Verkehrsanschauung erwarten, dass ihm der Vermieter Räumlichkeiten überlässt, die einen Standard aufweisen, der bei vergleichbaren Räumlichkeiten üblich ist, wobei insbesondere Alter, Ausstattung und die Art des Gebäudes, aber auch die Höhe der Miete und eine eventuelle Ortssitte zu berücksichtigen sind.[4] Etwas anderes kann sich allenfalls dann ergeben, wenn der Mieter bei einer eingehenden Besichtigung der Mietsache für den Vermieter **erkennbar** bestimmte Umstände wahrnimmt und „widerspruchslos lächelnd" akzeptiert.[5]

Der Auffassung Zeheleins steht auch der Zweck einer (Erst-) Besichtigung der Mietsache entgegen. Dieser liegt – was Zehelein wohl unterstellt – nicht in der Feststellung des Zustandes der Mietsache als Grundlage einer vertraglichen Beschaffenheitsvereinbarung. Die (erste) Besichtigung der Mietsache erfolgt aus Mietersicht regelmäßig nur, 20
– um sich zumindest ein **grobes Bild** über die unmittelbare Umgebung (Blick aus dem Fenster) zu verschaffen,
– Eindrücke von Gemeinschaftsbereichen (zB Treppenhaus) zu sammeln,
– Rückschlüsse auf das restliche Mieterklientel zu ziehen,
– den Zuschnitt der Mietsache – soweit dieser nicht bereits durch Grundrisse bekannt gemacht wurde – zu erfahren,
– gegebenenfalls Maße zu nehmen, um beurteilen zu können, ob vorhandenes Wohnungs- oder Geschäftsinventar zumindest teilweise wiederverwendet werden kann
– und einen ersten Eindruck über die Ausstattung der Räumlichkeiten zu erhalten (zB Anzahl der Steckdosen/Raum, Art des Fußboden- und Wandbelags, Farbe und Alter der Sanitärkeramik).

Der (Erst-)Besichtigung einen anderen Inhalt beimessen zu wollen, ließe ferner außer Acht, dass die Besichtigungen insbesondere von Wohnraum in den Metropolen häufig als „Sammeltermin" für mehrere Mietinteressenten stattfinden und zeitlich auch von Vermieter-/Maklerseite forciert werden. Hinzu tritt, dass Mietinteressenten nicht selten mehrere potentielle Mietobjekte besichtigen. Es ist eher unwahrscheinlich, dass ein Mietinteressent für Wohn- oder Geschäftsräume bei der Erstbesichtigung ein Bewusstsein entwickelt, der Vermieter wolle ihm die Mietsache **„so wie sie liegt"** vermieten und er – der Mieter – müsse nun zur Feststellung der Sollbeschaffenheit und Wahrung eigener Interessen jedenfalls alles was, ohne Sachverstand erkennbar ist, untersuchen, um Beschaffenheitsmerkmale – die von ihm nicht gewünscht sind – zu monieren.[6] Dies gilt umso mehr, als der Vermieter möglicherweise von bestimmten Umständen, die die Mietsache hinter dem üblichen Standard zurückbleiben lassen, selbst keine Kenntnis hat und er bei Kenntnis dieser Umstände die Mietsache zunächst instandgesetzt hätte. Insoweit obliegt es dem Vermieter als demjenigen, der die Mietsache anbietet, Klarheit darüber zu schaffen, ob und inwieweit die Mietsache hinter dem üblichen Standard zurückbleibt, und den Mieter über entsprechende Defizite aufzuklären, ohne dass dieser den Istzustand, der Grundlage der Beschaffenheitsver- 21

---

[4] BGH NZM 2009, 855; Guhling/Günter BGB § 536 Rn. 265; BGB § 536b Rn. 28.
[5] Gsell NZM 2016, 702.
[6] So aber Zehelein WuM 2014, 579.

einbarung werden soll, erst selbst erforschen muss, es sei denn dieser wäre offenkundig und bei einer Besichtigung augenfällig.

22 Da dem Vermieter wiederum **Sinn und Zweck der Erstbesichtigung** hinreichend bekannt ist, scheidet eine Auslegung nach Maßgabe des Empfängerhorizonts dahingehend, dem Mieter sei der tatsächliche Zustand der Mietsache egal, aus.

23 Insoweit stellt sich das Angebot des Mieters auf Abschluss eines Mietvertrages nach einer vom Vermieter angebotenen und vom Mieter mit Verweis auf Schutzanordnungen abgelehnten Besichtigung nach dem objektiven Empfängerhorizont für den Vermieter wie folgt dar:

> Ich biete die Anmietung der im Mietvertrag benannten und hinsichtlich im Vertrag nicht beschriebener, durch Exposé oder sonstige öffentliche Bekundungen des Vermieters konkretisierte Beschaffenheitsmerkmale und im Übrigen einer mittlerer Art und Güte vergleichbarer Räumlichkeiten entsprechenden Mietsache zu den im Vertrag genannten Konditionen an, soweit nicht im Rahmen der Besichtigung offenkundige Standardunterschreitungen augenfällig wären, festgestellt und beanstandet hätten werden können.

24 An den vorstehend dargestellten (Auslegungs-)Ergebnissen ändert sich auch dann nichts, wenn beide Vertragsparteien grundsätzlich eine Besichtigung wünschen, diese aber an einer **Verweigerung des Vormieters** scheitert. Denn auch in diesem Fall kann der Vermieter das Angebot des Mieters auf Abschluss eines Mietvertrages nur so verstehen, dass dieser als Sollzustand eine verkehrsüblich mittlere Art und Güte zugrunde legt, soweit sich nicht bereits aus dem Mietvertrag, dem Exposé oder anderen öffentlichen Bekundungen des Vermieters eine Unterschreitung dieses Standards ergibt.

3. Virtueller Rundgang

25 Ebenso verhält es sich, wenn der Vermieter in Ansehung bestehender Ausgangssperren oder Zusammenkunftsverbote lediglich einen **virtuellen Rundgang** der Mietsache anbietet und sich der Mieter hiermit begnügt.

4. Grob fahrlässige Unkenntnis

26 Doch auch nach dem bisher gewonnenen Ergebnis stellt die Anmietung ohne vorherige Besichtigung ein nicht unerhebliches Risiko für den Mieter dar. Ist ihm bei Vertragsabschluss infolge **grober Fahrlässigkeit ein Mangel der Mietsache unbekannt** geblieben, so stehen ihm die Rechte aus § 536 BGB (Minderung) und § 536a BGB (Schadens-/Aufwendungsersatz) nicht zu, wenn der Vermieter den Mangel nicht arglistig verschwiegen hat (§ 536b BGB).

27 Nach gefestigter Rechtsprechung trifft den Mieter im Rahmen der Anmietung keine Erkundungs- und Untersuchungspflicht.[7] Vielmehr darf er darauf vertrauen, dass ihm der Vermieter Räumlichkeiten überlässt, die für den vereinbarten Zweck uneingeschränkt geeignet sind.[8] Grob fahrlässig handelt der Mieter hingegen, wenn er die erforderliche Sorgfalt beim Vertragsschluss in ungewöhnlich hohem Maße verletzt und dasjenige unbeachtet lässt, was gegebenenfalls jedem hätte einleuchten müssen.[9]

---

[7] BGH NJW 1977, 1236; BGH NJW-RR 2007, 1021; LG Berlin BeckRS 2014, 7572.
[8] BGH NZM 2009, 855; Guhling/Günter BGB § 536 Rn. 265; BGB § 536b BGB Rn. 28.
[9] BGH NZM 2009, 855; Guhling/Günter BGB § 536 Rn. 265; BGB § 536b BGB Rn. 28.

Dem zufolge ist grob fahrlässige Unkenntnis erst dann anzunehmen, wenn Umstände, die auf bestimmte Unzulänglichkeiten hindeuten, den **Verdacht eines durchaus begründeten Mangels** besonders nahelegen, der Mieter aber gleichwohl weitere zumutbare Nachforschungen unterlassen hat.[10]

Teilweise wird grobe Fahrlässigkeit angenommen, wenn ein Mieter eine Wohnung anmietet, ohne sie vorher besichtigt zu haben;[11] Dies gilt jedenfalls für solche Mängel, die der Mieter im Falle einer Besichtigung hätte erkennen müssen.[12] Einschränkend wird vertreten, dass der Mieter ohne vorherige Besichtigung nur dann grob fahrlässig handelt, **wenn er mit Mängeln rechnen musste.**[13] In jedem Fall ist Zurückhaltung bei Annahme einer grob fahrlässigen Unkenntnis geboten. Eine pauschale Beurteilung verbietet sich. So wird eine grobe Fahrlässigkeit dann zu verneinen sein, wenn der Mieter zB aufgrund großer Entfernung die Räume vor Anmietung nicht besichtigen kann und sich auf die Auskünfte und Beschreibungen des Vermieters verlassen muss.[14] So begründet ein offensichtlich frischer Farbanstrich ohne weitere Anhaltspunkte (zB typischer muffiger Schimmelgeruch) keinen Anlass für den Mieter, sich nach etwaigen Schimmelschäden zu erkundigen. Für coronabedingte Einschränkungen gilt insoweit nichts anderes. 28

Aber selbst wenn sich der Mieter den Vorwurf grob fahrlässiger Unkenntnis entgegenhalten lassen muss, bleibt der **Erfüllungsanspruch** auf Überlassung einer mangelfreien Mietsache bestehen.[15] 29

III. Unterzeichnung des Mietvertrages

Jedenfalls im Bereich der **Vermietung an Verbraucher** sind die meisten professionellen Vermieter und Hausverwaltungen dazu übergegangen, Mietverträge in Anwesenheit der Vertragspartner bzw. zur Unterzeichnung befugter Vertreter in den Geschäftsräumen des Vermieters/der Verwaltung zu abzuschließen. Damit werden die durch die Umsetzung der Verbraucherrechte RL im BGB aufgenommenen Regelungen (§§ 312 ff. BGB), namentlich das Widerrufsrecht des Verbrauchers und die für den Vermieter bestehenden Informationspflichten unanwendbar, da die Verbraucherschutzvorschriften nicht für innerhalb von Geschäftsräumen geschlossene Verträge gelten. 30

Kann aber infolge der angeordneten Schutzmaßnahmen eine gleichzeitige persönliche Unterzeichnung des Mietvertrages in den Geschäftsräumen nicht erfolgen, ist der Vermieter gut beraten, die **Informationspflichten über das Widerrufsrecht** gemäß § 312 Abs. 4, Abs. 3 Nr. 6 BGB, § 312 d Abs. 1 BGB iVm Art. 246 a, 246 b EGBGB zu beachten. 31

---

[10] BGH NZM 2009, 855; Guhling/Günter BGB § 536 Rn. 265; § 536 b Rn. 28.
[11] LG Berlin BeckRS 2010, 9999.
[12] ZB Absanden eines Gewölbekellers (BGH NJW-RR 2007, 1021); AG Bad Segeberg NJOZ 2014, 688 (für Wohnflächenabweichung von 60%); AG Spandau BeckRS 2009, 7620 (für bekannte Diskothek in ca. 50 m Entfernung zur Mietsache).
[13] MüKoBGB/Häublein BGB § 536 b Rn. 5; Bub/Treier MietR-HdB III B Rn. 3385.
[14] Schmidt-Futterer/Eisenschmid BGB § 536 b Rn. 18.
[15] BGH BeckRS 2007, 9186.

32 Ein unter Verstoß gegen Corona-Schutzanordnungen zustande gekommener Mietvertrag ist gleichwohl wirksam und **nicht nach § 134 BGB nichtig.** Durch die vielfältigen Einschränkungen wird nicht der Abschluss eines Mietvertrages schlechthin untersagt, sondern vielmehr ausschließlich die Art und Weise des Zustandekommens durch Unterzeichnung beim Vermieter/der Hausverwaltung unter Verstoß gegen Ausgangssperren oder Zusammenkunftsverbote. Die Anordnungen sollen ihrem Sinn und Zweck nach ausschließlich der Eindämmung des Coronavirus SARS-COV-2 dienen, nicht jedoch Rechtsgeschäfte, insbesondere Mietverträge, verhindern oder auch nur sanktionieren.

33 Begrenzt der Vermieter durch eine ordnungsgemäße Erfüllung seiner verbraucherschützenden Informationspflichten, die Widerrufsfrist wirksam auf 14 Tage (§ 356 Abs. 2 BGB), sollte der er darauf achten, dass die Mietsache **nicht vor Ablauf der Widerrufsfrist** an den Mieter übergeben wird. Anderenfalls geht er das Risiko ein, dass der Mieter nach Übergabe fristgemäß widerruft und der Vermieter unter Umständen den mühsamen Weg einer Räumungsklage beschreiten muss.

34 Will der Vermieter das Risiko einer unzulänglichen Information über das Widerrufsrecht nicht eingehen und scheidet eine Unterzeichnung des Mietvertrages **innerhalb der Geschäftsräume** aus, bleibt ihm nur die Möglichkeit einer Wohnungsbesichtigung (→ Rn. 7 ff.). Ob die Weigerung des Mieters, an einer Wohnungsbesichtigung teilzunehmen, Einfluss auf das Entstehen eines Widerrufsrechts hat oder sich dieser nach Treu und Glauben insoweit nicht auf eine unterbliebene Besichtigung berufen kann, wurde bislang noch nicht beleuchtet. Die Beantwortung dieser Frage weist jedoch keine coronabedingten Besonderheiten auf, sodass sie an dieser Stelle zurückgestellt werden kann.

IV. Übergabe der Mietsache

35 Für die Vermietung von Wohnraum oder Geschäftsräumen entspricht es einhelliger Auffassung,[16] dass die Aushändigung sämtlicher **Schlüssel bzw. elektronischer Schlüssel-/Zugangskarten** Bestandteil der vermieterseitigen Überlassungspflicht ist. Wie verhält es sich aber, wenn Mieter oder Vermieter die Übergabe der Mietsache an den Mieter zum vereinbarten Übergabetermin/Vertragsbeginn unter Hinweis auf Ausgangssperren/Zusammenkunftsverbote oder häusliche Quarantäne gemäß § 2 IfSG ablehnen?

36 Leistungsstörungen des Mietverhältnisses vor dessen Invollzugsetzung durch Übergabe der Mietsache an den Mieter bestimmen sich nach den **allgemeinen Regeln des Schuldrechts.** Die mietrechtlichen Gewährleistungsregeln wegen eines Sachmangels sind grundsätzlich erst anwendbar, wenn die Mietsache übergeben wurde.[17]

1. Unmöglichkeit der Übergabe

37 Die nicht fristgerechte Übergabe der Mietsache begründet für den Verzugszeitraum in der Regel **Unmöglichkeit,** weil sie für vergangene Zeit nicht nachgeholt werden kann.[18]

---

[16] OLG Düsseldorf NZM 2004, 946 mwN; Guhling/Günther BGB § 535 Rn. 5 mwN.
[17] BGH NJW 1997, 2813.
[18] BGH NJW-RR 1991, 267; Blank/Börstinghaus BGB § 535 Rn. 288.

Es ist gleichwohl der Frage nachzugehen, ob Ausgangssperren, Zusammenkunftsver- 38
bote oder Kontaktsperren den Vermieter (rechtlich) an der **Übergabe hindern.** Ist
dies zu verneinen, kann deren Scheitern bereits im Vorfeld verhindert werden und
würde sich auf ein etwaiges Vertretenmüssen auswirken.

Die vom Vermieter geschuldete Leistung – **Gebrauchsüberlassung (inklusive Be-** 39
sitzverschaffung) an den Mieträumen zur vertragsgemäßen Nutzung – setzt per
se nicht die Anwesenheit zweier oder mehrerer Personen voraus. Damit könnte der
Vermieter die von ihm geschuldete Leistung in einem „2-stufigen Akt" erbringen.
Im „1. Akt" könnte der Vermieter dem Mieter den Besitz an der Mietsache durch
Schlüsselübersendung verschaffen.[19] Im „2. Akt" könnte der Mieter die Mietsache in
Augenschein nehmen und gegebenenfalls billigen. Ist die Mietsache zum vertragsgemäßen Gebrauch geeignet, hat der Vermieter die geschuldete Leistung erbracht;
die Mietzahlungspflicht des Mieters beginnt. Befindet sich die Mietsache nicht in
einem zum vertragsgemäßen Gebrauch geeigneten Zustand, kann der Mieter deren
Annahme verweigern, ohne in Annahmeverzug zu geraten.[20] Ein Annahmeverzug
des Mieters scheidet ferner aus, wenn ihm die Inaugenscheinnahme und Billigung/
Ablehnung der Mietsache als vertragsgemäß infolge einer Ausgangssperre nicht möglich ist.

Leistungsort für die Überlassung nebst Schlüsselaushändigung ist der Ort der Miet- 40
sache,[21] es sei denn, die Parteien haben anderes vereinbart, zB dass der Mieter den
Schlüssel zu Beginn des Mietverhältnisses beim Vermieter abholt.[22] Dies ist indes eher
selten der Fall. Vielmehr wird gerade bei Gewerberaummietverhältnissen häufig eine –
jedenfalls kraft Gesetzes nicht bestehende[23] – Übernahmepflicht des Mieters vereinbart
und der Übergabe eine wesentliche, nämlich mietzeitbeginnende Wirkung beigemessen. Weiterhin verknüpfen die Parteien gewerblicher Mietverträge die Übergabe regelmäßig mit der Verpflichtung, ein Übergabeprotokoll zu erstellen, in welchen alle Unzulänglichkeiten der Mietsache und Zählerstände dokumentiert, sowie der Empfang
von technischen Unterlagen und Schlüsseln quittiert werden. Fehlt eine solche vertragliche Verpflichtung, führt allein der Umstand, dass der Vermieter die Schlüssel nicht
am Ort der Mietsache an den Mieter „übergeben", wohl aber an diesen versenden
kann, nicht zur Bejahung einer rechtlichen Unmöglichkeit. Es spricht einiges dafür, jedenfalls im Wege der Auslegung des Mietvertrages eine Abrede der Parteien anzunehmen, dass zur Übergabe der Mietsache, sofern eine unmittelbare Aushändigung von
Schlüsseln an der Mietsache infolge von Ausgangssperren/Zusammenkunftsverboten
nicht in Betracht kommt, die Schlüssel vom Vermieter an die Anschrift des Mieters zu
versenden sind.

Selbst ohne eine derartige Auslegung würde allenfalls eine **bloße Leistungsersch we-** 41
rung bestehen. Eine solche wird von der Rechtsprechung dann angenommen, wenn
die Erfüllung der geschuldeten Leistung vom Willen eines Dritten abhängt, auf den
der Schuldner einwirken kann, zB weil er einen Anspruch auf Mitwirkung gegen die-

---

[19] Schmidt-Futterer/Streyl BGB § 546 Rn. 27.
[20] OLG Düsseldorf MDR 2012, 140; BGH NJW-RR 1991, 267.
[21] BeckOGK/Schmidt BGB § 535 Rn. 250; Guhling/Günther BGB § 535 Rn. 7; MüKoBGB/Häublein BGB § 535 Rn. 80.
[22] BeckOGK/Schmidt BGB § 535 Rn. 250.
[23] MAH MietR/Hannemann § 48 Rn. 54 mwN.

sen hat.[24] Solange die Mitwirkung des Dritten in der Art möglich ist, dass der Schuldner die Leistung bewirken kann, steht dessen Unvermögen nicht fest.[25]

42 Akzeptiert der Mieter die Übersendung der Schlüssel zum Zwecke der Besitzverschaffung und Gebrauchsüberlassung durch den Vermieter, erbringt er seinerseits bereits die erforderliche **Mitwirkungsleistung** damit der Vermieter zur Leistung „wie geschuldeten" befähigt ist. Lehnt er die Entgegennahme der übersandten Schlüssel ab, kommt eine rechtliche Unmöglichkeit gleichwohl nicht in Betracht. Kommt der Vermieter nur deshalb seiner Gebrauchsüberlassungspflicht nicht nach, weil Ausgangssperren und Zusammenkunftsverbote ein persönliches Zusammentreffen mit dem Mieter bzw. dessen Vertretern zur Übergabe der Mietsache verhindern, ist der Mieter nach Treu und Glauben verpflichtet, die zum Zwecke der Besitzverschaffung und Gebrauchsüberlassung an ihn übermittelten Schlüssel entgegenzunehmen, bzw. ihm ist die Berufung darauf, dass es sich nicht um die geschuldete Leistung handelt, verwehrt. Es ist dann Aufgabe des Mieters, die Mietsache hinsichtlich ihres Zustandes zu dokumentieren und den Vermieter – als Ersatz eines Übergabeprotokolls – über festgestellte Unzulänglichkeiten zu informieren. Dass dies in der Praxis zu erheblich umfangreicheren „Ersatzprotokollen" führen kann, weil der Mieter schlicht mehr Zeit zur Inaugenscheinnahme der Mietsache hat, steht dem nicht entgegen.

43 Ob Vorstehendes auch bei **Geschäftsraummietverträgen** gilt, in denen eine vertragliche Übernahmepflicht des Mieters und eine Verpflichtung zur Erstellung eines umfangreichen Übergabeprotokolls anlässlich der Übergabe begründet wurde, ist fraglich. Denn mit der bloßen Übersendung der Schlüssel lässt sich die vom Mieter an bzw. in der Mietsache zu erbringende Übernahmepflicht schwerlich bewerkstelligen. Zudem wird die Verpflichtung zur Erstellung eines Übergabeprotokolls nicht hinfällig. Allerdings ist diese nicht Bestandteil des Gebrauchsüberlassungsanspruchs, sondern vielmehr ein eigener vertraglicher Anspruch, der neben der Überlassungspflicht des Vermieters besteht.

44 Ist der Mieter vertraglich gehalten, an Übergabe einer in der Mietsache mitzuwirken, lässt sich eine Verpflichtung, die ihm übermittelten Schlüssel entgegenzunehmen, nach **Treu und Glauben** nur schwerlich begründen, ohne die Übernahmepflicht selbst zu verändern. Es erscheint auch zu weitgehend, den Gewerberaummieter mit den vertraglichen Konsequenzen einer Übergabe mittels Schlüsselversendung und Nutzung (Mietbeginn) zu belasten, wenn er die Mietsache trotz Schlüsselerhalts nicht vertragsgemäß nutzen kann. Etwa dann, wenn dem Mieter die Bedienung in der Mietsache befindlicher oder der Mietsache dienender technischer Anlagen und Einrichtungen zu erläutern ist. Insoweit sprechen gute Argumente dafür, jedenfalls bei Gewerberaummietverhältnissen im Falle einer Übernahmepflicht des Mieters und der gleichzeitigen Verknüpfung des Mietbeginns mit der Übergabe eine rechtliche Unmöglichkeit zu bejahen.

45 Dies gilt auch, wenn Kurierdienste/Postsendungen – gegebenenfalls im Rahmen einer **zweiten Infektionswelle** – untersagt würden.

---

[24] BGH BeckRS 1999, 30053680 = NJW 1999, 2034.
[25] BGH BeckRS 1999, 30053680 = NJW 1999, 2034.

Fazit: Allein Ausgangssperren, Zusammenkunfts- und Kontaktverbote verhindern 46
die Erfüllung der Gebrauchsüberlassungspflicht des Vermieters nicht.

Unterbleibt gleichwohl eine Übergabe und tritt mangels Nachholbarkeit Unmöglich- 47
keit ein, ist der Vermieter – jedenfalls für die Vergangenheit – gemäß § 275 Abs. 1
BGB unabhängig von einem Vertretenmüssen **von seiner Leistungspflicht befreit.**
Ebenso entfällt gemäß § 320 BGB und ggf. § 326 BGB die Mietzahlungspflicht.[26] In
Betracht kommt auch ein (frühzeitiger) Rücktritt gemäß §§ 323, 326 Abs. 5 BGB.[27]

Liegt ein Fall der Unmöglichkeit vor, stehen dem Mieter unter den Voraussetzungen 48
der §§ 283, 284, 311a Abs. 2 BGB grundsätzlich ein **Schadensersatzanspruch** statt
der Leistung bzw. ein **Aufwendungsersatzanspruch** zu. Wurde der Mietvertrag geschlossen, bevor regionale Ausgangssperren und/oder Zusammenkunftsverbote angeordnet wurden, lag zum Zeitpunkt des Vertragsabschlusses ein (potentielles) Leistungshindernis noch nicht vor, sodass § 311a BGB keine Anwendung findet. Wurde
der Mietvertrag während bereits bestehender Schutzanordnungen geschlossen, scheiden Schadensersatzansprüche des Mieters gemäß § 311a Abs. 2 BGB aus, wenn der
Vermieter das Leistungshindernis bei Vertragsschluss nicht kannte und er diese Unkenntnis auch nicht zu vertreten hat.

Gegenstand der **Kenntnis** bzw. der fahrlässigen Unkenntnis ist insoweit „das Leis- 49
tungshindernis". Hierzu genügt die Kenntnis des Schuldners von einem solchen
alleine nicht, diese muss sich auch darauf beziehen, dass dessen Überwindung nicht
oder nur mit ein besonders hohem Aufwand möglich ist.[28] Kenntnis meint dabei „positives Wissen", wobei sich der Schuldner hinsichtlich dessen Nichtvorliegen exkulpieren muss.[29] Jedenfalls solange die maßgeblichen Schutzanordnungen regional für den
Ort der Mietsache noch nicht erlassen und dem Vermieter lediglich vage Pressemitteilungen zugänglich waren, dürfte ihm der **Nachweis einer Unkenntnis** möglich sein.
Inwieweit ihm dies auch gelingt, wenn Schutzanordnungen erlassen und zugänglich
waren, ist eine Frage des Einzelfalls. Die Unkenntnis darf jedenfalls nicht daher rühren, dass der Vermieter sich nicht mit der im Verkehr erforderlichen Sorgfalt Informationen über die Möglichkeit verschafft hat, die versprochene Leistung zu erbringen.[30]
Welche Sorgfaltsmaßstäbe er insoweit geltend ist, ist ebenfalls eine nur im Einzelfalls. Je
länger die Anordnung regionaler Schutzanordnungen zurückliegt, desto höher werden
die Sorgfaltsanforderungen des Vermieters.

Kann der Vermieter seiner Gebrauchsüberlassungspflicht auch dadurch nachkommen, 50
dass er dem Mieter den Schlüssel zusendet und ihm so die Nutzung ermöglicht
(→ Rn. 40ff.), kann die Verweigerung der Gebrauchsüberlassung unter Hinweis auf
regionale Schutzanordnungen allenfalls einen **Rechtsirrtum** darstellen, der den Vermieter nur dann von einer Schadensersatz- und Aufwendungsersatzpflicht befreit,
wenn er diesen nicht zu vertreten hat. Der Vermieter ist zumindest verpflichtet, sich
über die jeweils aktuelle regionale Rechtslage zu informieren. Soweit sich hieraus ein

---

[26] MüKoBGB/Ernst BGB § 275 Rn. 140; BGH NJW-RR 1991, 267.
[27] MüKoBGB/Ernst BGB § 275 Rn. 146; Artz in Schmidt COVID-19 § 3 Rn. 5.
[28] MüKoBGB/Ernst BGB § 311a Rn. 44.
[29] OLG Karlsruhe NJW 2005, 989 (990).
[30] MüKoBGB/Ernst BGB § 311a Rn. 50.

Verbot des Zusammentreffens von Vermieter und/oder Makler bzw. Verwalter sowie Mieter an der Mietsache ergibt, ist er gehalten, Rechtsrat einzuholen, um seiner Gebrauchsüberlassungspflicht nachzukommen. Dabei wird ihm ein schuldhaft fehlerhaften Rat seines Beraters zugerechnet.[31]

51 Verbleibt der **Vormieter** – sei es pandemiebedingt oder nicht – in der Mietsache, wird dem Vermieter regelmäßig der Nachweis fehlenden Verschuldens gelingen. Er haftet aber ggf. aufgrund einer konkludenten Garantie zur fristgerechten Übergabe, die zum Teil bereits bei der Vereinbarung eines Übergabetermins angenommen wird.[32]

2. Verzug

52 Spiegelbildlich ist der Frage nachzugehen, ob der Mieter in **Schuldner- oder Gläubigerverzug** gerät, wenn er das Angebot des Vermieters zur Übergabe/Übernahme unter Hinweis auf bestehende Ausgangssperren/Zusammenkunftsverbote ablehnt oder ihm vom Vermieter übersandte Schlüssel nicht annimmt.

53 Ein Schuldnerverzug scheidet in diesen Fällen regelmäßig aus, da den Mieter **keine Verpflichtung** trifft, das Mietobjekt zum vertraglich vorgesehenen Beginn tatsächlich zu übernehmen.[33] Die nicht fristgerechte Übernahme der Mietsache kann daher allenfalls zum Gläubigerverzug nach §§ 293 ff. BGB führen.[34]

54 Etwas anderes ergibt sich im Falle einer vertraglichen **Abnahmepflicht des Mieters.** In diesem Fall kann der Mieter auch in Schuldnerverzug geraten. Indes ist – ebenso wie beim Schuldnerverzug des Vermieters – ein verzugsbegründendes Verschulden jedenfalls bei angeordneten Ausgangssperren/Zusammenkunftsverboten nicht gegeben.

55 Sieht der Mietvertrag keine Abnahmepflicht des Mieters vor, tritt abgesehen vom Fall des § 299 BGB (vorübergehende Annahmeverhinderung bei nicht bestimmter Leistungszeit) Gläubigerverzug verschuldensunabhängig ein.[35] Im Gegensatz zum Schuldnerverzug begründet der **Gläubigerverzug keine Schadensersatzpflicht,** da der Gläubiger lediglich eine Obliegenheit verletzt. Die schlichte Nichtabnahme kann nur dann als Pflichtverletzung angesehen werden, wenn die Weigerung des Mieters zur Mitwirkung an der Übergabe oder zur Annahme der Schlüssel als Lossagung vom Vertrag oder erhebliche Gefährdung des Vertragszwecks zu werten ist.[36] Der Gläubigerverzug des Mieters lässt dessen vertragliche Verpflichtungen, namentlich die Mietzahlungspflicht unberührt.

---

[31] BGH NJW 2007, 428.
[32] Schmidt-Futterer/Eisenschmid BGB § 536 Rn. 295; Kraemer NZM 2004, 721 (724).
[33] MAH MietR/Hannemann § 48 Rn. 54 mwN.
[34] MAH MietR/Hannemann § 48 Rn. 55.
[35] BGH BeckRS 2010, 20141.
[36] Palandt/Grüneberg BGB § 293 Rn. 7.

V. Durchführung des Mietverhältnisses

1. Mangelbeseitigung und Gewährleistung

a) Duldungspflicht des Mieters

Gemäß § 555a Abs. 1 BGB ist der Wohnraummieter bzw. gemäß § 555a Abs. 1 BGB, 56
§ 578 Abs. 2 BGB der Gewerberaummieter verpflichtet, **Maßnahmen zu dulden,** die zur Instandhaltung oder Instandsetzung der Mietsache erforderlich sind. Zu klären ist, ob der Mieter auch in Zeiten von Ausgangssperren/Zusammenkunftsverboten (nahezu) uneingeschränkt derartige Maßnahmen dulden muss.

Mit angeordneten Ausgangssperren wird der Wohnraum für den Mieter und die haus- 57
haltsangehörigen Personen zugleich eine „Schutzzone" gegen die von Dritten ausgehende Ansteckungsgefahr. Anders als bei § 555d Abs. 2 BGB findet aber eine **Abwägung der Interessen** des Vermieters an der Durchführung von Instandhaltungs-/Instandsetzungsmaßnahmen gegen entgegenstehende Interessen des Mieters nicht statt. Als allgemeines Prinzip jeder Rechtsausübung ist im Rahmen der Duldung vielmehr die Zumutbarkeit zu prüfen, wobei das Gebot der **gegenseitigen Rücksichtnahme** gilt.[37]

Als hohes Rechts- und Schutzgut der Schutzanordnungen ist die **Gesundheit des** 58
Mieters und seiner Haushaltsangehörigen grundsätzlich von herausragender Bedeutung. Angesichts des Infektionsrisikos, das mit der Duldung von Beseitigungsarbeiten einhergeht, sind für die Beurteilung der Zumutbarkeit nachfolgende Fragen zu berücksichtigen:
- Sind die beabsichtigten Beseitigungsmaßnahmen **dringend zur Verhinderung** weiterer Schäden an Eigentum oder Gesundheit (zB anderer Mieter) erforderlich?
- Sind die Maßnahmen auf einen späteren Zeitpunkt **verschiebbar?**
- **Wie viele Personen** sollen (gleichzeitig) in der Wohnung tätig sein?
- Wie viele Personen leben **in der Wohnung?**
- Hat der Vermieter dem Mieter eine tragfähiges **Hygienekonzept** mitgeteilt?

Nur wenn die Arbeiten zur Vermeidung (weiterer) Schäden an Eigentum (zB Beseiti- 59
gung von Wasserschäden zur Verhinderung eines Schwammbefalls) oder der Gesundheit (zB Gesundheitsschäden durch Schimmelbefall) dringend geboten sind, die Größe der Wohnung und die Anzahl der gleichzeitig in der Wohnung tätigen Handwerker unter Berücksichtigung der in der Wohnung lebenden Personen die Einhaltung der Abstandsregeln (1,5 m zwischen Personen) ermöglichen und der Vermieter erklärt, dass im Zuge der Mangelbeseitigungsmaßnahmen angeordnete Hygienevorschriften beachtet werden, ist dem Mieter die Duldung der **Beseitigungsmaßnahmen zumutbar.** Etwas anderes kann sich ergeben, wenn zum Haushalt des Mieters Personen einer Risikogruppe gehören. In den übrigen Fällen haben die Mangelbeseitigungsmaßnahmen des Vermieters zurück zu stehen und zu einem **späteren Zeitpunkt** zu erfolgen.[38]

---

[37] Schmidt-Futterer/Eisenschmidt BGB § 555a Rn. 28; Guhling/Günther/Krüger BGB § 555a Rn. 19; BeckOGK/Schepers BGB § 555a Rn. 64f.; OLG Frankfurt a. M. NJW 2019, 1463.
[38] So auch Arzt/Brinkmann/Pielsticker MDR 2020, 527; Artz in Schmidt COVID-19 § 3 Rn. 28 ff.

60 Bei **Geschäftsräumen** finden diese Grundsätze jedenfalls partiell auch Anwendung. Allerdings kommt diesen nicht die gleiche hochrangige Bedeutung eines Rückzugsorts zum Schutz der eigenen Gesundheit und derjenigen anderer Personen zu. Vielmehr werden sich in den Geschäftsräumen in der Regel – abgesehen von Kleinstunternehmen – eine Vielzahl von Personen unterschiedlicher Haushalte befinden, was ein potentielles Infektionsrisiko erhöht. Wie stark eine weitere Erhöhung dieses von den in Geschäftsräumen tätigen Personen eingegangenen Risikos durch zusätzliche Handwerker ist, wird maßgeblich von der Größe der Räume und der Anzahl der dort tätigen Personen abhängen. Es wird auch zu berücksichtigen sein, ob die Geschäftsräume autark und ohne Kundenverkehr geführt werden, oder ob Kundenverkehr unter Einhaltung der Hygienevorschriften zugelassen wird. Halten sich in den Räumen mehrere Personen, sei es nun Mitarbeiter oder Kunden auf, kann sich der Mieter nicht ohne weiteres auf eine Unzumutbarkeit der Duldung wegen eines erhöhten Infektionsrisikos berufen. Die Zumutbarkeit für den gewerblichen Mieter, Mangelbeseitigungsmaßnahmen in der Mietsache zu dulden ist jedoch dann zu verneinen, wenn die Arbeiten ohne weiteres verschiebbar sind, der Vermieter Hygieneanordnungen oder -empfehlungen nicht einhält oder eine Vielzahl von Handwerkern in den Räumen tätig werden muss.

61 Darf der in den Geschäftsräume unterhaltene Betrieb aufgrund einer **Schließungsanordnung** nicht aufrechterhalten werden, reduzieren sich die Zumutbarkeitsanforderungen.

62 Verweigert der Mieter gleichwohl die Duldung von Mangelbeseitigungsmaßnahmen innerhalb der Mietsache, hat der Vermieter die **unterbleibende Mangelbeseitigung nicht zu vertreten** (§ 286 Abs. 4 BGB), sodass Verzug nicht in Betracht kommt.

b) Ausschluss der Minderung

63 Begründet der vom Vermieter zu beseitigende Mangel eine mehr als nur unerhebliche Beeinträchtigung der Tauglichkeit zum vertragsgemäßen Gebrauch, ist die Miete gemäß § 536 BGB gemindert. Gerät der Mieter mit der Duldung von Mangelbeseitigungsarbeiten in Annahmeverzug, ist eine **Minderung regelmäßig ausgeschlossen.**[39]

64 Ist der Mieter indes mangels Zumutbarkeit nicht zur Duldung von Mangelbeseitigungsarbeiten verpflichtet, kommt ein Annahmeverzug und damit ein Wegfall der Minderung nicht in Betracht. Nur wenn der Mieter – etwa indem er Erhaltungsmaßnahmen **pflichtwidrig nicht duldet** oder ihre Duldung von ungerechtfertigten Forderungen abhängig macht – unberechtigt die Mangelbeseitigung verhindert, kann er sich nach Treu und Glauben gemäß § 242 BGB, ab dem Zeitpunkt nicht mehr auf die Minderung berufen kann, an dem die Mangelbeseitigung andernfalls nach dem gewöhnlichen Lauf der Dinge voraussichtlich abgeschlossen gewesen wäre und der Vermieter wieder die ungeminderte Miete hätte verlangen dürfen.[40]

c) Schadensersatz/Aufwendungsersatz

65 Entsteht ein Mangel nach Vertragsabschluss infolge eines Umstandes, den der Vermieter nicht zu vertreten hat, ist der Vermieter nur dann **schadensersatzpflichtig,** wenn

---
[39] LG Berlin 17.10.2018, 64 S 223/17; Kinne Grundeigentum 2015, 771.
[40] BGH NJW 2015, 2419.

er sich mit der Mangelbeseitigung in Verzug befindet (§ 536a Abs. 1 Alt. 3 BGB). Braucht der Mieter die Mangelbeseitigungsarbeiten infolge Unzumutbarkeit nicht zu dulden (→ Rn. 56 ff.), kann der Vermieter auch nicht in Schuldnerverzug geraten. Die Kosten der Ersatzvornahme des Mieters hat der Vermieter ebenfalls nur zu tragen, wenn er sich mit der Mangelbeseitigung in Verzug befindet (§ 536a Abs. 2 Nr. 1 BGB). Infolgedessen kann der Mieter Kosten der Ersatzvornahme allenfalls gemäß § 536 Abs. 2 Nr. 2 BGB verlangen, wenn – unabhängig von coronabedingten Einschränkungen oder Risiken – die umgehende Beseitigung des Mangels zur Erhaltung oder Wiederherstellung des Bestands der Mietsache erforderlich ist.[41]

Damit ergibt sich folgendes **Dilemma:** Gleichwohl der Vermieter mangelbeseitigungswillig ist, ist die Miete weiterhin gemindert, weil der Mieter die Mangelbeseitigungsarbeiten mangels Zumutbarkeit nicht zu dulden braucht. Ein Aufwendungsersatz des Mieters für Ersatzvornahmekosten kommt mangels Verzugs des Vermieters nur unter den Voraussetzungen des § 536 Abs. 2 Nr. 2 BGB in Betracht. Dieses Ergebnis – insbesondere das Fortbestehen der Minderung – mutet aber nur auf den ersten Blick befremdlich an. Denn tatsächlich hängt die Minderung der Miete nicht von der Beherrschbarkeit des Mangels durch den Vermieter ab. Auch Umwelt- oder Umfeldmängel, die von ihm in keiner Weise beeinflussbar sind, können zu einer Mietminderung führen.[42] 66

2. Modernisierungsmaßnahmen

Die Durchführung von Modernisierungsmaßnahmen hat der Wohnraummieter unter den Voraussetzungen der §§ 555b, 555c und 555d BGB zu dulden. Im Gegensatz zu Erhaltungsmaßnahmen (§ 555a BGB) sieht § 555d BGB explizit den Wegfall der Duldungspflicht vor, wenn die Modernisierungsmaßnahme(n) für den Mieter, seine Familie oder Angehörige seines Haushalts „**eine Härte bedeuten würde**", die auch unter Würdigung der berechtigten Interessen sowohl des Vermieters als auch anderer Mieter in dem Gebäude sowie von Belangen der Energieeinsparung und des Klimaschutzes nicht zu rechtfertigen ist. Diese Regelungen finden auch für Gewerberaummietverträge Anwendung (§ 578 Abs. 2 BGB). 67

Zu den **Härtegründen zählen auch solche Umstände,** die sich im Hinblick auf das Alter sowie den Gesundheitszustand des Mieters, seiner Angehörigen oder Angehörigen seines Haushalts ergeben.[43] 68

Damit begründet auch eine Erhöhung des Infektionsrisikos durch den Aufenthalt weiterer Personen in der Wohnung einen Härtegrund. Dies gilt selbst dann, wenn der Vermieter erklärt, Hygieneempfehlungen bzw. -anordnungen einhalten zu wollen. Denn **Modernisierungsmaßnahmen sind** – abgesehen von gesetzlichen oder behördlichen Anordnungen – regelmäßig **verschiebbar.** Allein steuerliche „Zwänge", bis zu einem bestimmten Stichtag mit den Baumaßnahmen zu beginnen, rechtfertigen keine andere Beurteilung. 69

---

[41] BGH NJW 2008, 1216.
[42] OLG Frankfurt a. M. NZM 2015, 542; 2017, 882; OLG Dresden NZM 1999, 317; LG Leipzig NZ 2003, 510.
[43] Schmidt-Futterer/Eisenschmid BGB § 555d Rn. 24.

70　Wäre der Mieter indes auf die Erhebung des Härteeinwands gemäß § 555 d BGB beschränkt, würde er im Falle der **Modernisierung schlechter gestellt** sein als bei einer bloßen Instandhaltung/Instandsetzung. Denn belehrt der Vermieter den Mieter im Rahmen seiner Modernisierungsankündigung ordnungsgemäß über Form und Frist der Erhebung des Härteeinwands (§ 555 d Abs. 3 BGB), ist der Mieter nach Ablauf der Einwendungsfrist daran gehindert, sich auf eine Härte zu berufen, sofern er unverschuldet an der Fristeinhaltung gehindert war. Ob ihm der Beweis fehlenden Verschuldens gelingt, wenn bereits zum Zeitpunkt des Zugangs der Modernisierungsankündigung Ausgangssperren/Zusammenkunftsverbote angeordnet waren, erscheint fraglich.

71　Insoweit können aus dem aus § 241 Abs. 2 BGB folgenden (allgemeinen) **Rücksichtnahmegebot** weitere Einschränkungen des Vermieters bei der Durchführung von Modernisierungsmaßnahmen hergeleitet werden (→ Rn. 56 ff.). Danach erscheint es gerechtfertigt, dass der Vermieter von allen nicht unaufschiebbaren oder nicht gesetzlich bzw. behördlich angeordneten Modernisierungsmaßnahmen einstweilen abzusehen hat. Etwas anderes kann sich ergeben, wenn es sich um Maßnahmen einer modernisierenden Instandsetzung im Zusammenhang mit Mangelbeseitigungsmaßnahmen (→ Rn. 56 ff.) handelt.

3. Zahlungsverzug des Mieters

72　Entrichtet der Mieter seine monatliche Miete beim Vermieter/der Hausverwaltung in bar oder durch eine monatliche postalische Geldversendung oder bedient er sich einer monatlichen Überweisung von seiner Bankfiliale aus, ohne einen Dauerauftrag eingerichtet zu haben oder Internetbanking zu nutzen, kann nach Erlass von Schutzanordnungen, die auch den Weg zum Vermieter/der Post/der Bank zum Zwecke der **Mietzahlung unterbinden, ein Zahlungsrückstand** entstehen. Ob ein ausschließlich aus diesem Grund eintretender Zahlungsrückstand den Verzug des Mieters begründet, hängt davon ab, ob der Mieter die Nichtzahlung zu vertreten hat (§ 286 Abs. 4 BGB).

73　Nach § 270 Abs. 1 BGB hat der Schuldner Geld im Zweifel auf seine Gefahr und seine Kosten dem Gläubiger an dessen **Wohnsitz zu übermitteln.**

74　Ist vereinbart, dass der Mieter die Mietzahlung in bar oder per Post zu leisten hat, und wird unterstellt, dass Ausgangssperren/Zusammenkunftsverbote den Weg zum Vermieter oder zur Post zum Zwecke der Mietzahlung untersagen, gelänge dem Mieter der Nachweis eines fehlenden Verschuldens jedenfalls dann, wenn die **Schutzanordnungen vor Fälligkeit der Miete** ergangen sind.

75　Hat sich der Mieter demgegenüber verpflichtet, die Miete durch Überweisung auf ein Konto des Vermieters oder der Hausverwaltung zu übermitteln, würden Auskunftssperren/Zusammenkunftsverbote eine Mietzahlung nur dann verhindern, wenn der Mieter keinen Dauerauftrag eingerichtet hat. In diesem Fall könnte ein Vertretenmüssen bejaht werden, wenn dieser – gegebenenfalls unter Berücksichtigung der situationsbedingten Besonderheiten – verpflichtet wäre, einen **Dauerauftrag einzurichten oder Internetbanking** zu nutzen.

76　Dies ist zu verneinen. Die Ausgangssperren/Zusammenkunftsverbote wurden weitestgehend zunächst durch Allgemeinverfügung angeordnet, deren Erlass 2–3 Tage (nicht Bank- oder Werktage) vorher angekündigt wurde, und zu einem späteren Zeitpunkt durch Verordnung bestätigt. Seither gelten diese Anordnungen ununterbrochen. Selbst Pressemitteilungen über die beabsichtigen Anordnungen, deren genauer Inhalt hingegen nicht bekannt ist, müssen den sorgfältigen Mieter nicht veranlassen, sofort (Bar-)Geld zum Vermieter zu bringen, um die nächste Monatsmiete auszugleichen, einen Dauerauftrag oder einen Internetbanking-Zugang einzurichten. Ihm ist vielmehr zuzugestehen, zunächst den konkreten **Inhalt der Schutzanordnung** abzuwarten. Da die Inhalte der Allgemeinverfügungen und anschließenden Verordnungen regional unterschiedlich ausfallen, ergäbe sich auch kein anderes Ergebnis, wenn dem Mieter durch Pressemitteilungen bekannt geworden wäre, dass andernorts bereits frühzeitiger Ausgangssperren verhängt wurden, die auch den Weg zur Bank oder Post unterbinden. Eine andere Sichtweise ließe sich allenfalls dann rechtfertigen, wenn eine derartige Presseinformation vor einer 2. Infektionsquelle und damit nunmehr erneut zu erwartenden Ausgangssperren erfolgt.

Ebenso wenig kann dem Mieter über § 270 BGB auferlegt werden, sich eines **Internetbanking-Zugangs** zu bedienen, um die Miete zu überweisen. Denn hierbei handelt es sich nur um eine Form der Kontoverwaltung. Entscheidet er sich – aus welchen Gründen auch immer – gegen eine derartige Kontoverwaltung und nimmt damit bewusst den erforderlichen Weg zur Bankfiliale in Kauf, um sein Girokonto zu verwalten, reicht die dortige Eröffnung des Girokontos zunächst aus, um seiner Verpflichtung zur Zahlung durch Überweisung nachzukommen. Nichts anderes gilt für die Nutzung diverser Bezahldienste, zB PayPal. 77

Gerät der Mieter trotz Nichtzahlung der Miete als Folge von Ausgangssperren/Zusammenkunftsverboten nicht in Verzug, kann er aber dennoch nach Treu und Glauben verpflichtet sein, einer Vertragsänderung dahingehend zuzustimmen, dass der Vermieter durch **Erteilung eines Lastschrift-Mandats** zum Einzug der Miete vom Mieterkonto berechtigt ist. 78

4. Nutzung der Mietsache

a) Homeoffice

In Zeiten von Ausgangssperren/Zusammenkunftsverboten haben viele Unternehmen zum Schutz ihrer Mitarbeiter und zur Sicherung der eigenen Existenz **Homeoffice-Arbeitsplätze** eingerichtet. Vorstellbar ist auch, dass Gewerbemieter, die von Schließungsanordnungen betroffen sind (zB Friseur) zur Generierung von Einnahmen nunmehr Waren in ihren Geschäftsräumen verkaufen wollen, deren Verkauf nicht von der Schließungsanordnungen betroffen ist (zB Blumen). 79

Die Beantwortung der Zulässigkeit einer veränderten Raumnutzung bestimmt sich nach der **vertraglichen Zweckvereinbarung.** Berufliche Tätigkeiten, die der Mieter – etwa im häuslichen Arbeitszimmer – ausübt, ohne dass sie nach außen in Erscheinung treten, fallen nach der Verkehrsanschauung schon von vornherein unter den Begriff des „Wohnens".[44] Hierzu gehört auch die Arbeit im Homeoffice.[45] Der Wohnraummieter bewegt sich damit in dem noch zulässigen Nutzungsbereich und bedarf keiner Zustimmung des Vermieters. 80

---

[44] BGH NJW 2009, 3157.
[45] BGH NJW 2009, 3157.

81 Anders verhält es sich, wenn der Wohnraummieter aufgrund einer umfassenden Ausgangssperre, die nicht einmal den Weg zur Arbeitsstelle gestattet, seine **gewerbliche Tätigkeit,** die er üblicherweise in einem Büro ausübt (zB Rechtsanwalt) **in die Wohnung verlegt.** Bei geschäftlichen Aktivitäten freiberuflicher oder gewerblicher Art, die nach außen in Erscheinung treten, liegt eine Nutzung vor, die der Vermieter einer Wohnung ohne entsprechende Vereinbarung grundsätzlich nicht dulden muss. Der Vermieter kann jedoch im Einzelfall verpflichtet sein, seine Erlaubnis zu teilgewerblicher Nutzung zu erteilen. Dies ist insbesondere dann zu bejahen, wenn es sich nur um eine Tätigkeit ohne Mitarbeiter und ohne ins Gewicht fallenden Kundenverkehr handelt. Auch eine selbstständige berufliche Tätigkeit kann im Einzelfall so organisiert sein oder einen so geringen Umfang haben, dass keine weitergehenden Einwirkungen auf die Mietsache oder Mitmieter ausgehen als bei einer üblichen Wohnnutzung. Dies ist zB bei einem Rechtsanwalt oder bei Maklern der Fall, wenn die Tätigkeit im Wesentlichen am Schreibtisch erledigt wird, in der Wohnung keine Mitarbeiter beschäftigt werden und von einem etwaigen Publikumsverkehr keine Störungen auf die Mietsache oder Mitmieter ausgehen.[46]

82 Die Frage, ob der Mieter mit einer gewerblichen Nutzung der Wohnung über die Wohnnutzung hinausgeht, hängt mithin davon ab, ob diese Tätigkeit **„nach außen in Erscheinung"** tritt. Dies ist jedenfalls dann zu bejahen, wenn nicht unerheblicher Kundenverkehr stattfindet oder die Wohnanschrift als Geschäftsadresse bekannt gemacht wird. Damit ist die Homeoffice-Tätigkeit des Rechtsanwalts, der – sei es am Wochenende oder in Folge von Ausgangssperren täglich – in seinem häuslichen Arbeitszimmer Schriftsätze diktiert, Akten in sonstiger Weise bearbeitet oder Telefonate führt, ohne persönlich in nennenswertem Umfang Mandanten zu empfangen, oder auf sein häusliches Büro durch eine Kanzleischild o. ä. hinzuweisen, vom Wohnzweck gedeckt. Tritt er hingegen durch nicht unerheblichen Mandantenverkehr nach außen in Erscheinung und bedarf daher diese Tätigkeit der Zustimmung des Vermieters, richtet sich dessen Verpflichtung zur Zustimmung nach Maßgabe der vom BGH[47] aufgestellten Grundsätze nach den Umständen des Einzelfalls. Dabei spricht viel dafür, dass ein mäßiger Mandantenverkehr (2–3/Tag) eine Zustimmungspflicht des Vermieters begründet. In Zeiten einer Ausgangssperre könnte sich sogar eine höhere Mandantenfrequenz rechtfertigen lassen. Allerdings darf nicht außer Acht gelassen werden, dass sich allgemeine Ausgangssperren/Zusammenkunftsverbote einerseits und Mandantenverkehr andererseits ausschließen können. Wird unterstellt, dass derartige Anordnungen auch den Weg zu einem Rechtsanwalt untersagen, würde dieser mit dem Einlass von Mandanten in seine Wohnung zugleich gegen in der Regel ordnungswidrigkeitsbewehrte Schutzanordnungen verstoßen.

83 Indes steht auch dieser Umstand einer Zustimmungspflicht des Vermieters nicht entgegen. Etwas anderes ergäbe sich jedoch, wenn der Vermieter hierüber selbst Gefahr liefe, Adressat eines **Ermittlungsverfahrens** zu werden. Ebenso scheidet eine Pflicht des Vermieters zur Zustimmung aus, wenn er in das Risiko käme, dass die Wohnung durch die teilweise Nutzung zu gewerblichen oder freiberuflichen Zwecken bauordnungsrechtlich als gewerbliche Nutzung eingestuft würde, sodass eine **bauordnungsrechtliche Illegalität** vorläge oder eine Nutzungsänderung mit nicht unerheblichen

---

[46] BGH NJW 2009, 3157.
[47] BGH NJW 2009, 3157.

bauverändernden Auflagen einherginge. Gleiches gilt, wenn durch die gewerbliche oder freiberufliche Nutzung gegen kommunale Zweckentfremdungsverordnungen verstoßen würde.

b) Nutzungsänderung

Unter Zugrundelegung der vom BGH[48] aufgestellten Grundsätze ist dem Gewerberaummieter einen Anspruch auf Zustimmung zu einer zumindest **vorübergehenden Nutzungsänderung** (der Blumen verkaufende Friseur) zuzubilligen. Dabei ist folgendes zu beachten. 84

Mit dem Mietzweck übernimmt der Vermieter die Garantiehaftung dafür, dass die **Räume nach Lage und Beschaffenheit** zum vertragsgemäßen Gebrauch geeignet sind.[49] Werden Räumlichkeiten zum Betrieb eines Friseursalons vermietet, hat der Vermieter folglich dafür einzustehen, dass diese Räume nach Lage und Beschaffenheit zum Betrieb eines Friseursalons auch genutzt werden können und eine derartige Nutzung nicht etwa zB gegen kommunale Zweckentfremdungsverbote verstößt. Würde dem Vermieter in Ansehung der mit Ausgangssperren/Zusammenkunftsverboten einhergehenden Nachteilen für den Mieter eine generelle Verpflichtung zur Zustimmung einer zumindest vorübergehenden Nutzungsänderung auferlegt werden, hätte dies zur Folge, dass er – ohne die insoweit sich ausweitende Haftung bei Vertragsabschluss übernehmen zu wollen – die Haftung für die Geeignetheit der Räume nach Lage und Beschaffenheit auch hinsichtlich der geänderten Nutzung (Blumenverkauf) zu tragen hätte. 85

Insoweit käme die Pflicht zur Zustimmung für eine (vorübergehende) Nutzungsänderung nur dann in Betracht, wenn sich der **Mieter bereitfindet,** die insoweit erforderlichen behördlichen Genehmigungen einzuholen und damit einhergehende (bauliche) Auflagen selbst zu erfüllen, sofern die mit der Nutzungsänderung verbundenen baulichen Veränderungen dem Vermieter zumutbar sind. 86

Befinden sich die Gewerberäume, deren Nutzungszweck in Ansehung von Ausgangssperre/Zusammenkunftsverboten vorübergehend geändert werden sollen, **in einem Einkaufszentrum,** ist ferner zu berücksichtigen, dass der Vermieter jedenfalls ein eigenes Interesse an einem bestimmten Branchenmix innerhalb des Einkaufszentrums hat, der zudem unter Umständen Vertragsbestandteil einzelner Mietverhältnisse ist. Weiterhin kann der Vermieter durch **Konkurrenzschutzvereinbarungen** an Änderungen des Nutzungszwecks gehindert sein. Liegen derartige Umstände vor, scheidet ein Anspruch auf Zustimmung zur vorübergehenden Nutzungsänderung aus. 87

c) Internetzugang

Streitigkeiten zwischen den Parteien sind dann absehbar, wenn die beabsichtigte Nutzung des Mieters (Homeoffice) zwar vom Vertragszweck gedeckt ist oder vom Vermieter gestattet wird (der Blumen verkaufende Friseur), dies indes die Nutzung schnellen Internets voraussetzt und die **in der Mietsache vorhandene technische Installation** dafür nicht ausreicht. 88

---

[48] BGH NJW 2009, 3157.
[49] BGH NJW 1988, 2664.

89 Ob und in welchem Umfang der Mieter einen Anspruch auf eine hinreichende Internetversorgung hat, bemisst sich nach der zwischen den Parteien **bestehenden Beschaffenheitsvereinbarung.** Hierzu kann auf die Ausführungen → Rn. 11 ff. verwiesen werden.

90 Allerdings enthalten die wenigsten Wohnraum- oder Geschäftsraummietverträge Regelungen zur Internetfähigkeit der Mietsache. Datendosen innerhalb der Mietsache, die auf das Vorhandensein einer entsprechenden Ausstattung schließen lassen, sodass von einer konkludenten Beschaffenheitsvereinbarung ausgegangen werden könnte, dürften allenfalls bei Neubauten bzw. in jüngerer Zeit kernsanierten Altbauten vorhanden sein. In der Mehrzahl der Fälle wird es also auf die Verkehrsüblichkeit der Gebäudeausstattung ankommen. Erfolgt die Internetversorgung (DSL) über einen Telefonanschluss, ist die Internetfähigkeit schon dann Bestandteil der Beschaffenheitsvereinbarung, wenn in der Mietsache Telefondosen vorhanden sind. Der BGH[50] hat offengelassen, ob die Installation eines funktionsfähigen **Telefonanschlusses nach der Verkehrsanschauung bereits Gegenstand geschuldet der Mindeststandards** ist. Dies ist zu bejahen. Denn die Nutzbarkeit des Internets ist zwischenzeitlich ein Wirtschaftsgut, dessen ständige Verfügbarkeit seit längerer Zeit im privaten wie wirtschaftlichen Bereich von zentraler Bedeutung ist. Das Internet stellt weltweit umfassende Informationen in Form von Text-, Bild-, Video- und Audiodateien zur Verfügung und ersetzt zwischenzeitlich immer mehr andere Medien, wie zB Lexika, Zeitschriften oder Fernsehen. Darüber hinaus ermöglicht es den weltweiten Austausch zwischen seinen Nutzern und wird zunehmend zur Anbahnung und zum Abschluss von Verträgen, zur Abwicklung von Rechtsgeschäften und zur Erfüllung öffentlich-rechtlicher Pflichten genutzt.[51]

91 Eine bestehende Internetfähigkeit der Mietsache lässt hingegen noch keine Rückschlüsse auf eine erzielbare **Übertragungsgeschwindigkeit** zu. Verpflichtet sich der Vermieter nicht ausdrücklich, die Mietsache baulich in einen Zustand zu versetzen, der eine bestimmte Mindestübertragungsgeschwindigkeit zulässt, wird allenfalls die mit dem vorhandenen Telefonanschluss mögliche und verkehrsübliche Geschwindigkeit als Bestandteil der Beschaffenheitsvereinbarung angesehen werden können.

92 Reicht die mit der Telefonleitung erzielbare Übertragungsgeschwindigkeit nicht aus, um in Zeiten von Ausgangsbeschränkungen/Zusammenkunftsverboten Homeoffice-Arbeitsplätze angemessen nutzen zu können, lässt sich daraus ein Anspruch des Mieters gegen den Vermieter auf **Optimierung der haustechnischen Anlage** zur Erzielung einer höheren Übertragungsgeschwindigkeit nicht herleiten. Dies gilt selbst dann, wenn dem Mieter keine anderen zumutbaren Möglichkeiten zur Verfügung stehen, um dieses Ziel zu erreichen. Denkbar wären hier Vertragsabschlüsse mit Providern, die anstelle der Telefonleitungen hausinterne Koaxialkabel zur Datenübertragung nutzen oder Hybridsysteme anbieten, bei denen neben der Telefonleitungen das UMTS-Netz genutzt wird. Denn ein Anspruch auf Modernisierung – nichts anderes wäre der Ausbau haustechnische Anlagen zur Erhöhung der Übertragungsgeschwindigkeit – besteht nicht.[52] Ein solcher lässt sich auch nicht über die Grundsätze der Stö-

---

[50] BGH NZM 2019, 140.
[51] BGH NJW 2013, 1072; Schmidt-Futterer/Eisenschmid BGB § 535 Rn. 466 mwN; Zehelein WuM 2013, 460.
[52] BGH BeckRS 2007, 18759.

rung der Geschäftsgrundlage gemäß § 313 Abs. 1 BGB begründen. Anhaltspunkte, die dafür sprechen, dass Mietvertragsparteien – soweit dies nicht ausdrücklich in den Vertrag aufgenommen wurde – die in der Mietsache erreichbare Übertragungsgeschwindigkeit zur Geschäftsgrundlage machen wollen, sind nicht ersichtlich.[53]

Damit verbleibt dem Mieter nur die Möglichkeit, etwaige bauliche Voraussetzungen zur Verbesserung der Übertragungsgeschwindigkeit **auf eigene Kosten herzustellen** und den Vermieter insoweit um Zustimmung anzugehen; wobei ein Anspruch auf Zustimmung jedenfalls nicht aus § 554a BGB, der einen Zustimmungsanspruchs zur baulichen Veränderungen für einen behindertengerechten Ausbau der Wohnung vorsieht, hergeleitet werden kann. Allerdings dürfte einer Verweigerung der Zustimmung nach Treu und Glauben nur dann gerechtfertigt sein, wenn jedenfalls nicht unerhebliche Interessen des Vermieters dagegen sprechen, zB Intensität des baulichen Eingriffs.[54]

5. Schnittstelle Betriebskosten

Die durch § 241 Abs. 2 BGB begründete Rücksichtnahmepflicht beschränkt sich darauf, nicht schädigend in die Rechtssphäre des anderen einzugreifen.[55] Eine darüber hinausgehende Pflicht zum aktiven Schutz bedarf einer besonderen Rechtfertigung.[56] Tritt eine in den Vertragsparteien erkennbare Risikoerhöhung ein, kann jener Partei, die die **Gefahrenbewältigung leichter und billiger** bewältigen kann, die Pflicht obliegen, geeignete Gegenmaßnahmen zu ergreifen, sofern diese ihr nach Treu und Glauben zumutbar sind und keine berechtigten Interessen entgegenstehen.[57]

Die zur Verringerung des Infektionsrisikos **empfohlenen Hygienemaßnahmen,** namentlich Kontaktverbote, Husten und Niesen in die Ellenbeuge, regelmäßiges Händewaschen, Desinfektion von Gegenständen oder Atemschutzmasken richten sich proaktiv an die einzelne Person. Dass diese Empfehlungen unzureichend wären und deshalb eine zusätzliche Desinfektion gemeinschaftlicher Bereiche erforderlich wäre, ist nicht ersichtlich, sodass dem Vermieter die Gefahrenbewältigung nicht leichter oder billiger möglich ist, als für den Mieter. Ebenso könnte der Mieter bei Benutzung gemeinschaftlicher Einrichtungen durch Handschuhe oÄ das in diesem Bereich bestehende Infektionsrisiko reduzieren.

a) Desinfektion von Gemeinschaftsbereichen

Entscheidet sich der Vermieter indes zur Gefahrenbewältigung, gemeinschaftliche Bereiche intensiver (häufiger) zu reinigen und desinfizieren, handelt es sich um **Kosten der Gebäudereinigung** im Sinne von § 2 Nr. 9 BetrKV. Hat der Vermieter vertraglich die Betriebskosten auf den Mieter abgewälzt, ist fraglich, ob der Mieter die hiermit einhergehenden (höheren) Kosten zu tragen hat. Vorstellbar ist, dass eine derartige intensivere Reinigung gegen das Gebot der Wirtschaftlichkeit (§ 556a Abs. 3 BGB) verstößt. Danach dürfen nur solche Kosten umgelegt werden, die bei gewissenhafter Abwägung aller Umstände und bei ordentlicher Geschäftsführung gerechtfertigt sind.

---

[53] Artz in Schmidt COVID-19 § 3 Rn. 15.
[54] Artz in Schmidt COVID-19 § 3 Rn. 16.
[55] Staudinger/Olzen, 2019, BGB § 241 Rn. 489, 498.
[56] Staudinger/Olzen, 2019, BGB § 241 Rn. 498.
[57] BGH NJW 1972, 1363.

Maßgeblich ist damit der Standpunkt eines vernünftigen Vermieters, der ein vertretbares Kosten-Nutzen-Verhältnis im Auge behält.[58]

97 Nach diesem Maßstab ist die Erhöhung der Reinigungsintensität als Verstoß gegen das **Gebot der Wirtschaftlichkeit** zu werten, da eine damit einhergehende Verringerung des Infektionsrisikos kaum zu begründen ist.

98 Anders stellt sich die Rechtslage dar, wenn es sich bei der Mietsache um Gewerberäume in einem Einkaufszentrum handelt. Es kann nicht ausgeschlossen werden, dass besonders intensive Reinigungen und die Desinfektion gemeinschaftlicher Bereiche geeignet sind, einen **Wettbewerbsvorteil** gegenüber anderen Einkaufszentren darzustellen. So könnten Kunden, die aus Sorge vor Ansteckung durch Berührung von Türgriffen etc den Besuch eines Einkaufszentrums grundsätzlich vermeiden, durch besondere Reinigungsaktivitäten veranlasst werden, doch das Einkaufszentrum zu besuchen, da eine gesteigertes Sicherheitsgefühl hervorgerufen wird.

b) Anschaffung

99 Demgegenüber stellen die **Anschaffung und Aufstellung von Desinfektionsmittelspendern** in Treppenhäusern oder sonstigen Gemeinschaftsbereichen keine Betriebskosten im Sinne von § 2 Nr. 1-16 BetrKV dar. Anschaffungskosten unterfallen schon deshalb nicht dem Betriebskostenbegriff, weil sie nicht laufend entstehen.[59]

100 Denkbar ist, dass es sich bei der Anschaffung und Aufstellung von **Desinfektionsmittelspendern um Modernisierungskosten** im Sinne von § 555b BGB handelt. Solange diese aber nicht durch Gesetz, Verordnung oder Satzung angeordnet wurde, scheidet jedenfalls die Annahme einer nicht zu vertretende Maßnahme im Sinne von § 555b Nr. 6 BGB aus. Allerdings lässt sich die Bejahung einer Verbesserung der allgemeinen Wohnverhältnisse im Sinne von § 555b Nr. 5 BGB nur schwerlich verneinen, denn die Aufstellung von Desinfektionsmittelspendern ist geeignet, das Infektionsrisiko zu verringern. Lediglich die für die laufende Unterhaltung der Desinfektionsmittelspender anfallenden Kosten, namentlich die der Auffüllung, würden als laufend wiederkehrende Kosten unter den Betriebskostenbegriff fallen. Zwar handelt es sich hierbei um Kosten im Sinne von § 2 Nr. 17 BetrKV, die an sich nur dann vom Mieter zu tragen sind, wenn sie namentlich in einem mietvertraglichen Kostenkatalog erwähnt sind.[60] Solche neuen Betriebskosten werden jedoch überwiegend auch ohne eine solche Vereinbarung als umlagefähig angesehen, wenn sie als Folge einer **duldungspflichtigen Modernisierungsmaßnahme** erstmalig entstehen.[61]

101 Auch wenn vertraglich eine **Mehrbelastungsklausel** vereinbart wurde, können diese Kosten als neu entstandene Betriebskosten in den Mietvertrag einbezogen werden.

c) Einsichtnahme in Belege

102 Der BGH[62] hat die Auffassung vertreten, dass jedenfalls der Mieter preisfreien Wohnraums grundsätzlich keinen Anspruch gegen den Vermieter auf Überlassung von Foto-

---

[58] BGH NZM 2008, 78; Schmidt-Futterer/Langenberg BGB § 556 Rn. 278.
[59] Langenberg/Zehelein, Betriebskosten- und Heizkostenrecht, 9. Aufl. 2019, A Rn. 250.
[60] BGH NZM 2004, 417; 2007, 282.
[61] Guhling/Günther/Both BGB § 556 Rn. 32 f.; Langenberg/Zehelein, Betriebskosten- und Heizkostenrecht, 9. Aufl. 2019, C Rn. 69.
[62] BGH NJW 2006, 1419.

kopien der Abrechnung Belege einer Betriebskostenabrechnung hat, sondern er sein Prüfrecht vielmehr durch **Einsichtnahme in die beim Vermieter oder Verwalter befindlichen Originalbelege** auszuüben hat. Lediglich wenn ihm die Einsichtnahme beim Vermieter oder Verwalter nicht zumutbar ist, bestünde ein Anspruch auf Übersendung von Belegkopien. Diese Rechtsprechung wird einhellig auch auf die Vermietung von Gewerberaum angewendet.[63]

Jedenfalls dann, wenn sich der Mieter dem Risiko aussetzt, mit einer Belegeinsicht beim Vermieter/der Hausverwaltung gegen eine ordnungswidrigkeitenbewerte Schutzanordnung zu verstoßen, ist die **Zumutbarkeit zu verneinen.** Sind Ausgangsverbote/Zusammenkunftsverbote aufgehoben und bestehen lediglich Kontaktverbote sowie Empfehlungen oder Anordnungen zur Hygiene fort, wäre gleichwohl eine Zumutbarkeit der Belegeinsicht zu verneinen, da Intention und Inhalt von Kontaktbeschränkungen die Reduzierung der Kontakte zu Menschen außerhalb des eigenen Hausstandes auf ein absolut nötiges Minimum ist.[64] Werden Kontaktbeschränkungen (weiter) gelockert, ist zu berücksichtigen, ob die Belegeinsicht nehmenden oder gewährenden Personen zu den Risikogruppen gehören. 103

6. Inanspruchnahme der Kaution im laufenden Mietverhältnis

Zahlt der Mieter die laufende Miete als Folge von Einschränkungen beim Zahlungsweg (→ Rn. 7 ff.) oder als Folge pandemiebedingter Einnahmeverluste nicht, kann eine **Inanspruchnahme einer mieterseits geleisteten Mietsicherheit** erwogen werden. 104

Der BGH[65] hat – jedenfalls für Wohnraum – klargestellt, dass die Mietkaution nicht dazu dient, dem Vermieter eine **Verwertungsmöglichkeit** zum Zwecke schneller Befriedigung behaupteter Ansprüche gegen den Mieter während des laufenden Mietverhältnisses zu eröffnen. Insoweit ist eine vertragliche Vereinbarung, die es dem Vermieter gestattet, bereits während des laufenden Mietverhältnisses die Kaution wegen streitiger Forderungen in Anspruch zu nehmen, wegen Verstoßes gegen § 551 Abs. 4 BGB unwirksam. Dies wird als Legitimation des Vermieters begriffen, sich während des laufenden Mietverhältnisses wegen rechtskräftig festgestellter oder unstreitiger Forderungen gegen den Mieter aus der laufenden Kaution zu befriedigen.[66] 105

Bei Zugrundelegung dieser Rechtsauffassung wäre eine Inanspruchnahme der Mietsicherheit im laufenden Mietverhältnis durch den Vermieter jedenfalls dann möglich, wenn der Mieter die laufende Miete nur aufgrund von Einnahmerückgängen im Zusammenhang mit der Corona-Pandemie nicht zahlt (→ § 2 Rn. 67). Da Art. 240 § 2 EGBGB weder die Fälligkeit der Mietzahlungen für den Zeitraum April bis Juni 2020 berührt, insbesondere dem Mieter keine Leistungsverweigerungsrecht einräumt, bleibt der Mieter **trotz fehlender Einnahmen grundsätzlich zur Zahlung der Miete verpflichtet** (→ § 2 Rn. 66). 106

---

[63] KG BeckRS 2012, 11271; Langenberg/Zehelein, Betriebskosten- und Heizkostenrecht, 9. Aufl. 2019, H Rn. 304.
[64] S. https://www.bundesregierung.de/breg-de/themen/coronavirus/faqs-neue-leitlinien-1733416.
[65] BGH NJW 2014, 2496.
[66] LG Berlin NZM 2018, 285; AG Dortmund NJOZ 2018, 1371.

107 Etwas anderes gilt, wenn der Mieter alternativ oder kumulativ die Minderung der Miete gemäß § 536 BGB oder einen Leistungsausschluss gemäß § 537 BGB geltend macht oder sich einens Anpassungsanspruchs nach § 313 BGB berühmt. In diesen Fällen ist die vom Mieter **geschuldete Miete nicht unstreitig.**

108 Eine Forderung ist dann als unstreitig anzusehen, wenn der Schuldner (hier: der Mieter) **keine Einwände** gegen diese erhebt, diese also nicht bestreitet.[67] Aber auch ein willkürliches Bestreiten der Forderung oder unsubstantiierte Einwände stehen der Unstreitigkeit der Forderung nicht entgegen.[68]

109 Nachdem jedenfalls die Literatur zur Gewerberaummiete eine Minderung der Miete sowohl bejaht als auch verneint wird,[69] ebenso einen Leistungsausschluss gemäß § 537 BGB,[70] Unmöglichkeit[71] und Störung der Geschäftsgrundlage,[72] kann in den vorstehend genannten Fällen jedoch kaum von einem **willkürlichen Bestreiten** gesprochen werden. Insoweit wäre die Inanspruchnahme der Mietkaution im laufenden Mietverhältnis ausgeschlossen.

7. Informationspflichten über Corona-Infektionen innerhalb der Mietsache oder des Gebäudes

110 In einem Grevenbroicher Hochhauskomplexes mit 117 Wohnungen und 450 Bewohnern,[73] wurden 450 Menschen in Zwangsquarantäne gesetzt und 377 Bewohner auf eine Coronainfektion getestet, nachdem sich 2 Familien mit 8 infizierten Mitgliedern **nicht an die Quarantänebestimmungen** hielten und weiter Kontakt mit Nachbarn hatten, ohne dass die Bewohner des Hauses über eine bestehende Coronainfektion im Haus informiert wurden. Das wirft die Frage nach der Existenz von Aufklärungspflichten der Vertragsparteien über bestehende Coronainfektionen oder gar COVID-19-Erkrankungen auf.

111 Soweit aus § 241 BGB auch **Aufklärungspflichten** abgeleitet werden,[74] setzen diese neben Kenntnis des Aufklärungspflichtigen und Unkenntnis des Aufzuklärenden eine Unbilligkeit der Informationssymmetrie voraus.

112 Danach besteht eine Aufklärungspflicht nur dann, „wenn der andere Teil nach Treu und Glauben unter Berücksichtigung der Verkehrsanschauung redlicherweise die Mit-

---

[67] BGH NJW-RR 1993, 519; NZM 2007, 684; OLG Brandenburg BeckRS 2019, 3191; OLG Hamm NJW 1983, 523; BeckOGK/Weiler 1.5.2019, BGB 309 Nr. 3 Rn. 43 mwN.
[68] OLG Düsseldorf BeckRS 2008, 8864; OLG Hamm NJW 1983, 523; BeckOGK/Weiler 1.5.2019, BGB 309 Nr. 3 Rn. 43 mwN.
[69] Bejahend Krepold WM 2020, 26; Sentek/Ludley NZM 2020, 390; BeckOGK/*Dittert* BGB § 550 Rn. 22; verneinend Sittner NJW 2020, 1169; Jobst MR 2020, 1038.
[70] Bejahend Erman/Lützenkirchen BGB § 537 Rn. 6; MüKoBGB/*Bieber* BGB § 537 Rn. 4; BeckOK MietR/Matusch BGB § 537 Rn. 6; Guhling/Günther/Boerner BGB § 537 Rn. 15; verneinend Zehelein NZM 2020, 406 mwN.
[71] Bejahend Leo NZM 2020, 402; Krepold WM 2020, 726; verneinend Streyl in Schmidt COVID-19 § 3 Rn. 71.
[72] Bejahend Zehelein NZM 2020, 406; Warmuth COVuR 2020, 16; Streyl in Schmidt COVID-19 § 3 Rn. 76 ff.; Verneinend: Sittner NJW 2020, 1169.
[73] https://www.spiegel.de/panorama/coronavirus-grevenbroich-hebt-quarantaene-fuer-abgeriegeltes-hochhaus-auf-a-8ce59015-27e5-49c8-99a6-5f3ee83d82c3.
[74] MüKoBGB/Bachmann BGB § 241 Rn. 131 ff.

teilung von Tatsachen erwarten durfte, die **für die Willensbildung des anderen Teils offensichtlich von ausschlaggebender Bedeutung** sind".[75]

Normalerweise reicht die Quarantäne eines Erkrankten in der eigenen Wohnung aus, um andere Bewohner zu schützen.[76] Die Möglichkeit, dass coronainfizierte Personen sich nicht an Quarantäneauflagen halten oder die Coronainfektion symptomlos verlaufen und damit andere Hausbewohner in die Gefahr der Ansteckung bringen, begründet einerseits ein **berechtigtes Interesse des Vermieters,** von der Coronainfektion eines Mieters zu erfahren und andererseits eine Pflicht des Infizierten, den Vermieter hierüber zu informieren. Erlangt der Vermieter seinerseits Kenntnis von einer Infektion, ist er zur Information der anderen Mieter verpflichtet. 113

8. Besichtigung vermieteter Räume anlässlich Neuvermietung/Verkauf

Ist das Mietverhältnis gekündigt oder sollen die Räume/die Immobilie verkauft werden, muss der Vermieter die Möglichkeit haben, die Mietsache mit Miet-/Kaufinteressenten auch schon vor Auszug des (Alt-)Mieters zu besichtigen. Entsprechendes gilt für vorbereitende Maßnahmen, zB zur Erstellung eines Miet-/Verkaufsexposés.[77] Ein gesetzliches **Besichtigungsrecht** ist nicht vorgesehen. Ein derartiger Anspruch wird regelmäßig als vertragsbegleitende Nebenpflicht aus § 241 Abs. 2 BGB abgeleitet.[78] 114

Allerdings gilt das Besichtigungsrecht nicht uneingeschränkt. Vielmehr bedarf es stets eines **besonderen Anlasses.**[79] Die Besichtigung im Zusammenhang mit einer Neuvermietung/einem Verkauf stellt grundsätzlich einen solchen Anlass dar. Das Besichtigungsrecht ist aber auch in diesem Fall nicht schrankenlos. Die Rechtsprechung hat hierzu anhand einer Vielzahl von Einzelfallentscheidungen unterschiedliche Kriterien erarbeitet, begonnen bei der Pflicht des Vermieters, die Besichtigung anzukündigen, über die Länge der Ankündigungsfrist, die Anzahl der zulässigen Besichtigungen innerhalb eines definierten Zeitraums, bis hin zur Dauer der Besichtigung sowie der Anzahl der gleichzeitig einzulassen Personen.[80] 115

Diese Grundsätze gelten auch in der Zeit von Ausgangssperren/Zusammenkunfts- und Kontaktverboten. Noch erheblicher als im Rahmen der „bisherigen Normalität" prallen hier **Interessengegensätze** aufeinander; einerseits das – möglicherweise für den Vermieter existenzielle – wirtschaftliche Interesse, die Mietsache durch Neuvermietung oder Verkauf zu verwerten, andererseits der neben den Schutz der Wohnung (Art. 13 GG) oder des eingerichteten und ausgeübten Gewerbebetriebs tretende Schutz der Gesundheit des Mieters. Mit Blick auf den durch die Schutzanordnungen verfolgten Zweck einer Reduzierung der Infektionsgefahr sowohl für den Mieter als auch die Allgemeinheit, haben wirtschaftliche Interessen des Vermieters zurückzutreten. 116

So wird ein Besichtigungsrecht des Vermieters vollständig entfallen, wenn dieses nur unter Verstoß gegen idR ordnungswidrigkeitenbewehrte **Ausgangssperren/Zusam-** 117

---

[75] BGH NJW 2010, 3362.
[76] Streyl in Schmidt COVID-19 § 3 Rn. 24.
[77] Schmidt-Futterer/Eisenschmid BGB § 535 Rn. 206 ff.; Blank/Börstinghaus BGB § 535 Rn. 339 ff.
[78] BGH NJW 2014, 2566; Blank/Börstinghaus BGB § 535 Rn. 339.
[79] Allgemeine Auffassung, vgl. nur Blank/Börstinghaus BGB § 535 Rn. 339 mwN.
[80] Blank/Börstinghaus BGB § 535 Rn. 339 ff.

menkunftsverbote ausgeübt werden könnte. Soweit solche einer Besichtigung grundsätzlich nicht entgegenstünden, ist ein Besichtigungsrecht des Vermieters im Rahmen der Interessenabwägung jedenfalls dann zu verneinen, wenn die mit Kontaktverboten einhergehenden Beschränkungen bei der Besichtigung nicht eingehalten werden, zB Betreten der durch mehr als eine/fünf nicht im Hausstand lebende(n) Person(en) (§ 2 Abs. 1 SächsCoronaSchVO vom 17.4.2020/§ 1 Abs. 1 SARS-CoV-2-EindVO Sachsen Anhalt vom 2.5.2020). Einschränkungen des Besichtigungsrechts ergeben sich auch dann, wenn innerhalb der Wohnung der **Mindestabstand** von 1,5 m nicht eingehalten werden kann, sich der/die Besichtigende(n) nicht an **Hygieneempfehlungen** oder -anordnungen halten oder der Mieter bzw. Angehörige seines Haushalts zur **Risikogruppe** gehören.

118 Die Ansichten über die **Anzahl der Besichtigungen** und deren Dauer divergieren bereits Allgemeinen zwischen einmal im Monat[81] bis zu dreimal monatlich werktags zwischen 19:00 und 20:00 Uhr für 30–45 Minuten bei berufstätigen Mietern[82] sowie einmal pro Woche.[83] Ob und inwieweit diese Frequenzen im Zuge der Coronapandemie noch weiter einzuschränken ist, ist letztlich eine Frage des Einzelfalls im Hinblick auf die Infektionsraten, die regionale Rechtslage sowie die Person des Mieters.

119 Auch die **Anzahl der besichtigenden Personen** ist zu beschränken. Während unabhängig von der SARS-CoV-2-Pandemie eine Besichtigung durch den Vermieter/Hausverwalter, den Miet-/Kaufinteressenten und eine Begleitperson (zB Ehegatte) für den Mieter noch zumutbar sein dürfte, ist es bei Ausgangssperren/Zusammenkunftsverboten und Kontaktsperren interessengerecht, die Besichtigung auf eine Person (zB ein(er von mehreren) Miet-/Kaufinteressent(en)), bei ausreichender Größe der Mietsache maximal auf zwei Personen (Interessent und Vermieter/Makler/Verwalter) zu beschränken.

VI. Rückgabe der Mietsache

120 Ist das Mietverhältnis beendet, hat der Mieter die Mietsache zurückzugeben (§ 546 BGB). Zur Rückgabepflicht zählt zumindest auch die Verpflichtung, die Mietsache zu räumen und **dem Vermieter den vollständigen Besitz an der Mietsache zu verschaffen.**[84] Ebenso wie die Übergabe der Miträume an den Mieter bei Vertragsbeginn, ist Leistungsort für die Rückgabe der Mietsache diese selbst,[85] es sei denn, die Parteien haben etwas anderes vereinbart. Für die Aushändigung der Schlüssel wird allerdings teilweise die Auffassung vertreten, dass diese an den Wohnsitz oder die von ihm angegebene Stelle (Hausmeister, Nachmieter usw.) auszuhändigen seien.[86] Für eine Aufspaltung des Rückgabeorts der Mietsache einerseits und der Schlüssel andererseits besteht – jedenfalls im Allgemeinen – kein gerechtfertigtes Vermieterinteresse.[87]

---

[81] AG Hamburg BeckRS 1992, 06984.
[82] LG Frankfurt NZM 2002, 696.
[83] LG Kiel WuM 1993, 52.
[84] Schmidt-Futterer/Streyl BGB § 546 Rn. 18.
[85] Schmidt-Futterer/Streyl BGB § 546 Rn. 81.
[86] MüKoBGB/Bieber BGB § 546 Rn. 17.
[87] Schmidt-Futterer/Streyl BGB § 546 Rn. 81 Fn. 530.

Wird ein derartiges Vermieterinteresse im Geltungsbereich von Schutzanordnungen 121 bejaht, wäre der Mieter sogar verpflichtet, die **Schlüssel an den Vermieter zu versenden**. Verneint man hingegen ein solches Vermieterinteresse auch bei Ausgangssperren/ Zusammenkunftsverboten, treten im Zuge der Rückgabe der Mietsache vergleichbare **Probleme auf wie bei der Übergabe** anlässlich des Vertragsbeginns. Insoweit kann auf die Ausführungen → Rn. 40 ff. verwiesen werden.

Verweigert der Mieter die Teilnahme an einer Übergabe(Begehung) der Mietsache, 122 würde er **unter normalen Umständen in Schuldnerverzug** geraten. Resultiert die Weigerung aus bestehenden Schutzanordnungen, die ein Zusammentreffen mehrerer Personen unterschiedlicher Haushalte unterbinden sollen, kommen Zweifel an einem Vertretenmüssen auf. Eine gleichzeitige Anwesenheit von mehreren Personen im Rahmen der Rückgabe ist gesetzlich nicht vorgesehen. Übermittelt der Mieter – ebenso wie der Vermieter bei der Wohnungsübergabe – nach Räumung der Mietsache sämtliche – auch alle selbst beschafften – Schlüssel an den Vermieter, gelangt dieser in den Besitz der Mietsache, da der Besitz von verschlossenen Gegenständen regelmäßig daran festgemacht wird, wer die Schlüssel innehat.[88] In diesen Fällen kann der Vermieter zu einer Rücknahme der Mietsache durch Schlüsselübersendung und Entgegennahme der Schlüssel verpflichtet sein. Jedenfalls ist ihm aus Treu und Glauben die Berufung darauf verwehrt, die postalische Übermittlung der Schlüssel zum Zwecke der Besitzverschaffung stelle nicht „die geschuldete Leistung" dar (→ Rn. 42).

Mit Erhalt der **Schlüssel** ist der Vermieter grundsätzlich in der Lage, die **Mietsache in** 123 **Augenschein zu nehmen** und auf etwaige Rückgabemakel oder Schäden zu untersuchen. Damit beginnt üblicherweise auch die kurze **Verjährungsfrist** des § 548 Abs. 1 BGB, sofern sich der Mieter sämtlicher Einwirkungsmöglichkeiten auf die Mietsache begeben hat.[89]

In Zeiten, in denen das gesteigerte Risiko, sich mit noch unerforschten Krankheits- 124 erregern zu infizieren besteht, könnte erwogen werden, diese Untersuchungsmöglichkeit davon abhängig zu machen, dass der Mieter die Mietsache „**virusfrei**" – mit anderen Worten: vollständig desinfiziert – übergibt. Wie in → Rn. 95 ausgeführt, genügen die empfohlenen Hygienemaßnahmen, das eigene Infektionsrisiko zu reduzieren. Wird ferner berücksichtigt, dass der weit größte Teil der Bevölkerung nicht infiziert ist und dass das SARS-CoV-2-Virus nach spätestens 3 Stunden innerhalb von Partikeln in der Luft nicht mehr infektiös ist, nach 4 Stunden auf Kupfer, nach 24 Stunden auf Karton und nach 2–3 Tagen auf Plastik und rostfreiem Stahl,[90] wäre die Mietsache spätestens drei Tage nachdem sie geräumt und nicht mehr aktiv vom Mieter genutzt wird, frei von infektiösen SARS-CoV-2-Viren. Insoweit verbietet sich eine generalisierende Betrachtung und pauschale Verschiebung des Zeitpunkts der Untersuchungsmöglichkeit. Vorstellbar ist im Rahmen einer Einzelfallbetrachtung allenfalls, dass dem Vermieter die Untersuchung der Mietsache erst drei Tage nach Rückerhalt der Mietsache zumutbar ist. Dann würde sich aber der Verjährungsbeginn um drei Tage verschieben.

---

[88] Schmidt-Futterer/Streyl BGB § 546 Rn. 27.
[89] Schmidt-Futterer/Streyl BGB § 548 Rn. 34 mwN.
[90] S. https://www.spiegel.de/wissenschaft/medizin/coronavirus-so-lange-ueberdauert-sars-cov-2-auf-oberflaechen-a-f84ce281-cac3-42e9-a52a-b1e2f035f56d.

125 Verweigert der Mieter die Mitwirkung an der Rückgabe der Mietsache unter Hinweis auf bestehende Ausgangssperren/Zusammenkunftsverbote begibt sich in anderer Weise seiner Einwirkungsmöglichkeit auf diese und verschafft dem Vermieter nicht den Besitz (zum Beispiel durch Schlüsselübersendung), kommt er mit einerseits mit der Rückgabe der Mietsache in Verzug, anderseits ist er zur **Zahlung von Nutzungsentschädigung** (§ 546a BGB) verpflichtet.

126 Lehnt der Vermieter die Mitwirkung an der Rückgabe der Mietsache ab, gerät er in Gläubigerverzug, der Mieter kann den **Besitz an der Mietsache gemäß § 300 BGB aufgeben.** Einem Anspruch auf Nutzungsentschädigung steht der Annahmeverzug des Vermieters mangels Vorenthaltung der Mietsache entgegen.[91]

127 Hinsichtlich des **Rückgabezustandes der Mietsache** ergeben sich keine Besonderheiten aufgrund der Coronapandemie. Vorstellbar ist indes, dass die dem Mieter gemäß § 281 Abs. 1 BGB für bislang nicht oder nicht wie geschuldet erbrachte Leistungen, zB Schönheitsreparaturen, zu setzenden Fristen länger ausfallen, wenn aufgrund bestehender Schutzanordnungen der Erwerb von Malerutensilien nicht möglich ist und diese anderweitig beschafft werden müssen.

---

[91] Schmidt-Futterer/Streyl BGB § 546a Rn. 47.

§ 2 Kündigungsschutz nach Art. 240 § 2 EGBGB

Inhaltsübersicht

	Rn.
I. Einleitung	1
II. Regelungszweck	3
1. Gesetzesbegründung	4
2. Aussprache im Bundestag vom 25.3.2020	5
3. Ergebnis	6
III. Regelungsinhalt	8
1. Anwendungsbereich	8
2. Nichtleistung der Miete trotz Fälligkeit	11
a) Begriff der Miete	17
b) Vollständige Nichtleistung innerhalb der Schonzeit	17
c) Überschreitung der kündigungsrelevanten Schwelle in der Schonzeit	18
d) Überschreitung der kündigungsrelevanten Schwelle nach der Schonzeit	20
3. Beruhen der Nichtleistung auf den Auswirkungen der COVID-19-Pandemie	21
a) Allgemeine Kausalität	21
b) Beispiele des Gesetzgebers	23
c) Typisierung	25
aa) Weiter Ursächlichkeitsbegriff	25
bb) Ursachen auf der Seite des Arbeitgebers bzw. Auftraggebers	26
cc) Weitere Ursachen	27
4. Rechtsfolge	29
a) Kündigungsverbot	29
b) Kosten der Kündigung sowie deren Abwehr	30
c) Gesetzesmethodik	31
5. Rechtslage nach dem 30. Juni 2022	33
a) Nichtanwendbarkeit der Norm	33
b) Kündigungsmöglichkeit	34
c) Folgen früherer Kündigungen	35
d) Nachzahlung und Teilzahlung vor dem 30.6.2022	36
aa) Grundsatz: Keine Relevanz der Nachzahlungen außerhalb allgemeiner Regelungen	37
bb) Historisch-teleologische Auslegung von Art. 240 § 2 Abs. 4 EGBGB	38
cc) Teilzahlungen	39
6. Kündigung bei späterer Nichtleistung trotz Zahlungsfähigkeit	40
IV. Analoge Anwendung des Art. 240 § 2 EGBGB	43
1. Einführung	43
2. Maß der Analogiefähigkeit von Art. 240 § 2 EGBGB	44
a) Regelungslücke	45
b) Verfassungsrechtliche Relevanz bewusster Planwidrigkeit/Gesetzesmängel in der Analogielehre	47
c) Über Art. 240 § 2 EGBGB analog anzuwendende Vorschriften	51
aa) Befriedigung vor Kündigung nach § 543 Abs. 2 S. 2 BGB	51
bb) § 569 Abs. 3 Nr. 2 BGB	52
cc) §§ 283a, 940a Abs. 3 ZPO – Räumungsverfügung	53
V. Darlegungs- und Beweislast	54
1. Allgemeine Grundsätze der Darlegung und Beweisführung	54
2. Kündigungsschutz nach Art. 240 § 2 EGBGB	55
a) Eintritt des Zahlungsrückstands in der Schonzeit	55
b) Beruhen der Nichtleistung auf den Auswirkungen der COVID-19-Pandemie	57
c) „Glaubhaftmachung" nach Art. 240 § 2 Abs. 1 S. 2 EGBGB	58
VI. § 272 Abs. 4 ZPO – Vorrangige Bearbeitung von Räumungsverfahren	63
VII. Räumungsfrist nach § 721 ZPO	64

	Rn.
VIII. Mietzahlungspflicht während der Schonzeit	66
IX. Verwertung der Kaution im laufenden Mietverhältnis	67
X. Mietminderung/Mieterhöhung/§ 313 BGB	68
XI. Abdingbarkeit	69

I. Einleitung

1 Mit dem am 28.3.2020 in Kraft getretenen **Gesetz zur Abmilderung der Folgen der COVID-19-Pandemie im Zivil-, Insolvenz- und Strafverfahrensrecht** (BGBl. 2020 I 569) hat der Gesetzgeber sozusagen im Eilverfahren eine Reihe von Vorschriften erlassen, um verschiedene Gruppen vor Nachteilen infolge der Corona-Pandemie zu schützen. Konkret soll der durch die wirtschaftlichen Beschränkungen eintretende Einkommensverlust nicht zu schwerwiegenden Beeinträchtigungen führen.[1] Hiervon ist über Art. 240 § 2 EGBGB auch das Miet- einschließlich des Pachtrechts erfasst.[2] Während der gesetzlich bestimmten **Schonzeit** der Monate April bis Juni 2020 ist eine Kündigung wegen Zahlungsverzuges nicht möglich, wenn dieser durch die Folgen der COVID-19-Pandemie bedingt ist. Gemäß Art. 240 § 4 Abs. 2 EGBGB kann die Bundesregierung durch Rechtsverordnung mit Zustimmung des Bundestages, jedoch ohne diejenige des Bundesrates, die genannte Frist über den 30.9.2020 hinaus zu verlängern.

2 Dabei sind schon hinsichtlich des – jedenfalls insoweit eindeutigen – Gesetzestextes **Fehlvorstellungen** aufgetreten, wie etwa die Ansicht, es müsse in der Zeit auch keine Miete geleistet werden. Das Gesetz selbst ist jedoch „mit heißer Nadel gestrickt" und weist dabei nicht nur handwerkliche Probleme auf, wie etwa die Regelung einer – dazu systemfremden – Beweisführungsart im materiellen Recht. Viele mit dem Gesetzeszweck notwendiger Weise verbundene Fragen, etwa die Heilungsmöglichkeiten der Kündigung durch Nachzahlung, sind schlicht nicht erfasst und vermutlich in der Eile auch nicht gesehen worden. Allerdings nimmt der Gesetzgeber für sich selbst nicht in Anspruch, ein umfassend durchdachtes Gesetzeskonstrukt erstellt zu haben, da noch nicht alle fachlichen Hinweise aufgegriffen werden konnten und erkennbar Nachbesserungsbedarf besteht.[3] Art. 240 § 2 EGBGB ist daher – gewollt – in erheblichem Maße der **Auslegung**[4] und ggf. auch der **Analogie zugängig und bedürftig**.

II. Regelungszweck

3 Der Regelungszweck ist von **zentraler Bedeutung**. Denn die Norm bedarf wie eingangs dargelegt einerseits einer umfangreichen Interpretation. Die Entwurfsbegründung stellt insoweit die Grundlage für die **historisch-teleologische** Auslegung dar. Andererseits dient sie der Möglichkeit zur Analogiebildung, weil das Zurückbleiben des Regelungsumfangs hinter dem Gesetzeszweck sowohl die **Regelungslücke** als

---

[1] BT-Drs. 19/18110, 1.
[2] Kritisch hinsichtlich der Vereinbarkeit mit Art. 14 GG Uth/Barthen NZM 2020, 385.
[3] Eva Högl, Stenografischer Bericht des Deutschen Bundestages, 154. Sitzung, 19155.
[4] Artz/Brinkmann/Pielsticker MDR 2020, 527.

auch deren **Planwidrigkeit** begründen kann. Materialien hierfür sind insbesondere die Begründung des Gesetzesentwurfs sowie die Aussprache im Bundestag.

1. Gesetzesbegründung

Der Gesetzesentwurf setzt an den **Kündigungsvorschriften** von § 543 Abs. 2 S. 1 Nr. 3 BGB, § 573 Abs. 2 Nr. 1 BGB an. Es bestehe die Befürchtung, dass aufgrund der im Zuge der COVID-19-Pandemie zu erwartenden **Einnahmeverluste** gerade bei Personen mit einer **hohen Mietbelastungsquote** der kündigungsrelevante Ausstand kurzfristig erreicht werden könne. Zudem bestehe hierbei häufig dennoch kein Anspruch auf **staatliche Ersatzleistungen,** jedenfalls sei zu befürchten, dass die Gewährung nicht zeitnah erfolgt.[5] Das ist vor dem Hintergrund der 2. Jobcenter-Entscheidung des BGH[6] stringent, weil der Zeitraum bis zur Leistungsgewährung auch dann vom Mieter zu vertreten ist, wenn die Verzögerung rechtswidrig war. Aus diesen Gründen schränkt Art. 240 § 2 EGBGB das Recht des Vermieters zur Kündigung wegen Mietschulden vom 1.4.2020–30.6.2020 ein, wenn sie auf den Auswirkungen der COVID-19-Pandemie beruhen.

4

2. Aussprache im Bundestag vom 25.3.2020

Aufgrund des Vorliegens mehrerer Änderungsanträge erfolgte in der **154. Plenarsitzung** eine Aussprache vor der Abstimmung. Diese vertiefte die Gesetzesentwurfsbegründung noch einmal. So weist *Christine Lamprecht*[7] auf die Angst der Mieter vor **Jobverlust, Kurzarbeit, Betriebsschließung** oder **Auftragsrückgang** hin. Aufgrund der **geringeren Einnahmen** werde befürchtet, die **Wohnung zu verlieren.** Dem wirke das Gesetz entgegen. Gerade während der COVID-19-Pandemie solle niemand die Wohnung als **Rückzugsort** aufgeben müssen. So *Volker Ullrich*:[8] *("Aber wenn jemand coronabedingt die Miete nicht bezahlen kann, dann muss er nicht fürchten, dass ihm die Wohnung gekündigt wird.")*. *Jan-Marco Luczak*[9] betont, dass den Menschen die Sorge genommen werden solle, ihre Wohnung zu verlieren, ebenso die *("dringende Notwendigkeit")* des *("Nachweises und der Glaubhaftmachung")* einer Verbindung zwischen der Pandemie und dem Unvermögen, die Miete zu zahlen. *Friedrich Straetmanns*[10] nennt ebenfalls den Schutz des Mieters vor der Kündigung als zentralen Aspekt der Neuregelung, ebenso *Eva Högl*,[11] die zudem auf die Notwendigkeit verweist, auch die Verträge der **Gewerberaummieter** zu erhalten.

5

3. Ergebnis

Die Erkenntnisse aus dem Gesetzgebungsverfahren über den Regelungszweck des Art. 240 § 2 EGBGB ergeben einen **klaren Befund.** Der Gesetzgeber will **verhindern,** dass Mieter, die aufgrund der **Auswirkungen der COVID-19-Pandemie** mit der

6

---

[5] BT-Drs. 19/18110, 1/2.
[6] BGH NJW 2015, 1296.
[7] Plenarprotokoll 19/154 – Stenografischer Bericht des Deutschen Bundestages, 154. Sitzung, 19150.
[8] Plenarprotokoll 19/154 – Stenografischer Bericht des Deutschen Bundestages, 154. Sitzung, 19156.
[9] Plenarprotokoll 19/154 – Stenografischer Bericht des Deutschen Bundestages, 154. Sitzung, 19152.
[10] Plenarprotokoll 19/154 – Stenografischer Bericht des Deutschen Bundestages, 154. Sitzung, 19155.
[11] Plenarprotokoll 19/154 – Stenografischer Bericht des Deutschen Bundestages, 154. Sitzung, 19155.

Mietzahlung in Rückstand geraten, ihre **Wohnung** oder gemieteten **Gewerberaum verlieren.** Dabei handelt es sich um eine umfassende Verknüpfung von Pandemie und verminderter Zahlungskompetenz (→ Rn. 21 ff.). Zwar nennt der Gesetzgeber Beispiele des Einkommensverlustes. Erkennbar ist das jedoch nur als naheliegendste Variante gemeint. Es finden sich vielfach Bezüge zu der Beeinträchtigung der Wirtschaft als solche und auch der Gesellschaft selbst durch die COVID-19-Pandemie. Das ist deshalb von Bedeutung, weil somit eine unmittelbare Geldmittelzufluss-Kette jedenfalls nicht zwingend gefordert wird. Erkennbar sind auch Situationen gemeint, in denen der Mieter bzw. das die Mieteinnahmen generierende Familienmitglied zwar Einkommen erarbeiten könnte, aber aus **anderen Gründen** hierzu nicht oder nur eingeschränkt in der Lage ist, zB wegen eigener **Erkrankung** oder derjenigen von Angehörigen durch das Corona-Virus, **Beaufsichtigung** und **Unterrichtung der Kinder,** ggf. auch wegen **Ansteckungsgefahr** gegenüber sonst unterstützenden Großeltern, etc (→ Rn. 27).

7 Die zweite wichtige Erkenntnis aus den Ausführungen des Gesetzgebers, sei es in der Gesetzesbegründung oder in der Aussprache, liegt in dem deutlichen Willen einer **abschließenden Regelung.** Jede Konnexität zwischen der COVID-19-Pandemie und einer verminderten Möglichkeit zur Erfüllung der mietvertraglichen Pflichten soll als relevante Ursache für den Verlust der Mietsache gelten. Dass der Gesetzgeber also nur die Kündigungen nach §§ 543, 573 BGB für unzulässig erklärt, bedingt nicht die Schlussfolgerung, er wolle die Beendigung des Mietverhältnisses auch nur in diesen Fällen ausschließen. Offensichtlich ist, dass etwa auch das pandemiebedingte Unvermögen, Mieten nachzuzahlen, von der gesetzgeberischen Zielsetzung erfasst ist, soweit etwa das Gesetz (§ 543 Abs. 2 S. 2 BGB, § 569 Abs. 3 Nr. 2 BGB) oder die Rechtsprechung des Bundesgerichtshofs[12] hieran die Möglichkeit knüpfen, das Mietverhältnis fortzuführen. Das ist nicht nur für die Auslegung der Norm selbst, sondern auch eine mögliche Rechtsfortbildung relevant (→ Rn. 43 ff.).

III. Regelungsinhalt

1. Anwendungsbereich

8 Der Anwendungsbereich des Art. 240 § 2 Abs. 1 S. 1 EGBGB erfasst sachlich **Mietverhältnisse über Grundstücke und Räume,** sowie gem. Abs. 3 auch für **Pachtverträge** und damit auch die Landpacht.[13] Dabei ist zunächst klarzustellen, dass die Formulierung „Grundstücke und Räume" zwar dem Gesetzeswortlaut des § 578 BGB entspricht, der an sich gerade nicht die Wohnraummiete erfasst und nur einzelne Vorschriften dieser für anwendbar erklärt. Aus der Gesetzesbegründung ergibt sich jedoch eindeutig, dass selbstverständlich und auch primär die **Wohnraummiete** gemeint ist, da verhindert werden soll („*dass Mieter die Wohnräume und Gewerbetreibende die angemieteten Räume und Flächen und damit die Grundlage ihrer Erwerbstätigkeit verlieren*").[14] Aus dieser Formulierung, sowie den übrigen Erörterungen des Gesetzgebers

---

[12] BGH NJW 2013, 159 – sog. Rechtsprechung zum *milderen Licht*.
[13] Uhlenbruck/Möllnitz/Schmidt-Kessel EGBGB Art. 240 §§ 1–4 Rn. 98.
[14] BT-Drs. 19/18110, 36; vgl. auch Mahdi/Rosner NZM 2020, 416 (417); Uhlenbruck/Möllnitz/Schmidt-Kessel EGBGB Art. 240 §§ 1–4 Rn. 96.

ergibt sich aber auch zugleich, dass es hiermit sein Bewenden hat. Andere Mietverträge sowie **weitere Überlassungsverträge sind nicht erfasst,** auch wenn sie sich gerade mit Blick auf den Schutz des Gewerberaummieters als wichtig für die Erzielung des Einkommens darstellen. Ausgeschlossen von der Anwendung ist daher auch die Miete beweglicher Sachen, sowie die **Schiffsmiete** (§ 578a BGB, §§ 553ff. HGB).[15] Auf **Verwahrungsverträge** sind die Vorschriften ebenfalls nicht anwendbar, obwohl hier jedenfalls bei Üblichkeit ein Entgelt vereinbart ist. Aufgrund der Vorleistungspflicht des Verwahrers (§ 399 BGB) können jedoch allenfalls Störungen bei Nichtleistung einer vereinbarten Teilfälligkeit eintreten. Hierbei gilt jedoch primär das Zurückbehaltungsrecht gem. § 273 BGB, ein Kündigungsrecht ist nicht geregelt. Auch die **Leihe** unterliegt nicht dem Kündigungsverbot nach Art. 240 § 2 EGBGB. Sie hat zwar keinen Entgeltcharakter, der Entleiher hat jedoch die Erhaltungskosten zu tragen (§ 601 BGB).[16] Das Kündigungsrecht nach § 605 Nr. 2 BGB bezieht sich jedoch auf den vertragswidrigen Gebrauch iSd § 603 BGB und nicht auf die Leistung der Erhaltungskosten nach § 601 BGB.[17] Das wäre bei erheblicher Gefährdung mangels Erhaltung zwar denkbar, der Gesetzgeber hatte mit § 240 § 2 EGBGB diese Fälle aber erkennbar nicht im Sinn. Es existiert **keine Beschränkung des persönlichen Anwendungsbereichs.** Die Vorschrift ist insbesondere sowohl auf Unternehmer als auch Verbraucher anwendbar.

Fraglich ist, wie mit **Leasingverträgen** umzugehen ist, da sie wohl auch nicht von Art. 240 § 1 EGBGB erfasst werden.[18] Jedenfalls für das Immobilienleasing wird eine Anwendung vor dem Hintergrund des Regelungszwecks und der Einordnung als atypische Miete bejaht.[19] Methodisch ist das nicht unproblematisch. Denn der Wortlaut des Gesetzes spricht ausdrücklich von Mietverträgen, obwohl der Begriff des Leasingvertrages bekannt und gebräuchlich ist. Er sperrt die historisch-teleologische Gesetzesauslegung aber dennoch nicht.[20] Denn Mietverträge erfassen jedenfalls dogmatisch und damit zulässiger Weise auch begrifflich Leasingverträge. Und nach dem Gesetzeszweck wird, das zeigen die Ausführungen zur Gewerberaummiete, auch das Mietobjekt als Grundlage der Einkommenserwirtschaftung geschützt. Damit ist die Erfassung jedenfalls von **Immobilienleasingverträgen** über die **Normauslegung gedeckt.** Anders verhält sich das zum Mobilienleasing. Diesbezüglich greift die Wortlautsperre, weil eine Subsumtion unter Grundstücke und Räume in keiner Weise möglich ist. Eine Analogie ist indes fraglich. Es fehlt bereits an der – von der Planwidrigkeit zunächst zu trennenden – Regelungslücke (umfassend zur Analogie → Rn. 43). Durch die ausdrückliche Verwendung der Begriffe „Wohnung" und „Grundstücke" ist ein weitergehender Regelungszweck der Norm erkennbar nicht intendiert gewesen. Zwar können die Ausführungen über den Schutz des Gewerberaummieters herangezogen werden, auch um dem Verlust zB geleaster Produktionsmittel vorzubeugen. Die Gesetzessystematik gibt jedoch eine Unvollständigkeit abschließender Regelungsabsicht insoweit nicht wieder.

9

---

[15] Uhlenbruck/Möllnitz/Schmidt-Kessel EGBGB Art. 240 §§ 1–4 Rn. 97.
[16] BGH NZM 2017, 729; BeckOK BGB/Zehelein § 535 Rn. 29.
[17] Staudinger/Dieter Reuter, 2013, BGB § 605 Rn. 6.
[18] Scholl WM 2020, 765 (766).
[19] Uhlenbruck/Möllnitz/Schmidt-Kessel EGBGB Art. 240 §§ 1–4 Rn. 99; Schmidt-Kessel/Möllnitz NJW 2020, 1103 (1105).
[20] Hierzu Möllers, Juristische Methodenlehre, 2. Aufl. 2019, § 4 Rn. 36; Larenz/Canaris, Methodenlehre der Rechtswissenschaft, 3. Aufl. 1995, S. 137.

10 In zeitlicher Hinsicht erfasst Art. 240 § 2 EGBGB sowohl **laufende Mietverträge** als auch **Neuabschlüsse** innerhalb der Schonzeit. Dass sich der Mieter, der wissend um seine durch die COVID-19-Pandemie bedingte Nichtleistungspflicht einen Vertrag abschließt, ohne vertragliche Regelung hierzu nicht auf Art. 240 § 2 EGBGB berufen könne,[21] ist mit dem Gesetz nicht zu vereinbaren. Es ist kein Grund ersichtlich, warum ein Vermieter, der im bereits laufenden Mietverhältnis nicht kündigen könnte, weniger schutzwürdig sei, als derjenige, dessen Miete im ersten Monat ausbleibt. Das, zumal der Zahlungsanspruch bestehen bleibt und eine Neuvermietung bis zum Ablauf der Schonzeit ohnehin fraglich bzw. mit Blick auf die Dauer des Räumungsverfahrens ausgeschlossen erscheint. Der Mieter handelt auch **nicht rechtsmissbräuchlich,** wenn er sich auf Art. 240 § 2 EGBGB beruft. Denn der Regelungszweck, den Mietvertrag nicht aufgrund der pandemiebedingten Zahlungsunfähigkeit zu verlieren, greift hier genauso. Den Gesetzesmaterialien ist nicht zu entnehmen, dass diese Fälle nicht erfasst wären. Denkbar ist allerdings ein Verstoß des Mieters gegen **§ 311 Abs. 2 BGB**, wenn er dem Vermieter nicht die pandemiebedingte Zahlungsunfähigkeit oder zumindest deren ausreichend konkretes Drohen vor Vertragsschluss mitteilt. Das kann Schadensersatzansprüche des Vermieters begründen, die Kündigung ist jedoch auch hierüber nicht möglich.

2. Nichtleistung der Miete trotz Fälligkeit

a) Begriff der Miete

11 Der Tatbestand des Art. 240 § 2 EGBGB erfasst, vorbehaltlicher einer zeitlichen Erweiterung durch Rechtsverordnung, alle vom 1. April bis einschließlich 30. Juni 2020 **fällig** werdende bzw. gewordene Mieten. Damit ist bereits klargestellt, dass die Regelung **keinen Einfluss auf die Mietzahlungspflicht** als solche hat. Der Anspruch aus § 535 Abs. 2 BGB besteht weiterhin und kann im Falle des Verzuges auch zu einer Verzinsung führen.

12 Die Miete ist nach § 556b Abs. 1 BGB am 3. Werktag eines Monats zu entrichten, was die Vornahme der geschuldeten **Leistungshandlung,** nicht den Eintritt des Leistungserfolges meint.[22] Abweichende Vereinbarungen sind hier möglich, weil das halbzwingende Abweichungsverbot nach § 556b Abs. 2 S. 2 BGB nur für Abs. 2 S. 1 gilt. Eine Nichtleistung iSd Art. 240 § 2 BGB liegt daher vor, wenn der Mieter die Leistungshandlung innerhalb des relevanten Zeitraums nicht vorgenommen hat.

13 Das Kündigungsverbot bezieht sich nach Abs. 1 S. 1 auf die Nichtleistung „**der Miete**". Hier bedarf es einer umfassenden Auslegung der Norm. Denn Miete iSd § 535 Abs. 2 BGB, worauf nach der Begrifflichkeit zunächst einmal abzustellen ist, beinhaltet sowohl die Nettomiete als auch die Betriebskostenvorauszahlungen sowie die Nachforderung aus einer Betriebskostenabrechnung.[23] Die Erörterungen der Gesetzesbegründung beziehen sich jedoch primär auf § 543 Abs. 3 S. 1 Nr. 3 BGB, weil auf die Gefahr der Kündigung bei Ausbleiben der zweiten Miete abgestellt wird.[24] Das

---

[21] Uhlenbruck/Möllnitz/Schmidt-Kessel EGBGB Art. 240 §§ 1–4 Rn. 101.
[22] BGH NJW 2017, 1596.
[23] BT-Drs. 14/4553, 50; BGH NZM 2019, 253; NJW 2005, 1713; Langenberg/Zehelein, Betriebskosten- und Heizkostenrecht, 9. Aufl. 2019, B Rn. 1.
[24] BT-Drs. 19/18110, 2/16.

würde nur die **laufende Bruttomiete** erfassen. Dennoch werden sowohl § 543 Abs. 1 BGB als auch § 573 BGB mit aufgeführt, so dass die allgemeinen Kündigungstatbestände ebenfalls erfasst sind. Diese ermöglichen jedenfalls im Grunde auch Kündigungen wegen des Verzuges mit der Begleichung der Nachforderung aus einer **Betriebskostenabrechnung**,[25] als auch wegen fortlaufend **unpünktlicher Mietzahlung**.[26] Daraus ergibt sich, dass alle vorstehenden Fälle nicht geleisteter Mieten unter den Kündigungsschutz fallen. Das ist auch mit dem Wortlaut der Norm zu vereinbaren, weil das Gesetz hier den Begriff der „Nichtleistung" erkennbar nicht so meint, dass die Miete überhaupt nicht geleistet worden sein darf; ausreichend ist, dass sie nur bei Fälligkeit und damit verzugsbegründend unterblieben ist (nicht geleistet wird). Eine andere Wertung ist schon deshalb nicht möglich, weil der Kündigungsgrund des § 543 Abs. 2 S. 1 Nr. 3 BGB auch bei nachgezahlter Miete sofort mit Fälligkeit eintritt, also immer durch eine Nichtleistung generiert wird. Zudem wäre es widersinnig, denjenigen Mieter, der die Miete überhaupt nicht zahlt, besser zu stellen, als denjenigen, der sie „nur" zu spät leistet. Schließlich ist wegen § 569 Abs. 2 lit. a BGB auch die **Kaution** erfasst.[27] So eine teleologische Auslegung über den Wortlaut gesperrt ist, greift die Analogie (→ Rn. 43 ff.).

Hinsichtlich der **unpünktlichen Mietzahlung** erfolgt die Einordung des Kündigungstatbestandes in den Schonzeitraum April bis Juni 2020 wie bei der vollständigen Nichtleistung. Denn auch, wenn erst mehrere zu spät erbrachte Mieten das Kündigungsrecht auslösen, kommt es auf die **letzte, die Relevanzschwelle überschreitenden Miete** an. Fällt diese in den Schonzeitraum, greift der Kündigungsschutz, so die weiteren Voraussetzungen vorliegen. 14

Für **Nachforderungen aus Betriebskostenabrechnungen** ist die zeitliche Einordnung unter die Kündigungsschonzeit deutlich schwieriger. An sich bietet sich der Eintritt des Verzuges an (so die weiteren Voraussetzungen gerade hinsichtlich der Höhe erfüllt sind). Das ist aber vor dem Hintergrund problematisch, dass der Bundesgerichtshof nach wie vor eine Prüffrist des Mieters ablehnt.[28] Die Abrechnung wird mit Zugang der formell ordnungsgemäßen Betriebskostenabrechnung fällig und ist daher auch der Inverzugsetzung zugänglich. Die Korrektur über das Vertretenmüssen nach §§ 280, 286 BGB erscheint auch bei Gewährung der Belegeinsicht durch den Vermieter aufgrund der organisatorischen und inhaltlichen teilweise durchaus erheblichen Umstände wenig angemessen. Das Gericht wird letztlich einen Zeitpunkt bestimmen müssen, an dem der unterbliebene Ausgleich der Nachforderung das Kündigungsrecht begründen würden. Fällt dieser in den Schonzeitraum, greift Art. 240 § 2 EGBGB jedenfalls zeitlich. 15

Schließlich ist nach dem Regelungszweck **jede geldwerte Leistung** erfasst, die der Mieter aufgrund der Auswirkungen der COVID-19-Pandemie nicht erbringen kann. Denn es kann für den Schutz des Mieters keinen Unterschied machen, ob er die Miete, wie § 535 Abs. 2 BGB jedenfalls üblicher Weise vorsieht, als Geldleistung erbringt, oder ob diese nach dem Vertrag ganz oder teilweise in Leistungs- und insbes. 16

---

[25] HM, vgl. LG Berlin GE 2015, 452, BeckRS 2015, 6628; Schmidt-Futterer/Blank BGB § 543 Rn. 185b; BeckOGK/Mehle BGB § 543 Rn. 51; BeckOK BGB/Wiederhold BGB § 543 Rn. 54.
[26] BGH NZM 2012, 22; NJW 2011, 1570.
[27] Mahdi/Rösner NZM 2020, 416 (421).
[28] BGH NZM 2018, 458 mAnm Zehelein.

Vornahmepflichten umgewandelt ist. Das meint gerade diejenigen Leistungen, die an sich nach § 535 Abs. 1 BGB vom Vermieter zu erbringen sind, jedoch über den Mietvertrag auf den Mieter abgewälzt und anstelle einer Geldleistung geschuldet werden. Soweit es sich um eine formularvertragliche Abwälzung handelt, steht dem in der Regel schon deshalb ein Mietnachlass gegenüber, wie etwa bei den **Schönheitsreparaturen**.[29] Nicht anders stellt sich die Thematik bei der Abwälzung von **Instandhaltungsarbeiten** dar. Zwar hat der XII. Senat des BGH bislang das Ausgleichsprinzip der Schönheitsreparaturen bei formularvertraglicher Übertragung der Instandhaltung nicht ausdrücklich angewendet. Das ergibt sich jedoch aus der Senatsrechtsprechung gerade zur Liquidierung des Instandhaltungsanspruchs bei Umbau nach Mietende.[30] Denn der BGH stellt insoweit Schönheitsreparaturen und Instandhaltung gleich. Das Liquidierungsinteresse des Vermieters kann sich dabei in jedem Fall nur daraus ergeben, dass er andernfalls die Leistung (als Miete) in Geld erhalten hätte, da er sonst keinen wirtschaftlichen Nachteil erfährt. Im Übrigen ist diese Frage üblicher Weise Teil der Vertragsverhandlungen und geht somit gleichfalls in die Mietpreisbildung ein.[31] Ebenso erfasst sind etwa **Gebrauchsüberlassungen, Hausmeisterdienste, Werkleistungen, etc.**[32]

b) Vollständige Nichtleistung innerhalb der Schonzeit

17 Die Ausführungen der Gesetzesbegründung sowie die Aussprache im Plenum zeigen, dass der Gesetzgeber offensichtlich ein sehr vereinfachtes Szenario dem Regelungsvorhaben zugrunde gelegt hat, in dem der Mieter das Geld für die Miete nicht oder jedenfalls nicht in ausreichendem Maß innerhalb des Schonzeitraums aufbringen kann. Diese Fälle sind daher **unproblematisch von Art. 240 § 2 EGBGB erfasst.**

c) Überschreitung der kündigungsrelevanten Schwelle in der Schonzeit

18 Alle drei **Varianten des § 543 Abs. 2 S. 1 Nr. 3 BGB** sind jedoch **darauf ausgelegt,** dass der Verzug jedenfalls **über zwei Termine** besteht, konkret gerechnet vom Datum der Fälligkeit eines Monates bis zum Ablauf des Tages, in den die Fälligkeit des folgenden Monats fällt.[33] Tatsächlich zeigt die mietgerichtliche Praxis, dass der Kündigungsgrund häufig erst durch das Auflaufen von Ausständen mehrerer Monate entsteht. Um ausreichenden Schutz des Mieters zu gewähren, muss der Tatbestand der Nichtleistung also bereits Ausstände aus Vormonaten insoweit zumindest gedanklich miterfassen, als dass mit **Nichtleistung** der Miete **ebenso** die Nichtleistung des **die Kündigungsschwelle überschreitenden Teils der Miete gemeint** ist.[34] Konkret kann das also bedeuten, dass der Mieter auch dann in den Anwendungsbereich des Art. 240 § 2 EGBGB fällt, wenn er die Miete März 2020 überhaupt nicht geleistet hat und von der Aprilmiete 0,01 EUR fehlen. Ob es sich hierbei tatsächlich um einen durch die Pandemie verursachten Ausfall handelt, ist an dieser Stelle nicht relevant, sondern eine Frage der Kausalität (→ Rn. 21 ff.). Der Gesetzgeber will, das zeigt der Regelungszweck

---

[29] BGH NZM 2007, 879; NJW 1985, 540; Langenberg/Zehelein, Schönheitsreparaturen Instandhaltung und Rückgabe, 5. Aufl. 2015, I Rn. 47.
[30] BGH NZM 2014, 270.
[31] Vgl. BGH NJW 2002, 2383.
[32] Vgl. MüKoBGB/Häublein BGB § 535 Rn. 195; BeckOK BGB/Zehelein BGB § 535 Rn. 509.
[33] Instruierend hierfür grundsätzlich die Veranschaulichung bei Blank/Börstinghaus/Blank BGB § 543 Rn. 149 ff.
[34] Elzer, Beitrag beck-community v. 26.3.2020.

(→ Rn. 3 ff.), den Mieter vollumfänglich davor schützen, wegen wirtschaftlichem Unvermögen zur Mietzahlung, so dieses durch die COVID-19-Pandemie bedingt ist, seinen Mietvertrag und somit die Mietsache zu verlieren. Maßgeblich ist daher alleine das zu erreichende Ziel des Gesetzes, welches im Tatbestand nicht quantifizierbar ist. Ebenso wenig greift eine, dem Zivilrecht ohnehin fremde, Verhältnismäßigkeitsprüfung.

Vorstehendes findet auch für unpünktliche Zahlungen und (anteilige) Nichtleistungen von Betriebskostennachforderungen Anwendung. Gleiches gilt, wenn der vor dem 1.4.2020 aufgelaufene Zahlungsrückstand die Kündigung zwar rechtfertigen kann, die **erforderliche Dauer des Verzuges** (zB ein Monat nach § 573 Abs. 2 Nr. 1 BGB[35] oder zwei aufeinanderfolgende bzw. mehr als zwei Termine iSd § 543 Abs. 2 S. 1 Nr. 3 BGB) aber **erst in der Schonzeit erreicht** wird und der Mieter bis zu deren Eintritt pandemiebedingt keine weiteren Zahlungen erbringen konnte. Die Gegenauffassung,[36] die vorstehende Fälle nicht erfasst sieht, stützt sich auf das Tatbestandsmerkmal „allein" in Art. 240 § 2 Abs. 1 S. 1 EGBGB und versteht dieses so, dass der Kündigungsgrund alleine auf Mieten in der Schonzeit gestützt sein muss. Das aber ist wohl nicht der Fall.[37] Der Regelungszweck gibt eine solche Einschränkung nicht her. Zudem ist der Begriff im Gesetzeskontext so zu verstehen, dass die Kündigung um wirksam zu sein, zumindest auch auf ausreichenden Rückständen beruhen muss, die in keinem Zusammenhang mit dem zeitlichen Anwendungsbereich des Art. 240 § 2 EGBGB stehen, der Abzug letzterer also nicht zum Entfallen des Kündigungsgrundes führt. Das meint diejenigen durchaus häufigen Fälle, in denen das der Klageschrift beigefügte Mieterkonto ohnehin einen Ausfall mehrerer Monate aufweist. So sich im Verfahren herausstellen sollte, dass die zuvor angefallenen Rückstände nicht berücksichtigt werden können, benötigt der Kündigungsgrund also zwingend Mieten ab April 2020, ist die Kündigung nichtig (zur Rechtsfolge → Rn. 32).

d) Überschreitung der kündigungsrelevanten Schwelle nach der Schonzeit

Die vorstehend für das Überschreiten der kündigungsrelevanten Schwelle in der Schonzeit dargestellte Systematik gilt ebenso für den Fall, dass zunächst **innerhalb der Schonzeit nur ein Teilrückstand** entsteht, der auf den Auswirkungen der COVID-19-Pandemie beruht. Leistet der Mieter sodann nach deren Ende erneut weniger Miete, können beide Beträge für die Prüfung, ob der Ausstand die Kündigung rechtfertigt, **nicht addiert** werden. **Ebenso wenig** ist es möglich, den in **innerhalb der Schonfrist liegenden Zeitraum zu berücksichtigen,** so es für den Kündigungsgrund nicht (mehr) auf die Höhe, sondern nur noch die Dauer ankommt (→ Rn. 19). Art. 240 § 2 EGBGB schließt es grundsätzlich aus, dass eine Kündigung auf Zahlungsverzug beruht, der pandemiebedingt in der Schonzeit entsteht.

---

[35] BGH NJW 2013, 159.
[36] Föller WuM 2020, 249 (251); Sittner NJW 2020, 1169 (1173); jurisPK-BGB/Tiedemann BGB § 569 Rn. 150.3.; trotz Kritik die weitere Auslegung ablehnend und ohne Prüfung der Analogie auch Artz/Brinkmann/Pielsticker MDR 2020, 527 (528).
[37] Ebenso Herlitz jurisPR-MietR 8/2020 Anm. 1.

3. Beruhen der Nichtleistung auf den Auswirkungen der COVID-19-Pandemie

a) Allgemeine Kausalität

21 Die Kündigung ist nur in den Fällen ausgeschlossen, in denen die Nichtleistung des Mieters auf den Auswirkungen der COVID-19-Pandemie beruht. Es bedarf daher einer **äquivalenten Kausalität** zwischen der COVID-19-Pandemie bzw. deren Folgen und dem wirtschaftlichen Unvermögen zur Zahlung der Miete. Die Adäquanztheorie findet keine Anwendung, weil der Gesetzgeber die Pandemie als Ursache grundsätzlich anerkennt und berücksichtigt sehen will, so dass es keiner Limitierung ausufernder Haftung oder Eingrenzung des Schutzzwecks der Norm bedarf, wie im Schadensrecht.[38]

22 Liegen **andere Gründe** vor, aufgrund derer der Mieter die Miete nicht oder nicht vollständig leistet, kann der Vermieter kündigen. Die Gesetzesbegründung nennt hier etwa „Zahlungsunwilligkeit" oder die Tatsache, dass das mangelnde Leistungsvermögen andere Ursachen hat.[39] Der Regelungsgehalt ist eindeutig. Minderungen gem. § 536 BGB oder eine Aufrechnung mit Gegenansprüchen fallen nicht unter das Gesetz. Das auch dann nicht, wenn ein Mangel der Mietsache geltend gemacht wird, der aus den Folgen der COVID-19-Pandemie herrührt, wie etwa Zugangsbeschränkungen zu Gemeinschaftsflächen oder -räumen. Der Gesetzgeber will mit Art. 240 § 2 EGBGB alleine denjenigen Mieter schützen, der die Miete zahlen will, es aber pandemiebedingt wirtschaftlich nicht kann. Es handelt sich um **keine Norm des Gewährleistungsrechts.** Daher kann der Vermieter auch demjenigen Mieter kündigen, der einen Mangel annimmt, der aufgrund der COVID-19-Pandemie aufgetreten sei, sich hierüber jedoch irrt oder den Umfang der Minderung falsch einschätzt. Dem Mieter muss vielmehr der ohne das Auftreten der COVID-19-Pandemie bestehende Mittelzufluss weggefallen sein.

b) Beispiele des Gesetzgebers

23 Der Gesetzgeber nennt, wenn auch im Rahmen der Beweisführung, für den **Wohnraummieter** beispielhaft den Antrag auf **Gewährung staatlicher Leistungen** bzw. deren Bescheinigung.[40] Gemeint ist damit erkennbar der gänzliche oder teilweise **Verlust des beruflichen Einkommens,** sei es aufgrund weggefallender Aufträge für **Selbständige** oder der Gehaltskürzung (Kurzarbeit) bzw. Kündigung des Arbeitsverhältnisses von **Angestellten**. Die Vorlage von Bewilligungsbescheiden ist hingegen nur eine Frage der Beweisführung, weil sie die Feststellung des wirtschaftlichen Unvermögens beinhaltet. Ab dem Zeitpunkt der Gewährung verfügt der Mieter jedoch wiederum, soweit die Bewilligung reicht, über die Mittel.

24 **Gewerberaummieter** können sich auf eine **Einschränkung oder Untersagung des Betriebs** aufgrund von Maßnahmen zur Bekämpfung der COVID-19-Pandemie berufen.[41] Das bezieht sich unmittelbar auf Anordnungen nach bzw. beruhend auf § 28 IfSG. Im Rahmen der Ursächlichkeit geht es also auch hier um jeden **Umsatzrückgang** des in oder mithilfe der Mietsache betriebenen Gewerbes (Betriebshallen, Büro-

---

[38] Hierzu BGH NJW 2005, 1420 (1421); BeckOK BGB/Flume BGB § 249 Rn. 284.
[39] BT-Drs. 19/18110, 36.
[40] BT-Drs. 19/18110, 36.
[41] BT-Drs. 19/18110, 37.

räume), so dieser auf den Auswirkungen der Pandemie beruht. Diese Kausalität ist aber nur dann anzunehmen, wenn der Mieter tatsächlich auf die **Umsätze des geschlossenen Betriebs angewiesen** ist und seine Mittel zur Mietzahlung aus diesem oder jedenfalls einer überschaubaren Zahl von geschlossenen Gewerbemieträumen generiert. Große umsatzstarke Unternehmen, die insbesondere auch über **andere Vertriebswege** verfügen, fallen hierunter nicht ohne Weiteres.[42] Hier bedarf es auch im Rahmen der Glaubhaftmachung (→ Rn. 58 ff.) konkreten Vortrages zu Ursächlichkeit.

c) Typisierung
aa) Weiter Ursächlichkeitsbegriff

Aufgrund der Gesetzesbegründung ist somit eine Typisierung im Rahmen des Art. 240 § 2 EGBGB relevanter Ursachen möglich, die jedoch deutlich über die zur Beweisführung genannten Beispiele hinausgehen muss. Es ist nach dem Regelungszweck offensichtlich, dass der Gesetzgeber jede Folge der COVID-19-Pandemie, die zum wirtschaftlichen Unvermögen der Mietzahlung führt, berücksichtigen will.

25

bb) Ursachen auf der Seite des Arbeitgebers bzw. Auftraggebers

Einerseits ist auf ein solches Wegbrechen des Mietereinkommens abzustellen, dem **veränderte Marktverhältnisse** durch die COVID-19-Pandemie zugrunde liegen und die sich somit in der Sphäre seines Arbeit- oder, bei Selbständigen, Auftraggebers befinden. Das ist etwa der Fall, wenn **keine umsatzgenerierenden Aufträge** eingehen, oder weil diese aufgrund der Beschränkungen des Betriebs nicht bearbeitet werden können. So sich **hieraus eine Beschränkung des Einkommens** ergibt, ist die Ursächlichkeit zu bejahen. Alle anderen Fälle, also das allgemeine unternehmerische Risiko des Arbeitgebers oder Selbständigen sowie von der COVID-19-Pandemie unabhängige Gründe, wie die Kündigung durch den Arbeitnehmer oder dessen personen- und verhaltensbedingte Kündigung, sind nicht erfasst.

26

cc) Weitere Ursachen

Nach dem Regelungszweck des Art. 240 § 2 EGBGB (→ Rn. 3 ff.) will der Gesetzgeber die Mieter jedoch umfassend vor einem Verlust des Mietvertrages und damit der Mietsache schützen, wenn dieser durch die COVID-19-Pandemie bedingt ist. Dem liegen zwar primär wirtschaftliche Erwägungen zugrunde, die gerade in der Öffentlichkeit zu Beginn und während der wirtschaftsbeschränkenden Maßnahmen diskutiert wurden. Tatsächlich greift der Kündigungsschutz auch dann, wenn die **Ursache für eine Einkommensminderungen anders gelagert** ist, insbesondere aus dem **persönlichen Bereich** herrührt. Das kann natürlich in einer eigenen **Erkrankung** liegen, ebenso in einer durch die Infizierung von Familienmitgliedern oder anderen Personen des Umkreises bedingten Quarantäne. Auch das **Hüten der Kinder** aufgrund der Schließung von Kindertagesstätten und Schulen sowie das (aber nicht zwingend kumulativ) hiermit verbundene **Homeschooling** sind Ursachen im Sinne des Art. 240 § 2 EGBGB. Ebenso kommt die **Pflege von Angehörigen** in Betracht, sei es durch deren Erkrankung oder die **Unterstützung ihrer Lebensführung** gerade bei **Risikopersonen.** Insgesamt reicht es, wenn die COVID-19-Pandemie eine irgendwie geartete Ursache gesetzt hat, die dazu führt, dass die Miete nur eingeschränkt oder nicht geleistet werden

27

---
[42] Sentek/Ludley NZM 2020, 406 (407).

kann. Fraglich ist allerdings, in welchem Umfang hier eine **Abwägung** vorzunehmen und diese vom Gericht überprüfbar ist. Mit Blick auf den Regelungszweck ist das kaum anzunehmen. Das Gericht wird aber zumindest eine **Willkürprüfung** vornehmen und in extremen Fällen dem Mieter die Ursächlichkeit absprechen müssen. So wird etwa der Entschluss, die Erwerbstätigkeit einzuschränken, um allgemeine Nachbarschaftshilfe zu leisten, nicht mehr ausreichen, ein hierdurch bedingtes Unvermögen, die Miete zu zahlen, als ursächlich ansehen lassen. Bei – so rechtlich zulässig – kurzfristigem Jobverlust muss der Mieter zudem **zeitnah einen Antrag auf staatliche Übernahme** der Mieten stellen und sich gleichzeitig um eine **andere Einkommensmöglichkeit** bemühen. Gleiches gilt für die persönliche Verhinderung zur Erbringung von **geldwerten Mietleistungen** (→ Rn. 16/27).

28 Nach dem Gesetzeswortlaut fallen auch pandemiebedingte **Verzögerungen in der Bewilligung durch öffentliche Stellen** unter Art. 240 § 2 EGBGB. Das ist nach der 2. Jobcenter-Entscheidung des BGH[43] an sich ausgeschlossen. Das Kündigungsverbot stellt aber, anders als die §§ 543, 573 BGB, nicht auf ein Vertretenmüssen des Mieters ab, sondern schlicht darauf, dass die Nichtleistung auf den Auswirkungen der Covid-19-Pandemie beruht. Auch der Regelungszweck spricht für eine Aufnahme dieser Fälle. Hier kann der Mieter den Beweis etwa durch eine schriftliche Erklärung des Jobcenters führen (§§ 415, 418 ZPO).

4. Rechtsfolge

a) Kündigungsverbot

29 Greift der Tatbestand des Art. 240 § 2 EGBGB, so kann der Vermieter das Mietverhältnis aus diesem Grund nicht kündigen. **Alle anderen Kündigungsgründe der §§ 543, 573 BGB bestehen weiter.** Insbesondere also stellen die Störung des Hausfriedens, Beleidigung, Verletzung der Obhutspflicht, unerlaubte Untervermietung, etc. weiterhin zulässige Kündigungsgründe dar. Ebenso kann der Vermieter das Mietverhältnis auch wegen **Zahlungsverzugs** innerhalb der Schonzeit kündigen, so dieser in ausreichender Höhe aus der Zeit **vor April 2020** herrührt. Die Norm regeln den Kündigungsgrund, nicht den Kündigungszeitpunkt.

b) Kosten der Kündigung sowie deren Abwehr

30 Ebenso wenig kann der Vermieter die Kosten der Kündigung als Schadensersatz gem. §§ 535 Abs. 2, 280 Abs. 2, 286, 249 BGB geltend machen. Zwar handelt der Mieter pflichtwidrig und befindet sich ab der Fälligkeit auch in Verzug, der Ausspruch einer gesetzlich untersagten Kündigung ist jedoch **keine Grundlage eines Ersatzanspruchs,** da es sich insoweit nicht um ersatzfähige Kosten der – gesetzlich eben nicht möglichen – Rechtsverfolgung handelt. Ob der Mieter seinerseits die insbesondere anwaltlichen Kosten der Abwehr einer unwirksamen Kündigung geltend machen kann,[44] ist fraglich. Denn dass der Vermieter bis einschließlich 30.6.2022 wegen Rückständen aus der Schonzeit nicht kündigen darf, sollte angesichts der Bedeutung und des Umfangs des öffentlichen Diskurses im Zuge der COVID-19-Pandemie jedenfalls im Grundsatz als bekannt vorausgesetzt werden.

---

[43] BGH NJW 2015, 1296.
[44] ZB BGH NJW 2014, 2566.

c) Gesetzesmethodik

Unklar und aus der Gesetzesbegründung auch nicht ersichtlich ist die in Bezug auf das Kündigungsverbot angedachte Methodik. Diese kann für spätere Entwicklungen durchaus unterschiedliche Folgen haben. Art. 240 § 2 EGBGB ist **keine lex specialis Regelung.**[45] Der lex specialis-Grundsatz (*Lex specialis derogat legi generali*[46]) regelt Gesetzeskonkurrenzen, also die Frage, welche Norm gilt, wenn mehrere dieselbe Materie erfassen. Dabei erfüllt die speziellere Norm alle Tatbestände der generellen und fügt dieser einen weiteren hinzu.[47] Die speziellere Norm ist letztlich eine Vorgabe des Ergebnisses der teleologischen oder systematischen Interpretation der allgemeinen im konkreten Fall.[48] Da Art. 240 § 2 EGBGB die Rechtsfolge der §§ 543, 573 BGB aber genau gegenteilig regelt, als es diese bei identischem Sachverhalt vorsehen, besteht kein lex specialis Verhältnis. Es könnte sich um einen **Sondertatbestand**[49] bzw. **Ausnahmefall**[50] zu/gegenüber den §§ 543, 573 BGB handeln, indem ein von der allgemeinen Norm erfasster Sachverhalt, der an sich ebenso wie vergleichbare einer bestimmten Rechtsfolge unterworfen wird, anders geregelt ist. Die Regelung geht jedoch über die §§ 543, 573 BGB hinaus, da sie auch solche Fälle erfasst, die aufgrund der vertraglichen Vereinbarungen dem Vermieter ein Kündigungsrecht bei Zahlungsverzug gibt, selbst wenn dieses von den §§ 543, 573 BGB noch nicht erfasst wäre. Das kommt wegen § 569 Abs. 5 BGB, § 573 Abs. 4 BGB nur außerhalb der Wohnraummiete in Betracht. Missverständlich hingegen ist die Annahme, Art. 240 § 2 EGBGB statuiere oder lege jedenfalls nach dem Gesetzeszweck einen Verschuldensausschluss hinsichtlich der Nichtleistung dar, der etwa auch iRd § 573 BGB anzunehmen sei.[51]

31

Am naheliegendsten ist es Art. 240 § 2 EGBGB als **Verbotsgesetz iSd § 134 BGB** anzusehen, was aus dem Arbeitsrecht bereits bekannt ist,[52] auch wenn die Formulierung des „Nichtkönnens" hierfür durchaus umstritten ist.[53] Denn der Gesetzeszweck besteht darin, die Rechtsfolge der Kündigung nicht eintreten zu lassen,[54] obwohl die Pflichtverletzung des Mieters gerade nicht negiert wird. Dafür spricht auch eine zweite Überlegung: So man Art. 240 § 2 EGBGB als einen Ausnahme- oder Sondertatbestand zu den §§ 543, 573 BGB ansieht, richtet sich das direkt gegen die materielle Rechtsfolge der, auch vertraglichen, Kündigungsregelungen. In diesem Fall wäre die Norm so zu verstehen, dass das Kündigungsrecht erst gar nicht entstünde, weil das Gesetz von den §§ 543, 573 BGB abweicht bzw. vertraglichen Regelungen vorgeht und als Sonderregelung diese insgesamt überlagert. Das widerspräche aber der vom Gesetz vorgesehenen Möglichkeit des Vermieters, nach dem 30.6.2022 wegen Zahlungsrückständen, die in dem Schonzeitraum entstanden sind, zu kündigen. Die in Art. 240 § 2 Abs. 3 EGBGB lediglich angeordnete Nichtanwendbarkeit der Norm be-

32

---

[45] So aber wohl Scholl WM 2020, 765 (768).
[46] Näher Larenz, Methodenlehre der Rechtswissenschaft, 3. Aufl. 1995, S. 266f.
[47] Zippelius, Juristische Methodenlehre, 11. Aufl. 2012, S. 31; Barczak JuS 2015, 969 (973); Klein NJ 2018, 409 (412); Schmidt JuS 2003, 649 (650); Butzer VerwArch 1993 (2002), 506 (516).
[48] Büscher JA 2010, 719 (721) mit umfassenden Nachweisen Fn. 28.
[49] Möllers, Juristische Methodenlehre, 2. Aufl. 2019, § 6 Rn. 130.
[50] Vgl. BVerfGE 136, 1.
[51] jurisPK-BGB/Tiedemann BGB § 569 Rn. 69.1.
[52] Vgl. etwa BAG NZA 2018, 240 (241).
[53] Siehe MüKoBGB/Armbrüster BGB § 134 Rn. 43 mwN.
[54] Vgl. BGH NJW 1992, 2021.

wirkt nicht, dass der Kündigungsgrund sodann erstmals oder zumindest – etwa nach „zeitweiser Suspendierung"[55] – (wieder) vorliegt, was auch ein systematisches Paradox wäre, da ein Gesetz nichts anordnen kann für einen Zeitraum, in dem es ausdrücklich keine Anwendung findet. Man müsste also mit zeitlichen Bedingungen arbeiten, was wenig sinnvoll erscheint und dem Kündigungsrecht fremd ist. Demgegenüber richtet sich § 134 BGB nur gegen das untersagte Rechtsgeschäft, also die Kündigung selbst, deren Ausspruch der Nichtigkeit unterliegt. In diesem Fall entsteht also der Kündigungsgrund nach den §§ 543, 573 BGB oder den vertraglichen Regelungen sofort, Art. 240 § 2 EGBGB untersagt in Verbindung mit § 134 BGB lediglich die Ausübung des vertragsbeendenden Gestaltungsrechts. Mit Eintritt der Nichtanwendbarkeit der Norm nach dem 30.6.2022 bestehen der Kündigungsgrund und das Kündigungsrecht daher noch immer, der Vermieter ist an dessen Ausübung aber nicht mehr über § 134 BGB gehindert.

5. Rechtslage nach dem 30. Juni 2022

a) Nichtanwendbarkeit der Norm

33 Gem. Art. 240 § 2 Abs. 4 EGBGB sind die Absätze 1 bis 3, also alle Regelungen des Gesetzes, nur **bis zum 30.6.2022 anzuwenden.** Außer Kraft tritt die Regelung gem. Art. 6 Abs. 6 des Gesetzes zur Abmilderung der Folgen der COVID-19-Pandemie im Zivil-, Insolvenz- und Strafverfahrensrecht erst mit Ablauf des 30.9.2022.

b) Kündigungsmöglichkeit

34 Da es sich nach hiesiger Auffassung bei Art. 240 § 2 EGBGB um ein Verbotsgesetz iSd § 134 BGB gegenüber der Kündigungserklärung handelt (→ Rn. 32), löst die Nichtanwendbarkeit der Norm dessen Rechtsfolge nicht mehr aus. Der Kündigungsgrund ist (ggf. auch) durch die Nichtleistung innerhalb der Schonzeit entstanden ist, daher **kann der Vermieter nunmehr die Kündigung aussprechen.** Dabei ist die Länge des seit Entstehung des Kündigungsgrundes vergangenen Zeitraums nicht relevant. Einerseits findet **§ 314 Abs. 3 BGB** jedenfalls in der **Wohnraummiete** für die fristlose Kündigung nach § 543 BGB **keine Anwendung.**[56] Für die **Gewerberaummiete und Landpachtverträge** bejaht der BGH[57] das Erfordernis der Wahrung einer angemessenen Frist nach § 314 Abs. 3 BGB, so dass hier eine Rechtsprechungsdivergenz besteht.[58] Darauf wird es jedoch nicht ankommen. Ob Art. 240 § 2 Abs. 4 EGBGB als gegenüber § 314 Abs. 3 BGB vorrangige Vorschrift angesehen werden kann, weil der Regelung der gesetzliche Wille entnommen werden kann, dass der Vermieter nunmehr kündigen kann, bedarf keiner Erörterung. Denn der **Gesetzeszweck** des § 314 Abs. 3 BGB[59] **greift nicht.** Das Ziel, dem Erklärungsgegner frühzeitig klarzumachen, ob der Berechtigte das Kündigungsrecht ausübt, ist schon wegen des Kündigungsverbots obsolet. Ebenso wenig gibt der Vermieter durch das gesetzlich angeordnete Zuwarten zu erkennen, die Fortsetzung des Mietverhältnisses sei nicht unzumutbar. Mit

---

[55] Mahdi/Rosner NZM 2020, 416; ähnlich Föller WuM 2020, 249 (252).
[56] BGH NJW 2016, 3720.
[57] BGH NZM 2010, 552; 2007, 400.
[58] Guhling/Günter/Günter BGB § 548 Rn. 126; ebenso Guhling/Günter/Alberts BGB § 543 Rn. 5, eine Rechtsprechungsdivergenz jedoch ablehnend.
[59] Hierzu BT-Drs. 14/6040, 178; MüKoBGB/Gaier BGB § 314 Rn. 31.

Ablauf des 30.6.2022 läuft jedoch die Frist des § 314 Abs. 3 BGB, soweit anwendbar, und dürfte hier auch eine schnelle Reaktion fordern, weil der Vermieter ausreichend Zeit hatte, sich über den Willen zur Kündigung klar zu werden.

c) Folgen früherer Kündigungen

Kündigungen, die vor dem 30.6.2022 ausgesprochen werden, sind **gem. § 134 BGB nichtig.** Sie **entfalten nach Fristablauf keine Wirkung** in dem Sinne, dass sie wiederaufleben würden. Diese Nichtigkeit ist vom Gericht **von Amts wegen zu berücksichtigen.**[60] Damit sind auch spätere **Bestätigungen** von Kündigungen innerhalb der Schonfrist mit der Rechtsfolge, dass das Mietverhältnis rückwirkend beendet würde und der Vermieter etwa für den Zeitraum nach § 546a Abs. 1 BGB die Differenz zur Marktmiete nachfordern könnte,[61] **nicht möglich.** Das gilt auch dann, wenn die Kündigung vor dem 30.6.2022 mit einer Frist ausgesprochen wird, die nach dem Außerkrafttreten des Art. 240 § 2 EGBGB abläuft. Denn die Nichtigkeitsfolge tritt unmittelbar sein.

d) Nachzahlung und Teilzahlung vor dem 30.6.2022

Erbringt der Mieter nach Entstehen des Kündigungsgrundes innerhalb der Schonzeit Zahlungen auf die ausstehenden Mieten, wodurch die kündigungsrelevanten Beträge entweder **vollständig beglichen** werden oder der Rückstand jedenfalls **unter die Schwelle der Kündigungsmöglichkeiten** nach § 543 Abs. 2 S. 1 Nr. 3 BGB, § 573 Abs. 2 Nr. 1 BGB oder der jeweiligen vertraglichen Regelungen fällt, stellt sich die Frage, ob der Vermieter nach dem 30.6.2022 noch kündigen kann.

aa) Grundsatz: Keine Relevanz der Nachzahlungen außerhalb allgemeiner Regelungen

An dieser Stelle zeigt sich ein **offensichtlicher Gesetzesfehler,** zumal die Wahrnehmung der Regelung in der Öffentlichkeit auch eine andere ist. Art. 240 § 2 EGBGB weist **keinen Regelungsgehalt** auf, nach dem der Mieter **durch die Nachzahlung** der in der Schonzeit pandemiebedingten Mietrückstände das **Kündigungsrecht des Vermieters ab dem 1.7.2022 abwehren** könnte. Sowohl nach dem Gesetz selbst als auch nach der Gesetzesbegründung bleibt die Mietzahlungspflicht des Mieters bestehen, die Mieten werden wie sonst auch fällig und der Mieter gerät bei Nichtzahlung in Verzug, woraus auch der Zinsanfall resultiert (→ Rn. 66). Das Kündigungsrecht ist auch entstanden, es kann lediglich nach Art. 240 § 2 Abs. 1 S. 1 EGBGB iVm § 134 BGB nicht geltend gemacht werden, weil die Kündigungserklärung nichtig ist (→ Rn. 32). Der Kündigungsgrund selbst existiert. Damit bleibt, insbesondere mangels Greifens des § 314 Abs. 3 BGB (→ Rn. 34), das Kündigungsrecht des Vermieters bestehen. Nach den **allgemeinen Grundsätzen des Mietrechts,** denen gegenüber Art. 240 § 2 EGBGB keinerlei abweichende Regelungen beinhaltet, führt die Nachzahlung der – nach § 535 Abs. 2 BGB ohnehin geschuldeten – Mieten nicht dazu, dass der Kündigungsgrund entfällt. Einzige Ausnahmen hierzu sind die Befriedigung vor der Kündigung gem. § 543 Abs. 2 S. 2 BGB sowie die Nachzahlung innerhalb der Schonfrist des § 569 Abs. 3 Nr. 2 BGB für die Wohnraummiete. So diese Voraussetzungen aber nicht vorliegen, was im Falle des § 543 Abs. 2 S. 2 BGB dann der Fall ist,

---

[60] BGH NJW 1992, 2348.
[61] BGH NJW 2017, 1022, vgl. auch Fleindl NZM 2018, 57.

wenn noch weitere Ansprüche des Vermieters bestehen, das Mieterkonto also insgesamt nicht „genullt" ist,[62] kann der Vermieter auch dann, wenn der Mieter alle Mietschulden aus der Schonzeit nach Art. 240 § 2 EGBGB oder gar sämtliche Ausstände nachzahlt, ab dem 1.7.2022 nach § 543 Abs. 2 S. 1 Nr. 3 BGB kündigen. Die ordentliche Kündigung nach **§ 573 Abs. 2 Nr. 1 BGB** ist von einer Nachzahlung ohnehin **nicht berührt**.[63]

bb) Historisch-teleologische Auslegung von Art. 240 § 2 Abs. 4 EGBGB

38 Der Gesetzgeber hat jedoch beabsichtigt, dass der Mieter/Pächter das Kündigungsrecht durch die Nachzahlung abwehren kann, was sich aus Art. 240 § 2 Abs. 4 EGBGB ergeben soll:[64] („*Die Regelung der Absätze 1 bis 3 ist nur bis zum 30. Juni 2022 anwendbar. Dies bedeutet, dass wegen Zahlungsrückständen, die vom 1. April 2020 bis zum 30. Juni 2020 eingetreten und bis zum 30. Juni 2022 nicht ausgeglichen sind, nach diesem Tag wieder gekündigt werden kann. Damit haben Mieter und Pächter vom 30. Juni 2020 an über zwei Jahre Zeit, einen zur Kündigung berechtigenden Miet- oder Pachtrückstand auszugleichen.*"). Es ist daher vor dem Regelungszweck sowie der Tatsache, dass der Gesetzgeber selbst die handwerkliche Unzulänglichkeit des Gesetzes erkannt hat (→ Rn. 2), offensichtlich, dass die Norm so angewendet werden soll. Fraglich ist nur die **methodische Begründung,** die jedoch vorliegend über eine historisch-teleologische Auslegung des Art. 240 § 2 Abs. 4 EGBGB möglich, wenn auch mit Blick auf das in allen Rechtsgebieten aus Art. 20 Abs. 3 GG geltende Gebot der Rechtsklarheit[65] unglücklich ist. Der Telos ergibt sich direkt aus der Gesetzesbegründung. Die Wortlautgrenze steht dem nicht entgegen. Denn Abs. 4 enthält weder eine gegenteilige Aussage noch Ausführungen, die eine solche begründen könnten. Die Norm schweigt zu der Frage einer Nachzahlungsmöglichkeit schlicht, wobei es sich mit Blick auf den Gesetzeberwillen auch nicht um ein beredtes Schweigen handelt. Dass Art. 240 § 2 EGBGB mit Ablauf des 30.6.2022 nicht anzuwenden ist, kann durchaus so verstanden werden, dass eine Kündigung wegen Rückständen aus der Schonzeit nicht nur ab diesem Zeitpunkt möglich sein soll, sondern insoweit auch der Kündigungsgrund an diesem Datum bestehen muss. Das lässt sich aus dem Zusammenspiel mit Art. 240 § 2 Abs. 1 S. 1 EGBGB und dem grundsätzlichen Willen des Gesetzgebers herleiten, aufgrund eines pandemiebedingten Zahlungsverzugs innerhalb der Schonzeit das Mietverhältnis nicht zu beenden. Damit wird also ab der Nichtanwendung des Art. 240 § 2 EGBGB sozusagen „Tabula rasa" gemacht vor der Prämisse, dass an diesem Datum die vom Gesetz zu berücksichtigenden Folgen der Pandemie nicht nur überwunden sind, sondern auch insoweit keine Auswirkungen mehr in der jüngeren Vergangenheit gezeigt haben, weil der Mieter die Möglichkeit hatte, die zuvor noch geschützten Defizite seiner Leitungspflichten zu beheben. Art. 240 § 2 Abs. 4 BGB ist daher historisch-teleologisch **dahingehend auszulegen,** dass der **Mieter das Kündigungsrecht** des Vermieters **durch Nachzahlung** der in der Schonzeit aufgelaufenen (aber nur) pandemiebedingten Mietrückstände **beseitigen kann.** Das gilt nach dem ausdrücklichen Willen des Gesetzgebers sowohl für die **fristlose Kündigung nach § 543 BGB** als auch die ordentliche Kündigung nach § 573

---

[62] BGH NJW 2018, 939.
[63] BGH NJW 2018, 3517; NZM 2008, 121.
[64] BT-Drs. 19/18110, 43.
[65] Vgl. BVerfG NVwZ 2016, 675; Maunz/Dürig/Grzeszick GG Art. 20 VII Rn. 53 mwN.

BGB. Hierbei kann der Mieter sich jedoch nach Ablauf der Schonzeit nicht darauf berufen, die Nachzahlung sei ihm aufgrund der Folgen der COVID-19-Pandemie nicht möglich gewesen – also entsprechend Art. 240 § 2 Abs. 1 EGBGB für die Zahlung der Fälligen Mieten innerhalb der Schonzeit –, weil das Gesetz dieses nicht ermöglicht und auch keine Anhaltspunkte im Gesetzgebungsverfahren bestehen, derartiges sei vom Gesetzgeber beabsichtigt gewesen. Allenfalls mangelndes Vertretenmüssen wäre zu berücksichtigen (→ Rn. 66).

cc) Teilzahlungen

Anders stellt sich die Situation in den Fällen dar, in denen der Mieter zwar Leistungen auf den Rückstand aus der Schonzeit erbringt, diese aber nicht vollständig tilgt. Hier **bleibt das Kündigungsrecht** wie sonst auch **bestehen,** da die § 543 Abs. 2 S. 2 BGB, § 569 BGB nicht greifen. Auch die Gesetzesbegründung geht davon aus, dass „die Zahlungsrückstände" als Grundlage für das Entfallen des Kündigungsrechts ausgeglichen sein müssen.[66] Das schließt eine Teilnachzahlung aus. 39

6. Kündigung bei späterer Nichtleistung trotz Zahlungsfähigkeit

Kann sich der Mieter erfolgreich auf Art. 240 § 2 EGBGB berufen, hat er an sich bis einschließlich 30.6.2022 Zeit, die Miete nachzuzahlen, um der Kündigung zu entgehen, auch wenn die Mieten fällig und durchsetzbar sind. Wird der Mieter jedoch **vor Ablauf der Nachzahlungsfrist wieder ausreichend solvent** und wäre er damit in der Lage, die ausstehenden Forderungen zu zahlen, stellt sich die Frage, ob die Nichtleistung einen neuen und **von Art. 240 § 2 EGBGB unabhängigen Kündigungsgrund** darstellt. Dabei muss unterschieden werden. 40

Die **Kündigung wegen Zahlungsverzuges** ist vor Ablauf der Nachzahlungsfrist in jeder Form **ausgeschlossen.** Das Gesetz ist insofern eindeutig und auch keiner abweichenden Auslegung zugänglich. Es ist auch nicht möglich, diese Wertung zu umgehen, indem man neben der Zahlungspflicht aus § 535 Abs. 2 BGB, die Grundlage der zahlungsverzugsbedingten Kündigung nach §§ 543, 573 BGB oder auch des jeweiligen vertraglichen Kündigungsgrundes ist, eine weitere Nebenpflicht aus § 241 Abs. 2 BGB, § 242 BGB konstruiert. Diese würde praktisch darin liegen, den ohnehin bestehenden Anspruch des Mieters aus § 535 Abs. 2 BGB mit Wiedererlangung der Leistungsfähigkeit „erst recht" zu erfüllen. Eine solche dogmatische Konstruktion ist dem Schuldrecht jedoch unbekannt und wäre zudem mit Art. 240 § 2 EGBGB nicht ein Einklang zu bringen. 41

Das schließt es aber nicht aus, dass die **grundlose Verweigerung** der Nachzahlung einen **eigenen Kündigungsgrund iSd § 543 Abs. 1 BGB, § 573 Abs. 2 Nr. 1 BGB** darstellen kann. Denn beruft sich der Mieter auf Art. 240 § 2 EGBGB, obwohl er die Mieten nun zahlen kann, leistet diese aber ohne nachvollziehbaren Grund nicht und zwingt den Vermieter damit in die Vollstreckung, stellt das eine nicht unerhebliche **Verletzung der Rücksichtnahmepflicht** auf die Interessen des Vermieters dar (§ 241 Abs. 2 BGB). Zugleich wird das **Vertrauensverhältnis** erheblich beeinträchtigt. In diesem Fall kann der Vermieter nach entsprechender Abmahnung das Mietverhältnis wegen dieser Pflichtverletzung kündigen. Dabei obliegt es ihm zunächst, zu beweisen, 42

---

[66] BT-Drs. 19/18110, 37.

dass der Mieter über entsprechendes Vermögen verfügt. Eine Rechenschaftspflicht des Mieters in den Fällen des Art. 240 § 2 EGBGB besteht nicht. Gelingt dieser Beweis und kann der Mieter keinerlei plausiblen Grund dafür, dass er dennoch nicht zahlt, vorbringen und ggf. beweisen, besteht der Kündigungsgrund. Dabei wird die Höhe des willkürlichen Ausstandes keine Relevanz aufweisen, insb. nicht diejenige einer zahlungsverzugsbedingten Kündigung erreichen müssen. Denn die rechtswidrige grundlose Nichterfüllung von Leistungspflichten muss der Vermieter grundsätzlich nicht hinnehmen.

IV. Analoge Anwendung des Art. 240 § 2 EGBGB

1. Einführung

43 Wie bereits eingangs dargestellt, ist die Regelung des **Art. 240 § 2 EGBGB** ein im Schnellverfahren „zusammengeschustertes Stückwerk", welches zwar ein klares Ziel aufweist (→ Rn. 3 ff.), in der handwerklichen Ausarbeitung jedoch – das sagt der Gesetzgeber jedenfalls dem Grunde nach selbst – **mangelhaft und unvollständig** ist. Daher kommt nicht nur der Rechtsauslegung eine erhebliche Bedeutung zu, wie sich unter vorstehend III. gezeigt hat. Es bedarf auch einer umfassenden Behandlung **rechtsfortbildender Methodik.** Denn der Gesetzgeber hat eine Reihe von Aspekten übersehen, die notwendig sind, um das **angestrebte Ziel zu erreichen,** will man nicht das missbilligte Ergebnis – den Verlust des Mietvertrages aufgrund pandemiebedingter Zahlungsfähigkeit – doch auf anderem Wege in Kauf nehmen.

2. Maß der Analogiefähigkeit von Art. 240 § 2 EGBGB

44 An sich ist es geboten, die analoge Anwendung einer Norm im Hinblick auf den konkreten Sachverhalt zu erörtern, dem ihre Rechtsfolge zugeführt werden soll. Das wird hier ausnahmsweise mit Blick auf das erhebliche Auseinanderdriften von Gesetzeszweck und Regelungsgehalt anders gehandhabt. Es ist aber auch methodisch unproblematisch, weil sowohl das Ziel des Gesetzes als auch der angestrebte Umfang seines Regelungsgehalts einfach und eindeutig vom Gesetzgeber formuliert wurden.

a) Regelungslücke

45 Die Analogielehre setzt bereits an das Vorliegen einer Regelungslücke hohe Anforderungen. Sie besteht nicht schon dann, wenn ein Sachverhalt nicht oder jedenfalls nicht wie erwartet geregelt ist,[67] was insbesondere anklingt, wenn von einer „planwidrigen Regelungslücke" als einheitlichem Tatbestandmerkmal gesprochen wird.[68] Sie ist von

---

[67] Vgl. das Sondervotum Haas zu BVerfG DÖV 2006, 299 – Unzulässigkeit der Annahme einer Regelungslücke aus rechtspolitischer Sichtweise.
[68] Möllers, Juristische Methodenlehre, 2. Aufl. 2019, § 6 Rn. 100 hält es umgekehrt für „statthaft", erst die Lücke und dann die Planwidrigkeit festzustellen. Das beruht auf der Grundannahme eines im Allgemeinen stimmigen Systems, in dem die Nichtregelung die Planwidrigkeit zwar nicht als „Prämisse" indiziert, aber doch erkennbar deren Regel darstellt. Letztlich beeinflusst das lediglich den Umfang der Argumentationslast, weil nur die nicht „leicht nachzuweisende Planwidrigkeit" durch „weitere Argumente" begründet werden muss. Zwar ist der Umfang der primären Argumentation neben der Erkenntnis der Nichtregelung wenig ersichtlich, ändert aber nichts daran, dass die Lücke selbst eine eigenständig festzustellende Voraussetzung der Analogie ist.

dem – als Grundsatz anzunehmenden – Fall abzugrenzen, dass der Gesetzgeber einen Sachverhalt schlicht keiner Norm zuführt bzw. das Gesetz hierzu „schweigt".[69] Das ist per se zulässig, solange keine Rechtsverweigerung existiert.[70] Eine Regelungs- oder Gesetzeslücke meint vielmehr die **systematische Unvollständigkeit einer Norm** oder eines Normenkomplexes innerhalb des Regelungszusammenhangs. Maßgeblich ist der Standpunkt des Gesetzes unter Heranziehung der Regelungsabsicht, die ihrerseits **historisch und teleologisch zu erschließen** ist.[71] Das kann, muss sich aber nicht mit der Planwidrigkeit decken. Unterfällt der von der analog anzuwendenden Norm nicht erfasste Sachverhalte bereits anderen (allgemeineren) Normen, scheidet die Analogie in der Regel aus (Fehlen einer „Rechtsverweigerungslücke").[72]

Das **Vorliegen einer Regelungslücke** ist für Art. 240 § 2 EGBGB ausnahmsweise sehr einfach **zu bejahen,** vergegenwärtigt man sich den Regelungszweck (→ Rn. 3 ff.). Der **Mieter soll den Mietvertrag nicht verlieren,** jedenfalls nicht durch eine Kündigung des Vermieters, weil er innerhalb der Schonzeit aufgrund von Folgen, die sich aus der COVID-19-Pandemie ergeben, nicht über die erforderlichen finanziellen Mittel verfügt. Diese Zielsetzung ist eindeutig und zeigt zugleich – wie nachfolgend dargestellt – auf, welche hiermit zusammenhängenden Aspekte das Gesetz nicht erfasst hat. Für die Zulässigkeit einer Analogie bedarf es zudem der Absicht des Gesetzgebers, die Materie **abschließend zu regeln,** so dass die Grundprämisse, er habe lediglich die tatsächlich erfassten Sachverhalte gemeint, nicht zutrifft. Auch das ergibt sich aus der Gesetzesbegründung. Ihr ist ebenso wenig wie der Aussprache im Plenum zu entnehmen, der Gesetzgeber habe weitere Fälle, in denen der Mieter pandemiebedingt den Erhalt des Mietvertrages durch Leistung der geschuldeten Miete nicht sicherstellen konnte, nicht erfassen wollen. 46

b) Verfassungsrechtliche Relevanz bewusster Planwidrigkeit/Gesetzesmängel in der Analogielehre

Als methodisch durchaus nicht unproblematisch erweist sich die Tatsache, dass dem Gesetzgeber vorliegend bewusst war, ein unvollständiges Gesetz zu erlassen. Eine Planwidrigkeit oder planwidrige Regelungslücke meint zwar an sich die Unvollständigkeit eines Regelungssystems, dass eine vollständige Normierung der relevanten Aspekte (tatsächlich oder rechtlich) für sich in Anspruch nimmt.[73] Das aber unterscheidet sie nicht per se von der Regelungslücke. Denn auch und gerade die **Planwidrigkeit** basiert auf der Annahme, der **Gesetzgeber hätte dieses nicht gesehen,** andernfalls entsprechend gehandelt. Und da nur die verfassungsrechtlich relevante Rechtsverweigerung den Gerichten erlaubt, diese gesetzgeberische Entscheidung zu ersetzen, stellt sich in allen anderen Fällen – und so auch hier, weil die §§ 543, 569, 573 BGB und die vertraglichen Vereinbarungen, so vorhanden und wirksam, alle relevante Aspekte erfassen – die Frage, ob eine Analogie überhaupt zulässig ist. Der **Gesetzgeber des Art. 240 § 2 EGBGB wusste um die Unvollständigkeit der Norm.** Ob der Verzicht auf eine nähere Ausarbeitung um das zeitnahe Inkrafttreten dessen, was er leisten konnte, eine **Relativierung der Gewaltenteilung** über die Analogiebildung rechtfer- 47

---

[69] Larenz/Canaris, Methodenlehre der Rechtswissenschaft, 3. Aufl. 1995, 186, 187.
[70] Maunz/Dürig/Jachmann-Michel, Grundgesetz Kommentar, GG Art. 95 Rn. 14.
[71] Larenz/Canaris, Methodenlehre der Rechtswissenschaft, 3. Aufl. 1995, 186, 187.
[72] Larenz/Canaris, Methodenlehre der Rechtswissenschaft, 3. Aufl. 1995, 215.
[73] Möllers, Juristische Methodenlehre, 2. Aufl. 2019, § 6 Rn. 129.

tigt, mag durchaus infrage zu stellen sein. Der Gesetzgeber unternimmt dabei nicht weniger als die Übertragung gesetzgeberischer Gewalt auf nicht – direkt – demokratisch als Gesetzgeber legitimierte Gerichte, ohne eine etwa für Rechtsverordnungen entsprechende Befugnis nach Art. 80 GG inne zu haben. Das mag für die Auslegungsnotwendigkeit weniger kritisch zu sehen sein, eine **angeordnete Rechtsfortbildung** ist es durchaus. Hierbei sind jedoch zwei Aspekte zu beachten.

48 Einerseits benötigt die **Analogielehre** subjektive Elemente des Gesetzgebers für die Planwidrigkeit nicht. Sie ist, als **reine Gesetzesanwendungs- und -fortbildungsmethodik**, kein eigenständiges Institut verfassungsrechtlicher Legitimationskontrolle – auch wenn sie diesem Zweck letztlich mit dient –, sondern sichert über ihre Anforderungen die einheitliche Vorgehensweise bei der Analogiebildung. Daher ist die Planwidrigkeit eine rein gesetzessystematische Frage, für deren Beantwortung der Wille des Gesetzgebers herangezogen wird. Wollte dieser die erkannte oder ggf. auch erst hierüber zu erkennende Lücke nach dem Regelungszweck vermeiden, ist sie planwidrig. Methodisch bestehen keine weiteren Anforderungen.

49 Andererseits ist die **richterliche Rechtsfortbildung** einschließlich der Analogienbildung durch die Gerichte **verfassungsrechtlich** nicht nur **anerkannt**, sie ist sogar – mit Blick auf die Bindung (auch) an das „Recht" nach Art. 20 Abs. 3 GG – **geboten**.[74] Das Gericht darf sich gerade nicht darauf berufen, der Sachverhalt sei nicht, bzw. nicht so, wie erforderlich, geregelt. Die Analogie dient der verfassungsrechtlich gebotenen **Rechtsgewährung** und somit, im konkreten Prozess, der rechtsuchenden Partei. Ob der Gesetzgeber also bei Erlass einer Norm vor dem Hintergrund seines Regelungsziels das Bestehen einer Lücke bewusst in Kauf genommen und damit ggf. sogar unzulässiger Weise Gesetzgebungskompetenz auf die Gerichte übertragen hat, ändert an dem Rechtsgewährungsanspruch des Bürgers nichts. Das Gericht muss diesen erfüllen. Der Schutz der hierüber möglicherweise benachteiligten Partei wird wiederum über die Methodenlehre hergestellt, die nicht weniger strenge Anforderungen an die Analogiebildung setzt, als sonst auch. Ob im Falle einer – methodisch zulässigen – Analogie durch unzulängliche Gesetzgebung zu viel Rechtssetzungskompetenz auf die Gerichte übertragen wurde, ist daneben verfassungsrechtlich überprüfbar, und zwar bereits vom Gericht selbst, in dem es einerseits vor Anwendung der Norm im Zuge seiner **richterlichen Prüfungspflicht**[75] das Gesetz an der Verfassung messen muss. Hält es dieses für unvereinbar, folgt hieraus, weil Art. 240 § 2 EGBGB formelles nachkonstitutionelles Recht darstellt, die **konkrete Normenkontrolle** gem. Art. 100 GG. Diese wäre aber nur zulässig, wenn die Verweigerung der Analogie aus verfassungsrechtlichen Gründen in Abwägung mit dem Rechtsgewährungsanspruch ein verfassungskonformes Ergebnis nicht herstellen kann. Andererseits muss das Gericht (immer) das Ergebnis der einfachgesetzlichen Rechtsanwendung einschließlich der rein methodisch zulässigen Rechtsfortbildung im konkreten Einzelfall auf Verfassungskonformität überprüfen und ggf. korrigieren.

---

[74] BVerfG NJW 1973, 1221 – Soraya – m. abl. Kritik Kulick NJW 2016, 2236 (2237); Maunz/Dürig/Hillgruber GG Art. 97 Rn. 63 m. Kritik und wN; Larenz/Canaris, Methodenlehre der Rechtswissenschaft, 3. Aufl. 1995, 183 ff.

[75] Zu richterlicher Prüfungskompetenz und -pflicht im Zivilprozess Zehelein NZM 2016, 666; Zehelein NZM 2015, 761.

In Bezug auf **Art. 240 § 2 EGBGB** stellt sich die durchaus **bewusste Anordnung der** 50
Rechtsfortbildung gegenüber den Gerichten als **noch vertretbar** war. Im Zuge des
Abwägungsprozesses zwischen dem individuellen Rechtsgewährungsanspruch einerseits, dem hier mit Blick auf die Folgen der COVID-19-Pandemie nach dem Willen
des Gesetzgebers gesamtgesellschaftliche Bedeutung zukommt, und den Anforderungen des Gewaltenteilungsprinzips sowie dem Prinzip des Vorbehalts des Gesetzes andererseits, **setzt sich der Rechtsgewährungsanspruch durch.** Denn der Gesetzgeber
hat das Gesetzesziel in der Gesetzesbegründung und auch in der Aussprache im Plenum eindeutig und umfassend formuliert und damit eine klare, demokratisch legitimierte Entscheidung getroffen. Dass die Gerichte nunmehr die flankierenden
Regelungen des Kündigungsrechts mit einbeziehen, ist eine notwendige aber auch
vorhersehbare Folge, sie ist zudem vom Gesetzgeber im Ergebnis gebilligt. Solange
sich die Rechtsfortbildung auf den Regelungszweck (→ Rn. 3 ff.) beziehen kann und
zugleich solche Lücken füllt, die vom Gesetzgeber erkennbar abschließend geregelt
werden sollten, ist die Analogie möglich, wenn die Interessenlage vergleichbar ist.

c) Über Art. 240 § 2 EGBGB analog anzuwendende Vorschriften

aa) Befriedigung vor Kündigung nach § 543 Abs. 2 S. 2 BGB

Ist ein Kündigungsgrund nach § 543 Abs. 2 S. 1 Nr. 3 BGB entstanden, weil der Mie- 51
ter mit der Mietzahlung in relevantem Umfang **vor dem 1. April 2020 in Verzug geraten** ist, kann der Vermieter auch dann nicht kündigen, wenn der Mieter **innerhalb
der Schonzeit** nur **aufgrund der Folgen der COVID-19-Pandemie** die **vollständige
Befriedigung** nach § 543 Abs. 2 S. 2 BGB vor Ausspruch der Kündigung **nicht bewirken** konnte. Dieser Fall ist an sich nicht vom Wortlaut des Art. 240 § 2 Abs. 1 S. 1
EGBGB erfasst und kann aufgrund der Wortlautgrenze auch nicht im Wege der historisch-teleologischen Auslegung aufgenommen werden. Hier ist Art. 240 § 2 EGBGB
jedoch analog anzuwenden. Der Mieter soll vollumfänglich vor dem Verlust des Mietvertrages geschützt werden, wenn er pandemiebedingt innerhalb der Schonzeit keine
Mietzahlungen erbringen konnte. Das schließt die fehlende Heilungsmöglichkeit
durch Nachzahlung mit ein, hat sich aber im Gesetz nicht niedergeschlagen. Da der
Gesetzgeber sein Ziel, dass niemand wegen coronabedingt ausgebliebener Mietzahlung seine Wohnung verlieren soll, abschließend regeln will, besteht eine **Regelungslücke,** die zudem **planwidrig** ist. Auch die **Interessenlage** ist in ausreichendem Maß
vergleichbar.[76] Dabei ist zwar zu sehen, dass das **Kündigungsverbot** aus Art. 240 § 2
EGBGB auf **Mietrückstände** erweitert wird, die **vor dem Schonzeitraum** eingetreten
sind. Das ist allerdings einerseits schon im Wege der Auslegung für diejenigen Fälle
gegeben, in denen erst innerhalb der Schonzeit die kündigungsrelevante Grenze überschritten wird (→ Rn. 18). Andererseits dürfte der Anwendungsbereich gering sein.
Der Sachverhalt setzt voraus, dass der Mieter zuvor in entsprechendem Ausmaß in
Zahlungsverzug geraten ist, dann aber gerade ab dem 1. April 2020 zur vollständigen
Befriedigung des Vermieters in Lage gewesen wäre und diese nur pandemiebedingt
ausgeblieben ist. Zudem bleiben ebenso die Mietzahlungsansprüche einschließlich
der Titulierungs- und Vollstreckungsmöglichkeiten bestehen. Auch hier können wie
bei dem Unvermögen, die fällige Miete zu zahlen (→ Rn. 32 f.), unterschiedliche Aspekte angeführt werden. Das auch mit Blick auf die Beantragung staatlicher Ersatzleis-

---

[76] Elzer, Beitrag beck-community v. 26.3.2020.

tungen und mögliche Hindernisse bei der rechtzeitigen Bewältigung der Anforderungen des Bewilligungsverfahren.

bb) § 569 Abs. 3 Nr. 2 BGB

52 Die sogenannte Schonfristzahlung, nach welcher die fristlose Kündigung nach § 543 Abs. 2 S. 1 Nr. 3 BGB unwirksam wird, wenn der Mieter den Vermieter vollständig bis zum Ablauf von zwei Monaten nach Zustellung der Räumungsklage befriedigt, stellt nach der Rechtsprechung des BGH zu § 543 Abs. 2 S. 2 BGB (→ Rn. 51) das Pendant nachzahlender Heilung nach Ausspruch der Kündigung dar. Insofern kann hinsichtlich der analogen Anwendung des Art. 240 § 2 EGBGB vollständig auf die Ausführung verwiesen werden. Auch hier **gilt die fristlose Kündigung als unwirksam** (geworden), wenn der Mieter nachweist, dass er an sich in der Lage gewesen wäre, die Heilung zu bewirken, ihm dieses aber ausschließlich **aus pandemiebedingten Gründen nicht möglich** war. Gleiches gilt, wenn er aus diesen Gründen verhindert war, die **Erklärung einer öffentlichen Stelle** zur Übernahme der Mietrückstände zu erlangen. Nach dem Regelungszweck (→ Rn. 3) müssten auch pandemiebedingte **Verzögerungen in der Bearbeitung** durch die öffentlichen Stellen, die an sich aufgrund der 2. Jobcenter-Entscheidung des BGH[77] dem Mieter nicht zugutekommen, erfasst sein. Hier kann der Mieter den Beweis durch eine schriftliche Erklärung des Jobcenters führen (§§ 415, 418 ZPO).

cc) §§ 283a, 940a Abs. 3 ZPO – Räumungsverfügung

53 Art. 240 § 2 EGBGB ist aus den zuvor genannten Gründen auch analog auf die Räumungsverfügung nach §§ 283a, 940a Abs. 3 ZPO anzuwenden. Ordnet das Gericht bei verbundener Räumungs- und Zahlungsklage nach § 283a ZPO an, dass der Mieter für die während des Prozesses fällig werdenden Mieten **Sicherheit zu leisten** hat, kann der Vermieter gem. § 940a Abs. 3 ZPO einen Räumungstitel im Wege der Regelungsverfügung erlangen, wenn der Mieter dem nicht nachkommt. Auch hier muss Art. 240 § 2 EGBGB eine analoge Anwendung finden, wenn der Mieter innerhalb der Schonzeit aufgrund der Folgen der COVID-19-Pandemie die Sicherheit nicht bzw. nicht im ausreichenden Maß erbringt.

V. Darlegungs- und Beweislast

1. Allgemeine Grundsätze der Darlegung und Beweisführung

54 Erhebt der Vermieter Räumungsklage gegen den Mieter aufgrund einer zahlungsverzugsbedingten Kündigung, so gelten zunächst die **allgemeinen Grundsätze der §§ 543, 573 BGB** sowie der ggf. weiteren einschlägige Normen (zB §§ 536, 536b, 536c, 541 BGB). Der Vermieter muss zunächst darlegen und beweisen, dass ein Kündigungsgrund vorliegt. Bei Zahlungsverzug bezieht sich das allerdings nur auf das Bestehen fälliger Mietzahlungsansprüche in kündigungsrelevanter Höhe. Ob er, anders als bei der Zahlungsklage, für die kündigungsrelevante Pflichtverletzung die Nichtleistung darlegen muss, ist offen, jedenfalls gelten hier die Grundsätze der „Saldoklage"[78]

---

[77] BGH NJW 2015, 1296.
[78] BGH NJW 2018, 3448, zur Kritik ua Schmidt/Futterer/Blank BGB § 543 Rn. 141a; N.Fischer NZM 2018, 929; BeckOK BGB/Zehelein BGB § 535 Rn. 551.

entsprechend,⁷⁹ so dass für den Zeitraum nur der Gesamtanspruch und die Gesamtzahlung vorgetragen werden müssen. Der Mieter hat als Schuldner die Erfüllung darzulegen und zu beweisen. Beruft er sich auf Mängel, gilt das ebenso.

2. Kündigungsschutz nach Art. 240 § 2 EGBGB

a) Eintritt des Zahlungsrückstands in der Schonzeit

Für den Kündigungsschutz des Art. 240 § 2 EGBGB gilt zunächst folgendes: Kündigt der Vermieter wegen ausstehender **Mieten aus dem Schonzeitraum,** ist das **Kündigungsverbot gem. § 134 BGB von Amts wegen** zu berücksichtigen.⁸⁰ Ist diese Tatsache also vorgetragen und unstreitig, greift der zeitliche Anwendungsbereich. Problematisch ist hingegen die prozessuale Situation dann, wenn der vom Vermieter vorgetragene Zeitraum zwar auch die **Schonzeit** beinhaltet, jedoch **nicht erkennbar ist, ob der kündigungsrelevante Zahlungsrückstand auch auf fälligen Mieten aus diesem Zeitraum** herrührt und die Kündigung ohne diese Ausstände unwirksam wäre. Hierbei handelt es sich um weiteres Problem, das durch die Saldoklagenrechtsprechung des BGH (→ Rn. 54) geschaffen wurde. Insofern obliegt es an sich dem **Mieter,** der sich auf den Schutz des Art. 240 § 2 EGBGB beruft, die Unwirksamkeit der Kündigung aus diesem Grunde **darzulegen.** Das ist insofern auch möglich, weil die **Verrechnungen nach § 366 Abs. 2 BGB** von Gesetzes wegen eintreten und der Mieter sowohl über seine Zahlungen als auch einen möglichen Verwendungszweck Kenntnis hat. Abweichende Verrechnungen des Vermieters wären daher unzulässig, jedenfalls soweit keine wirksame vorrangige vertragliche Regelung besteht.

Die Frage ist, ob das Gericht hier selbst nachfragen oder dem Mieter einen Hinweis nach **§ 139 ZPO** erteilen kann bzw. muss. Das ist zu bejahen. Denn der BGH billigt mit der Saldoklagenrechtsprechung (→ Rn. 55) die Begründung einer prozessualen Situation, in welcher das Gericht aus dem Klagevortrag alleine nicht immer erkennen kann, welche monatlichen Mieten streitgegenständlich sind, sei es im Rahmen der Zahlungsklage oder auch der Mieten, auf denen die Kündigung beruht. Er übersieht nach wie vor, dass es insbesondere bei Mietvorauszahlungsanteilen aus Abrechnungszeiträumen, deren Abrechnungsfrist abgelaufen ist, für die Bestimmung des Streitgegenstandes nicht ausreicht, nur Soll und Haben gegenüberzustellen oder auch die Verrechnungen über die Vorlage eines Mietkontos vorzutragen.⁸¹ Denn die demgegenüber – im Rahmen der Begründetheitsprüfung – vom Gericht selbst vorzunehmende alternative Verrechnung nach § 366 BGB setzt einerseits die Kenntnis voraus, ob der Mieter **Leistungsbestimmungen** getroffen hat, die auch über die Höhe des Betrages und dessen Eingang **konkludent** erfolgen können, aber auch nicht zwingend müssen.⁸² Andererseits kann das Gericht die gesetzliche Verrechnung nicht vornehmen, wenn es nicht weiß, wie der Mieter die fehlenden Vorauszahlungen in der Betriebskostenabrechnung berücksichtigt hat, also als Ist- oder, wie häufig, wenn auch unzulässig, nach **Sollvorauszahlungen.**⁸³ Ohne diese Tatsachenkenntnis, die der Vermieter vermitteln muss, gerät die Verrechnung nach § 366 Abs. 2 BGB zur reinen Spe-

---

⁷⁹ Schmidt/Futterer/Blank BGB § 543 Rn. 141a.
⁸⁰ BeckOGK/Vossler BGB § 134 Rn. 354 mwN.
⁸¹ So aber zuletzt BGH NZM 2019, 206.
⁸² ZB BGH NJW 2008, 3438 (3439).
⁸³ Langenberg/Zehelein, Betriebskosten- und Heizkostenrecht, 9. Aufl. 2019, J Rn. 47.

kulation, welche Ansprüche noch oder überhaupt bestehen, oder geht schlicht fehl, weil der Vermieter bei Sollzahlungsabrechnung nach Ablauf der Abrechnungsfrist die fehlenden Vorauszahlungen aus keinem Grunde mehr geltend machen kann.[84] Hierbei handelt es sich nicht um eine Frage der Begründetheit, sondern mangels Prüfungsmöglichkeit dieser eine solche der Bestimmung des Streitgegenstandes nach § 253 Abs. 2 ZPO. Das gilt für die Feststellung des Mietausstandes bei Ausspruch der Kündigung ebenso. Hinzu kommt, dass die Nichtigkeitsfolge eines gegen ein Verbotsgesetz verstoßenden Rechtsgeschäfts nicht nur diejenige Partei schützt, die mit dessen Rechtsfolgen konfrontiert werden soll. **§ 134 BGB** und somit die Durchsetzung der von dem Verbotsgesetz intendierten Rechtsfolgen durch das Gericht dienen – auch – dem **öffentlichen Interesse.**[85] Der Beibringungsgrundsatz ist daher stärker eingeschränkt. Das Gericht muss hier also nach **§ 141 ZPO** den **Sachverhalt insoweit erforschen,** Fragen stellen und ggf. auch gem. § 139 ZPO **Hinweise und Auflagen** erteilen.

b) Beruhen der Nichtleistung auf den Auswirkungen der COVID-19-Pandemie

57 Die Ursächlichkeit der COVID-19-Pandemie hinsichtlich der Nichtleistung bei Fälligkeit (→ Rn. 21 ff.) muss der **Mieter** darlegen. Hier gelten an sich die allgemeinen Grundsätze der Substantiierungs- und Darlegungslast. Der Sachvortrag muss also nachvollziehbar den Schluss begründen, dass die Pandemie kausal jedenfalls auch, aber notwendig, hierzu beigetragen hat. Das bezieht sich in jedem Fall auf den Sachverhalt, aus dem der Mieter diese Ursächlichkeit herleitet. Aus diesem muss sich die **nachvollziehbare Beeinträchtigung des verminderten Leistungsvermögens** ergeben. Ob die **Ursächlichkeit** tatsächlich besteht, ist hingegen zumindest auch eine Frage der gerichtlichen Wertung. Denn alternative Szenarien sind immer denkbar. Nach der Gesetzesbegründung sollen hieran auch **keine zu hohen Anforderungen** gestellt werden. Dabei wird auf die im Tatbestand enthaltene Glaubhaftmachung verwiesen (→ Rn. 58 ff.), sowie auf BGH-Rechtsprechung zu § 42 ZPO.[86] Gemeint ist dabei wohl der Passus unter Rn. 11: *("Danach genügt ein geringerer Grad der richterlichen Überzeugungsbildung; die Behauptung ist glaubhaft gemacht, sofern eine überwiegende Wahrscheinlichkeit dafür besteht, dass sie zutrifft.").* Von der missglückten Verwendung des Glaubhaftmachungsbegriffs und der Frage, warum der Gesetzgeber nicht auf den naheliegenderen § 252 Abs. 2 S. 1 BGB verwiesen hat, einmal abgesehen, ist jedoch erkennbar, was gemeint ist. Der Sache nach sind insbesondere **Typisierungen** denkbar. Es genügt also, Umstände vorzutragen, die üblicher Weise das Fehlen der finanziellen Mittel für die Mietzahlung zur Folge haben, wie etwa eingeschränkte Gehaltszahlungen, Verlust des Arbeitsplatzes oder in der Gewerberaummiete die Nutzungsuntersagung nach § 28 IfSG. Der Mieter muss auch konkret zu seinen **Vermögensverhältnissen vortragen,** weil es für die vom Gesetz geforderte Ursächlichkeit zwingend ist, dass kein vorhandenes Vermögen existierte oder **zumutbar in Anspruch genommen** werden konnte (etwa durch Veräußerung einer Immobilie). Es sollte insofern aus Praktikabilitätsgründen aber auch aufgrund der Vergleichbarkeit der Interessenlage auf die wirtschaftlichen **Grundsätze der Gewährung von Prozesskostenhilfe** gem. §§ 114 ff. ZPO zurückgegriffen werden.

---

[84] Näher BeckOK BGB/Zehelein BGB § 535 Rn. 551.
[85] BGH NZM 2008, 496 (497).
[86] BGH NJW-RR 2007, 776 (777).

c) „Glaubhaftmachung" nach Art. 240 § 2 Abs. 1 S. 2 EGBGB

Nach Art. 240 § 2 Abs. 1 S. 2 EGBGB ist der Zusammenhang zwischen der COVID-19-Pandemie und der Nichtleistung – durch den Mieter – glaubhaft zu machen. Diese Gesetzesformulierung ist **sehr missverständlich.** Schon die Aufnahme des Begriffs in den materiellen Tatbestand ist, jedenfalls ohne weitere Erläuterungen, wenig nachvollziehbar. Denn hieraus ergibt sich nicht, ob es sich um eine – systemfremde[87] – spezialgesetzliche Regelung gegenüber den allgemeinen Beweislastgrundsätzen des Zivilprozesses im Hauptsacheverfahren handelt oder um eine danebenstehende Anforderung. Die in Bezug genommene BGH-Entscheidung (→ Rn. 57) ist zu § 42 ZPO und damit einer verfahrensrechtlichen Thematik ergangen. Der Glaubhaftmachungsbegriff ist dem materiellen Zivilrecht jedenfalls dort überwiegend fremd, wo es nicht um die Erlangung einer **einstweiligen Verfügung** geht (zB §§ 650d, 885, 899 BGB). Dabei dient er im Übrigen nach den Vorgaben des § 294 ZPO primär der substantiellen Untermauerung des Vortrages oder, so die **Versicherung an Eides Statt** abgegeben wird, der **Androhung von Folgen** für denjenigen, der unzutreffend Tatsachen glaubhaft machen muss, insb. im Zusammenhang mit einer rechtlichen **Auskunftspflicht,** die sodann auch im Prozess durchsetzbar ist (zB § 259 Abs. 2 BGB, § 260 Abs. 2 BGB). Anders aber etwa im Rahmen des § 1605 Abs. 1 S. 3 BGB. Hier müssen für die „Geltung" der Kindsvaterschaft nur die Voraussetzung des § 1600d Abs. 2 S. 1 BGB nach § 31 FamFG glaubhaft gemacht werden. Das hat seinen Grund aber darin, dass nur eine **gesetzliche Fiktion** begründet wird, die Glaubhaftmachung ersetzt kein förmliches Abstammungsverfahren, was an dieser Stelle auch nicht erforderlich ist.[88]

58

Die **Gesetzesmaterialen** lassen **nicht erkennen,** auf welche **Funktion der Glaubhaftmachung** sich Art. 240 § 2 EGBGB beziehen soll. Wie unzureichend sich der Gesetzgeber mit dem eigentlichen Hintergrund der Aufnahme des Glaubhaftmachungsbegriffs auseinandergesetzt hat, zeigt schon die Widersprüchlichkeit der eigenen Aussagen. Die Begründung des **Gesetzesentwurfs** bezieht sich lediglich auf die allgemeine Glaubhaftmachung nach § 294 ZPO sowie die hierzu verfügbaren Mittel. Ob das eine Beweisführung dahingehend ersetzt, dass der Mieter die Ursächlichkeit also „lediglich" glaubhaft machen muss, weil sie, ähnliche der Fiktion nach § 1605 Abs. 1 S. 3 BGB (→ Rn. 58), nur ein vorläufiges Ergebnis begründet, ist nicht erkennbar, der Sache nach aber auch fernliegend. Die leichter zu erlangende Fiktion dient den Interessen des Kindes – also genau umgekehrt, als iRd Art. 240 § 2 EGBGB –, zudem gilt dort der Amtsermittlungsgrundsatz. Der Abgeordnete *Luczak* führt in der Plenaraussprache den **Schutz der Vermieterinteressen** an, denen über Art. 240 § 2 EGBGB Erhebliches zugemutet werde. Aus diesem Grunde sei es geboten, („*dass die Mieterinnen und Mieter **nachweisen und glaubhaft** machen müssen, dass sie wirklich aufgrund von Corona in diese wirtschaftliche Notlage gekommen sind und deswegen ihre Mietzahlungen nicht leisten können.*")[89] Diese Feststellung basiert jedoch auf **keiner bekannten materiell-rechtlichen oder prozessualen Grundlage.** Es scheint, also wolle der Gesetzgeber, oder jedenfalls der Abgeordnete, den Mieter im Rahmen der Beweisführung tatsächlich **höheren Anforderungen** aussetzen, indem er aufgrund der Vermieterinteressen, so der Wortlaut, die Ursächlichkeit also nicht nur wie in einem üb-

59

---

[87] Scholl WM 2020 765 (768, 769).
[88] BeckOK BGB/Pöcker BGB § 1747 Rn. 5.
[89] Plenarprotokoll 19/154 – Stenografischer Bericht des Deutschen Bundestages, 154. Sitzung, 19151/2.

lichen Hauptsacheverfahren beweisen, sondern dazu auch noch glaubhaft machen müsste. Welche verfahrensrechtliche Vorstellung sich dahinter verbürgt, ist völlig unverständlich. Die in § 294 Abs. 1 ZPO in Bezug genommenen Beweismittel sind ohnehin Teil der Beweisführung, so dass diese bei Erfolg die Glaubhaftmachung automatisch beinhalten. Als Besonderheit bliebe also die Versicherung an Eides Statt. Diese aber ist kein allgemeines Beweismittel. Mit ihr kann der Mieter also nie die Ursächlichkeit sowohl glaubhaft machen als auch nachweisen. Das wäre allenfalls anzunehmen, wenn man die **qualifizierte Parteianhörung** nach § 141 ZPO den Beweismitteln zurechnen würde, wozu es keine klaren prozessualen Vorgaben gibt.[90] Dann aber ist der Grund der eidesstattlichen Versicherung nicht ersichtlich, zumal die Strafandrohung des § 156 StGB für die Partei im Rahmen einer allgemeinen Beweisführung außerhalb der – jeweils mit konkreter Funktion – in der ZPO geregelten Fälle sowie des einstweiligen Verfügungsverfahrens nicht ernsthaft in Betracht zu ziehen ist.

60 Es ist offensichtlich, dass alle vorstehend genannten gesetzlichen oder vom Gesetzgeber möglicher Weise angedachten **Varianten des § 294 ZPO nicht gemeint** sind. Neben der Sachfremdheit bis Systemwidrigkeit würden diese mit Ausnahme der die allgemeine Beweisführung ersetzenden Funktion bewirken, dass der **Mieter schlechter stehen würde,** als üblicher Weise im Rahmen des Hauptsacheverfahrens. Denn Glaubhaftmachung wäre überwiegend eine zusätzliche Anforderung neben dem Sachvortrag. Der **Gesetzgeber** wollte jedoch hierüber erkennbar eine **Besserstellung des Mieters im Prozess erreichen.**[91] Damit kommen nur zwei Möglichkeiten in Betracht:

61 Einerseits kann die Glaubhaftmachung eine **Erleichterung des Mieters bei der Beweisführung** darstellen.[92] Dem läge die Überlegung zugrunde, dass der Gesetzgeber mit Art. 240 § 2 Abs. 1 S. 2 EGBGB die allgemeinen relationstechnischen Grundsätze des Zivilprozesses geändert hat. Anstelle der Erheblichkeitsprüfung bestreitender Vermietereinwände, die den Mieter in die Beweisführungslast zwingt und dem Vermieter ebenso ermöglicht, eigene Beweise anzubieten, träte dann die Glaubhaftmachung nach § 294 ZPO.[93] Das würde ähnlich dem Verfahren nach den Vorschriften über den Arrest und die einstweilige Verfügung gem. §§ 916 ff. ZPO bedeuten, dass der Mieter mit der erfolgreichen Glaubhaftmachung nach § 294 ZPO seinen Vortrag bereits bewiesen hat. Dem könnte hingegen keine **Gegen-Glaubhaftmachung** des Vermieters entgegentreten, weil hierüber der vom Gesetzgeber beabsichtigte **Vorteil des Mieters wieder egalisiert** würde.[94] Zudem wäre nur eine Beweisaufnahme möglich, die sofort durchgeführt werden kann.[95] Das Gericht hätte zwar einen höheren Einschätzungsspielraum, zumal die erfolgreiche Glaubhaftmachung als Weniger gegenüber der Beweisführung ausreicht.[96] Allerdings muss die Glaubhaftmachung selbst zunächst einmal erfolgreich sein, was insbesondere bei berücksichtigungsfähigen Gegenbeweisen durchaus fraglich ist. Es ist daher davon auszugehen, dass die in Art. 240 § 2 Abs. 1 S. 2 EGBGB verankerte **Glaubhaftmachung nicht prozessualer Natur** ist. Es ist auch kein Grund dafür ersichtlich, dem Mieter für den Vortrag zur Ursächlich-

---

[90] Hierzu umfassend Zehelein NZM 2018, 193 (195 ff.).
[91] Artz/Brinkmann/Pielsticker MDR 2020, 527 (528).
[92] So Artz/Brinkmann/Pielsticker MDR 2020, 527 (528).
[93] So wohl Herlitz jurisPR-MietR 8/2020 Anm. 1; jurisPK-BGB/Tiedemann BGB § 569 Rn. 150.2.
[94] So aber Toporzysek zpoblog.de v. 21.4.2020, Schmidt-Kessel/Möllnitz NJW 2020, 1103 (1106).
[95] Herlitz jurisPR-MietR 8/2020 Anm. 1.
[96] MüKoZPO/Drescher ZPO Vor § 916 Rn. 20.

keit, soweit er ihn erbringen muss, eine Beweiserleichterung zukommen zu lassen. Denn dafür, dass er diejenigen Tatsachen, welche für die Annahme des Beruhens der Nichtleistung auf der COVID-19-Pandemie vorgetragen werden müssen (also zB die Gehaltseinschränkung, den Verlust des Arbeitsplatzes, die Betreuung von Kindern oder erkrankten Familienmitgliedern, die Schließungsanordnung nach § 28 IfSG oder der Umsatzrückgang, → Rn. 23 ff.), pandemiebedingt nur eingeschränkt beweisen könnte, bestehen keine Anhaltspunkte. Die Problematik, und so ist die Gesetzesbegründung an dieser Stelle auch zu verstehen, liegt vielmehr darin, die Ursächlichkeit überhaupt substantiiert vortragen zu können, besonders das Ausräumen anderer möglicher Ursachen. Das aber muss er nicht einmal konkret darlegen (→ Rn. 23 ff.) und daher auch nicht beweisen.

Tatsächlich handelt es sich bei der in Art. 240 § 2 Abs. 1 S. 2 EGBGB verwendeten Glaubhaftmachung lediglich um eine unter Fehlvorstellungen unzutreffend formulierte **Beweiserleichterung iSd § 252 Abs. 2 S. 2 BGB**[97] verbunden mit der Möglichkeit des Gerichts, hier seinerseits nach **§ 287 Abs. 2 ZPO** zu schätzen, und zwar – und das ist vom Gesetz ausdrücklich vorgegeben – **zu Gunsten des Mieters**. Das jedenfalls, soweit § 287 Abs. 2 ZPO dieses nach den allgemeinen Grundsätzen ermöglicht. Die Regelung ist insoweit dem materiellen, auch Miet-, Recht ausreichend bekannt[98] und erfüllt die Gesetzesintension vollumfänglich, ohne sach- oder systemfremde Eingriffe vorzunehmen.

62

VI. § 272 Abs. 4 ZPO – Vorrangige Bearbeitung von Räumungsverfahren

Art. 240 § 2 EGBGB hat auf das Gebot, Räumungsverfahren[99] vorrangig und beschleunigt durchzuführen, **keine Auswirkungen,** es besteht insbesondere keine Notwendigkeit, diese einzuschränken. Die Vorschrift ist entgegen dem alle Räumungsklagen erfassenden Wortlaut ohnehin teleologisch zu reduzieren auf zahlungsverzugsbedingte Kündigungen, bei denen – entsprechend dem Anwendungsbereich des § 283a ZPO – die Miete fortlaufend gänzlich oder jedenfalls in nicht unerheblichem Maß ausbleibt.[100] Für Sachverhalte, die von Art. 240 § 2 EGBGB erfasst sind, ist das schon mangels Kündigungsmöglichkeit nicht relevant. Die übrigen zahlungsverzugsbedingten Kündigungen, von der Norm ausdrücklich nicht erfasst, stellen die gesetzgeberische Entscheidung derzeit nicht infrage. Pandemiebedingte Gründe, die einem Wohnungsverlust entgegenstehen, sind nicht im Erkenntnisverfahren sondern im Rahmen der Vollstreckung bzw., wie nachfolgend dargestellt, iRd § 721 ZPO zu berücksichtigen.

63

---

[97] Ebenso Scholl WM 2020 765 (768, 769); wohl auch Sittner NJW 2020, 1169 (1173), aber unklar wegen der Möglichkeit, sich der Mittel des § 294 ZPO zu bedienen.
[98] Vgl. etwa zur Anwendung des § 252 Abs. 2 S. 2 BGB bei Verzug mit der Rückgabe gem. § 546 Abs. 1 BGB, § 286 BGB für den Mietausfall BGH NZM 2010, 815; BeckOGK/Zehelein BGB § 546 Rn. 132.
[99] Was der Gesetzgeber mit Räumungs„sachen" meint, ist nach wie vor wenig nachvollziehbar.
[100] BT-Drs. 17/11894, 24; näher BeckOGK/Zehelein BGB § 546 Rn. 231.

VII. Räumungsfrist nach § 721 ZPO

64 Das Kündigungsverbot nach Art. 240 § 2 EGBGB hat keine direkte Auswirkung auf die Gewährung einer Räumungsfrist nach § 721 ZPO, beeinflusst diese aber mittelbar. Aufgrund der COVID-19-Pandemie gewähren die Gerichte häufig **von Amts wegen** eine entsprechende Frist. Diese **orientiert** sich der Länge nach teilweise an der **Schonzeit nach Art. 240 § 2 EGBGB** oder einer ggf. diese verlängernde Rechtsverordnung.[101] Dabei aber ist im Rahmen des gerichtlichen Ermessens die Wertung des Kündigungsverbots nach Art. 240 § 2 EGBGB zu berücksichtigen, weshalb **keine Abhängigkeit der Räumungsfrist von der Leistung der Nutzungsentschädigung** nach § 546 a Abs. 1 BGB ausgesprochen werden sollte, jedenfalls soweit sie in die Schonzeit fällt. In diesem Falle könnte der Mieter ggf. doch wegen nicht geleisteter Mieten/Nutzungsentschädigung in dem relevanten Zeitraum seine Wohnung verlieren, was Art. 240 § 2 EGBGB ausdrücklich und vollumfänglich verhindern soll.

65 Sollte sich erst **nach dem Ausspruch einer Räumungsfrist,** die von der Leistung der Nutzungsentschädigung abhängig ist, ergeben, dass die Nichtleistung dieser iSd Art. 240 § 2 EGBGB auf den Folgen der COVID-19-Pandemie basiert, muss das Berücksichtigung finden. Da aus zeitlicher Sicht, aber auch der abweichenden Verfahrensgestaltung des § 721 ZPO, welche die Entscheidung in das Ermessen des Gerichts stellt,[102] eine Beweisaufnahme weder möglich noch geboten ist, sollte für diese Fälle bereits die **Glaubhaftmachung nach § 294 ZPO** ausreichen, die Räumungsfrist aufrecht zu erhalten. Der Mieter muss insoweit **Antrag nach § 721 Abs. 3 S. 1 ZPO** stellen. Dabei ist S. 2 der Vorschrift sinngemäß nicht anwendbar oder jedenfalls nur in der Art, dass sich die 2 Wochen Frist nicht auf den Ablauf der Räumungsfrist als solche bezieht, sondern auf die Fälligkeit der nächsten Nutzungsentschädigung, bei deren Ausbleiben die Räumungsfrist ebenfalls endet. Hat sich die Situation so kurzfristig ergeben, dass der Mieter die Frist nicht einhalten konnte, ist die Wertung des Art. 240 § 2 EGBGB iRd § 721 Abs. 3 S. 3 ZPO iVm §§ 233 ff. ZPO zu berücksichtigen.

VIII. Mietzahlungspflicht während der Schonzeit

66 Innerhalb der Schonzeit **bleibt die Mietzahlungspflicht nach § 535 Abs. 2 BGB bestehen,** das auch, wenn die Kündigung nach Art. 240 § 2 EGBGB ausgeschlossen ist, weil die Nichtleistung auf den Folgen der COVID-19-Pandemie beruht.[103] Die insoweit eindeutigen Ausführungen aus der Gesetzesbegründung sowie der Plenumsaussprache[104] berücksichtigen jedoch mit Blick auf den Verzug nach § 286 BGB sowie die hierdurch anfallenden Zinsen nicht, dass die pandemiebedingte Nichtleistung ggf. das **Vertretenmüssen** des Mieters entfallen lassen könnte und damit trotz Fälligkeit der Miete kein Verzug eintritt. Zwar hat der BGH in der 2. Jobcenter-Entscheidung[105]

---

[101] LG Berlin NZM 2020, 428; BeckRS 2020, 573.
[102] BeckOK MietR/Fleindl Zwangsvollstreckung Rn. 120.
[103] Herlitz jurisPR-MietR 8/2020 Anm. 1; Scholl WM 2020 765 (769); missverständlich, jurisPK-BGB/Tiedemann BGB § 573 Rn. 63.1. – Recht auf Leistungsverweigerung ohne Folgen.
[104] BT-Drs. 19/18110, 36; *Luczak* Plenarprotokoll 19/154 – Stenografischer Bericht des Deutschen Bundestages, 154. Sitzung, 19152.
[105] BGH NJW 2015, 1296.

noch einmal klargestellt, dass das Beschaffungsrisiko für die Miete grundsätzlich beim Mieter liegt und er sich gegen das Vertretenmüssen der Nichtleistung nicht damit verteidigen kann, über die Mittel (noch) nicht verfügt zu haben.[106] Das kann sich jedoch infolge einer von dem Gesetzgeber im Allgemeinen eher nicht berücksichtigten Ausnahmesituation wie der COVID-19-Pandemie möglicher Weise anders darstellen.[107]

IX. Verwertung der Kaution im laufenden Mietverhältnis

Art. 240 § 2 EGBGB hat auf das Verwertungsrecht des Vermieters hinsichtlich der Mietkaution keinen Einfluss, schließt dieses insbesondere nicht aus. An sich dient die Kaution der Sicherung von Vermieteransprüchen nach Beendigung des Mietverhältnisses. Während der Vertragslaufzeit ist es dem Vermieter daher üblicher Weise verwehrt, auf diese zuzugreifen. Das gilt nach dem BGH[108] aber nur für streitige Ansprüche. In den Fällen des Art. 240 § 2 EGBGB macht der Mieter aber die Unwirksamkeit der Kündigung geltend, weil die Nichtleistung auf den Folgen der COVID-19-Pandemie beruht, die Forderung selbst ist unstreitig. Der Vermieter ist daher, so er **nach Art. 240 § 2 EGBGB mit der Kündigung ausgeschlossen** ist, befugt, die **Kaution zu verwerten.**[109] Dass hierfür Verzug iSd § 286 BGB erforderlich wäre,[110] ist fraglich, weil die Sicherungsabrede nicht so auszulegen ist, dass der Vermieter das Sicherungsgut nur bei Vertretenmüssen des Mieters verwerten darf. Denn seine über die Kaution geschützten Interessen sind hiervon unabhängig. Zuzustimmen ist zwar der Annahme, dass der Mieter vor der Verwertung noch einmal die Gelegenheit zur Leistung erhalten sollte. Im Fall des Art. 240 § 2 EGBGB ist das jedoch schon der Sache nach nicht einschlägig. Nur, wenn sich der Mieter **zugleich auf andere Rechte** beruft und die Forderung selbst daher ebenfalls streitig ist, **entfällt das Verwertungsrecht.** Das auch dann, wenn das Gericht den zB Mangeleinwand dahinstehen lässt, wenn die Kündigung „jedenfalls" wegen Art. 240 § 2 EGBGB unwirksam war. Hat der Vermieter die Kaution zulässiger Weise verwertet, steht ihm ein Anspruch auf **Wiederauffüllung** gegen den Mieter zu.[111] Kann dieser dem aber aus den Gründen des Art. 240 § 2 EGBGB nicht nachkommen, sperrt das die Kündigung ebenso, weil es sich letztlich um dieselbe vom Gesetz geschützte Nichtleistung handelt.

67

X. Mietminderung/Mieterhöhung/§ 313 BGB

Auf die Höhe der geschuldeten Miete sowie zu den Mechanismen, wie sich diese verändert (zB §§ 558 ff. BGB) oder im Wege der Gewährleistung (§ 536 Abs. 1 BGB) eine Befreiung erfährt, hat Art. 240 § 2 EGBGB **keinen Einfluss.** Auch für die Frage, ob die Mietzahlungspflicht selbst nach den Grundsätzen der Störung der Geschäftsgrundlage (§ 313 BGB) gemindert oder gar erlassen ist, weist die Norm keinen Rege-

68

---

[106] So Milger in der Urteilsbegründung: *„Geld hat man zu haben."* Zitiert nach Börstinghaus NZM 2018, 297 (311).
[107] Vgl. Artz in Schmidt COVID-19 § 3 Rn. 35; kritisch aber Lorenz in Schmidt COVID-19 § 1 Rn. 1.
[108] BGH NJW 2014, 2496.
[109] Mahdi/Rosner NZM 2020, 416 (418).
[110] Sittner NJW 2020, 1169 (1173).
[111] BeckOGK/Siegmund BGB § 551 Rn. 77.

lungsgehalt auf und schließt deren Anwendung daher nicht aus.[112] Insbesondere ist Art. 240 § 2 EGBGB **weder** eine **spezialgesetzliche Regelung gegenüber § 313 BGB, noch** ist der Norm eine **Risikoverteilung zu entnehmen,** hinter der eine Vertragsanpassung oder gar -kündigung zurücktreten müsste. Der Gesetzgeber hat diese Thematik im Gesetzgebungsverfahren zu Art. 240 § 2 EGBGB nicht thematisiert. Der Regelungsgehalt (→ Rn. 3) setzt fällige Mieten nur tatbestandlich voraus, greift selbst aber erst bei den Folgen der Nichtleistung an. Es finden sich keinerlei Anhaltspunkte im Gesetz oder den gesamten Materialien, dass hiermit eine irgendwie geartete Beurteilung über die Auswirkungen der Pandemie auf die Zahlungspflicht selbst verbunden wäre.

XI. Abdingbarkeit

69   Art. 240 § 2 EGBGB ist wegen des – in der Wohnraummiete üblichen – halbzwingenden Abdingbarkeitsgebot nach Abs. 2 zu Lasten des „Mieters" nicht vertraglich abänderbar. Das schließt in diesem Fall jeden Mietvertragstyp ein und ist **nicht auf die Wohnraummiete beschränkt.** Über Abs. 3 ist auch das Pachtverhältnis hiervon erfasst. Unwirksam sind damit insbesondere Vereinbarungen, die dem Vermieter dennoch ein Kündigungsrecht basierend auf Mietausständen aus der Schonzeit (→ Rn. 17 ff.) zusprechen, Heilungen durch Nachzahlung vor Ausspruch der Kündigung (→ Rn. 51) oder binnen der Schonfrist des § 569 Abs. 3 Nr. 2 BGB (→ Rn. 52) beschränken, den Schonzeitraum selbst verkürzen oder die Beweisführung für den Mieter (→ Rn. 62) erschweren.

---

[112] Ekkenga/Schirrmacher NZM 2020, 410 (415); jurisPK-BGB/Pfeifer BGB § 313 Rn. 13.2; Streyl in Schmidt COVID-19 § 3 Rn. 88; Warmuth COVuR 2020, 16; Zehelein NZM 2020, 390 (401).

§ 3 Gewährleistungsrecht – insbesondere Schließungen nach § 28 IfSG

Inhaltsübersicht

	Rn.
I. Mietrechtliche Gewährleistungsrechte und konkurrierende Ansprüche	1
1. Die mietrechtlichen Gewährleistungsansprüche im Überblick	1
2. Konkurrierende Mieteransprüche	5
a) Unmöglichkeit der Vermieterleistung	5
b) Störung der Geschäftsgrundlage	7
II. Corona als mietrechtlicher Mangel	8
1. Der mietrechtliche Mangelbegriff	8
a) Allgemeines	8
b) Beschaffenheit der Mietsache	11
c) Form und Inhalt der Beschaffenheitsabrede	12
2. Pandemiebedingte Einschränkungen	18
a) Schließungen	18
aa) Der öffentlich-rechtliche Eingriff als Mangel	18
bb) Risikozuordnung für Schließungen?	23
cc) Parallele Naturkatastrophe?	25
dd) Die Bolzplatzentscheidung des BGH	27
ee) Äquivalenzstörung und Betriebspflicht	28
b) Kontakteinschränkungen	29
III. Minderung der Miete	30
IV. Schadensersatzansprüche des Mieters	33
1. Schadensersatzansprüche nach § 536a Abs. 1 S. 1 BGB	33
2. Schadensersatz bei nachträglichem Mangel	35
V. Kündigung des Mieters	36
1. Kündigung wegen Gebrauchsentziehung	36
2. Kündigung wegen eines wichtigen Grundes	37

I. Mietrechtliche Gewährleistungsrechte und konkurrierende Ansprüche

1. Die mietrechtlichen Gewährleistungsansprüche im Überblick

Weicht die Mietsache von dem vereinbarten Zustand ab, ist sie mangelhaft. Ob dies allerdings eine **Minderung** der Miete rechtfertigt, hängt davon ab, ob ihre **Gebrauchstauglichkeit** im Sinne des § 536 Abs. 1 BGB in erheblichem Maße beeinträchtigt wird. Weicht die tatsächliche Beschaffenheit zwar von der vertraglich vorgesehenen Beschaffenheit ab, führt dies aber nicht zu einer erheblichen Gebrauchsbeeinträchtigung, scheidet eine Minderung aus. 1

Weicht die tatsächliche Beschaffenheit von der im Vertrag vorgesehenen Beschaffenheit ab, kommt neben der Minderung auch ein **Schadensersatzanspruch** nach § 536a Abs. 1 BGB in Betracht. Ist ein Mangel im Sinne des § 536 BGB bei Vertragsschluss vorhanden oder entsteht ein solcher Mangel später wegen eines Umstandes, den der Vermieter zu vertreten hat, oder kommt der Vermieter mit der Beseitigung eines Mangels in Verzug, kann der Mieter gemäß § 536a Abs. 1 BGB unbeschadet der Rechte aus § 536 Schadensersatz verlangen. 2

Handelt es sich um einen Mangel, den der Vermieter beseitigen kann, kommt auch ein **Selbsthilferecht** des Mieters aus § 536a Abs. 2 BGB in Betracht. Hat der Mieter 3 den Vermieter mit der Mängelbeseitigung in Verzug gesetzt, kann er den Mangel selbst beseitigen und die hierfür angefallenen Kosten vom Vermieter ersetzt verlangen. Ist eine Aufrechnung im Vertrag nicht wirksam ausgeschlossen, kann der Mieter mit diesen Kosten gegen die Miete aufrechnen. Im Zusammenhang mit coronabedingten Schließungen kommt diesem Recht des Mieters von vornherein keine Bedeutung zu, weil der Vermieter pandemiebedingte gesetzlich oder behördlich angeordnete Schließungen oder eingeschränkte Nutzungen nicht beseitigen kann.

4 Schließlich kommt dem Mieter dann, wenn ihm der vertragsgemäße Gebrauch nicht gewehrt oder wieder entzogen wird, ein Recht **zur fristlosen Kündigung** aus § 543 Abs. 2 Satz 1 Nr. 1 BGB zu.

2. Konkurrierende Mieteransprüche

a) Unmöglichkeit der Vermieterleistung

5 Wird dem Vermieter die **Gebrauchsüberlassung** an der Mietsache **unmöglich,** wird er von seiner Leistungspflicht gemäß § 275 BGB frei. Der Mieter braucht gemäß § 326 Abs. 1 BGB seinerseits aber auch die Gegenleistung – hier also die Mietzahlung – nicht mehr erbringen, wenn er nicht die Leistungsunmöglichkeit des Vermieters herbeigeführt hat. Ob allerdings die pandemiebedingten Schließungen von Geschäften, Restaurants etc überhaupt einen Fall der Unmöglichkeit im Sinne des § 275 BGB darstellen, braucht für den Regelfall nicht weiter aufgeklärt werden, denn die §§ 536 ff. BGB stellen jedenfalls nach Übergabe der Mietsache die spezielleren Regelungen für das Mietrecht und verdrängen folglich die im allgemeinen Schuldrecht angesiedelten Regelungen zur Unmöglichkeit.[1] Im gewerblichen Mietverhältnis wird dies regelmäßig der Fall sein, da Anlass, vor Übergabe der Miträume bereits Miete zu entrichten, regelmäßig nicht besteht.

6 Denkbar ist allenfalls der Fall, dass dem Vermieter aus Gründen des Denkmalschutzes ein Umbau der Miträume, wie ihn die Parteien im Vertrag vorgesehen hatten, nicht möglich ist.[2] Ist hingegen die Schließungsanordnung bereits vor Übergabe und Annahme der Miträume im Wege einer Verordnung oder einer Allgemeinverfügung ergangen ist aufgrund der spezielleren Regelung des § 536b BGB wiederum für eine Leistungsbefreiung des Mieters aus § 326 Abs. 1 BGB kein Raum, da gemäß § 536b BGB ihn dann, wenn er den Mangel kennt, sich seine Rechte aber nicht vorbehält, für eine Minderung bereits kein Raum mehr wäre.

b) Störung der Geschäftsgrundlage

7 Ob neben der mietrechtlichen Gewährleistung auch das aus dem **Grundsatz von Treu und Glauben** entwickelte und zwischenzeitlich in § 313 BGB gefasste Institut der **Störung bzw. des Wegfalls der Geschäftsgrundlage** zu greifen vermag, ist Gegenstand der Erörterungen in § 7.

---

[1] BGH NJW 1997, 2817; Schmidt-Futterer/Eisenschmid BGB § 536 Rn. 313; Streyl in Schmidt COVID-19 § 3 Rn. 65; Sittner NJW 2020, 1269; Bacher MDR 2020, 514; Weller/Thomale BB 2020, 962; aA wohl Scholl WM 2020, 765; Krepold WM 2020, 726.

[2] BGH NJW 1999, 635.

II. Corona als mietrechtlicher Mangel

1. Der mietrechtliche Mangelbegriff

a) Allgemeines

Ein Mangel im Sinne des § 536 Abs. 1 BGB liegt vor, wenn die tatsächliche Beschaffenheit der Mietsache **(Ist-Beschaffenheit)** hinter der vertraglich geschuldeten Beschaffenheit **(Soll-Beschaffenheit)** zurückbleibt.[3] 8

Welche Sollbeschaffenheit die Mietsache aufweisen soll, kann schon wegen der höchst unterschiedlichen Ausgestaltung gewerblich genutzter Miträume und ihrem gewollten Nutzungszweck gesetzlich nicht vorgegeben werden. Es kommt also auf die Art und den Umfang der Eigenschaften der Mietsache an, die diese aufweisen muss, damit sie als vertragsgerecht angesehen werden kann. Dies auszugestalten ist Sache der Mietvertragsparteien. Sie haben es in der Hand ob und wie konkret sie dies vereinbaren.[4] Ist keine ausdrückliche Regelung zum „Soll-Zustand" getroffen, muss anhand von **Auslegungsregeln** (§§ 133, 157, 242 BGB) geprüft werden, was der Vermieter schuldet bzw. welchen Standard der Mieter aufgrund des Vertrags vom Vermieter verlangen kann.[5] 9

Bei der Ausfüllung des mietrechtlich geschuldeten Zustandes der Mietsache kann sich an den für das Kaufrecht aufgestellten Regeln des § 434 BGB angelehnt werden.[6] 10

b) Beschaffenheit der Mietsache

Unter Beschaffenheit fällt jede Eigenschaft und jeder der Sache anhaftende tatsächliche, wirtschaftliche oder rechtliche Umstand, der vom Begriff der Beschaffenheit umfasst wird.[7] Vereinbart ist die Beschaffenheit, wenn der Inhalt des Kaufvertrages von vornherein oder nachträglich die Pflicht des Verkäufers bestimmt, die gekaufte Sache in dem Zustand zu übereignen und zu übergeben, wie ihre Beschaffenheit im Vertrag festgelegt ist.[8] Eine vom **Vertragsinhalt** erfasste Beschreibung der Beschaffenheit der Sache genügt.[9] Die Eigenschaft muss bestimmt sein und kann sich auf das Vorhandensein von Mängeln beziehen. Es genügt die einfache Vereinbarung, die Bestandteil des Vertragsinhalts geworden ist, in der Regel durch eine verbindliche Beschreibung des Zustandes. 11

c) Form und Inhalt der Beschaffenheitsabrede

Ist in den mietrechtlichen Vorschriften eine solche Beschaffenheitsvereinbarung nicht geregelt, besteht für sie natürlich auch **keine Formvorschrift.** Die Vertragsparteien können ihre Form somit willkürlich wählen. **Vertragsklarheit und Beweisfunktion** lassen es jedoch ratsam erscheinen, sie so weit wie möglich mit deutlichen Worten in den schriftlichen Mietvertrag aufzunehmen. 12

---

[3] BGH NJW 2000, 1714; NJW 2005, 2152; NZM 2006, 582; NJW 2010, 3152; Blank/Börstinghaus/Blank BGB § 536 Rn. 1.
[4] Sentek/Ludley NZM 2020, 406; Walburg GE 2020, 423.
[5] Zehelein NZM 2020, 390.
[6] MüKoBGB/Häublein BGB § 536 Rn. 4; Weller/Thomale BB 2020, 962.
[7] Palandt/Weidenkaff BGB § 434 Rn. 14.
[8] Palandt/Weidenkaff BGB § 434 Rn. 15.
[9] Palandt/Weidenkaff BGB § 434 Rn. 16.

13 Welchen Zustand der Mietsache der Vermieter schuldet, ergibt sich in Anlehnung an § 434 BGB zunächst aus den **Abreden der Vertragsparteien im Vertrag** selbst.[10]

14 Dabei kann die **Beschaffenheitsvereinbarung** im Vertragstext selbst erfolgen und ausdrücklich ausformuliert werden. So können sich derartige Vereinbarungen bereits unter der Beschreibung des Mietgegenstandes oder in Regelungen zum Zubehör finden. Häufig werden sie sich zumindest in Formularverträgen unter der Überschrift „sonstige Vereinbarungen" finden. Die Beschaffenheitsvereinbarung muss jedoch nicht in ihrem Wortlaut im Vertragstext selbst niedergelegt werden. Es genügt ebenso, wenn sich der übereinstimmende Wille der Parteien aus einer Anlage zum Vertrag ergibt. Dies kann der Fall sein, wenn die Parteien etwa bei der Vermietung vom Reißbrett eine Baubeschreibung als Anlage zum Mietvertrag nehmen, aus der sich die bauliche Ausgestaltung der Räumlichkeiten im Einzelnen ergibt.[11] Ausdrückliche Vereinbarungen dahin, dass der Vermieter für hoheitlich bedingte Geschäftsschließungen aufgrund einer Pandemie oder Epidemie einstehen will, dürften bislang schwerlich anzutreffen sein.

15 Die Vereinbarung kann aber auch stillschweigend durch **konkludentes Verhalten** erfolgen. Aber auch hierfür sind zwei **übereinstimmende Willenserklärungen** des Mieters und des Vermieters erforderlich. Für die Annahme beispielsweise einer solchen Willensübereinstimmung bezüglich eines sogenannten **Umweltfehlers** reicht es jedoch nicht aus, dass der Mieter bei Vertragsschluss einen von außen auf die Mietsache einwirkenden Umstand als für ihn hinnehmbar wahrnimmt und er sich ungeachtet dieser von ihm als (noch) erträglich empfundenen Vorbelastung dafür entscheidet, die Wohnung anzumieten. Zur konkludent geschlossenen Beschaffenheitsvereinbarung wird dieser Umstand vielmehr nur, wenn der Vermieter aus dem Verhalten des Mieters nach dem objektiv zu bestimmenden **Empfängerhorizont** (§§ 133, 157 BGB) erkennen musste, dass der Mieter die Fortdauer dieses bei Vertragsschluss bestehenden Umstands über die unbestimmte Dauer des Mietverhältnisses hinweg als maßgebliches Kriterium für den vertragsgemäßen Gebrauch der Wohnung ansieht, und der Vermieter dem zustimmt. Eine einseitig gebliebene Vorstellung des Mieters genügt für die Annahme einer diesbezüglichen Willensübereinstimmung selbst dann nicht, wenn sie dem Vermieter bekannt ist.[12] Der BGH geht davon aus, dass eine vertragliche Haftung für nicht beherrschbare Umweltmängel in der Regel vom Vermieter nicht gewollt sei. Jedenfalls könne man dies nicht annehmen, wenn sich der Mietvertragsurkunde keine Umstände entnehmen ließen, die den sicheren Schluss auf die verbindliche Festlegung eines bestimmten Immissionsstandards über die Dauer der Mietzeit hinweg zuließen.[13] Daher scheidet eine konkludente Vereinbarung jedenfalls für Umweltmängel in der Regel aus.[14] Unter Anwendung dieser Grundsätze wird eine konkludente Vereinbarung dahin, dass eine vorübergehende Schließung oder sonstige öffentlich-rechtliche Einwirkungen ausgeschlossen werden sollen, die zur Störung von Kunden- und Besucherströmen führen können, nicht angenommen werden können.[15]

---

[10] BGH NZM 2015, 481; NZM 2010, 618 = NJW 2010, 3088; OLG Rostock MDR 2018, 924 = GE 2018, 876.
[11] BGH NJW 2009, 664 = NZM 2009, 124.
[12] BGH NZM 2015, 481; NJW 2013, 680 = NZM 2013, 184; NZM 2009, 855 = NJW 2010, 1133.
[13] BGH NJW 2009, 664; NZM 2015, 481.
[14] Vgl. Schmidt-Futterer/Eisenschmid BGB § 536 Rn. 136.
[15] So wohl auch Sentek/Ludley NZM 2020, 406.

Soweit allerdings Parteiabreden zur Beschaffenheit der Mietsache fehlen, wird der zum **vertragsgemäßen Gebrauch geeignete Zustand** unter Berücksichtigung des vereinbarten Nutzungszwecks und des Grundsatzes von Treu und Glauben (§ 242 BGB) nach der Verkehrsanschauung bestimmt.[16]

16

Der Anschauung der betroffenen Verkehrskreise wird es regelmäßig entsprechen, dass Räumlichkeiten, die zum Betrieb eines Gewerbes vermietet werden, auch vom Mieter betreten werden können. Daher erscheint es überdenkenswert, dann einen Mangel der Mietsache anzunehmen, wenn es dem Vermieter selbst verboten ist, dem Mieter den Zugang zu den Räumlichkeiten zu gewähren[17] oder er von sich aus den Zutritt verweigert. Soweit sich die Schließungsanordnung hingegen nur an den Mieter richtet, ist die Mangelfrage weiter zu untersuchen. Da aber der Betrieb von Restaurants, Einzelhandelsläden, Fitnessstudios etc untersagt worden ist, richtet sich die Schließungsanordnung in der Regel nur gegen den Betreiber. Der Vermieter, der keine Gewalt über die Räumlichkeiten mehr hat und im Zweifel mehrere hundert Kilometer entfernt sitzt, ist häufig gerade nicht der Adressat des öffentlich-rechtlichen Eingriffs.

17

2. Pandemiebedingte Einschränkungen

a) Schließungen

aa) Der öffentlich-rechtliche Eingriff als Mangel

Grundsätzlich kommen öffentlich-rechtliche Eingriffe in das Mietverhältnis sowohl durch Verwaltungsakte als auch durch Gesetzesänderungen in Betracht. So verhält es sich auch im Rahmen der Coronapandemie, wobei es nicht darauf ankommt, ob mögliche Nutzungsbeschränkungen auf **Rechtsnormen** – etwa einer Verordnung – oder auf **Allgemein- oder Einzelverfügungen** der zuständigen Behörden beruhen.

18

Das Reichsgericht hatte in mehreren Entscheidungen einen Mangel angenommen, weil durch kriegsbedingte gesetzliche Bestimmungen bestimmte Nutzungen, die den wesentlichen Gebrauch der jeweiligen Gewerbeimmobilie ausmachten, ganz oder teilweise untersagt worden war. Dabei befassten sich zwei der Entscheidungen zwar mit der Wirksamkeit der mieterlichen Kündigung. Allerdings ließ das Reichsgericht erkennen, dass es wegen des Verbotes den wesentlichen Verwendungszweck als nicht mehr erreichbar und deshalb den Gebrauch entzogen ansah.[18]

19

Der BGH folgt dieser Betrachtungsweise nicht. Zwar sieht § 535 Abs. 1 BGB die Verpflichtung zur Gebrauchsüberlassung durch den Vermieter vor und knüpft an die Verletzung dieser Pflicht eine Minderung der Miete. Dem aber steht die Regelung des § 537 Abs. 1 BGB gegenüber, wonach der Mieter von der Pflicht zur Zahlung der Miete nicht dadurch frei wird, dass er am Gebrauch der Mietsache aus Gründen, die in seiner Person liegen gehindert ist. Daher hat der BGH im Rahmen seiner **Sphärentheorie der Gebrauchsgewährung** das **Verwendungsrisiko** gegenüber gestellt. Da sich die Verantwortlichkeit des Vermieters auf die Gebrauchstauglichkeit der Miet-

20

---

[16] BGH NZM 2015, 481; NJW 2013, 680 = NZM 2013, 184; NZM 2009, 855 = NJW 2010, 1133; AG Dresden ZMR 2017, 167.
[17] So Streyl in Schmidt COVID-19 § 3 Rn. 72.
[18] Vgl. hierzu auch Bieber GE 2020, 637; Walburg GE 2020, 423; Paschke NZM 2008, 265; Zehelein NZM 2020, 390.

sache richtet, beschränkt sich dessen Verantwortung auf diejenigen Umstände, die sich auf die **konkrete Lage und Beschaffenheit** der Mietsache beziehen.[19] Daher muss der Vermieter die baulichen Gegebenheiten herstellen, die zur Einhaltung der für die vorgesehene Nutzung der Mietsache maßgeblichen öffentlich-rechtlichen Bestimmungen erforderlich sind. Ebenso trifft ihn die Verpflichtung, eine nach öffentlichem Recht erforderliche Genehmigung für die beabsichtigte Nutzung einzuholen, soweit diese **objektbezogen** erteilt wird. Muss der Mieter für seinen Gewerbebetrieb eine verwaltungsbehördliche Erlaubnis oder Genehmigung einholen, muss der bauliche Zustand der Räume so beschaffen sein, dass die Konzession erteilt werden kann.[20]

21 **Öffentlich-rechtliche Gebrauchsbeschränkungen, Verbote oder Gebrauchshindernisse,** die sich dagegen aus **betriebsbezogenen** Umständen ergeben oder **in der Person des Mieters** ihre Ursache haben, hat der Vermieter ohne eine anderslautende vertragliche Vereinbarung hingegen nicht zu verantworten.[21]

22 Die Schwierigkeit der Anknüpfung an die **Risikosphäre** zeigt beispielhaft das **Rauchverbot** in Gaststätten und sonstigen öffentlich genutzten Räumen. Für dieses hat der BGH einen Mangel der Miete oder Pachtsache verneint.[22] Er hat aufgezeigt, dass das Rauchverbot nicht an die Beschaffenheit der Miträume anknüpft, sondern an die Art ihrer Nutzung. Die Räume können weiter für den Restaurantbetrieb genutzt werden. Es können weiter Speisen und Getränke ausgeschenkt werden. Allein der Raucher muss gelegentlich vor die Tür.[23]

bb) Risikozuordnung für Schließungen?

23 Fraglich ist, ob sich die Risikozuordnung des BGH zum Rauchverbot in Gaststätten zum Verwendungsrisiko des Mieters ohne weiteres übertragen lässt. Soweit hiergegen Bedenken dahin erhoben werden, dass der betroffene Mieter sein Geschäft nicht ohne weiteres Fortsetzen kann,[24] wird man dem nicht ohne weiteres entgegen halten können, dass der Mieter in den Räumen auch etwas anderes tun könne und damit die fehlende Nutzbarkeit der Räume an der Betriebsart liege.[25] In der Regel wird dem der im **Vertrag vereinbarte Mietzweck** schon entgegenstehen können.

24 Gleichwohl stellt der BGH im Rahmen der Abgrenzung darauf ab, ob die öffentlich-rechtlichen Beschränkungen auf der konkrete Beschaffenheit, dem Zustand oder der Lage der Mietsache beruhen. Dass aber ist im Falle der coronabedingten Schließungen nicht der Fall. Weder die Beschaffenheit der Räume noch ihre Lage noch ihr baulicher oder sonst substanzieller Zustand sind der Anlass für die Schließungsanordnungen. **Anlass** ist vielmehr das politische Interesse, die Anzahl von Neuerkrankungen so gering wie möglich zu halten, um das Gesundheitswesen nicht in einer Weise beanspruchen zu müssen, der dieses nicht gestanden gewesen wäre. Zur Mietsache an sich fehlt somit jeder Bezug für die Schließungsanordnungen. Müssen allerdings im Interesse des Allgemeinwohls oder aus sonstigen politischen Erwägungen den Menschen be-

---

[19] BGH NJW-RR 2014, 264.
[20] Ehlert in Bub/Treier/Kraemer MietR-HdB Kap. III B Rn. 3214.
[21] BGH NJW 2011, 3151.
[22] BGH NJW 2011, 3151.
[23] Vgl. auch Sittner NJW 2020, 1269; Walburg GE 2020, 423.
[24] Walburg GE 2020, 423; Krepold WM 2020, 726; Weller/Thomale BB 2020, 962.
[25] Sittner NJW 2020, 1269; Zehelein NZM 2020, 390.

stimmte Verhaltensweisen abverlangt werden, die dazu führen, dass Einzelne ihre geschäftlichen Erwartungen nicht oder nicht mehr in dem Maße erfüllen können, wie sie dies erwartet haben, muss dies dem **Verwendungsrisiko der Betroffenen** zugerechnet werden. Die **Räumlichkeiten** nämlich haben sich durch die Maßnahmen nicht verändert und sind uneingeschränkt einsatzfähig.

cc) Parallele Naturkatastrophe?

Soweit Rechtsprechung und Literatur teilweise Gewährleistungsansprüche des Mieters im Zusammenhang mit **Naturkatastrophen** zulassen, hilft auch die Anknüpfung an unerwartete Hochwasser oder Sturmschäden nicht weiter.[26] Auch diese greifen – wie ein Brandschaden – auf die **körperliche Substanz** der Mietsache unmittelbar zu. Das Hochwasser etwa sorgt für Durchfeuchtungen und Verschmutzungen, die aufgrund der damit verbundenen Unbenutzbarkeit der Miträume die vertragsgemäße Nutzung verhindern, sich also auf die konkrete Beschaffenheit der Mietsache und ihren Zustand auswirken. Die Coronapandemie wirkt sich auf die Substanz der Mietsache nicht aus, denn Gewerberäume kann das Virus nicht befallen. Allein die politische Reaktion auf die Verbreitung des Virus wirkt sich auf die Nutzung der Mietsache aus. Die Schließungsanordnungen greifen dabei aber auch nicht wie ein Hochwasser in die Substanz der Mietsache ein. 25

Es bedarf auch keiner Vertiefung der Frage wie sich andere Fälle höherer Gewalt, als sie die Jahrhunderthochwasser darstellen, im Mietverhältnis darstellen. **Höhere Gewalt** ist ein betriebsfremdes, von außen durch elementare Naturkräfte oder durch Handlungen dritter Personen herbeigeführtes Ereignis, das nach menschlicher Einsicht und Erfahrung unvorhersehbar ist, mit wirtschaftlich erträglichen Mitteln auch durch äußerste, nach der Sachlage vernünftigerweise zu erwartender Sorgfalt nicht verhütet oder unschädlich gemacht werden kann und auch nicht wegen seiner Häufigkeit vom Betriebsunternehmen in Kauf zu nehmen ist.[27] Das Coronavirus aber wirkt nicht unmittelbar auf das gewerbliche Unternehmen ein. Es bedarf für die Einwirkung der Schließungsanordnungen vielmehr stets eines durch die Pandemie ausgelöstes, im Ermessen der Entscheidungsträger stehenden Handelns. Somit liegt ein Fall einer **Gebrauchsbeeinträchtigung durch höhere Gewalt unmittelbar** nicht vor. Selbst also wenn man einen Mangel bejahen wollte, läge eine allein mittelbare Beeinträchtigung durch das Virus vor, die eine Minderung nicht rechtfertigen kann.[28] 26

dd) Die Bolzplatzentscheidung des BGH

Die Bolzplatzentscheidung des BGH hilft in der Frage, ob durch die Schließungsanordnungen ein Mangel der gewerblichen Miträume vorliegt, auch nicht weiter. In dieser Entscheidung hat der BGH einen Mangel wegen Einwirkungen aus der Nachbarschaft dann verneint, wenn der Vermieter gegenüber dem Nachbarn einen **Abwehranspruch** aus § 906 BGB nicht geltend machen kann.[29] Zwischen dem Vermieter einerseits und dem Gesetzgeber oder der umsetzenden Behörde andererseits sind die **Vorschriften über das Nachbarschaftsverhältnis** nicht anwendbar. Aller- 27

---

[26] Vgl. hierzu MüKoBGB/Häublein BGB § 536 Rn. 23; AG Grimma NZM 2003, 196; LG Leipzig NZM 2003, 510.
[27] Bacher MDR 2020, 514; Sittner NJW 2020, 1269.
[28] OLG Rostock NZM 2009, 545; aA Sentek/Ludley NZM 2020, 406.
[29] BGH NZM 2015, 481.

dings lässt sich auf den Gedanken zurückgreifen, dass der Vermieter Ansprüchen seines Mieters nicht ausgesetzt sein soll, wenn er seinerseits auf die störenden Umstände keinen Einfluss nehmen kann. Der Vermieter nämlich kann, wenn man die Folgen der Schließungsanordnungen nicht dem Verwendungs- und Lebensrisiko zuordnen wollte, gegenüber der Behörde eine straffreie Öffnung durch den Mieter nicht durchsetzen. Im Gegenteil ist der Mieter derjenige, der die Beeinträchtigung seiner Rechte angreifen kann.

ee) Äquivalenzstörung und Betriebspflicht

28 Auch eine im Vertrag vorgesehene **Betriebspflicht** zu Lasten des Mieters gebietet keine andere Sichtweise.[30] Im Falle einer Schließungsanordnung ist mit der Betriebsverpflichtung keine Äquivalenzstörung verbunden. Besteht eine Schließungsanordnung für die Gewerberäume des Mieters ist ihm eine Erfüllung seiner Betriebspflicht nach § 275 BGB **nicht möglich** und er wird von der Verpflichtung für die Zeit der Schließung frei. Eine Verletzung der Pflicht hat er jedenfalls nicht zu vertreten, so dass ihm auch Schadensersatzsprüche des Vermieters aus § 280 BGB nicht drohen.

b) Kontakteinschränkungen

29 Betreibt der Mieter ein Gewerbe, welches von Schließungsanordnungen nicht betroffen ist, weil es etwa den Bedürfnissen des täglichen Bedarfes dient oder einen Imbiss zum Mitnehmen, kann er es als Mangel nicht geltend machen, wenn er den Laden nicht öffnet, weil die Geschäfte in seiner Umgebung schließen mussten und wegen bestehender Kontaktverbote oder Ausgangssperren das Publikum ausbleibt. Er ist nicht durch eine behördliche Einwirkung an der Ausübung seines Gewerbes gehindert. Vielmehr schließt er aus eigener Entscheidung wegen zumindest zeitweilig veränderter **Kundenströme**.[31] Dass dieses Risiko in die Sphäre des Mieters fällt hat der BGH bereits für ein nicht angenommenes Einkaufszentrum[32] ebenso wie für die Veränderung von Kundenströmen[33] entschieden.

III. Minderung der Miete

30 Da es für die Minderung nach § 536 Abs. 1 BGB eines Mangels bedarf, scheidet nach der hier vertretenen Ansicht eine Minderung aus, da die Folgen der Schließungsanordnungen aber auch der Kundenstromverminderung aufgrund des allgemeinen Kontaktverbotes oder Ausgangssperren in das **Verwendungsrisiko des Mieters** fallen.[34]

31 Bejaht man mit der **Gegenansicht** einen Mangel, ist es völlig inkonsequent eine Minderung von 50% bei einer vollständigen Schließung anzunehmen.[35] Ist durch die Schließung des Geschäftes der vertragsgemäße Gebrauch nicht mehr gegeben, gebietet es das Äquivalenzverhältnis, auch eine Minderung auf Null anzunehmen. Der Um-

---

[30] AA Sentek/Ludley NZM 2020, 406.
[31] So auch Sittner NJW 2020, 1269.
[32] BGH NJW 1981, 2405.
[33] BGH NZM 2000, 492.
[34] Ebenso Sittner NJW 2020, 1269; Walburg GE 2020, 423; Zehelein NZM 2020, 390; aA Weller/Thomale BB 2020, 962; Sentek/Ludley NZM 2020, 406; Krepold WM 2020, 726.
[35] So aber Weller/Thomale BB 2020, 962.

stand etwa, dass im geschlossenen Geschäft noch Ware herumsteht, rechtfertigt eine teilweise Mietzahlungspflicht nicht.

Hat der Mieter eines Restaurants oder eines Buchladens einen Lieferservice in der Zeit betrieben, steht ihm nur eine **teilweise Minderung** zu, denn seine Gewerberäume waren nur eingeschränkt nutzbar. Gleiches gilt, wenn er aus den Räumen heraus noch einen online-Handel betrieben hat. Die Minderung in solchen Fällen darzulegen und zu beziffern dürfte für den Mieter regelmäßig schwierig werden, da die verminderte Nutzbarkeit sich nicht äquivalent zur Umsatzeinbuße verhalten muss. Hier wird in der Praxis häufig nur die Schätzung nach § 287 ZPO bleiben, wofür ein Umsatzvergleich zumindest **Anknüpfungstatsachen** bieten könnte. 32

IV. Schadensersatzansprüche des Mieters

1. Schadensersatzansprüche nach § 536a Abs. 1 S. 1 BGB

Ist ein Mangel im Sinne des § 536 BGB **bei Vertragsschluss** vorhanden, kann der Mieter unbeschadet der Rechte aus § 536 BGB gemäß § 536a Abs. 1 Alt. 1 BGB Schadensersatz verlangen. Der Mangel muss zum Zeitpunkt des Vertragsschlusses vorhanden sein, ob er bereits in Erscheinung tritt, ist unerheblich. Es ist somit ausreichend, wenn bei Vertragsschluss nur die Gefahrenquelle vorhanden war oder die Schadensursache vorlag.[36] § 536a Abs. 1 Alt. 1 BGB gilt entsprechend, wenn die Mietsache erst **nach Vertragsschluss** hergestellt wird. Dann bezieht sich die Garantiehaftung auf den Zeitpunkt der Fertigstellung oder Übergabe.[37] 33

Da es nach hier vertretener Ansicht bereits an einem Mangel fehlt, scheidet diese Anspruchsgrundlage aus. Soweit man einen Mangel aufgrund coronabedingter Schließungen hingegen bejahen wollte, wird es regelmäßig an der Anfänglichkeit desselben fehlen. 34

2. Schadensersatz bei nachträglichem Mangel

Ist hingegen die Abweichung von der vereinbarten Beschaffenheit der Mietsache nicht bereits bei Vertragsschluss in der Mietsache angelegt, wie dies in der Regel bei Umweltmängeln der Fall sein wird, kommt eine Haftung nur im Wege des Schadensersatzes in Betracht, wenn der Vermieter den Mangel **zu vertreten hat** oder er mit seiner Beseitigung in Verzug ist. Auch dieser Anspruch setzt einen Mangel voraus. Bejaht man diesen, hat der Vermieter gleichwohl aber nicht die coronabedingten Schließungen auf Anordnung zu vertreten. Allein wenn er von sich aus dem Mieter die Räume verschlossen hat, ohne hierzu verpflichtet gewesen zu sein, kommt ein Schadensersatzanspruch in Betracht. Dies aber setzt voraus, dass der Mieter seinerseits sein Geschäft hätte noch betreiben dürfen und nicht hätte schließen müssen. Anderenfalls fehlt es an einer **Kausalität** zwischen Schließung und Schaden. 35

---

[36] Schmidt-Futterer/Eisenschmid BGB § 536a Rn. 7.
[37] Schmidt-Futterer/Eisenschmid BGB § 536a Rn. 18.

V. Kündigung des Mieters

1. Kündigung wegen Gebrauchsentziehung

36 Gemäß § 543 Abs. 2 S. 1 Nr. 1 BGB kann der Mieter das Mietverhältnis **fristlos kündigen,** wenn ihm der Gebrauch der Mietsache ganz oder teilweise entzogen wird. Dass der Vermieter dies zu vertreten hat, ist nicht erforderlich. Ebenso ist es nicht erforderlich, dass Ursache hierfür ein Mangel ist. Verortet man allerdings die Schließungsanordnung beim Verwendungsrisiko des Mieters ist es fraglich, ob eine Kündigung in Betracht kommt, denn regelmäßig geben Ursache, die in der Sphäre des Kündigenden liegen kein Recht zur Kündigung.[38]

2. Kündigung wegen eines wichtigen Grundes

37 Aus diesem Grund greift auch der Auffangtatbestand des § 543 Abs. 1 BGB nicht. Dieser wäre gegeben, wenn eine Vertragspartei ihre Pflichten so nachhaltig verletzt, dass dem anderen Teil die Fortsetzung des Mietvertrags nicht mehr zugemutet werden kann. In den allgemeinen hoheitlichen Maßnahmen und der Covid-19-Pandemie liegt schon keine **Pflichtverletzung** des Vermieters. Erst recht hat er sie nicht zu vertreten. Zwar ist ein Verschulden des Kündigungsempfängers nicht zwingend erforderlich, jedoch zeigt § 543 Abs. 1 BGB mit der Erwähnung des Verschuldens, dass die Anforderungen an eine Kündigung bei Nichtvorliegen eines Verschuldens noch erheblich höher sind als ohnehin schon.

38 Gerade mit Blick darauf, dass die Covid-19-Pandemie, wie zu erwarten, nur von temporärer Natur ist, wäre eine Kündigung, die zu einer dauerhaften Regelung führen würde, für den Vermieter nicht zumutbar und würde sich nur einseitig an den Interessen des Mieters orientieren. Auch wäre bei der Abwägung der beiderseitigen Interessen im Sinne des § 543 Abs. 1 S. 2 BGB das in § 537 Abs. 1 BGB zum Ausdruck kommende gesetzliche Leitbild zu beachten.

---

[38] So auch Sittner NJW 2020, 1269.

§ 4 Auswirkungen besonderer Vertragsgestaltungen und Vertragskonstellationen in der Gewerberaummiete

Inhaltsübersicht

	Rn.
I. Einleitung	1
II. Konkrete Auswirkungen der COVID-19-Pandemie auf das Gewerberaummietverhältnis	8
1. Der komplette Lockdown	8
2. Faktische Auswirkungen der COVID-19-Pandemie	12
3. Rechtsfolgen der staatlich verfügten Flächenbeschränkungen im Einzelhandel	21
4. Rechtsfolgen der nicht flächenbezogenen staatlichen Vorgaben zur Nutzung von Gewerberäumen	25
5. Mietzweckänderungen und -erweiterungen	31
6. Rechtsfolgen von Zugangsbeschränkungen und verschlechterte Visibilität	39
7. Auswirkungen der COVID-19-Pandemie auf Mietänderungen	42
a) Vertraglich vorgesehene Anpassungen der Miete	42
b) Mietanpassungsansprüche des Vermieters	49
8. Die Tücken des § 536b BGB bei Abschluss von Nachträgen	58
9. Betriebspflichten in Zeiten der COVID-19-Pandemie	63
a) Betriebspflichten in Zeiten der zwangsweisen Vollschließung	66
b) Betriebspflichten in Zeiten der zwangsweisen Teilschließungen	68
c) Das Schicksal der Betriebspflichten nach Ende der zwangsweisen Schließungen	75
d) Sonntagsöffnungen und Betriebspflicht	78
10. COVID-19 und Umsatzmieten	80
a) Auswirkungen auf die reine Umsatzmiete	82
b) Auswirkungen auf Verträge mit Umsatz- und Mindestmiete	90
11. Folgen des Zahlungsverzuges in Zeiten von COVID-19	94
12. Berücksichtigung der Einschränkungen durch die COVID-19-Pandemie bei Betriebskostenabrechnungen	106
13. Kündigungen im Zusammenhang mit der COVID-19-Pandemie	112
a) COVID-19 und Mieterkündigung	113
b) Vermieterkündigungen im Zusammenhang mit der COVID-19-Pandemie	122
14. COVID-19 und Schriftform	126
III. Fazit	130

I. Einleitung

Die COVID-19-Pandemie hat auch den Bereich der Gewerberaummiete unvorbereitet getroffen. Regelmäßig enthalten Bestandsmietverträge keine oder keine wirksamen vertraglichen Regelungen für den Umgang mit sich aus dem Pandemiegeschehen ergebenden Beeinträchtigungen (vgl. zu AGB → § 9 Rn. 2, 25, 27). Das subsidiär geltende Gesetzesrecht enthält keine Spezialregelungen. Die **Rechtslage** im Zusammenhang mit den einschlägigen Beeinträchtigungen durch die COVID-19-Pandemie ist **alles andere als geklärt.** Schon die Frage, ob und welche Gewährleistungsrechte oder sonstigen Ansprüche dem Mieter im Zusammenhang mit den rechtlichen und faktischen Auswirkungen der COVID-19-Pandemie zustehen, ist umstritten. Insoweit kann auf die Ausführungen in den Spezialkapiteln verwiesen werden (→ § 3, → § 7).

Nachfolgend wird eine Reihe von **Sonderkonstellationen** in bestehenden **Gewerberaummietverhältnissen** unter dem Blickwinkel der COVID-19-Pandemie beleuchtet, wobei jeweils vorausgesetzt wird, dass die Mietverträge keine unmittelbar einschlä-

1

2

gigen Regelungen enthalten. Bei den weiteren Ausführungen wird jeweils davon ausgegangen, dass die einschlägigen landesrechtlichen Regelungen wirksam sind und nicht gegen höherrangiges Recht verstoßen (vgl. zu den Ansprüchen gegen die öffentliche Hand → § 8). Die nachfolgende Darstellung soll und wird jeweils unter Anwendung der bisher in der Literatur vertretenen, unterschiedlichen Lösungsansätze erfolgen, die zu durchaus unterschiedlichen Ergebnissen führen. Neben der praktischen Handreichung für einschlägige Fälle im juristischen Alltag ergibt sich in diesem Zusammenhang aus dem Blickwinkel der jeweiligen Fallkonstellation der eine oder andere Gesichtspunkt für die generelle Bewältigung und Einordnung der Problematik und Rechtsfolgen der COVID-19-Pandemie.

3 Die in der bisher veröffentlichten Speziallitertur diskutierten **Lösungsansätze** sollen noch einmal kurz schlagwortartig und stark vereinfacht dargestellt werden. Im Übrigen wird auf die Einzelerläuterungen in den Spezialkapiteln verwiesen (→ § 3, → § 7).

4 Die im Folgenden „**Vermieter-Lösung**" genannte Variante geht davon aus, dass die wirtschaftlichen und rechtlichen Folgen der COVID-19-Pandemie im Rahmen von Gewerberaummietverträgen allein den Mieter und sein Verwendungsrisiko treffen.[1] Daher erfolgt weder eine Minderung, noch eine wie auch immer geartete Anpassung des Vertrages. Vielmehr sollen sämtliche Rechtsfolgen allein den Mieter treffen. Im Rahmen der Vermieter-Lösung wird im Folgenden unterstellt, dass die Vertreter dieser Auffassung auch dann sämtliche Rechtsfolgen der Mietersphäre zuweisen, wenn nur noch Teilflächen der Mietsache aufgrund der einschlägigen Rechtsvorschriften genutzt werden können.

5 Teilweise wird in der Beeinträchtigung des Mietgebrauches infolge der Pandemie ein Mangel der Mietsache gesehen.[2] Dies wird nachfolgend als „**Mangel-Ansatz**" bezeichnet. Hierbei werden die Rechtsfolgen der §§ 536 ff. BGB zumindest teilweise modifiziert.

6 Der im Weiteren als „**Unmöglichkeits-Variante**" bezeichnete Ansatz sieht bei einer vollständigen Schließung aufgrund zwingender Regelungen, zB Allgemeinverfügungen, Rechtsverordnungen etc. im Zusammenhang mit der COVID-19-Pandemie einen Fall der Unmöglichkeit der Vermieterleistung im Sinne der §§ 275, 326 BGB.[3] Unter diese Kategorie wird der Einfachheit halber auch die Meinung gefasst, die im Anschluss an BGH-Rechtsprechung[4] zu anderen Rechtsgebieten davon ausgeht, es liege ein Fall des § 134 BGB im Sinne einer Auslegungsregelung vor.[5] Denn man gelangt mit beiden Ansätzen in der Regel zu identischen Lösungen, wenn man nicht – wie ein Teil der Literatur[6] – im Rahmen der Unmöglichkeitslösung eine Korrektur über § 313 BGB im Bereich der Rechtsfolgen vornimmt. Sofern die auf § 134 BGB

---

[1] Lützenkirchen MietRB 2020, 111 ff.; Hobusch DWW 2020, 144; s. a. BeckOGK/Hörndler, 1.4.2020, BGB § 578 Rn. 184; Illies IMR 2020, 223.
[2] Horst MietRB 2020, 144 (146); Sentek/Ludley NZM 2020, 406; Weller/Thomale BB 2020, 962 ff.; s. auch Bieber GE 2020, 657.
[3] Schall JZ 2020, 388 (396); generell: Staudinger/V. Emmerich, 2018, BGB § 537 Rn. 3; aA Streyl in Schmidt COVID-19 § 3 Rn. 71.
[4] BGH NJW 2014, 3016 Rn. 33.
[5] Leo/Götz NZM 2020, 402.
[6] Schall JZ 2020, 388 (389).

gestützte Vertragsauslegung ausnahmsweise zu abweichenden Lösungen führt, wird diese als **„134 BGB–Auslegungsansatz"** bezeichnet.

Schließlich ist eine Reihe von Stimmen zu vernehmen, die im gegenwärtig herrschenden Pandemie-Fall einen klassischen Anwendungsbereich des Wegfalls der Geschäftsgrundlage im Sinne des § 313 BGB sehen.[7] Diese Variante wird im Folgenden **„WGG-Lösung"** genannt.

II. Konkrete Auswirkungen der COVID-19-Pandemie auf das Gewerberaummietverhältnis

1. Der komplette Lockdown

Ausgangssituation: Nachdem in den Bundesländern seit dem 23.3.2020 für geraume Zeit mit wenigen Ausnahmen die Einzelhandelsgeschäfte im Rahmen der einschlägigen Regelungen zur Eindämmung der COVID-19-Pandemie zwangsweise geschlossen wurden, stellt sich die Frage, ob und gegebenenfalls welche Auswirkungen dies auf die Verpflichtung zur Zahlung von Miete und Nebenkosten(vorauszahlungen) hatte (→ § 3, → § 7).

> **Fall 1:**
> Umsatz und Miete im Sportgeschäft, ein 0:0?
> M betreibt im Landkreis C. in Nordrhein-Westfalen auf der 3.000 m² großen Fläche des V ein Sportartikelgeschäft. Der Mietvertrag beschreibt den Mietzweck als „Einzelhandel mit Sportartikeln". Das Ladengeschäft ist in der Zeit zwischen dem 23.3.2020 und dem 19.4.2020 pandemiebedingt geschlossen.
> M fragt sich, ob und ggf. in welcher Höhe er an den V in dem Zeitraum der Schließung Mieten zahlen muss.

Aus der Sicht der **Vermieter-Lösung** kann V im Fall 1 die Miete für diesen Zeitraum der Geschäftsschließung infolge des Lockdowns verlangen. Die Schließung ist nicht objektbezogen, sondern knüpft an die Art des Betriebes bzw. die betrieblichen Verhältnisse an.

Sowohl nach dem **Mangel-Ansatz** als auch nach der **Unmöglichkeits-Variante** besteht in dieser Phase kein Anspruch auf Zahlung der (vollen) Miete. Die Miete ist nach dem Mangel-Ansatz gemindert, weil dem Mietobjekt ein Mangel anhafte, der ihre Tauglichkeit zum vertragsgemäßen Gebrauch gänzlich ausschließe, § 536 Abs. 1 BGB. Nach der Unmöglichkeits-Variante entfällt der Anspruch des V auf Zahlung der Miete gemäß § 326 Abs. 1 S. 1 Hs. 1 BGB, weil V – ebenso wie jedem anderen – die Überlassung des Ladens zum Betrieb eines Sportartikelgeschäftes mit Publikumsverkehr in dieser Zeit nicht möglich ist.

Die **WGG-Lösung** erkennt jedenfalls in den Fällen der hoheitlich angeordneten Schließung von Betrieben eine Änderung der gemeinsam getragenen Vorstellung der Vertragsparteien bei Abschluss des Vertrages, dass es zu keiner Pandemie kommt, die derartige Schließungsanordnungen und die daraus resultierende Unbenutzbarkeit des

---

[7] Streyl in Schmidt COVID-19 § 3 Rn. 76 ff.; Sittner NJW 2020, 1169; Zehelein NZM 2020, 390 ff.

Mietobjektes zur Folge hat. Für die Beantwortung der Frage, ob diese so schwerwiegend sei, dass die Vertragsfortsetzung zu den bisherigen Bedingungen für eine Partei unzumutbar sei, komme es auf die Umstände des Einzelfalls an, insbesondere auf die Dauer der Schließung. Abhängig vom konkreten Einzelfall finden sich in der Literatur Richtwerte von Zeiträumen ab vier Wochen bzw. einem Monat bis vorsichtig geschätzt drei Monate, die die Schließung andauern müsse, um eine Unzumutbarkeit zu begründen. Wie der Vertrag jeweils anzupassen sei, sei ebenfalls eine Frage des Einzelfalles. Liegen keine konkreten Anhaltspunkte für Besonderheiten, wie beispielsweise die Ermöglichung bestimmter Kompensationsgeschäfte vor, findet sich bei den Vertretern der WGG-Lösung eine Tendenz, dem Mieter einen Vertragsanpassungsanspruch auf Reduzierung der Miete um 50% während der Schließungsphase zuzuerkennen.

2. Faktische Auswirkungen der COVID-19-Pandemie

12 Auch jenseits der aufgrund von Landesvorschriften verhängten Verbote haben sich erhebliche Auswirkungen der COVID-19-Pandemie ergeben. Dies gilt insbesondere für **Sonderstandorte**.

> **Fall 2:**
> Umsatzstopp im Flughafenshop
> M hat in der für die Allgemeinheit zugänglichen Ankunftshalle des Flughafens in F einen Shop zum mietvertraglich vorgesehenen Zweck des Verkaufs von Büchern und Presseerzeugnissen unter Vereinbarung einer Festmiete angemietet. Der Betrieb des M ist nicht von den zwangsweisen Schließungen im Zusammenhang mit der COVID-19-Pandemie betroffen. Die Umsätze des M sind über einen Zeitraum von drei Monaten infolge des deutlich eingeschränkten Flugverkehrs um mehr als 80% eingebrochen.
> M wendet sich an seine Vermieterin und macht eine Reduzierung der Miete um 80% geltend.
> Ist das Ansinnen des M berechtigt?

13 **Ausgangssituation:** Grundsätzlich fällt eine **Veränderung der Mieterstruktur** im Umfeld des Mietobjekts und der Umsätze in den **Risikobereich des Mieters** von Gewerberäumen und stellt keinen Wegfall der Geschäftsgrundlage dar.[8] Der eingeschränkte Betrieb des Flughafens selbst, aber auch die Schließung anderer Geschäfte und gastronomischer Betriebe im Flughafen wirkt sich nicht unmittelbar auf die Gebrauchstauglichkeit des Mietobjekts aus, sondern allenfalls auf die dort erzielbaren Gewinn. Betroffen ist das allgemeine unternehmerische Verwendungs- und Gewinnerzielungsrisiko, das grundsätzlich beim Mieter liegt.[9]

14 Soweit der Grundsatz: Etwas anderes könnte gelten, wenn die Parteien Vereinbarungen getroffen haben, auf deren Grundlage der **Vermieter** das **Geschäftsrisiko** des Mieters (teilweise) **übernimmt**.[10] Soweit dieses nicht ausdrücklich oder mittelbar durch die Vereinbarung einer Umsatzmiete erfolgt, ist durch Auslegung zu ermitteln, ob eine Änderung der Risikoverteilung von den Parteien gewollt war, was voraussetzt, dass der Vertrag konkrete Anhaltspunkte für eine Risikoübernahme durch den Ver-

---

[8] BGH NJW-RR 2010, 1016 (1017).
[9] BGH NJW 2006, 899 (901).
[10] BGH NJW-RR 2010, 1016 (1017).

mieter enthalten muss.[11] Denkbar ist das, wenn nach den Abreden der Parteien der Mieter über das übliche Maß hinaus in seiner unternehmerischen Gestaltungsfreiheit beispielsweise im Gesamtinteresse eines Einkaufszentrums eingeschränkt ist.[12] Anhaltspunkt für eine derartige (partielle) Risikoübernahme könnte auch eine Klausel im Vertrag sein, nach der die Miete für ein Ladengeschäft in einem Einkaufszentrum bei bestehender Nutzbarkeit des Geschäftes wegen einer vom Vermieter nicht zu vertretenden unerheblichen Betriebsunterbrechung anderer Teile des Einkaufszentrums nicht gemindert werden darf.[13] Im Umkehrschluss ergäbe sich daraus, dass der Vermieter für erhebliche von ihm nicht zu vertretende Betriebsunterbrechungen des Einkaufszentrums einstehen will, was eine Risikoverlagerung darstellt.[14] Entsprechende Anhaltspunkte ergeben sich im Fall 2 nicht.

Auch damit ist die Frage noch nicht abschließend beantwortet, ob sich in der speziellen Situation der COVID-19-Pandemie ausnahmsweise gleichwohl ein Anspruch auf Mietreduktion ergibt. 15

Nach der **Vermieter-Lösung** trägt der Mieter die Risiken und damit auch die wirtschaftlichen Folgen der COVID-19-Pandemie. Die erheblich reduzierte Kundenfrequenz und der damit einhergehende Umsatzrückgang fällt typischer Weise in das Risiko, mit dem Mietobjekt Gewinne erzielen zu können, das der Mieter trägt.[15] Wenn schon die Schließung des Geschäftes dem Verwendungsrisiko des Mieters zugeordnet wird, gilt dieses erst recht für den bloßen Kundenrückgang infolge hoheitlich angeordneter Kontaktsperren, Einreiseverbote und Ausgehbeschränkungen etc. 16

Der Vermieter konnte dem Mieter durchgehend den Mietgebrauch gewähren. Eine **Unmöglichkeit** der Vermieterleistung ist **nicht gegeben** und ein Entfallen der Mietzahlungspflicht gemäß § 326 Abs. 1 S. 1 BGB in Anwendung der Unmöglichkeits-Variante scheidet aus. 17

In Betracht kommt dagegen eine **Mietreduzierung** auf der Grundlage der **WGG-Lösung**. Der Fall des Flughafenshops in der allgemein zugänglichen Ankunftshalle eines Flughafens, der nur noch gering frequentiert und in dem eine Reihe anderer Shops geschlossen ist, ist demjenigen eines Ladengeschäftes, das in einem verwaisten, aber nicht geschlossenen Einkaufszentrums belegen ist, vergleichbar. Ohne vertragliche Risikoverlagerung könnte es im Rahmen der WGG-Lösung gerechtfertigt sein, das Verwendungsrisiko (teilweise) auf den Vermieter gemäß § 313 BGB zu verschieben. Dies etwa wenn die Grenze des vom Mieter zu tragenden Risikos durch die schwerwiegende Änderung der Umstände überschritten ist. 18

Nach der Rechtsprechung des **BGH** kommt dieses nur in **extremen Ausnahmefällen** in Betracht, nämlich dann, wenn eine unvorhergesehene Entwicklung mit unter Umständen existenziell bedeutsamen Folgen für eine Partei eintritt.[16] Abgestellt wird damit für die Risikoverlagerung auf die (individuellen) Auswirkungen, die die unvorhergesehene Entwicklung für die Partei hat, der das Risiko im Grundsatz zugewiesen ist: 19

---

[11] BGH NJW 2000, 1714 (1717).
[12] Staudinger/V. Emmerich, 2018, BGB Vor § 536 Rn. 25.
[13] OLG Koblenz NJW-RR 1989, 400 (402).
[14] BGH NJW 2000, 1714 (1717).
[15] Lützenkirchen MietRB 2020, 111 (112); Heilmann IMR 2020, 177.
[16] BGH NJW 2020, 331 (333).

Ist die Existenz betroffen, kann in einem extremen Ausnahmefall, eine (partielle) Verlagerung des Risikos und damit eine Vertragsanpassung nach § 313 BGB begründet sein. Für die Lösung des Falles 2 wäre damit entscheidend, welche Folgen die pandemiebedingten Rückgänge der Kundenströme auf die wirtschaftliche Existenz des M haben, wie sie durch eigene unternehmerische Maßnahmen des M abgefedert werden könnten, und ob eine bestimmte Anpassung oder Beendigung des Vertrages die existentiell bedeutsamen Folgen verhindern kann.

20 Diese von der höchstrichterlichen Rechtsprechung herausgearbeiteten **strengen Voraussetzungen** für eine Verlagerung des Verwendungsrisikos orientieren sich am Ausnahmecharakter des Korrektivs der Grundsätze von Treu und Glauben, die dem § 313 BGB zugrunde liegen. Sie werden im Zusammenhang mit der COVID-19-Pandemie von der **WGG-Lösung** aufgeweicht. Nach in der bisher veröffentlichten Literatur zur COVID-19-Pandemie vertretener Auffassung reiche es für eine auf der Grundlage des § 313 BGB zu lösende (partielle) Verlagerung des Risikos, wenn sich mit der schwerwiegenden Änderung der Umstände nicht nur das „normale" Verwendungsrisiko verwirkliche.[17] Diese Grenze sei bereits bei „völlig außergewöhnlichen Entwicklungen, die außerhalb dessen liegen, was nach dem ordentlichen Verlauf der Dinge zu erwarten war", überschritten.[18] Maßgebend sind nach diesem Ansatz nicht die Auswirkungen der Entwicklung für die risikobelastete Partei. Angeknüpft wird an die Vorhersehbarkeit[19] der Entwicklung, daran wie weitreichend und schwerwiegend diese außerhalb des Vorstellungsbereichs der Parteien liegt.[20] Damit wird – wie insgesamt durch die Lehre von der **großen Geschäftsgrundlage** – der Anwendungsbereich des § 313 BGB auch auf dieser Ebene weg von der Einzelfalllösung zu einem breiten Lösungsansatz erhoben. Die WGG-Lösung, die die Geschäftsgrundlage in der Pandemie und den dadurch begründeten hoheitlichen Schließungen, Ausgehbeschränkungen und Kontaktverboten sieht, käme auch im Fall 2 – unabhängig von dem konkreten Einzelfall – zu einer Vertragsanpassung.[21] Diese würde in Form der Reduzierung der Miete erfolgen, deren Höhe im Einzelfall zu ermitteln wäre. Ohne besondere Umstände ist nicht zu erwarten, dass eine Reduzierung um 80 % zugebilligt werden würde, wenn bei Geschäftsschließungen, also in dem Fall, dass der Mieter keine Umsätze generiert, tendenziell eine Reduzierung um 50 % für angemessen gehalten wird.

3. Rechtsfolgen der staatlich verfügten Flächenbeschränkungen im Einzelhandel

21 In der ersten Phase der Lockerung der massiven Einschränkungen der Nutzung von Gewerbeimmobilien/Geschäftslokalen waren nur **Teilöffnungen von größeren Flächen** zulässig. Auch insoweit stellt sich die Frage, wie sich diese Zwangssituation im Verhältnis zwischen den Mietvertragsparteien auswirkt.

---

[17] Streyl in Schmidt COVID-19 § 3 Rn. 81.
[18] Kumkar/Voss ZIP 2020, 893 (899).
[19] Kumkar/Voss ZIP 2020, 893 (899).
[20] Streyl in Schmidt COVID-19 § 3 Rn. 81.
[21] Vgl. Streyl in Schmidt COVID-19 § 3 Rn. 93; Kumkar/Voß ZIP 2020, 893 (900).

> **Fall 3:**
> Der Zitronenhandel
> V hat an M ein 2.400 m² großes Ladenlokal zum Betrieb eines Geschäfts für Einrichtungsartikel vermietet. Einen großen Teil seines Umsatzes macht M mit kunstvoll gestalteten Nachbildungen von Früchten, insbesondere Zitronen. Seit dem 20.4.2020 war es aufgrund der einschlägigen Landesregelung möglich, auf einer auf 800 m² verkleinerten Fläche den Betrieb wieder aufzunehmen.
> V verlangt von M für den Zeitraum der auf 800 m² Fläche eingeschränkten Nutzung gleichwohl die volle Miete und Nebenkostenvorauszahlung.
> Zu Recht?

Nach der **Vermieter-Lösung** geht bereits das vollständige Verbot der Nutzung der Mietsache im Zusammenhang mit den Regelungen zur Eindämmung der COVID-19-Pandemie zulasten des Mieters. Dies gilt daher erst recht für eine nur Teilflächen umfassende Nutzungsuntersagung. 22

Die Vertreter des **Mangel-Ansatzes** und der **Unmöglichkeits-Variante** würden zu einem Mangel bzw. einer Teilunmöglichkeit nebst entsprechender Reduzierung der Miete und der Nebenkostenzahlungsverpflichtung gelangen. 23

Im Rahmen der **WGG-Lösung** wäre erneut der Vertrag anzupassen. Bleibt man bei den bereits geschilderten Grundsätzen, wäre für 800 m² die volle Miete und für die verbleibenden 1.600 m² im Fall 3 die hälftige Miete zu zahlen. Entsprechend wären auch die Betriebskosten anzupassen. 24

4. Rechtsfolgen der nicht flächenbezogenen staatlichen Vorgaben zur Nutzung von Gewerberäumen

Mit dem Ende der COVID-19-Pandemie bedingten Maßnahmen sind zumindest **wirtschaftlich die Auswirkungen** der Pandemie nicht beendet. 25

> **Fall 4:**
> Von der Sterne- zur Abstandsgastronomie
> V hat an M in der Altstadt einer Großstadt ein sehr schönes, aber eng geschnittenes Lokal zum Betrieb einer hochwertigen Gastronomie vermietet. M ist ein Spitzenkoch mit einem Händchen für Raumgestaltung. Es gelingt ihm einerseits, den Raum mit speziell angefertigtem, sehr hochwertigem Mobiliar relativ eng zu bestuhlen, so dass maximal 120 Personen an den Tischen Platz finden. Da die Speisen von hervorragender Qualität sind und die Weinkarte auch die besonderen Wünsche eines Gourmets erfüllt, dauert es nicht lange, bis das Restaurant mit 3 Sternen ausgezeichnet wird. Jeden Mittag und Abend ist das Restaurant bis auf den letzten Platz ausgebucht.
> Nachdem die zwangsweise Schließung des stationären Restaurantbetriebs am 17.5.2020 endete, ist es nur noch möglich, 30 Sitzplätze zur Verfügung zu stellen, da sich nur mit dieser geringen Platzzahl das notwendige, von den Behörden geforderte Hygiene- und Abstandskonzept umsetzen lässt. In der Folgezeit gelingt es noch nicht einmal diese 30 Plätze allabendlich zu besetzen. Denn zum einen verliert durch die Abstandsmaßnahmen das Lokal seinen ganz eigenen Charme. Zum anderen bleiben die gut verdienenden Gäste aus Angst vor einer Infektion nebst anschließendem Arbeits- und Verdienstausfall fern.
> Gleichwohl verlangt V von M für die Zeit ab dem 18.5.2020 die volle Miete.
> Muss M entsprechende Zahlung leisten?

26 **Ausgangssituation:** Das Risiko, in angemieteten Räumen **Gewinn oder Verlust** zu machen, weist der **BGH**[22] dem **Mieter** zu. Dies gilt bei Maßnahmen der öffentlichen Hand und gesetzlichen Regelungen, die die Art und Weise der Betriebsführung des Mieters betreffen.[23]

27 Gleichwohl stellt sich die Frage, ob dies unter den **besonderen,** durch die COVID-19-Pandemie hervorgerufenen **Umständen,** insbesondere durch die gegebenenfalls auf unabsehbare Zeit bestehenden, vor allen Dingen die Gastronomie betreffenden Nutzungseinschränkungen uneingeschränkt gelten soll.

28 Nach der **Vermieter-Lösung** gelangt man unschwer auch in dieser Konstellation zu der Verpflichtung des Mieters zur uneingeschränkten Mietzahlung, da nach diesem Ansatz allein die Risikosphäre des Mieters betroffen ist.

29 Folgt man dem **Mangel-Ansatz** oder der **Unmöglichkeits-Variante** ist zumindest bei stringenter Anwendung M zur vollen Mietzahlung verpflichtet, da weder ein Mangel der Mietsache, noch eine Teilunmöglichkeit gegeben ist.[24] Im Ergebnis verbleibt man damit auch bei diesen Lösungen auf dem möglicherweise durch die einschlägige **BGH-Rechtsprechung** zu Einkaufscentern[25] und den Nichtraucherschutzgesetzen[26] vorgezeichneten Pfad, da die Risiken der fehlenden Akzeptanz des Standortes bzw. gesetzliche Vorgaben zum Betrieb des Mieters dessen Risikosphäre zugewiesen werden.

30 Zumindest von einem Teil der Vertreter der **WGG-Lösung**[27] wird auch für die im Fall 4 beschriebene Konstellation von einem Anpassungsanspruch des Mieters ausgegangen, dessen Einzelheiten nach den Besonderheiten des konkreten Einzelfalls zu bestimmen sein sollen.

5. Mietzweckänderungen und -erweiterungen

31 Die rechtlichen und faktischen Auswirkungen der COVID-19-Pandemie haben viele Gewerbetreibende schon zur **Vermeidung drohender Existenznot** dazu veranlasst, in angemieteten Räumlichkeiten **veränderte und neue Tätigkeiten** auszuführen. Gleichwohl stellt sich die Frage, ob und inwieweit dies zulässig ist.

Fall 5

„Das Filmarchiv" im „Saal II"

M hat von V das Kino „Saal II" mit 100 Sitzplätzen angemietet, das im Erdgeschoss eines Bürogebäudes liegt. Der von V gestellte Formularvertrag nennt als Mietzweck die „Vorführung von Filmen". Er bestimmt, dass eine Änderung des Mietzwecks ohne Zustimmung des Vermieters nicht zulässig ist. Zwei Monate vor dem Corona-Lockdown musste Filmfreak FF, der beste Freund des M, sein an anderer Stelle betriebenes Ladengeschäft „Das Filmarchiv", in dem er ausschließlich Filmplakate, -zeitschriften, -postkarten, -bücher, Starschnitte, Fotos, Videokassetten, DVDs und BlueRays vertrieben hat, schließen. M und FF vereinbaren während der Schließung des Kinos die restliche Ware des FF aus dem Kino heraus zu vertreiben. Sie bieten sie zur Abholung über das Internet und durch Brief-

---

[22] BGH NJW 2000, 1714.
[23] BGH NZM 2011, 727.
[24] Horst MietRB 2020, 144, (148).
[25] BGH NJW 2000, 1714.
[26] BGH NZM 2011, 727.
[27] Warmuth COVuR 2020, 16 (18).

> wurfsendungen an. V wird auf die Vorgänge durch den Büromieter, der u. a. wegen des Verkaufs des Plakats des Films, „Die Sünderin", Anstoß nimmt, aufmerksam gemacht und spricht gegenüber M eine Abmahnung aus. M ist angesichts der Schließung seines Kinobetriebes empört. Er fordert V auf zu bestätigen, dass der Außer-Haus-Verkauf von Filmartikeln akzeptiert ist.
> V erwägt, gegen M eine Unterlassungsklage zu erheben, hat aber nicht nur moralische Bedenken.

Ausgangssituation: Jede **Überschreitung des vertragsgemäßen Gebrauchs** ist als Vertragsverletzung iSd § 541 BGB zu qualifizieren.[28] Auch wenn es der Betrieb eines Kinos beispielsweise zulassen könnte, nicht mehr aktuelle Filmplakate an Kinobesucher zu verkaufen, deckt der Mietzweck „Filmvorführung" den ausschließlichen Verkauf von Filmartikeln weder nach seinem Wortlaut noch durch eine Auslegung. Vertragswidrig ist eine Nutzung dann nicht, wenn der Mieter einen Anspruch auf Zustimmung zur (vorübergehenden) Änderung oder Erweiterung des Mietzwecks hat. In Ausnahmefällen kann der Vermieter nach Treu und Glauben zur Duldung der Erweiterung oder gar Umstellung eines Gewerbebetriebs des Mieters zur Wahrung dessen berechtigter Interessen verpflichtet sein. Erscheint die Änderung des Vertragszweckes zur Anpassung an betriebliche Bedingungen des Mieters oder an die allgemeine wirtschaftliche Entwicklung erforderlich und ist die Änderung dem Vermieter unter Berücksichtigung aller Umstände des Einzelfalls nach Treu und Glauben zumutbar, ist die Zustimmung zu erteilen. 32

Nach der **Vermieter-Lösung** fällt die Betriebsschließung in den Risikobereich des Mieters und streitet im Rahmen der Interessenabwägung nicht zu dessen Gunsten. Die Abwägung, ob und ggf. welche Vertragszweckänderung dem Vermieter zumutbar ist, kann nach der Vermieter-Lösung anders als nach den übrigen Lösungsvarianten ausfallen. 33

Ebenso wenig wie die Vertragsänderung Inhalt des **Mangelbeseitigungsanspruchs** wäre, würde sie die **Unmöglichkeit der Vermieterleistung** entfallen lassen. Die fehlende Verwendbarkeit des Mietobjektes zum ursprünglich vereinbarten Zweck wird durch die Änderung des Zwecks nicht beseitigt. Sie stellt aber eine – zumindest partielle – Kompensation der Beeinträchtigung bzw. des Ausbleibens der Vermieterleistung dar. Auch wenn es nach dem Mangelansatz und der Unmöglichkeits-Variante nicht auf ein Vertretenmüssen des Vermieters ankommt, wird dieser Kompensationsaspekt im Rahmen der Interessenabwägung und bei der Frage, was dem Vermieter im konkreten Fall zugemutet werden kann, zu Gunsten des Mieters zu berücksichtigen sein. 34

Nach der **WGG-Lösung** wäre ein Rückgriff auf § 242 BGB nicht erforderlich. Die vorübergehende Änderung des Mietzwecks statt oder zusätzlich zur Reduzierung der Miete könnte je nach Lage des Einzelfalls Gegenstand der Vertragsanpassung sein. 35

> **Fall 6:**
> Konkurrenz von der Straße
> V und M sind über einen Gewerberaummietvertrag miteinander verbunden. Der langjährige Mietvertrag enthält neben den Regelungen zu den Betriebskosten, dem Betriebszweck in Gestalt eines Imbisses mit ausschließlichem „To-Go-Verkauf", der Miete und der Laufzeit lediglich einen Verweis auf das allgemeine, nach dem BGB geltende Gewerberaummietrecht.

---

[28] BGH NJW 2019, 1062.

> Im gleichen Objekt hat V an D ein Jahr nach Vertragsabschluss mit M ein Restaurant vermietet. Dort hat immer nur In-House-Verzehr stattgefunden. Nachdem nunmehr die Corona-Krise eine Nutzung als Speiserestaurant unmöglich macht, beginnt D mit Straßenverkauf. M muss mit ansehen, dass ein Teil seiner Stammkunden – anders als zuvor – nunmehr den Service des D in Anspruch nimmt.
> M wendet sich vertrauensvoll mit der Frage an Sie, ob er dies dulden muss.

36 **Ausgangssituation:** Der Bundesgerichtshof geht in ständiger Rechtsprechung von einer aus § 242 BGB abgeleiteten Verpflichtung des Vermieters aus, dem Mieter von Gewerberäumen einen so genannten **vertragsimmanenten Konkurrenzschutz** zu gewähren.[29] Er ist nicht berechtigt, einem Dritten weitere Flächen im Mietobjekt oder unmittelbar angrenzenden Grundstücken, wenn sie in seiner Einflusssphäre stehen, zum Betrieb eines Konkurrenzunternehmens zu überlassen. Die Verpflichtung zielt dabei nicht darauf, dem Mieter jedwede Konkurrenz zu ersparen. Vielmehr bezieht sich der vertragsimmanente Konkurrenzschutz lediglich auf das Hauptsortiment des Mieters. Der Verstoß gegen den Konkurrenzschutz stellt – zumindest nach Auffassung des BGH[30] – unter Umständen einen Mangel der Mietsache dar.

37 Im Fall 6 wird man den Vermieter nicht dazu verpflichtet ansehen können, einer Erweiterung des Mietzweckes des Restaurants des D zuzustimmen. Denn er würde hiermit gegen seine vertraglichen Verpflichtungen gegenüber dem Mieter des Imbisses verstoßen und gegebenenfalls sehenden Auges in einen **Schadensersatzanspruch** laufen. Überdies könnte der Imbissmieter nach Fristsetzung im Sinne des § 543 Abs. 3 BGB das Mietverhältnis außerordentlich gemäß § 543 Abs. 2 Nr. 1 BGB kündigen. Insoweit ergeben sich auch bei Anwendung der einzelnen Lösungsansätze zur Bewältigung der Rechtsprobleme der COVID-19-Pandemie keine Unterschiede.

38 Unabhängig von den Fragen zivilrechtlicher Ansprüche Dritter im Zusammenhang mit Änderungen und Erweiterungen des Mietzweckes sind bei der Abwägung der Interessen regelmäßig auch Fragen des **öffentlichen Rechts** zu prüfen. So kann und wird in einer Reihe von Einzelfällen eine Nutzungsänderung vorliegen, die gegebenenfalls anzeige- oder genehmigungspflichtig ist. In diesem Zusammenhang können Auflagen und Bedingungen etc. der Behörden erfolgen. Zumindest in Einzelfällen ist die Notwendigkeit zum Nachweis bzw. der Ablösung von weiteren Stellplätzen zu vergegenwärtigen. Ohne eine **Abbedingung des § 535 Abs. 1 S. 2 BGB**, der den Vermieter dazu verpflichtet, dem Mieter die Mietsache in einem zum vertragsgemäßen Gebrauch geeigneten Zustand zu überlassen und sie während der Mietzeit in diesem Zustand zu erhalten, wird man den Vermieter in diesen Fällen regelmäßig nicht dazu verpflichtet betrachten können, einer Änderung bzw. einer Erweiterung des Mietzweckes zuzustimmen.

6. Rechtsfolgen von Zugangsbeschränkungen und verschlechterter Visibilität

39 Im Zusammenhang mit den einschlägigen Landesvorschriften zur Eindämmung der COVID-19-Pandemie, insbesondere durch **verbindliche Abstandsregelungen** und der **Beschränkung von Kundenzahlen** entstehen mitunter nicht unerhebliche Einschränkungen der Erreichbarkeit von Gewerbeimmobilien, vor allen Dingen Laden-

---

[29] BGH NJW 1979, 1404; Menn NZM 2017, 688.
[30] BGH NJW 2013, 44.

lokalen, nebst erheblicher Beeinträchtigung der Erkennbarkeit im Straßenbild durch Warteschlangen etc. Auch insoweit stellt sich die Frage, ob und gegebenenfalls welche Auswirkungen sich auf das Gewerbemietverhältnis ergeben.

> **Fall 7:**
> „Menschenschlangen vor Galerie" – ist das Kunst oder muss das weg?
> V hat an M in einer kleinen exklusiven Shopping-Mall einen 20 m² großen Laden vermietet, der nach dem Mietvertrag als Einzelhandelsgeschäft für Spiele und Spielzeug genutzt werden darf. Als es am 20.4.2020 wieder öffnet, wird es zum Hotspot der kleinen Stadt. Um u. a. die Einhaltung des Hygienekonzepts zu gewährleisten, findet sich an der Eingangstür ein Hinweisschild darauf, dass nicht mehr als 3 Kunden gleichzeitig den Laden betreten dürfen. Es bilden sich lange Menschenschlangen vor dem Geschäft des M. Das stört den Mieter G, der auf der Nachbarfläche eine „Galerie" betreibt. Da die Gänge in der Shopping-Mall schmal sind, wird der Zugang zahlenmäßig begrenzt und von eigens eingestellten Wachleuten überwacht. Bereits dies führt dazu, dass ein Teil der Kunden des G ausbleibt. Überdies sind seine Schaufenster durch die Reihen wartender Kunden des M in wesentlichen Teilen verdeckt, was sich ebenfalls nachteilig auf das Geschäft des G auswirkt. G fordert V auf, innerhalb von 2 Werktagen dafür zu sorgen, dass die Schaufenster wieder gut sichtbar und die Galerie frei betretbar ist und auch die Mall wieder frei betreten werden kann.
> V sieht sich in einer Zwickmühle und fragt, ob er gegen M vorgehen muss.

Ausgangssituation: Dieser Fall wirft den Fokus auf die bereits jetzt im Stadtbild wahrnehmbare Situation, dass der Allgemeinheit zugängliche Flächen neue Nutzungen durch Warteschlangen von Menschen, die wegen der Abstands- und Hygieneregeln nur in geringer Zahl geschlossene Einzelhandelsflächen betreten dürfen, erfahren. **Neues Konfliktpotential** ist vorgezeichnet. 40

Bei Licht betrachtet handelt es sich bei Zugangsbeschränkungen zu Einkaufscentern, Shopping Malls etc. und Sichtbehinderungen im Schaufensterbereich **nicht** um eine **für die COPVID-19-Pandemie singuläre Situation.** Vielmehr stellt sich allein die Frage, ob jeweils ein Mangel im Sinne des § 536 BGB vorliegt. Dies ist sowohl für eine eingeschränkte Erreichbarkeit,[31] als auch für Sichteinschränkungen auf Schaufenster[32] grundsätzlich anerkannt. Ob eine wesentliche, Gewährleistungsrechte auslösende Beeinträchtigung eintritt, ist jeweils eine Frage des Einzelfalls. 41

7. Auswirkungen der COVID-19-Pandemie auf Mietänderungen

a) Vertraglich vorgesehene Anpassungen der Miete

> **Fall 8:**
> Die Staffelei
> V hat mit M im Jahr 2015 einen Zehn-Jahres-Mietvertrag über Gewerberaum zum Betrieb eines Fachgeschäftes für Zeichen- und Malereibedarf abgeschlossen. Der Mietvertrag sieht alljährlich eine Erhöhung der Miete um 500 EUR pro Monat vor. Die jeweilige Erhöhung tritt jeweils am 1. Juni eines jeden Jahres in Kraft.
> Nachdem M sein Geschäft nach der erzwungenen Schließung im Frühjahr 2020 wieder geöffnet hat, brechen ihm die Umsätze mit Ausnahme der Artikel für Schwarzmalerei komplett weg.

---

[31] BGH NJW 1981, 2405; 2000, 1714.
[32] Blank/Börstinghaus/Blank BGB § 536 Rn. 25 mwN.

> Er fragt sich, ob er verpflichtet ist, ab dem 1.6.2020 auch noch eine um 500 EUR erhöhte Miete zu zahlen. Dies nicht zuletzt im Hinblick auf die Tatsache, dass die Mieten seit Beginn der COVID-19-Pandemie rings herum eingebrochen sind.
> Wie ist die Rechtslage?

42 **Ausgangssituation:** Abweichend von der Wohnraummiete sieht das **Gesetz für Gewerberaummietverträge keine Mietanpassungsregelungen** vor. In der Vertragspraxis hat sich zumindest bei längerfristigen bzw. potentiell längerfristigen Gewerberaummietverträgen die Verankerung einer Mietänderungsmöglichkeit weitgehend durchgesetzt. Je nach Lage des **Einzelfalls und Marktüblichkeiten** haben sich im Wesentlichen drei Anpassungsmöglichkeiten etabliert: Zunächst sind hier Staffelmieten, die in der Gewerberaummiete ohne weiteres zulässig sind, zu nennen. Bei langfristigen Mietverträgen sind relativ häufig so genannte Automatik- oder Gleitklauseln vorzufinden, bei denen die Miete in Abhängigkeit von einem Preisindex, zumeist den Verbraucherpreisindex für Deutschland, schwankt bzw. angepasst wird. Regelmäßig sind diese Vereinbarungen Gegenstand lebhafter Verhandlungen zwischen den Vertragsparteien, da sie für beide Vertragsparteien im Hinblick auf die Wirtschaftlichkeit des Vertrages von entscheidender Bedeutung sind. Die Vereinbarung von so genannten Freijahren, längeren oder kürzeren Anpassungsverfahren bzw. höheren oder tieferen Anpassungsgrenzwerten und insbesondere unterschiedliche Berücksichtigung der Indexsteigerung in Bezug zur Mietänderung sind gang und gäbe. Schließlich sind Vereinbarungen gebräuchlich, nach denen die Miete zu im Vertrag bestimmten oder zumindest bestimmbaren Zeitpunkten „neu festgesetzt" oder „angepasst" wird.[33] Bei diesen Vereinbarungen findet zu den Änderungszeitpunkten die aktuelle Marktmiete Berücksichtigung.

43 Ebenso wie bei den **Verhandlungen** zur Höhe der Ursprungsmiete spielen bei der Vereinbarung von Mietanpassungsmöglichkeiten in Gewerberaummietverträgen regelmäßig die Besonderheiten des Einzelfalls eine große Rolle. Die Parteien gewichten und verteilen die einschlägigen Risiken bewusst oder nehmen sie zumindest bewusst in Kauf, wobei die Langfristigkeit oder auch nur kurze Dauer einer festen, eine ordentliche Kündigung ausschließenden Bindung jeweils in die Überlegungen mit eingeschlossen wird. Vielfach fließen in die Berechnung der Miethöhe und deren Änderung während der Vertragslaufzeit die Kosten für vom Vermieter erbrachte mieterspezifischer Investitionen und deren Amortisation ein.

44 Im Regelfall ist nach den einschlägigen Vereinbarungen die Miete innerhalb der vertraglich vereinbarten Änderungsintervalle starr und gegen von außen einwirkende Einflüsse immun. Diesen Regelungen ist insgesamt zudem eine mehr oder weniger starke **Abkoppelung** der Miethöhe während der Laufzeit von der **Marktmiete** einerseits und der **allgemeinen Preisentwicklung** andererseits in unterschiedlicher Gewichtung zu Eigen. Im gewissen Umfang machen beide Vertragsparteien mit der Mietpreisgestaltung und der einschlägigen Regelung zur Anpassung der Miete eine Art „Wette" auf den Verlauf einer unsicheren Zukunft. Der damit jeder Mietregelung und Mietanpassungsvereinbarung bis zu einem gewissen Grad innewohnende spekulative Charakter birgt für beide Vertragsparteien Chancen und Risiken, die bewusst eingegangen werden. An ein derartiges spekulatives Geschäft bleiben die Parteien

---

[33] Vgl. etwa BGH NJW 1975, 1557; Schmidt-Futterer/Börstinghaus BGB § 557b Rn. 15.

grundsätzlich auch dann gebunden, wenn es sich für eine der Vertragsparteien als ungünstig erweist, sich also nur für eine der Parteien das Risiko verwirklicht.

Dem verschließt sich die Rechtsprechung nicht. Auch nach **Auffassung des BGH**[34] besteht dementsprechend bei einer Staffelmiete regelmäßig die nicht fernliegende Möglichkeit, dass die sich aus den Vereinbarungen ergebende Miete im Laufe der Zeit erheblich von der Marktmiete abweicht. Dieses typische Vertragsrisiko trägt grundsätzlich die jeweils benachteiligte Vertragspartei. Der Mieter bleibt daher grundsätzlich auch bei einem gravierenden Absinken des allgemeinen Mietniveaus an die vertraglich vereinbarten Staffelerhöhungen gebunden. Der **BGH** hat in diesem Zusammenhang insbesondere das Vorliegen einer **Störung der Geschäftsgrundlage abgelehnt**.[35]

Auch in Bezug auf die vertraglich vorgesehene Anpassung einer Gewerberaummiete stellt sich die Frage, ob unter den besonderen Bedingungen der **COVID-19-Pandemie** etwas anderes gelten soll.

Folgt man der **Vermieter-Lösung,** dem **Mangel-Ansatz** oder der **Unmöglichkeits-Variante** besteht keinerlei Veranlassung, Mieter in dieser Fallkonstellation zu schützen.

Auch bei Anwendung der **WGG-Lösung** erscheint im Hinblick auf die oben genannten Erwägungen und der bewussten Risikoverteilung zwischen den Parteien zumindest ein ganz erheblicher Begründungsaufwand gegeben. Ob man daher bei Vorhandensein einer Mietanpassungsklausel auch und insbesondere bei langfristigen Mietverträgen dem Mieter unter Hinweis auf die durch die COVID- 19-Pandemie eingetretenen besonderen Umstände einen Anspruch auf Mietanpassung zugestehen kann, erscheint zumindest sehr zweifelhaft.

b) Mietanpassungsansprüche des Vermieters

In der bisher veröffentlichten Literatur zur COVID-19-Pandemie ist die Situation ausschließlich aus dem **Blickwinkel der Mieter** beleuchtet worden. Es stellt sich die Frage, ob damit die gesamte Problematik vollständig erfasst ist.

> **Fall 9:**
> Covid-19 einmal anders
> V und M sind über einen langfristigen Mietvertrag über ein Ladenlokal verbunden. M ist ein eher schlichter Charakter. Daher hat er sich in seinem Einzelhandelssortiment auf zwei Produktgruppen spezialisiert: Toilettenpapier/Hygieneartikel in allen Qualitäten und Nudeln aller Art. V hat M bereits vor Vertragsschluss in sein großes Herz eingeschlossen und daher mit ihm eine Miete vereinbart, die am unteren Rand der Bandbreite der marktüblichen Entgelte lag.
> Seit Ende Februar 2020 macht M die Geschäfte seines Lebens. Sowohl Toilettenpapier, als auch einfache Schutzmasken sowie Nudeln verkauft er „von der Palette" und kann hierbei nahezu jeden Preis durchsetzen.
> Kann V eine Mieterhöhung verlangen?

Ausgangssituation: Der Fall wirft ein Schlaglicht auf den bisher in der Diskussion wenig bzw. nicht beachteten Aspekt im Zusammenhang mit der **COVID-19-Pande-**

---
[34] BGH NZM 2002, 659; 2005, 63.
[35] BGH NZM 2002, 659.

mie.[36] Wie fast jede Krise kennt auch die vorliegende Situation **Gewinner.** Drogeriemärkten, Warenhaus-SB-Märkten, Soft- und Hardwarehäusern für digitale Konferenztechnik, Laptopverkäufern etc. wurden durch die Reaktionen der Bevölkerung Umsätze beschert, wie man sie im Einzelhandel sonst nur aus der Vorweihnachtszeit kennt. Es liegt nahe, dass Vermieter sich beizeiten die Frage stellen werden, ob und gegebenenfalls in welchem Umfange sie an der besonderen Gewinnsituation partizipieren können (→ § 3 Rn. 22).

51 Aus Sicht der **Vermieter-Lösung,** die die Risiken der COVID-19-Pandemie allein dem Mieter zuweist, erscheint es folgerichtig, auch die sich für einzelne Mieter ergebenden besonderen Chancen und Gewinne in der Chancen- und Risikosphäre des Mieters zu belassen. Für dieses Ergebnis – wenn auch nicht für die Vermieter-Lösung generell – spricht die wohl allgemein anerkannte Auffassung, nach der der Vermieter auch bei einer Verlängerung der Ladenöffnungszeiten nach Vertragsschluss keinen Anspruch auf eine höhere Miete besitzen soll.[37]

52 Bewältigt man die gewerbemietrechtlichen Fragen der COVID-19-Pandemie nach dem **Mangel-Ansatz** oder der **Unmöglichkeits-Variante,** gelangt man ebenfalls dazu, dass dem Vermieter keine Ansprüche über den bisherigen Vertrag hinaus zustehen.

53 Recht komplex wird die Beurteilung der Berechtigung von Anpassungsansprüchen des Vermieters, wenn man von der **WGG-Lösung** ausgeht. Ob man dem Vermieter im Rahmen dieses Lösungsansatzes Ansprüche auf Vertragsanpassung zugesteht, hängt davon ab, worin exakt die weggefallene Geschäftsgrundlage gesehen wird. Teilweise wird sie in der mit dem Vertragsabschluss von den Parteien übereinstimmend getragenen Vorstellung, dass sich die zu diesem Zeitpunkt herrschenden *wirtschaftlichen, politischen und sozialen Rahmenbedingungen* nicht ändern und hierdurch die Vertragsdurchführung beeinträchtigt wird (**„große Geschäftsgrundlage"**), gesehen.[38] In diesem Zusammenhang wird häufig darauf abgestellt, hiervon sei (jedenfalls) der Fall der zwangsweisen Schließung aufgrund einer Verordnung im Zusammenhang mit der COVID-19-Pandemie erfasst.[39] Teilweise wird eher allgemein auf die mit der COVID-19-Pandemie einhergehenden, außergewöhnlichen und unvorhersehbaren staatlichen Restriktionen,[40] mitunter ganz konkret auf die weitreichende Stilllegung des öffentlichen Lebens, mit Kontakt- und Zugangsbeschränkungen, Betriebsuntersagungen bzw. Betriebseinschränkungen, mit dem Abbruch von Lieferketten und das damit einhergehende weitreichende Erlahmen wirtschaftlicher Tätigkeit[41] Bezug genommen.

54 Sieht man in den **außergewöhnlichen und unvorhersehbaren staatlichen Restriktionen** den entscheidenden Gesichtspunkt für den Wegfall der Geschäftsgrundlage ließe sich ein Vertragsanpassungsanspruch des Vermieters im Rahmen der WGG-Lösung für Fälle begründen, in denen die COVID-19-Pandemie dem Mieter eine Sonderkonjunktur beschert. Stellt man hingegen als den wesentlichen Gesichtspunkt auf

---

[36] S.a. Streyl in Schmidt COVID-19 § 3 Rn. 21.
[37] Wolf/Eckert/Ball, Handbuch des gewerblichen Miet-, Pacht- und Leasingrechts, 10. Aufl. 2009, Rn. 200; s. a. OLG Jena OLG-NL 2005, 256 zur Verlängerung der Betriebspflichtzeiten.
[38] Zehelein NZM 2020, 390 (398); vgl. Melcher IMR 2020, 1138.
[39] Walburg GE 2020, 423 (424); Warmuth COVuR 2020, 16 (20); Zehelein NZM 2020, 390 (398).
[40] Weidt/Schiewek NJOZ 2020, 481 (483).
[41] Streyl in Schmidt COVID-19 § 3 Rn. 76.

die zwangsweise Schließung ab, kommt eine Vertragsanpassung zu Gunsten des Vermieters nicht in Betracht (→ § 3 Rn. 22).

Geht man von einer **weiten Anwendbarkeit** des § 313 BGB für die Fälle der COVID-19-Pandemie aus, wird man im Ergebnis nicht umhin kommen, jedes Gewerberaummietverhältnis einer Revision zu unterziehen und in seiner höchst unterschiedlichen Betroffenheit[42] durch die COVID-19-Pandemie neu zu justieren. Zumindest erscheint es weder folgerichtig noch materiell gerecht, § 313 BGB nur zugunsten der Mieter und ausschließlich zulasten der Vermieter anzuwenden. Schon rein faktisch wären gegebenenfalls die Gerichte mit der Anpassung der Verträge aufgrund der schieren Zahl der Verfahren vollkommen überfordert.

Eine Anpassung einer hohen Zahl von Gewerberaummietverträgen aufgrund reiner Billigkeitserwägungen und –regelungen unter der Anwendung des § 313 BGB erscheint zudem unter **verfassungsrechtlichen Gesichtspunkten** alles andere als unproblematisch.[43] Es stellt sich durchaus die Frage, ob es im Rahmen der Gewaltenteilung nicht dem Gesetzgeber vorbehalten ist, abstrakt generelle Vorgaben für die Bewältigung der durch die COVID-19-Pandemie aufgeworfenen Fragen zu entwickeln. Dieses Bedenken gilt freilich nur, wenn man von der Anwendbarkeit der WGG-Lösung ausgeht.

Selbst wenn man die grundsätzlichen Bedenken gegen die WGG-Lösung außen vor lässt und davon ausgehen wollte, es werde der Rechtsprechung gelingen, hinreichend trennscharfe Kriterien zur Vertragsanpassung zu entwickeln, würde für die nächsten Jahre bis zur höchstrichterlichen Aufarbeitung der Problematik eine **massive Rechtsunsicherheit** entstehen.[44] Dies würde nicht zur Bewältigung der Pandemiefolgen beitragen. Einmal mehr erweist sich, dass § 313 BGB mit der Lösung von Sachverhalten, die der sogenannten „großen Geschäftsgrundlage" zugeordnet werden, überfordert ist.[45]

8. Die Tücken des § 536b BGB bei Abschluss von Nachträgen

> **Fall 10:**
> Der sportliche K.o.
> V und M sind seit dem Jahr 2011 über einen Mietvertrag verbunden. Mietgegenstand ist ein Sportgeschäft mit einer Fläche von 3.000 m². Aufgrund der einschlägigen Pandemie-Verordnungen des Landes war das Geschäft in der Zeit vom 23.3.2020 bis zum 19.4.2020 zwangsweise geschlossen. Im Anschluss konnte M aufgrund der einschlägigen Regelungen nur noch eine Fläche von 800 m² nutzen.
> Am 25.3.2020 und somit zu einem Zeitpunkt, als das Sportgeschäft aufgrund der einschlägigen Landesverordnung zur Eindämmung der COVID-19-Pandemie zwangsweise geschlossen war, unterzeichnen V und M in großer Hektik einen Verlängerungsvertrag, der ab dem 1.4.2020 gilt.
> M ist nicht schlecht erstaunt, als V ihn mit Schreiben vom 4.5.2020 auffordert, die ungeschmälerte Miete für die Monate April und Mai 2020 unabhängig von der Frage, ob die Räume gegenwärtig nutzbar waren und sind oder nicht, zu zahlen.
> Ist M zu einer entsprechenden Zahlung verpflichtet?

---

[42] Ekkenga/Schuhmacher NZM 2020, 410 (414).
[43] Vgl. zu den Grenzen richterlicher Rechtsfortbildung: Maunz/Dürig/Jachmann-Michel, 89. EL Oktober 2019, GG Art. 95 Rn. 13 ff.; s. a. Kumkar/Voß ZIP 2020, 893 (895).
[44] Streyl in Schmidt COVID-19 § 3 Rn. 33.
[45] BeckOGK/Martens, 1.4.2020, BGB § 313 Rn. 58.1.

58 **Ausgangssituation:** § 536b BGB schließt unter anderem eine Minderung aus, wenn der Mieter bei Vertragsschluss den Mangel der Mietsache kennt. Die Norm wird entsprechend angewandt, wenn ein Verlängerungsvertrag abgeschlossen wird.[46] Im Allgemeinen Schuldrecht bietet § 311a BGB einen zusätzlichen Ansatzpunkt. Erneut ergeben sich bei Anwendung der verschiedenen Lösungsansätze auf die im Fall 10 dargestellte Problematik durchaus unterschiedliche Rechtsfolgen:

59 Nach der **Vermieter-Lösung** sind die Mieten für die Monate April und Mai im Fall 10 ohne Weiteres geschuldet.

60 Der **Mangel-Ansatz** führt in der beschriebenen Konstellation zur Anwendung des § 536b BGB und damit zur vollumfänglichen Mietzahlungspflicht des Mieters.

61 Bei Anwendung der **Unmöglichkeits-Variante** würde sich aus §§ 311a, 275, 326 BGB für die Zeit der erzwungenen Schließung eine Mietfreiheit und für den Anschlusszeitraum mit einer flächenmäßigen Begrenzung eine Reduzierung der Miete ergeben.

62 Die **WGG-Lösung** führt ebenfalls dazu, dass die volle Miete zu leisten ist. Denn nach Abschluss des Verlängerungsvertrages haben sich die Umstände zumindest nicht zulasten des Mieters verändert.

9. Betriebspflichten in Zeiten der COVID-19-Pandemie

63 **Ausgangssituation:** Der Mietvertrag vermittelt regelmäßig dem Mieter lediglich ein **Nutzungsrecht aber keine Nutzungspflicht.** Abweichendes soll sowohl individualvertraglich, als auch formularvertraglich vereinbart werden können.[47]

64 Unter **Betriebspflicht** wird die Verpflichtung des Mieters verstanden, die Mietsache während festgelegter Öffnungszeiten bzw. zumindest während bestimmbarer Zeiten geöffnet zu halten und entsprechend den vertraglichen Vereinbarungen zu nutzen und ein nach dem Vertragszweck angemessenes Waren- und Leistungsangebot zu präsentieren.[48]

65 Enthalten von der COVID-19-Pandemie betroffene Verträge entsprechende Regelungen, stellt sich die Frage, ob und welche **Auswirkungen die einschlägigen Schließungsanordnungen** und gegebenenfalls anschließende Beschränkungen der Öffnung des Betriebes der Mieter auf die vertraglichen Verpflichtungen haben.

a) Betriebspflichten in Zeiten der zwangsweisen Vollschließung

Fall 11:
Rien ne va plus
Im Mietvertrag mit dem Mietzweck „Sportbekleidung" zwischen V und M über eine Einzelhandelsfläche mit 2.000 m² Verkaufsfläche ist wirksam eine Betriebspflicht vorgesehen. Die Bestimmung lautet: „Der Mieter ist verpflichtet, sein Geschäft werktags in der Zeit von 10:00 bis 16:00 Uhr zu betreiben." Für den Fall des Verstoßes gegen die Betriebspflicht ist ebenso wirksam eine Vertragsstrafe von 1.000 EUR/Werktag vorgesehen.
Während der Zeit vom 23.3.2020 bis zum 19.4.2020 war das Geschäft aufgrund der einschlägigen Landesverordnung zur Einschränkung der COVID-19-Pandemie zwangsweise komplett geschlossen.

---
[46] Guhling/Günter/Günter BGB § 536b Rn. 4.
[47] BGH NZM 2020, 429; aA Herrlein NZM 2020, 423.
[48] OLG Dresden NZM 2008, 131; OLG Koblenz NZM 2019, 588.

> Bestand in der Zeit zwischen dem 23.3.2020 und dem 19.4.2020 die Betriebspflicht fort? Schuldet M Vertragsstrafe für die Zeit?

Während der Dauer der aufgrund der einschlägigen Verordnung bestehenden Betriebsuntersagungen bis zum 19.4.2020 ist das Ergebnis vorgezeichnet. Die Betriebsverpflichtung kann nicht bestanden haben, da ihr ein Verbot entgegenstand. Sowohl individualvertragliche als auch formularvertragliche Regelungen wird man nach Maßgabe der §§ 133, 157 BGB bzw. im Rahmen der objektiven Auslegung bei Allgemeinen Geschäftsbedingungen[49] nicht zuletzt im Hinblick auf § 134 BGB dahingehend auslegen müssen, dass die Betriebspflicht entfällt, wenn und soweit sie einem gesetzlichen Verbot widerspricht. Im Rahmen **aller vertretenen Auffassungen** gelangt man daher zum Nichtbestehen einer Betriebspflicht für die Geltungsdauer des Verbots in der einschlägigen Verordnung. 66

Eine **Vertragsstrafe** ist im Fall 11 für die Zeit bis zum 19.4.2020 ebenso wenig geschuldet, da sie bereits nach Maßgabe des § 339 BGB gar nicht erst entsteht. 67

b) Betriebspflichten in Zeiten der zwangsweisen Teilschließungen

Sehr viel problematischer wird die Situation, wenn aufgrund der einschlägigen Regelungen zur Eindämmung des Infektionsgeschehens nur noch **Teilflächen** vom Mieter genutzt werden können: 68

> **Fall 12:**
> Die Bonsai-Betriebspflicht
> Im Mietvertrag mit dem Mietzweck „Vertrieb hochwertiger japanischer Einrichtungsgegenstände und von Bonsai Bäumen" zwischen V und M über eine Einzelhandelsfläche mit 2.000 m² Verkaufsfläche ist wirksam eine Betriebspflicht vorgesehen. Die Bestimmung lautet auch hier: „Der Mieter ist verpflichtet, sein Geschäft werktags in der Zeit von 10:00 bis 16:00 Uhr zu betreiben." Für den Fall des Verstoßes gegen die Betriebspflicht ist ebenso wirksam eine Vertragsstrafe von 1.000 €/Werktag vorgesehen.
> Während der Zeit vom 23.3.2020 bis zum 19.4.2020 war das Geschäft aufgrund der einschlägigen Landesverordnung zur Eindämmung der COVID-19-Pandemie zwangsweise komplett geschlossen. Seit dem 20.4.2020 ist es wieder zulässig, auf 800 m² das Geschäft zu betreiben.
> M macht anders als auf 2.000 m² auf der auf 800 m² reduzierten Fläche hohe Verluste und schließt das Geschäft daher ab dem 22.4.2020. V verlangt die Öffnung auf 800 m² und macht Vertragsstrafe geltend.
> Besteht für die Zeit ab dem 22.4.2020 die Betriebspflicht? Ist Vertragsstrafe geschuldet?

Ausgangssituation: Nach ständiger Rechtsprechung ist eine Betriebspflicht grundsätzlich auch dann zu erfüllen, wenn dies für den Mieter **wirtschaftlich betrachtet nachteilig** ist.[50] Dies knüpft an die Rechtsprechung des BGH an, nach der der Mieter das Risiko trägt, in der Mietsache Gewinn oder Verlust zu erwirtschaften.[51] Dies bezieht sich jedoch immer nur auf Fälle, in denen die Mietsache vollumfänglich genutzt werden kann. In einer derartigen Situation erscheint es zumindest als begründbar, dem 69

---
[49] Vgl. hierzu BGH NZM 2014, 306 Rn. 24.
[50] Kraemer/von der Osten/Schüller in Bub/Treier, Handbuch der Geschäfts- und Wohnraummiete, 5. Aufl. 2019, III Rn. 2326 mwN; OLG Frankfurt BeckRS 2009, 3013; vgl. a. BGH NJW 1978, 2390.
[51] BGH NJW 2000, 1714.

Mieter vollumfänglich das Wirtschaftlichkeitsrisiko aufzuerlegen. Ob dies auch bei einer eingeschränkten Nutzbarkeit mit gegebenenfalls vollständig veränderten wirtschaftlichen Rahmenbedingungen, etwa im Zusammenhang mit dem notwendigen Personaleinsatz, Werbeaufwand etc., gilt, erscheint fraglich.

70 Die **vorliegende Konstellation** wurde bisher in der einschlägigen gewerberaummietrechtlichen Literatur zur COVID-19-Pandemie **nicht problematisiert.** Bei der Anwendung der oben dargestellten unterschiedlichen Auffassungen hinsichtlich der Bewältigung der Pandemiefolgen in Gewerberaummietverträgen ergeben sich erneut unterschiedliche Lösungsansätze:

71 Aus Sicht der **Vermieter-Lösung** besteht die Betriebspflicht eingeschränkt auf die maximal zulässige Nutzungsfläche, da die Risiken und Folgen der COVID-19-Pandemie ausschließlich zulasten des Mieters gehen sollen. Dem entsprechend wäre gegebenenfalls auch Vertragsstrafe geschuldet.

72 Bei der **Unmöglichkeits-Variante** wäre weder die Betriebspflicht, noch die Vertragsstrafe durchsetzbar. Denn es liegt keine teilbare Leistung[52] und damit keine Teilunmöglichkeit, sondern Unmöglichkeit der vereinbarten Betriebspflicht vor.

73 Der **Mangel-Ansatz** gelangt über §§ 273, 320 BGB zum gleichen Ergebnis wie die Unmöglichkeits-Variante.

74 Die **WGG-Lösung** würde erneut wohl zu einem Anspruch auf Vertragsanpassung führen. Dessen genaue Ausgestaltung wäre einzelfallabhängig und die gegebenenfalls durch die Gerichte erfolgende Bestimmung kaum vorhersehbar.

c) Das Schicksal der Betriebspflichten nach Ende der zwangsweisen Schließungen

75 Mit dem Ende der (Teil-) Schließungen sind die **Umsätze der Einzelhändler** nicht vollständig zurückgekehrt. Es stellt sich die Frage, ob dies unter anderem Auswirkungen auf die Betriebspflicht hat.

> **Fall 13:**
> Mieters Frust
> M ist Mieter eines 1000 m² großen Einzelhandelsgeschäftes in einer deutschen Großstadt. Der Mietvertrag sieht wirksam eine Betriebspflicht vor, nach der das Ladenlokal von Montag bis Freitag an Werktagen zwischen 10:00 Uhr und 18:00 Uhr zu öffnen und zu betreiben ist. Obwohl mittlerweile alle pandemiebedingten öffentlich-rechtlichen Einschränkungen für den Betrieb des M entfallen sind, ist angesichts der unsicheren Wirtschaftslage die Kauflust der Kunden noch nicht so richtig wieder erwacht. Die Umsätze sind daher so niedrig, dass es für M kostengünstiger ist, das Geschäft zumindest vorübergehend zu schließen. V droht M für den Fall der Schließung die Erwirkung einer einstweiligen Verfügung auf Erfüllung der Betriebspflicht an.
> Ist M trotz seiner Verluste zum Betrieb verpflichtet?

76 Die Problematik des Falls 13 besteht darin, dass mittlerweile rechtliche Beschränkungen für die Nutzung der Mietsache nicht mehr gegeben sind und die **Auswirkungen** der COVID-19-Pandemie lediglich **rein faktischer/wirtschaftlicher Natur** sind. Wie bereits im Zusammenhang mit Fall 12 dargelegt, sind Verluste des Mieters bei der

---

[52] Vgl. etwa § 420 BGB.

Frage eines Fortbestandes einer vereinbarten Betriebspflicht grundsätzlich irrelevant.[53] Es stellt sich gleichwohl die Frage, ob im Zusammenhang mit den Auswirkungen der COVID-19-Pandemie ausnahmsweise etwas anderes gelten kann/muss.

Entsprechende Abweichungen können sich allenfalls im Zusammenhang mit der **WGG-Lösung** ergeben, da diese im Zusammenhang mit der COVID-19-Pandemie von einem Anspruch auf Vertragsanpassung ausgeht. Dies könnte man aus einem Teil der Literatur, die die WGG-Lösung favorisiert, durchaus ableiten.[54] Ob sich dies durchsetzen wird, bliebe selbst dann abzuwarten, wenn man grundsätzlich der WGG-Lösung folgt, da sie sich in der beschriebenen Konstellation in **Widerspruch** zu der bisherigen Rechtsprechung des **BGH** zur Gewerberaummiete setzt. Denn das Risiko in der voll umfänglich nutzbaren Mietsache Gewinn oder Verlust zu machen ist – wie bereits dargelegt – nach der einschlägigen Rechtsprechung des BGH[55] dem Mieter zugewiesen. 77

d) Sonntagsöffnungen und Betriebspflicht

Zur weiteren Herabsetzung der Kundenfrequenz in Warenhaus-SB-Märkten sahen/sehen einer Reihe von Verordnungen der Länder zur Eindämmung der COVID-19-Pandemie die Möglichkeit vor, entsprechende Geschäfte auch an Sonntagen zu öffnen. Hieraus können sich **unerwartete Konsequenzen** im Verhältnis zwischen den Mietvertragsparteien ergeben: 78

> **Fall 14:**
> Surprise, surprise
> In einem Gewerberaummietvertrag über Warenhaus-SB-Flächen ist eine wirksame Betriebspflichtregelung enthalten. Diese verpflichtet den Mieter zu Öffnung und Betrieb des Ladenlokals an allen Kalendertagen, wenn und soweit dies nach den jeweils geltenden Bestimmungen gesetzlich und behördlich zulässig ist, täglich in der Zeit von mindestens 10.00 Uhr bis 16.00 Uhr. Für den Fall der Nichterfüllung der Betriebspflicht sieht der Vertrag eine wirksame Vertragsstrafenregelung mit einer Vertragsstrafe von 5.000 EUR pro Tag vor.
> Die einschlägige Landesverordnung zur Eindämmung der COVID-19-Pandemie gibt den Warenhaus-SB-Betreibern die Möglichkeit, auch an Sonntagen geöffnet zu halten. M öffnet gleichwohl nicht.
> Er ist nicht schlecht erstaunt, als ihn nach dem zweiten Sonntag, an dem eine Öffnung möglich gewesen wäre, die Aufforderung des V erreicht, an diesen 10.000 EUR zu zahlen.
> Wie ist die Rechtslage?

Ausgangssituation: Insbesondere in Mietverträgen für Einkaufscenter und bei einer großen Zahl von Verträgen mit Umsatzmieten finden sich Klauseln wie im Fall 14, nach denen der Mieter gegebenenfalls auch an **verkaufsoffenen Sonntagen** verpflichtet ist, einer **Betriebspflicht** nachzukommen. Auch diese Konstellation wird – soweit ersichtlich – bisher in der zur COVID-19-Pandemie veröffentlichten Speziallitaratur nicht diskutiert. Es spricht jedoch eine hohe Wahrscheinlichkeit dafür, dass man nach allen vertretenen Auffassungen zu einer Verpflichtung des Mieters gelangt, an den einschlägigen Sonntagen zu öffnen. Die Verletzung dieser Verpflichtung wäre gegebenen- 79

---

[53] Kraemer/von der Osten/Schüller in Bub/Treier, Handbuch der Geschäfts- und Wohnraummiete 5. Aufl. 2019, III Rn. 2326 mwN; OLG Frankfurt BeckRS 2009, 3013.
[54] Warmuth COVuR 2020, 16 (18).
[55] BGH NJW 2000, 1714.

falls vertragsstrafenbedroht. Allein die **WGG-Lösung** würde einen Ansatz bieten, auch insoweit den Vertrag anzupassen. Dies hängt zum einen davon ab, worin man genau die entfallende Geschäftsgrundlage sieht. Zum anderen stünde man vor der Frage, ob angesichts der relativ begrenzten Auswirkungen der Erfüllung der Betriebspflicht an den Sonntagen eine schwerwiegende Veränderung maßgeblicher Umstände vorliegt.

10. COVID-19 und Umsatzmieten

80 In Teilbereichen der Gewerberaummiete, etwa im Bereich der **Gastronomie** oder an **Sonderstandorten** wie Flughäfen, Bahnhöfen etc. ist die Vereinbarung von **Umsatzmieten,** entweder als reine Umsatzmiete oder als eine Kombination von Mindestmiete mit Umsatzmiete, durchaus weit verbreitet.

81 Die Einschränkungen aus den Landesverordnungen zur Bewältigung der **COVID-19-Pandemie** wirken auch auf entsprechende Mietverträge und die Umsatzmietvereinbarungen ein.

a) Auswirkungen auf die reine Umsatzmiete

> **Fall 15:**
> Kleiner Umsatz kleine Miete?
> Im Mietvertrag zwischen V und M ist eine reine Umsatzmiete von 10 % des monatlichen Umsatzes vorgesehen. M vertreibt hochwertige Antiquitäten. Das von V angemietete Ladenlokal weist eine Fläche von 2.000 m² auf. Aufgrund der hervorragenden Qualität und der einzigartigen Vielfalt der Auswahl erzielte M vor der Zeit der Pandemie einen durchschnittlichen Monatsumsatz von 500.000 EUR. Für die Dauer eines Monats sah die einschlägige Landesverordnung zur Eingrenzung der COVID-19-Pandemie eine Begrenzung der Verkaufsfläche auf 800 m² vor. In diesem Monat machte M bei gleich gebliebenen Fixkosten von 200.000 EUR pro Monat lediglich einen Umsatz von 100.000 EUR.
> Wie hoch ist die Miete in Euro für den Monat mit der eingeschränkten Verkaufsfläche?

82 **Ausgangssituation:** Unabhängig von der COVID-19-Pandemie ist mit dem Fall 15 eine durchaus komplexe Frage des Mietrechts betroffen. Denn die **Berechnung einer Mietminderung** bei Vereinbarung einer **Umsatzmiete** ist bereits für den Bereich der Mängelgewährleistung bisher nicht dogmatisch endgültig durchdrungen. Dies macht die Bearbeitung entsprechender Konstellationen im Zusammenhang mit der COVID-19-Pandemie nicht leichter.

83 Soweit erkennbar ist die Berechnung der Minderung einer Umsatzmiete bei Mangelhaftigkeit der Mietsache nicht Gegenstand einer höchstrichterlichen Entscheidung gewesen. Es werden unterschiedliche Auffassungen hierzu vertreten. Mitunter wird die Ermittlung einer ortsüblichen umsatzunabhängigen Miete im Sinne einer fiktiven Miete favorisiert auf die sodann die Minderungsquote berechnet und der so ermittelte Betrag als Minderungsbetrag von der Umsatzmiete abzuziehen sein soll.[56] Teilweise wird bei einem Umsatzrückgang infolge des Mangels vertreten, die zur Berechnung des Minderungsbetrages zugrunde zu legende **fiktive Miete** sei nach Maßgabe des fiktiven Umsatzes zu ermitteln, den der Mieter in einem mangelfreien Mietobjekt erwirtschaftet hätte.[57] Der Minderungsbetrag sei der Höhe nach auf den Betrag zu begren-

---

[56] Blank/Börstinghaus/Blank BGB § 536 Rn. 176.
[57] Windorfer NZM 2020, 102 (104).

zen, der sich aus dem tatsächlich erzielten Umsatz des Mieters bei Berechnung der vertraglich vorgesehenen Umsatz Miethöhe ergibt.[58] Vereinzelt ist die Auffassung vertreten worden, die Miete sei auch bei einem Mangel vom erzielten Umsatz nach Maßgabe der vertraglichen Bestimmungen zu berechnen, da ansonsten eine doppelte Belastung des Vermieters bzw. Doppelberücksichtigung der Minderung eintrete.[59] **Richtigerweise** wird man die **Minderung** jedoch an dem **Prozentsatz der Umsatzmiete** in Ansatz bringen müssen (Beispiel: 10% Umsatzmiete nach Vertrag bei 50% iger Minderung = 5% Umsatzmiete vom tatsächlich erzielten Umsatz). Für diesen Lösungsansatz spricht u. a., dass ein Umsatzrückgang bei der Miete von Ladenlokalen keine Voraussetzung für eine Mietminderung ist.[60]

Für den Problemkreis der COVID-19-Pandemie ergibt sich bei der Vereinbarung einer Umsatzmiete ein **weiterer zu bedenkender Gesichtspunkt:** Die Vertragsparteien haben durch die Vereinbarung einer monatlich zu ermittelnden Umsatzmiete zum einen die **Möglichkeit mehr oder weniger stark schwankender Umsätze** in ihren **Vertragswillen** aufgenommen und hierfür eine Regelung getroffen. Insbesondere wenn dies in einer individualvertraglichen Vereinbarung geschehen ist, stellt sich die Frage, ob es auch im Zusammenhang mit den Auswirkungen der COVID-19-Pandemie mit den vertraglichen Bestimmungen sein Bewenden haben muss oder ob gleichwohl ein Anwendungsbereich für die unterschiedlichen Lösungsansätze verbleibt. 84

Wie immer ist bei individualvertraglichen Vereinbarungen zunächst der **wirkliche Wille der Vertragsparteien** zu ermitteln. Dieser gilt auch dann, wenn er in der Vertragsurkunde nur unvollkommen seinen Niederschlag gefunden hat (§ 133 BGB). Lässt sich dieser Wille nicht feststellen, werden bei der dann vorzunehmenden Auslegung die oben genannten unterschiedlichen Lösungsansätze durchaus wieder relevant: 85

Im Rahmen der **Vermieter-Lösung** verbleibt es bei einer unveränderten, nach den Regularien des Vertrages zu berechnenden Umsatzmiete ohne jede Berücksichtigung der Folgen der COVID-19-Pandemie. 86

Folgt man dem **Mangel-Ansatz** wäre die Umsatzmiete entsprechend den bereits dargestellten Grundsätzen zu mindern. 87

Die **Unmöglichkeits-Variante** würde von einer Teilunmöglichkeit ausgehen und die Umsatzmiete ebenfalls anpassen. Insoweit liegt es nahe, von den gleichen Grundsätzen wie bei einer Minderung auszugehen. 88

Folgt man den Befürwortern der **WGG-Lösung,** besteht erneut ein Anspruch auf Vertragsanpassung, dessen Inhalt unter Berücksichtigung aller Umstände des Einzelfalles zu ermitteln wäre. 89

b) Auswirkungen auf Verträge mit Umsatz- und Mindestmiete

> **Fall 16:**
> Old- und Youngtimer in der Krise
> Im Mietvertrag zwischen V und M ist eine reine Umsatzmiete von 8% des monatlichen Umsatzes vorgesehen sowie eine Mindestmiete von 30.000 EUR vereinbart, auf die die Umsatzmiete angerechnet

---

[58] Windorfer NZM 2020, 102 (104).
[59] Falk/Schneider ZMR 2011, 697 ff.; s. a. Staudinger/V. Emmerich, 2018, BGB § 536 Rn. 97.
[60] KG BeckRS 2014, 14934; Guhling/Günter/Günter BGB § 536 Rn. 367.

wird. M vertreibt hochwertige Old- und Youngtimer. Das von V angemietete Ladenlokal weist eine Fläche von 3.200 m² auf. In Vor-Pandemiezeiten erlöste M regelmäßig einen Umsatz von 600.000 EUR im Monat. Für die Dauer eines Monats sah die einschlägige Landesverordnung zur Eingrenzung der COVID-19-Pandemie eine Begrenzung der Verkaufsfläche auf 800 m² vor. In diesem Monat machte M lediglich einen Umsatz von 300.000 EUR.
Welche Mietzahlung hat M für den Monat mit der reduzierten Fläche zu leisten?

90 Auch in dieser Konstellation stellt sich die Frage, ob die Vertragsparteien durch die Vereinbarung einer Umsatzmiete den nunmehr eingetretenen **Pandemiefall zumindest indirekt mitgeregelt** haben. Erneut wird man zunächst den tatsächlichen Parteiwillen zu ermitteln haben, da dieser gegebenenfalls maßgeblich wäre. Ist der wirkliche Parteiwille nicht zu ermitteln, ergeben sich entsprechend der Fälle 3, 15 nach den unterschiedlichen Ansätzen folgende Lösungen:

91 Nach der **Vermieter-Lösung** verbleibt es im Fall 16 aufgrund der Zurechnung des Verwendungsrisikos bei der Mindestmiete und dem vollen Prozentsatz von 8% der Umsatzmiete. Es wäre im Beispielsfall also eine Miete von 30.000 EUR geschuldet.

92 Bei Anwendung der **Unmöglichkeits-Variante** wäre im Wege der Minderung nach Maßgabe der §§ 326, 441 BGB analog die (ggf. nach den bei Fall 15 dargestellten Grundsätzen ermittelte) Miete und die Mindestmiete um drei Viertel zu kürzen. Ein entsprechendes Ergebnis ergibt sich beim **Mangel-Ansatz**.

93 Bei der **WGG-Lösung** wäre erneut unter Berücksichtigung aller Umstände des Einzelfalls eine Anpassung der Umsatz- und der Mindestmiete vorzunehmen.

11. Folgen des Zahlungsverzuges in Zeiten von COVID-19

94 Art. 240 § 2 Abs. 1 EGBGB enthält eine temporäre Kündigungssperre für pandemiebedingte Fälle des Mietzahlungsverzuges. Bereits die etwas **unglückliche Formulierung** der Norm lässt Zweifelsfragen aufkommen. Überdies sind mit ihr nur Teile der rechtlichen Folgen von ausbleibenden Mietzahlungen abgedeckt.

Fall 17
Der schludrige Gesetzgeber
V und M sind über einen langfristigen Mietvertrag bis zum 31.12.2029 für eine Gastronomiefläche verbunden. Wegen eines tatsächlich nicht vorhandenen Mangels hat M die Miete im März um 10% gemindert. Aufgrund der Pandemie brechen seine Umsätze nahezu vollständig ein. Er zahlt daher die jeweils am 3. Werktag des Monats fälligen Mieten für April und Mai nicht.
Am 7.5.2020 erreicht M die Kündigung des V, dieser auf Zahlungsverzug stützt.
Ist das Mietverhältnis beendet?

95 **Ausgangssituation:** Art. 240 § 2 Abs. 1 EGBGB sieht seinem Wortlaut nach („… allein aus dem Grund kündigen, dass der Mieter im Zeitraum vom 1. April 2020 bis 30. Juni 2020") einen **temporären Kündigungsausschluss** nur für den Verzug mit Zahlungen für den Zeitraum ab dem 1.4.2020 bis zum 30.6.2020 vor.

96 Geht man streng vom **Wortlaut der Norm** aus, könnte man auf den Gedanken verfallen, dass bei bereits zum Stichtag 31.3.2020 bestehendem, noch nicht zur Kündigung berechtigenden Zahlungsverzug, der sich durch ab dem 1.4.2020 auflaufenden wei-

teren Zahlungsverzug über die Schwelle des § 543 Abs. 2 Nr. 3 lit. b BGB erhöht, Art. 240 § 2 EGBGB nicht eingreift. Da dies jedoch mit **Sinn und Zweck** der Norm nicht vereinbar ist, sollte man eine derartige, nicht zwingend durch den Wortlaut gebotene Auslegung nicht verfolgen (→ 2 Rn. 18 f.).[61]

Nach zutreffender Auffassung wird daher die Kündigung im Fall 17 nicht durchgreifen. 97

Fall 18
Der Vollstrecker
V ist ein reicher Bürger und hat einen nicht unwesentlichen Teil seines Vermögens in Immobilien angelegt. Mit einem langfristigen, bis zum 31.12.2029 befristeten Gewerberaummietvertrag hat er Flächen zum Betrieb einer Bäckerei mit Café an M vermietet. Der schwer von den Folgen der COVID-19-Pandemie betroffene M zahlt die Mieten April und Mai nicht. Mit einem Brief an V macht er einen Anspruch auf Anpassung der Miete im Hinblick auf die schweren Auswirkungen der COVID-19-Pandemie geltend.
V ist ein strenggläubiger Sozial-Darwinist. Er ist der Meinung, schon der Kündigungsausschluss im Sinne des Art. 240 § 2 EGBGB sei romantischer Firlefanz und verzögere nur die notwendigen Anpassungsprozesse. Das „Starke" werde sich aufgrund der allem anderen vorgehenden Naturgesetze ohnehin durchsetzen.
Mit den Worten, „erzählen Sie mir nicht was nicht geht, sondern feuern Sie gefälligst aus allen Rohren", beauftragt er am 4.5.2020 seinen Anwalt R. Dieser klagt daraufhin die Mieten April und Mai plus Zinsen iHv 9 Prozentpunkten über dem jeweiligen Basiszinssatz, die Mieten Juni bis Dezember 2020 zum jeweiligen Fälligkeitstermin sowie einen weiteren Betrag von 80 EUR ein. Des Weiteren beantragt er die Feststellung, dass ab dem 1.6.2020 die im Mietvertrag festgehaltene Miete geschuldet ist.
Wie hat das Gericht zu entscheiden?

Ausgangssituation: Art. 240 § 2 EGBGB beinhaltet nur einen temporären Kündigungsausschluss, jedoch **keine Stundung** der laufenden Mietzahlungen.[62] 98

Eine **Klage auf zukünftige Leistung** im Sinne des § 259 ZPO ist nach Auffassung des BGH[63] jedenfalls dann zulässig, wenn der Mieter einen Rückstand hat auflaufen lassen, der den Betrag eines mehrfachen der Miete erreicht. 99

Im Fall 18 ist der Mieter ausgehend von den genannten Grundsätzen **zur Zahlung** der rückständigen Mieten einschließlich Zinsen **zu verurteilen.** Die Höhe der geschuldeten und auszuurteilenden Zahlung hängt davon ab, welcher Auffassung man im Zusammenhang mit einem eingeschränkten Betrieb aufgrund der einschlägigen Regelungen zur Eindämmung der COVID-19-Pandemie folgt. 100

Der Anspruch auf Zahlung von weiteren 80 EUR ergibt sich aus **§ 288 Abs. 5 BGB**, wobei man richtigerweise davon ausgehen muss, dass der Einzelbetrag von 40 EUR für jeden Monat erneut anfällt, da der mit § 288 Abs. 5 BGB erfasste Aufwand des Gläubigers jeden Monat neu entsteht.[64] 101

Jedenfalls im Zusammenhang mit seinem geltend gemachten Anspruch auf Mietanpassung besteht auch für den **Feststellungsanspruch** ein gegebenenfalls für erfor- 102

---
[61] S.a. Herlitz jurisPR-MietR 8/2020, 1.
[62] Herlitz jurisPR-MietR 8/2020, 1.
[63] BGH NZM 2011, 882.
[64] LG Berlin Urt. v. 16.7.2018 – 12 O 486/17, bisher unveröffentlicht.

derlich gehaltenes Feststellungsinteresse. Die Frage der Begründetheit der Feststellungsklage hängt wiederum davon ab, welchen der eingangs dargestellten Lösungsansätze man verfolgt.

> **Fall 19**
> Auf Umwegen doch noch zum Ziel?
> Nachdem M im bis zum 30.6.2028 befristeten Mietverhältnis mit V die Mieten April und Mai 2020 pandemiebedingt nicht gezahlt hat, greift V auf die vertragsgemäß geleistete Mietsicherheit iHv 2 Monatsmieten zu. Mit Fristsetzung zum 15.5.2020 fordert er M unter Androhung der außerordentlichen Kündigung auf, nunmehr die Kaution wieder auf den ursprünglichen Bestand aufzufüllen. M kommt dieser Aufforderung nicht nach.
> Am 23.5.2020 erreicht M die außerordentliche Kündigung des V.
> Ist das Mietverhältnis beendet?

103 **Ausgangssituation:** Nach der Rechtsprechung des BGH[65] kann die Nichtleistung der Mietsicherheit einen Grund für eine **außerordentliche Kündigung** nach Maßgabe des § 543 Abs. 1 BGB darstellen. Maßgeblich sind jedoch jeweils die Umstände des Einzelfalls.

104 Zu Recht wird in der Literatur[66] darauf verwiesen, dass in den einschlägigen Konstellationen des **Art. 240 § 2 EGBGB** die Inanspruchnahme der Mietsicherheit nebst Anforderung der Wiederauffüllung und Kündigungsandrohung eine Umgehung zu sehen ist und jedenfalls im Rahmen der zwingend im Rahmen des § 543 Abs. 1 BGB durchzuführenden Einzelfallabwägung eine Unzumutbarkeit der Fortsetzung des Mietverhältnisses für Vermieter nicht festgestellt werden kann (vgl. auch → 2 Rn. 67).

105 Im Fall 19 wäre daher die **Kündigung** des V **unwirksam**.

12. Berücksichtigung der Einschränkungen durch die COVID-19-Pandemie bei Betriebskostenabrechnungen

106 In der Gewerberaummiete ist es durchaus üblich, in einem im Vergleich zur Wohnraummiete **deutlich größerem Umfang Betriebskosten** auf den Mieter umzulegen. Die hiermit einhergehenden wirtschaftlichen Belastungen sind für die Mieter, insbesondere in Einkaufscentern und ähnlichen Immobilien alles andere als unerheblich. Es ist daher naheliegend, dass sehr bald einschlägige Problemfälle im Zusammenhang mit der gegenwärtigen Pandemie – Situation die Gerichte beschäftigen werden.

> **Fall 20:**
> Der Monat der Stille
> Der Mietvertrag zwischen V und M für ein Ladenlokal zum Vertrieb von HiFi-Geräten sieht die Umlage der Betriebskosten im Sinne der Betriebskostenverordnung (§ 2 Nr. 1–16) vor. Im Mietvertrag ist eine Abrechnungsperiode vom 1. Mai bis zum 30. April des Folgejahres vorgesehen.
> Pandemiebedingt war das Ladenlokal des M zwangsweise aufgrund entsprechender Rechtsverordnung für einen Monat im Jahr 2020 geschlossen.

---

[65] BGH NZM 2007, 400 (401).
[66] Streyl in Schmidt COVID-19 § 3 Rn. 105.

> V übersendet M am 15.5.2020 die Betriebskostenabrechnung für die Zeit 1.5.2019 bis 30.4.2020. Der rechnerische Anteil des M an den Betriebskosten beträgt 12.000 EUR.
> In welcher Höhe schuldet M Zahlung?

Ausgangssituation: Seit 15 Jahren ist auch für die Gewerberaummiete anerkannt, dass sich die Miete im Sinne der **Mietminderung aus der Kaltmiete zuzüglich Betriebs-/Nebenkosten** zusammensetzt.[67] Dementsprechend kommt auch im Fall 20 – je nachdem, welchem Ansatz man folgt – ein Abzug vom Anteil des M an den Betriebskosten in Betracht.

Nach der **Vermieter-Lösung** ist der volle Betrag der Betriebskosten auch für die Zeit der zwangsweisen Schließung aufgrund der Regelungen zur Eindämmung der COVID-19-Pandemie zu zahlen.

Die Verfechter des **Mangel-Ansatzes** müssten zu einer um 1.000 EUR verminderten Zahlungsverpflichtung im Fall 20 iHv 11.000 EUR gelangen, sofern man nicht Korrekturen bei der Minderungshöhe aufgrund der tatsächlichen oder vermeintlichen Besonderheiten im Zusammenhang mit der COVID-19-Pandemie vornimmt.

Im Rahmen der **Unmöglichkeits-Variante** wäre ebenfalls der Anteil an den Betriebskosten im Verhältnis der Schließungszeit zu der der Gesamtabrechnungsperiode herabzusetzen, weil die Betriebskosten Bestandteil der entfallenden Gegenleistung sind.

Bei der **WGG-Lösung** wird zum einen eine Differenzierung zwischen den verbrauchsabhängigen und den verbrauchsunabhängigen Positionen favorisiert und zum anderen bei den verbrauchsunabhängigen Kosten eine hälftige Teilung für die Dauer der Schließung angenommen. Auch für die Zeit nach Wiedereröffnung erscheinen bei diesem Ansatz Reduzierungen im Rahmen der gegebenenfalls durchzuführenden Vertragsanpassung nicht ausgeschlossen.

13. Kündigungen im Zusammenhang mit der COVID-19-Pandemie

Es ist nicht erforderlich, hellsichtig zu sein, um vorauszusagen, dass es im Zusammenhang mit der COVID-19-Pandemie zu einer Vielzahl von außerordentlichen Kündigungen von befristeten Mietverhältnissen kommen wird. Denn bereits nach wenigen Wochen der Auswirkungen ist eine **wesentliche Veränderung der Rentabilität** von Einzelhandelsstandorten zu erkennen. Auch im Bereich der Büroimmobilien sind sicherlich Veränderungen beim Platzbedarf zu erwarten. Dem entsprechend ist zu klären, ob es bedingt durch die COVID-19-Pandemie zu berechtigten außerordentlichen Kündigungen kommen kann.

a) COVID-19 und Mieterkündigung

Fall 21

So eine Krawatte!
V hat mit Gewerberaummietvertrag Flächen zum Betrieb eines Bekleidungsgeschäftes für gehobene Garderobe in Hamburg mit einer Fläche von 1.500 m² an M im Jahr 2019 unter Ausschluss der ordentlichen Kündigung bis zum 31.12.2028 vermietet. In der Zeit vom 23.3.2020 bis zum 20.4.2020 war das Geschäft aufgrund der einschlägigen Verordnung zwangsweise geschlossen. Seit

---

[67] BGH NZM 2005, 455.

dem 20.4.2020 wäre es wieder zulässig, das Geschäft auf 800 m² zu betreiben. Jeweils am Morgen des 23.3.2020 und des 20.4.2020 erreichten jedoch V außerordentliche Kündigungen des M. Ist das Mietverhältnis beendet?

113 **Ausgangssituation: § 543 Abs. 2 Nr. 1 BGB** eröffnet dem Mieter die Möglichkeit, auch ein langfristig abgeschlossenes Mietverhältnis vorzeitig zu kündigen, wenn ihm der vertragsgemäße Gebrauch der Mietsache ganz oder zum Teil nicht rechtzeitig gewährt oder wieder entzogen wird. Insoweit bildet das Vorliegen eines Mangels zwar anerkanntermaßen einen der Hauptanwendungsfälle der Norm im laufenden Mietverhältnis. Das Kündigungsrecht ist jedoch nicht hierauf beschränkt. Eine Kündigung nach Maßgabe des § 543 Abs. 2 Nr. 1 BGB im Zusammenhang mit den durch die in den einschlägigen Landesverordnungen enthaltenen zeitweisen zwangsweisen Schließungen und anschließenden Flächenbegrenzungen erscheint daher zumindest auch auf den zweiten Blick nicht als ausgeschlossen. Eine Fristsetzung nach Maßgabe des § 543 Abs. 3 BGB wäre ggf. entbehrlich, da der Vermieter keinerlei Einflussmöglichkeiten auf die einschlägigen Verordnungen und Maßnahmen der zuständigen Behörden hat.

114 In diesem Zusammenhang lohnt in jedem Fall ein Blick auf die **exakte Formulierung** des **§ 535 Abs. 1 S. 2 BGB** einerseits und des **§ 543 Abs. 2 Nr. 1 BGB** andererseits. Nach § 535 Abs. 1 S. 2 BGB hat der Vermieter dem Mieter die Mietsache in einem zum vertragsgemäßen Gebrauch geeigneten Zustand zu überlassen und sie während der Mietzeit in diesem Zustand zu erhalten. § 543 Abs. 2 Nr. 1 BGB knüpft hingegen nicht an den Zustand der Mietsache, sondern an den Entzug des vertragsgemäßen Gebrauchs an.

115 Diese **semantische Feinheit** mag dazu beitragen, dass umstritten ist, ob ein Kündigungsrecht im Sinne des § 543 Abs. 2 Nr. 1 BGB auch in Fällen besteht, bei denen die Gebrauchsentziehung keinen konkreten Bezug zur Mietsache oder ihrer Beschaffenheit aufweist. Zum Teil wird ein entsprechender Bezug verlangt.[68] Demgegenüber wird außerhalb der aktuellen COVID-19-Pandemieliteratur eine Anwendbarkeit und damit eine Kündigungsmöglichkeit gemäß § 543 Abs. 2 Nr. 1 BGB auch in Fällen der Unmöglichkeit[69] bzw. in denen der Vermieter den vertragsgemäßen Gebrauch – ganz oder teilweise – nicht oder nicht mehr gewähren kann,[70] als gegeben erachtet. Bei Anwendung der letztgenannten Meinung, wäre dem Grunde nach in der durch die COVID-19-Pandemie entstandenen Situation eine Anwendung des § 543 Abs. 2 Nr. 1 BGB denkbar.

116 Geht man von einer generellen Anwendbarkeit aus, führen die unterschiedlichen Lösungsansätze zur Bewältigung der **Rechtsfolgen der COVID-19-Pandaemie** auch im Fall 21 bereits bei der am 23.3.2020 ausgesprochenen Kündigung zu unterschiedlichen Rechtsfolgen:

117 Die **Vermieter-Lösung,** die in Anknüpfung an die Nichtraucherschutzrechtsprechung des BGH[71] unter dem Gesichtspunkt der Zuweisung des „Verwendungsrisikos" die

---

[68] Schmidt-Futterer/Blank BGB § 543 Rn. 19; Lützenkirchen/Lützenkirchen BGB § 543 Rn. 178.
[69] Opreé in Lindner-Figura/Opreé/Stellmann Geschäftsraummiete Kap. 15 Rn. 187; Staudinger/V. Emmerich, 2018, BGB § 543 Rn. 18.
[70] MüKoBGB/Bieber BGB § 543 Rn. 20.
[71] BGH NZM 2011, 727.

Folgen einer auf zwingender Verordnung beruhenden Schließung des Geschäfts des Mieters der Mietersphäre zuweist,[72] führt zu einem Ausschluss eines Kündigungsrechtes, da das einschlägige, zur Gebrauchsentziehung führende Risiko dem Mieter zugewiesenen sein soll. Denn es ist allgemein anerkannt, dass eine Kündigung regelmäßig nicht auf Umstände gestützt werden kann, die in die Sphäre des Kündigenden fallen.

Bei Anwendung der **Unmöglichkeits-Variante** und dem **Mangel-Ansatz**[73] gelangt man zum Bestehen eines Kündigungsrechtes im Sinne des § 543 Abs. 2 Nr. 1 BGB. 118

Geht man hingegen von der **§ 134-Auslegungsvariante** aus, wird man zumindest für den Regelfall keine Kündigungsmöglichkeit annehmen können. Denn nach dieser Auffassung ist der Vertrag im Lichte des § 134 BGB mit der Folge auszulegen, dass für die Dauer der Geltung der durch Rechtsverordnungen eintretenden Beschränkungen die Hauptleistungspflichten ganz oder teilweise suspendiert sind. Eine Überlassung zum und ein vertragsgemäßer Gebrauch bestehen für die Dauer des Verbots nicht mehr und daher kann der vertragsgemäße Gebrauch auch nicht entzogen werden. 119

Im Rahmen der **WGG-Lösung** gelangt man zumindest für den Regelfall nicht zur Kündbarkeit des Vertrages, da dies nach der Auffassung der Vertreter dieser Auffassung einer einseitigen, als unangemessen empfundenen Risikoabwälzung zulasten des Vermieters entsprechen würde.[74] 120

Die vorstehenden Ergebnisse ergeben sich weitgehend nicht nur für die erste Kündigung im Fall 21, sondern auch für die Kündigung im Zusammenhang mit der **Beschränkung der Nutzbarkeit auf 800 m²**. Bei der **WGG-Lösung** käme es jedoch zu einer **Verschiebung,** da zumindest einige Vertreter dieses Lösungsansatzes bei einer an die Größe der Mietsache anknüpfenden Beschränkung von einem Mangel im Sinne des § 536 BGB ausgehen.[75] Sie müssten dann konsequenterweise auch ein Kündigungsrecht des Mieters gemäß § 543 Abs. 2 Nr. 1 BGB annehmen. Dies obwohl das Ergebnis, kein Kündigungsrecht bei erzwungener vollständiger Schließung nebst Kündigungsmöglichkeit bei erzwungener Teilschließung, nur schwer vermittelbar erscheint. 121

b) Vermieterkündigungen im Zusammenhang mit der COVID-19-Pandemie

Im Zusammenhang mit eventuell bestehenden Kündigungsrechten lohnt auch ein Blick auf die **Vermieterseite:** 122

> **Fall 22:**
> Gelockert? Als ob!
> V und M sind seit dem Jahr 2018 über einen wirksam auf 10 Jahre unter Ausschluss der ordentlichen Kündigung abgeschlossenen Mietvertrag für eine Gewerberaumfläche mit einer Größe von 3.000 m² in der Stadt C verbunden. Der Mietzweck besteht im Betrieb eines Geschäftes für Reisebedarf jeder Art, insbesondere für Fern- und Tropenreisen.

---

[72] Lützenkirchen MietRB 2020, 111; s. a. Butenberg IMR 2020, 175; Heilmann IMR 2020, 177.
[73] Horst MietRB 2020, 144 (147).
[74] Kumkar/Voß ZIP 2020, 893 (900 f.).
[75] Streyl in Schmidt COVID-19 § 3 Rn. 73.

> In der Zeit von 23.3.2020 bis zum 19.4.2020 war das Geschäft des M aufgrund der einschlägigen Verordnung des Bundeslandes zur Einschränkung der COVID-19-Pandemie geschlossen. Darauf waren vorübergehend nur 800 m² nutzbar. Die Stadt C ist durchaus durch die unmittelbar angrenzenden Landkreise, in denen intensiv Landwirtschaft, insbesondere mit Spargel- und Erdbeeranbau sowie Schweine- und Rindermast, betrieben wird, ländlich geprägt. An der Stadtgrenze zu C hat sich ein großer Schlachthof etabliert.
> Sowohl die Unterkünfte der auf den Höfen beschäftigten Saisonkräfte als auch der Schlachthof entwickeln sich Mitte Mai 2020 zu Hotspots von Neuinfektionen mit dem Corona-Virus. Die Landkreise und auch die Stadt C sind daher nach wie vor relativ starken, vom zuständigen Landkreis verfügten Einschränkungen zum Zwecke der Eindämmung der COVID-19-Pandemie betroffen. Ein Ende der Maßnahmen ist nicht abzusehen. Dies ist besonders misslich, da nach wie vor die Einschränkung der Verkaufsfläche auf 800 m² bestehen bleibt. Aufgrund der Situation sieht sich M nicht in der Lage, die laufende Miete zu zahlen und hat wegen der COVID-19-Pandemie einen Anspruch auf Anpassung des Mietvertrages gegenüber V geltend gemacht. Finanziell betrachtet steht diesem mittlerweile das Wasser bis zum Hals.
> In dieser Situation erhält V von dem SB-Warenhausbetreiber W, der schon lange einen Standort in der Stadt C sucht, ein lukratives Angebot zum Abschluss eines Mietvertrages für die Fläche des M. W ist sogar bereit, eine höhere Miete pro Quadratmeter als M zu zahlen.
> Kann sich V vorzeitig von dem Mietvertrag lösen?

123 **Ausgangssituation:** Art. 240 § 2 EGBGB schließt eine Kündigung des Vermieters nach Maßgabe des § 541 Abs. 2 Nr. 3 BGB wegen unterbliebener Mietzahlungen in der Zeit vom 1.4.2020 bis zum 30.6.2020 aus. Dem entsprechend scheidet auch im Fall 22 eine auf Zahlungsverzug gestützte Kündigung aus. Mithin stellt sich die Frage, ob bei Anwendung der unterschiedlichen Ansätze zur Bewältigung der Rechtsfolgen der COVID-19-Pandemie ein Kündigungsrecht für V angenommen werden könnte.

124 Nach der **Vermieter-Lösung** wird man nicht zu einer vorzeitigen Lösungsmöglichkeit gelangen. Entsprechendes gilt für den **Mangel-Ansatz** und die **Unmöglichkeits-Variante.**

125 Problematisch ist erneut die **WGG-Lösung.** Wenn man die entfallene Geschäftsgrundlage darin sieht, dass die Parteien bei Vertragsschluss nicht vom Eintritt einer Pandemiesituation ausgegangen sind, erscheint ein Kündigungsrecht gemäß § 313 Abs. 3 BGB des V nicht per se ausgeschlossen. Dies gilt insbesondere dann, wenn man im Rahmen des Ansatzes der WGG-Lösung von einer Mietreduzierung für die noch unbekannte Dauer der Pandemiesituation ausgeht. Manches spricht dafür, im Rahmen der WGG-Lösung insoweit eine Unzumutbarkeit der Vertragsanpassung in Gestalt der Mietreduzierung für den Vermieter anzunehmen.[76]

14. COVID-19 und Schriftform

126 Zur Bewältigung der rechtlichen und wirtschaftlichen Auswirkungen der COVID-19-Pandemie werden eine **Vielzahl von Vereinbarungen** getroffen. Diese betreffen regelmäßig Mietverträge mit einer (Rest)Laufzeit von mehr als einem Jahr, so dass der Anwendungsbereich der **§§ 578, 550, 126 BGB** eröffnet ist. In der Hektik der gegenwärtigen Situation droht hier bei einschlägigen Vereinbarungen Ungemach.

---

[76] Vgl. Horst MietRB 2020, 144 (147).

Fall 23:
Das Gegenteil von gut ist gut gemeint
V hat im Jahr 2018 einen auf 10 Jahre befristeten Mietvertrag mit M für eine Gastronomiefläche abgeschlossen. Der Mietvertrag enthält keinerlei Regelungen für eine pandemiebezogene Schließung. M ist als Gastronomin besonders stark von den aktuellen Beeinträchtigungen betroffen. V fürchtet zum einen, dass die M die Mietzeit wirtschaftlich nicht überstehen wird. Zum anderen hat er Angst, dass M ihn nach Ende der Pandemie auf Rückzahlung von in der Zeit der COVID-19-Pandemie geleisteten Miet- und Nebenkostenzahlungen in Anspruch nehmen wird.
In einer Telko einigen sich V und M auf einen vollständigen Mieterlass für die Zeit vom 1.3.2020 bis 31.8.2020. Damit sollen alle gegenwärtigen und zukünftigen Beeinträchtigungen durch die Pandemie, auch wenn sie in den Folgejahren bei einer zweiten oder dritten Infektionswelle eintreten, erledigt sein.
V erzählt Ihnen stolz von der Vereinbarung.
Ist Ihre Begeisterung uneingeschränkt?

Ausgangssituation: In ständiger Rechtsprechung unterstellt der BGH[77] nicht nur den Ursprungsmietvertrag, sondern auch **nachträgliche Vereinbarungen,** die vertragswesentliche Inhalte betreffen, dem **Schriftformerfordernis,** wenn ihre Auswirkungen potenziell über ein Jahr hinauswirken.[78]

127

Im Zusammenhang mit Vereinbarungen zur Bewältigung der Auswirkungen der COVID-19-Pandemie werden die Parteien häufig Regelungen treffen, die zumindest potenziell über die Dauer von 12 Monaten hinaus virulent werden. Ein typisches Beispiel ergibt sich aus Fall 23, bei dem aufgrund der über den Zeitraum von 12 Monaten potenziell hinausgreifenden Regelungen die Schriftform nunmehr wohl zerstört ist. Dies mit der Folge, dass der Mietvertrag nunmehr insgesamt nicht mehr der Schriftform genügt und mit den gesetzlichen Fristen nach Maßgabe der §§ 578, 550, 126 BGB kündbar geworden ist.

128

Fall 24:
Et hät noch immer jot gegange
V und M sind über einen langfristigen Mietvertrag für eine Konditorei mit angeschlossenem Café mit einer Laufzeit bis zum 31.12.2030 verbunden. M ist von der COVID-19-Pandemie arg gebeutelt. Er selbst erkrankte als einer der ersten und fiel 4 Wochen aus. Nachdem er die Krankheit überwunden hatte, fielen seine Umsätze ins Bodenlose, da er vor allen Dingen seine hochpreisigen Waren im Cafébereich, bei Hochzeiten und Zulieferung für hochwertige Events an die Kunden absetzte.
V gewährt daher dem M im Rahmen einer mündlichen Vereinbarung für die Zeit vom 1.4.2020 bis zum 30.6.2020 ausdrücklich ohne Anerkennung einer Rechtspflicht und ohne jedes Präjudiz eine Mietreduzierung auf Null. Dies ist V nicht schwer gefallen, da er unmittelbar vor der Pandemie – Situation die in Köln gelegene Immobilie, in dem auch die Konditorei angesiedelt ist, an den Investor I zu einem sagenhaften Preis veräußert hat.
Nachdem I am 1.7.2020 ins Grundbuch eingetragen wurde, kommt er sofort auf M zu und drückt ihm eine Kündigung mit den gesetzlichen Fristen in die Hand. Er beruft sich auf einen Schriftformmangel durch die Vereinbarung über die Mietreduzierung.
Hat M etwas zu befürchten?

Da sich die Auswirkungen der Reduzierungsvereinbarungen auf einen Zeitraum von max. 12 Monaten beschränken, de facto deutlich kürzer greifen, war vorliegend das

129

---

[77] BGH NZM 2016, 98; NJW 1994, 1694.
[78] Vgl. etwa OLG Frankfurt BeckRS 2017, 121594.

Schriftformerfordernis nicht zu wahren. Überdies war die Regelung zum Zeitpunkt der Eintragung des I im Grundbuch schon vollständig erledigt, so dass auch unter diesem Gesichtspunkt eine Schriftformbedürftigkeit der Regelung entfällt.

III. Fazit

130 Die COVID-19-Pandemie hat – wie dargestellt – das deutsche Recht und auch das Gewerberaummietrecht völlig unvorbereitet getroffen. In der daraufhin geschuldeten Eile sind die bisherigen gesetzgeberischen Maßnahmen ein handwerklich sicherlich nicht vollendetes und unvollständiges Stückwerk. In der schnell aufkeimenden Spezialliteratur sind erste Lösungsansätze mehr oder weniger unter „Laborbedingungen" entwickelt worden. Hierbei hatte man im Wesentlichen die Auswirkungen von durch die zur Eindämmung der COVID-19-Pandemie verfügten vollständigen oder teilweisen Schließungen von Einzelhandelsgeschäften im Blick.

131 Die durch die COVID-19-Pandemie aufgeworfenen Probleme und Rechtsfragen gehen jedoch weit über diesen Themenkreis hinaus. Manches, was auf den ersten Blick zielführend und zutreffend erscheint, wird bei näherer Betrachtung einiges von seinem Glanz und seiner Eindeutigkeit verlieren.

132 Auch die vorstehenden Ausführungen und Fälle sind sicherlich nicht dazu prädestiniert, endgültige Lösungen und Antworten zu den Problemen und Fragestellungen beizusteuern. Sie sind lediglich als Beitrag zum weiteren Diskurs geeignet und gedacht.

133 Für diejenigen, die sich intensiv mit den aufgeführten und den sicherlich im weiten Umfange darüber hinaus bestehenden Problemfällen im Zusammenhang mit der COVID-19-Pandemie befassen, dürfte der Ertrag weit über die aktuelle Situation und die gegenwärtig vordringlich beschäftigenden Probleme hinausgehen. Denn es sind grundsätzliche Fragen des Schuldrechts, seines Verständnisses und des Gewerberaummietrechts betroffen.

134 Neue wissenschaftliche Erkenntnisse zum COVID-19-Virus, seine Gefährlichkeit und Übertragungswege werden unter Umständen sehr viel weiter gehende Fragen für das Gewerberaummietrecht aufwerfen. Sollte sich etwa ein wesentlicher Infektionsweg über Aerosole bewahrheiten, würde sich die Frage der Mangelhaftigkeit der Mietsache für viele Gewerberaummietverhältnisse erneut und auf anderer Ebene stellen.

135 Die COVID-19-Pandemie ist und wird eine Herausforderung für das Gewerberaummietrecht bleiben.

§ 5 Vermietung von Sondereigentum

Literatur: Elzer, COVID 19-Pandemie und Wohnungseigentumsrecht, MietRB 2020, 149;Elzer, Auswirkungen der Coronapandemie im Wohnungseigentumsrecht, Die Eigentumswohnung, Ausgabe 4/2020; Elzer, Das Verhältnis der Abrechnung über die Vorauszahlungen für Betriebskosten zur Abrechnung über den Wirtschaftsplan, ZMR 2019, 825; Fritsch, WEG-Verwaltung während der COVID-19-Pandemie, ZMR 2020, 458; Hofele, Corona und die Folgen für Miet- und Pachtverhältnisse sowie für Wohnungseigentümergemeinschaften, NWB 2020, 1065; Hogenschurz, Die Verwaltung von Wohnungseigentum in Zeiten der „Corona"-Pandemie, MDR 2020, 534; Zehelein, Die Betriebskostenverteilung bei vermietetem Sondereigentum nach dem Gesetzentwurf zum Wohnungseigentumsmodernisierungsgesetz – WEModG, ZMR 2020, 272; Zschieschack, Eigentümerversammlung in Zeiten des Coronavirus, NZM 2020, 297; Zschieschack, Sonderregelungen für Wohnungseigentümergemeinschaften zur Abmilderung der Folgen der COVID19-Pandemie, ZWE 2020, 165.

Inhaltsübersicht

	Rn.
I. Überblick	1
II. Die Regelungen des COVMG	2
1. Überblick	2
2. Bestellung des Verwalters (§ 6 Abs. 1 COVMG)	4
a) Bestellung des Amtsinhabers wird ablaufen	4
b) Bestellung des Amtsinhabers war abgelaufen	5
c) Verwaltervertrag	6
3. Fortgeltung eines früheren Wirtschaftsplans	7
a) Geltung für ein Jahr	7
b) Wohnungseigentümer haben Fortgeltung beschlossen	8
c) Wohnungseigentümer haben keine Fortgeltung beschlossen	9
4. Fehlende Übergangsregelung	10
III. Die Zahlung des Hausgelds	11
1. Überblick	11
2. Innenverhältnis	12
3. Außenverhältnis	13
4. Analogie zu Art. 240 § 2 EGBGB	14
5. Wegfall der Geschäftsgrundlage (§ 313 BGB)	15
IV. Betriebskostenabrechnung	16
1. Beschluss über Jahresabrechnung gem. § 28 Abs. 5 WEG	16
2. Folgen für die Abrechnung über die Betriebskosten	17
a) Überblick	17
b) Jahresabrechnung keine Betriebskostenabrechnung	18
c) Beschluss über Jahresabrechnung nach § 28 Abs. 5 WEG	20
aa) Überblick	20
bb) Folgerungen	21
(1) Belegeinsicht	21
(2) Umschlüsselung	23
(3) Fehler	24
d) Einsichtsrechte des Mieters	25
aa) Überblick	25
bb) Folgerungen	27
3. Ausblick auf das WEMoG	28
a) Überblick	28
b) Folgerungen	30
V. Versammlungen der Wohnungseigentümer	32
1. Überblick	32
2. Präsenzversammlungen	33

	Rn.
a) Unzulässige Versammlungen	33
b) Zulässige Versammlungen	34
aa) Überblick	34
bb) Beachtung des öffentlichen Rechts	35
cc) Versammlungsleitung	36
dd) Mund-Nasen-Bedeckungen	38
3. Online-Teilnahme an Versammlung	39
a) Überblick	39
b) „Simulation"	44
4. Schriftliche Beschlüsse	47
a) Überblick	47
b) Verfahren und Antrag	49
c) Mehrheit	50
d) Initiative	51
e) Stimmberechtigung	52
f) Zustandekommen	53
VI. Notgeschäftsführung	54
1. Eilige Erhaltung des gemeinschaftlichen Eigentums	54
a) Verwalter	54
b) Vermieter	57
2. Eilige Maßnahmen im Übrigen (§ 27 Abs. 3 S. 1 Nr. 2 WEG)	58
a) Verwalter	58
b) Vermieter	59
3. Laufende Gerichtsverfahren	60
VII. Infektionsschutzgesetz	62
1. Überblick	62
2. Datenschutz	65
VIII. Einwirkungen des Vermieters auf den Mieter	68
1. Überblick zu § 14 Nr. 2 WEG	68
2. „Coronagesetze"	69
3. Beschlüsse der Wohnungseigentümer	70
a) Überblick	70
b) Bindung des Mieters	72

I. Überblick

1 Gegenstand dieses Abschnitts sind die wichtigsten Auswirkungen der COVID-19-Pandemie auf ein vermietetes Sondereigentum. Diese Darstellung rechtfertigt sich **nicht** in Bezug auf die Zahlung der Miete. Soweit es um den Mieter und seine Verpflichtung nach § 535 Abs. 2 BGB geht, dem Vermieter die vereinbarte Miete zu entrichten, gelten in Bezug auf das Wohnungseigentumsrecht keine Besonderheiten. Insoweit ist auf die Darstellung → § 2 Rn. 8 zu verweisen. Die dortigen Ausführungen gelten entsprechend. Anders ist es in Bezug auf die Situation des vermietenden Wohnungseigentümers im Verhältnis zur Gemeinschaft der Wohnungseigentümer. Aufgrund der COVID-19-Pandemie ist vor allem vorstellbar, dass es in einer Wohnungseigentumsanlage zeitnah nicht zu einer ordentlichen Präsenzversammlung kommt. Auf diese Problematik hat das COVMG in Bezug auf zwei Punkte reagiert: die Bestellung des Verwalters und die Sicherung der laufenden Hausgeldzahlungen. Ferner sind wenigstens vorübergehend **einige Besonderheiten** zu beachten. Dargestellt werden insoweit jeweils die Grundzüge. Die Einzelheiten sind jeweils der WEG-Spezialliteratur zu entnehmen. Ferner müssen stets die **aktuellen** öffentlich-rechtlichen Entwick-

lungen zu Rate gezogen werden.[1] An dazu geeigneten Stellen wird auf den Entwurf des WEMoG[2] geblickt. Denn es ist zu erwarten, dass dieses Gesetz bereits im Herbst 2020 oder jedenfalls Anfang 2021 in Kraft tritt und für die COVID-19-Pandemie eine Bedeutung haben wird.

II. Die Regelungen des COVMG

1. Überblick

Das COVMG geht davon aus, dass es vielfach **nicht möglich** sein wird, **Versammlungen** der Wohnungseigentümer durchzuführen.[3] Es geht davon aus, dass bei größeren Wohnungseigentümergemeinschaften eine Zusammenkunft der Wohnungseigentümer häufig schon aufgrund behördlicher Anordnungen nicht gestattet ist. Ferner vermuten seine Schöpfer, dass vielerorts keine geeigneten Räumlichkeiten zur Verfügung stünden. Zudem sei es vorstellbar, dass es den Wohnungseigentümern wegen der damit verbundenen Gesundheitsgefährdung nicht zumutbar sei, an einer Versammlung der Wohnungseigentümer teilzunehmen.[4] Diesem Umstand versucht das COVMG in § 6 COVMG mit zwei Regelungen zu begegnen. 2

> § 6 Wohnungseigentümergemeinschaften
> (1) Der zuletzt bestellte Verwalter im Sinne des Wohnungseigentumsgesetzes bleibt bis zu seiner Abberufung oder bis zur Bestellung eines neuen Verwalters im Amt.
> (2) Der zuletzt von den Wohnungseigentümern beschlossene Wirtschaftsplan gilt bis zum Beschluss eines neuen Wirtschaftsplans fort.

3

2. Bestellung des Verwalters (§ 6 Abs. 1 COVMG)

a) Bestellung des Amtsinhabers wird ablaufen

§ 6 Abs. 1 COVMG bestimmt vor allem, was gilt, wenn die Bestellungszeit eines Verwalters **im Jahr 2020 oder später abläuft.** Die entsprechende Person bleibt dann auch ohne einen Beschluss der Wohnungseigentümer nach § 26 Abs. 1 S. 1 WEG zunächst weiterhin Verwalter der entsprechenden Wohnungseigentumsanlage. Das COVMG zwingt die Person freilich nicht, das Verwalteramt auszuüben. Sie ist daher berechtigt, durch eine einseitige, formlos mögliche und nicht widerrufliche Willenserklärung ihr Amt niederzulegen[5] und es damit sofort zu beenden.[6] Denn das Recht einer Person, ihr Amt niederzulegen, kann nicht „verwirkt" werden und erfordert 4

---

[1] Siehe etwa https://lexcorona.de, ein Wiki, das eine Übersicht über die in Deutschland im Zusammenhang mit der COVID-19-Pandemie erlassenen Rechtsakte und Gerichtsentscheidungen bietet.
[2] Entwurf eines Gesetzes zur Förderung der Elektromobilität und zur Modernisierung des Wohnungseigentumsgesetzes und zur Änderung von kosten- und grundbuchrechtlichen Vorschriften, BR-Drs. 168/20.
[3] BT-Drs. 19/18110, 30.
[4] BT-Drs. 19/18110, 30.
[5] Siehe dazu Hügel/Elzer WEG § 26 Rn. 16 ff.
[6] Zschieschack ZWE 2020, 165 (166).

grundsätzlich auch keinen wichtigen Grund. Der Amtsinhaber schuldet in diesem Fall gegebenenfalls nach § 241 Abs. 2 BGB, § 280 Abs. 1 S. 1 BGB Schadensersatz.[7] Und § 6 Abs. 1 COVMG hindert auch die Wohnungseigentümer nicht, den konkreten Verwalter abzuberufen, aber keine neue Person zum Verwalter zu bestellen. Denn ein Verbot, einen Verwalter abzubestellen, ist § 6 Abs. 1 COVMG nicht zu entnehmen. Diese Entscheidung wäre allerdings grundsätzlich nicht ordnungsmäßig.

b) Bestellung des Amtsinhabers war abgelaufen

5 § 6 Abs. 1 COVMG soll nach den Gesetzesmaterialen auch den Fall erfassen, dass die Amtszeit des konkreten Verwalters zum Zeitpunkt des Inkrafttretens der Vorschrift **bereits abgelaufen** war.[8] Ist es in den Jahren vor 2020 oder bis zum 27.3.2020 unabsichtlich zu einem solchen Bestellungsende gekommen, liegt diese Parallelität nahe.[9] Die Wohnungseigentümer und die vormals zum Verwalter bestellte Person werden wollen, dass „alles beim Alten bleibt" und der faktische wieder zum richtigen Verwalter wird. So muss es aber nicht sein. Zu denken ist etwa an den Fall, dass eine Person ihr Amt bewusst niedergelegt hatte, an den Fall, dass die Wohnungseigentümer eine Person nicht mehr als Verwalter wollten und die Bestellung daher bewusst haben auslaufen lassen oder den Fall, dass die Wohnungseigentümer keinen Verwalter mehr wollten. Für wenigstens diese drei Fälle ist es sehr **fraglich,** ob die zuletzt bestellte Person durch das COVMG dennoch zum Träger des Verwalteramts geworden ist.[10] Außerdem ist dogmatisch zweifelhaft, ob es möglich ist, eine Person gegen ihren Willen durch das COVMG in ein Amt zu heben.[11] Denn eine Person muss gegenüber der Gemeinschaft der Wohnungseigentümer immer erklären, das Amt zu dem von den Wohnungseigentümern bestimmten Zeitpunkt übernehmen zu wollen.[12] Nach allgemeinen Grundsätzen muss sich niemand gegen seinen Willen ein Amt wieder aufdrängen lassen.[13]

c) Verwaltervertrag

6 § 6 COVMG äußert sich nicht, was für den Verwaltervertrag gilt. Nach seinem Sinn und Zweck wird man aber annehmen müssen, dass auch er **nicht endet** und sich nach einer ergänzenden Vertragsauslegung jedenfalls bis zum Ende der Bestellung fortsetzt.[14] Der konkrete Verwalter sollte sich dennoch bemühen, rasch für Klarheit zu sorgen.[15] Ferner muss er an die Wohnungseigentümer herantreten, wenn er Änderungen des Verwaltervertrages wünscht, zB Sondervergütungen wegen der COVID-19-Pandemie, aber auch andere Änderungen.

---

[7] Hügel/Elzer WEG § 26 Rn. 16.
[8] BT-Drs. 19/18110, 31.
[9] Elzer MietRB 2020, 149 (150).
[10] Elzer MietRB 2020, 149 (150).
[11] Hügel/Elzer WEG § 26 Rn. 9.
[12] Hügel/Elzer WEG § 26 Rn. 9.
[13] AA Zschieschack ZWE 2020, 165 (166).
[14] Hogenschurz MDR 2020, 534 (536); Elzer MietRB 2020, 149 (151); unklar Fritsch ZMR 2020, 458 (467); aA Zschieschack ZWE 2020, 165 (167).
[15] Zschieschack ZWE 2020, 165 (167).

3. Fortgeltung eines früheren Wirtschaftsplans

a) Geltung für ein Jahr

Nach § 28 Abs. 1 S. 1 WEG hat der Verwalter jeweils für ein Kalenderjahr einen Wirtschaftsplan aufzustellen. Die für das Jahr 2019 beschlossenen Wirtschaftspläne endeten damit regelmäßig mit Ablauf des 31.12.2019.

7

b) Wohnungseigentümer haben Fortgeltung beschlossen

Etwas anderes gilt einerseits, wenn die Wohnungseigentümer, wie es richtig wäre,[16] im Jahr 2019 bereits einen Wirtschaftsplan für das Jahr 2020 mit Wirkung zum 1.1. beschlossen haben. Und etwas anderes gilt andererseits, wenn die Wohnungseigentümer für den für das Jahr 2019 aufgestellten Wirtschaftsplan beschlossen haben, dass dieser fortgelten soll, bis über einen neuen Wirtschaftsplan beschlossen worden ist. Diese Anordnung ist möglich. Denn die Wohnungseigentümer haben die Kompetenz, zu beschließen, dass ein konkreter Wirtschaftsplan bis zur Beschlussfassung über den nächsten Wirtschaftsplan fortgelten soll.[17] Nur eine abstrakt-generelle Regelung des Inhalts, dass jeder künftige Wirtschaftsplan bis zur Verabschiedung eines neuen fortgelten soll, bedarf der Vereinbarung.[18] Liegt es jeweils so, ändert § 6 Abs. 2 COVMG nichts.

8

c) Wohnungseigentümer haben keine Fortgeltung beschlossen

Anders ist aber, wenn von den Wohnungseigentümern **keine Fortgeltung beschlossen** wurde. Denn dann schulden sie der Gemeinschaft der Wohnungseigentümer kein Hausgeld für das laufende Wirtschaftsjahr 2020 und später. Für diesen Fall fingiert § 6 Abs. 2 COVMG, dass der zuletzt von den Wohnungseigentümern durch Beschluss gem. § 28 Abs. 5 WEG genehmigte Wirtschaftsplan – das muss nicht unbedingt ein Wirtschaftsplan des Jahres 2019 sein – bis zum Beschluss eines neuen Wirtschaftsplans fort gilt. Das bedeutet, dass ein Wohnungseigentümer auch für Januar bis März 2020, gegebenenfalls für das Jahr 2021, gegebenenfalls aber auch für das Jahr 2019 rückwirkend Hausgeld schuldet. Eine vereinbarte oder generell von den Wohnungseigentümern beschlossene Verfallklausel[19] greift aber erst, wenn der Wohnungseigentümer nach Inkrafttreten des COVMG mit der vorgesehenen Mindestzahl monatlicher Raten in Verzug gerät. Gab es keinen Wirtschaftsplan, ändert das COVMG daran nichts.

9

4. Fehlende Übergangsregelung

§ 7 COVMG trifft für seinen § 6 **keine Übergangsregelung.** Nach Art. 6 Abs. 2 COVFAG soll hingegen das ganze COVMG am 31.12.2021 außer Kraft treten. Danach könnten die Fiktionen des § 6 COVMG an diesem Tag enden. Es ist indessen nach Sinn und Zweck des COVMG anzunehmen, dass die Regelungen des § 6 COVMG erst dann enden, wenn die Wohnungseigentümer durch Beschluss etwas anderes bestimmen.[20] Die nach § 6 Abs. 1 COVMG von Gesetzes wegen bestellten Ver-

10

---

[16] Hügel/Elzer WEG § 26 Rn. 9.
[17] BGH NJW-RR 2019, 843.
[18] BGH NJW-RR 2019, 843 Rn. 8.
[19] Hügel/Elzer WEG § 21 Rn. 135.
[20] Wie hier Zschieschack ZWE 2020, 165 (167).

walter sind mithin nicht im Jahr 2020, nicht im Jahr 2021 und auch nicht später zwingend erneut zu bestellen. Die Bestellung dauert entsprechend § 26 Abs. 1 S. 2 WEG fünf Jahre. Die Wohnungseigentümer sind daher auch nicht gezwungen, im Jahr 2021 Wirtschaftspläne für 2022 zu beschließen. Die Wohnungseigentümer sind aber natürlich berechtigt, jeweils etwas anderes durch Beschluss zu bestimmen.

III. Die Zahlung des Hausgelds

1. Überblick

11 Das COVFAG hat mWv 1.4.2020 den Art. 240 in das EGBGB eingefügt. Nach Art. 240 § 1 Abs. 1 EGBGB hat ein Verbraucher das Recht, **Leistungen** zur Erfüllung eines Anspruchs, der im Zusammenhang mit einem Verbrauchervertrag steht, der ein **Dauerschuldverhältnis** ist und vor dem 8.3.2020 geschlossen wurde, bis zum 30.6.2020 **zu verweigern,** wenn dem Verbraucher infolge von Umständen, die auf die Ausbreitung der Infektionen mit dem SARS-CoV-2-Virus (COVID-19-Pandemie) zurückzuführen sind, die Erbringung der Leistung ohne Gefährdung seines angemessenen Lebensunterhalts oder des angemessenen Lebensunterhalts seiner unterhaltsberechtigten Angehörigen nicht möglich wäre. Das Leistungsverweigerungsrecht besteht in Bezug auf alle wesentlichen Dauerschuldverhältnisse. Wesentliche Dauerschuldverhältnisse sind solche, die zur Eindeckung mit Leistungen der angemessenen Daseinsvorsorge erforderlich sind. Nach Art. 240 § 1 Abs. 2 EGBGB ist hingegen ein **Kleinstunternehmen** berechtigt, Leistungen zur Erfüllung eines Anspruchs, der im Zusammenhang mit einem Vertrag steht, der ein Dauerschuldverhältnis ist und vor dem 8.3.2020 geschlossen wurde, bis zum 30.6.2020 zu verweigern, wenn infolge von Umständen, die auf die COVID-19-Pandemie zurückzuführen sind, wenn infolge von Umständen, die auf die COVID-19-Pandemie zurückzuführen sind, das Unternehmen die Leistung nicht erbringen kann oder dem Unternehmen die Erbringung der Leistung ohne Gefährdung der wirtschaftlichen Grundlagen seines Das Leistungsverweigerungsrecht besteht in Bezug auf alle **wesentlichen** Dauerschuldverhältnisse. Wesentliche Dauerschuldverhältnisse sind solche, die zur Eindeckung mit Leistungen zur angemessenen Fortsetzung seines Erwerbsbetriebs erforderlich sind.

2. Innenverhältnis

12 Die Regelungen des Art. 240 § 1 EGBGB sind auf das Verhältnis zwischen einem Wohnungseigentümer und/oder Teileigentümer und der Gemeinschaft der Wohnungseigentümer **nicht anwendbar.**[21] Zwar kann ein Wohnungseigentümer ein Verbraucher sein. Einen Wohnungseigentümer und die Gemeinschaft der Wohnungseigentümer verbindet aber schon **kein Verbrauchervertrag.**[22] Der EuGH versteht das von einem Wohnungseigentümer geschuldete Hausgeld zwar als eine Vertragsschuld.[23] Dies gilt aber nur für den Anwendungsbereich von Art. 7 Nr. 1 lit. a Brüssel

---

[21] Hofele NWB 2020, 1065 (1073).
[22] Hogenschurz MDR 2020, 534 (536); Zschieschack ZWE 2020, 165 (168).
[23] EuGH NJW 2019, 2991 Rn. 30.

Ia-VO.²⁴ Jedenfalls aber handelt es sich bei der Verpflichtung das Hausgeld zu zahlen **um kein wesentliches Dauerschuldverhältnis** iSv Art. 240 § 1 EGBGB. Dies sind nur solche Dauerschuldverhältnisse, die zur Eindeckung mit Leistungen der Daseinsvorsorge erforderlich sind. Hierzu zählen etwa Pflichtversicherungen, Verträge über die Lieferung von Strom und Gas oder über Telekommunikationsdienste, soweit zivilrechtlich geregelt auch Verträge über die Wasserver- und -entsorgung.²⁵ Und für einen Teileigentümer ist vorstellbar, dass er ein Kleinstunternehmen iSv Art. 240 § 1 Abs. 2 EGBGB ist. Auch hier fehlt es aber an einem wesentlichen Dauerschuldverhältnis iSd Gesetzes. Wesentlich sind nämlich nur solche Dauerschuldverhältnisse, die zur Eindeckung mit Leistungen zur angemessenen Fortsetzung seines Erwerbsbetriebs erforderlich sind, etwa Pflichtversicherungen, Verträge über die Lieferung von Strom und Gas oder über Telekommunikationsdienste, soweit zivilrechtlich geregelt auch Verträge über die Wasserver- und -entsorgung zu solchen Leistungen.²⁶

3. Außenverhältnis

Die Regelungen des Art. 240 § 1 EGBGB dürften auch **nicht** im Verhältnis der Gemeinschaft der Wohnungseigentümer zu einem Dritten **anwendbar** sein.²⁷ Zwar soll die Gemeinschaft der Wohnungseigentümer nach der Rechtsprechung des BGH im Interesse des Verbraucherschutzes der in ihr zusammengeschlossenen, nicht gewerblich handelnden natürlichen Personen dann einem Verbraucher gem. § 13 BGB gleichzustellen sein, wenn ihr wenigstens ein Verbraucher angehört und sie ein Rechtsgeschäft zu einem Zweck abschließt, der weder einer gewerblichen noch einer selbständigen beruflichen Tätigkeit dient.²⁸ Der Gemeinschaft der Wohnungseigentümer dürfte die Erbringung der Leistung aber ohne Gefährdung ihres angemessenen „Lebensunterhalts" jederzeit möglich sein.²⁹ Denn im Innenverhältnis haften ihr die Wohnungseigentümer unbeschränkt. Für Darlehensverträge, die Art. 240 § 3 EGBGB unterfallen, dürfte nichts anderes gelten.

13

4. Analogie zu Art. 240 § 2 EGBGB

Die Bestimmung des Art. 240 § 2 EGBGB kann auf die Verpflichtung, Hausgeld zu zahlen, **nicht** entsprechend **angewendet** werden. Die Voraussetzungen einer Analogie, eine planwidrige Regelungslücke und eine vergleichbare Interessenlage,³⁰ sind nicht erkennbar.

14

5. Wegfall der Geschäftsgrundlage (§ 313 BGB)

Im Verhältnis zwischen einem Wohnungseigentümer und/oder Teileigentümer und der Gemeinschaft der Wohnungseigentümer ist in Bezug auf die Pflicht, das Hausgeld

15

---

²⁴ AA für Teileigentümer ggf. Zschieschack in Schmidt COVID-19 § 4 Rn. 75. Es ist möglich, dass die Revision zu BGH V ZR 250/19 diese Frage berühren wird.
²⁵ BT-Drs. 19/18110, 33.
²⁶ BT-Drs. 19/18110, 34.
²⁷ AA Horst MietRB 2020, 144 (148).
²⁸ BGH NJW 2020, 988 Rn. 21; 2015, 3228 Rn. 30.
²⁹ Fritsch ZMR 2020, 458 (465).
³⁰ Exemplarisch BGH GRUR 2020, 558 Rn. 16.

zu zahlen, **nicht vorstellbar,** dass die Geschäftsgrundlage iSv § 313 BGB (dazu im Einzelnen → § 7 Rn. 1 ff.) weggefallen ist.[31] Die Verpflichtung, Hausgeld zu zahlen, ist schon kein Entgelt für die Überlassung von Räumlichkeiten.

IV. Betriebskostenabrechnung

1. Beschluss über Jahresabrechnung gem. § 28 Abs. 5 WEG

16 Solange es zu keinen Versammlungen der Wohnungseigentümer kommen kann, wird es in der Regel auch keine Beschlüsse nach § 28 Abs. 5 WEG geben, mit denen die Wohnungseigentümer die Abrechnung des Verwalters über den Wirtschaftsplan genehmigen (Jahresabrechnung).[32]

2. Folgen für die Abrechnung über die Betriebskosten

a) Überblick

17 Dass es vorübergehend gegebenenfalls zu keinen beschlossenen Jahresabrechnungen kommen wird, ist für vermietende Wohnungseigentümer **bedeutungslos** und hat vor allem auf die Frist des § 556 Abs. 3 S. 1 Hs. 1, S. 2 BGB keinen Einfluss.

b) Jahresabrechnung keine Betriebskostenabrechnung

18 Auch der vermietende Wohnungs- als Sondereigentümer oder der Vermieter des gemeinschaftlichen Eigentums können mit einem Mieter zwar nach § 556 Abs. 1 BGB vereinbaren, dass dieser die Betriebskosten zu tragen hat. Insoweit liegt es gegebenenfalls für den vermietenden Wohnungseigentümer auch nahe, für die Erstellung der von ihm geschuldeten Abrechnung über die Betriebskosten auf die Jahresabrechnung zurückzugreifen. Dieser Weg ist aber **versperrt.**[33] Die Jahresabrechnung ist keine Abrechnung über die Betriebskosten.[34] Denn die Jahresabrechnung enthält stets auch nicht auf den Mieter umlagefähige Kosten, vor allem, aber nicht nur die Kosten der Verwaltung für das gemeinschaftliche Eigentum, den Beitrag des Wohnungseigentümers zur Instandhaltungsrückstellung und Kosten für die Erhaltung des gemeinschaftlichen Eigentums.[35] Ferner ist es möglich, dass die Umlageschlüssel im Verhältnis des Vermieters zur Gemeinschaft der Wohnungseigentümer und im Verhältnis zwischen Vermieter und Mieter nicht identisch sind und die Abrechnungszeiträume voneinander abweichen. Weiter enthält die Jahresabrechnung nicht die Vorauszahlungen des Mieters. Und schließlich ist zu beachten, dass es Betriebskosten gibt, die kein Bestandteil der Jahresabrechnung sind, zB die Grundsteuer.

19 Die Jahresabrechnung kann für den vermietenden Wohnungseigentümer allerdings eine Art „Steinbruch" sein, bei dem er sich für die Erstellung der Abrechnung über die Betriebskosten bedienen kann. Insoweit kann er trotz der COVID-19-Pandemie und des fehlenden Beschlusses nach § 28 Abs. 5 WEG natürlich auf den Verwalter zu-

---

[31] Zschieschack in Schmidt COVID-19 § 4 Rn. 77.
[32] Siehe auch BT-Drs. 19/18110, 31.
[33] Im Einzelnen Elzer ZMR 2019, 825 ff.
[34] Elzer ZMR 2019, 825 (832).
[35] Siehe nur BGH NJW 2016, 2254 Rn. 12.

gehen. Denn, wie es auch in den Materialien zum COVMG heißt, soweit die Jahresabrechnung als **Zahlenwerk** insbesondere für steuerliche Zwecke erforderlich ist, ist sie den Wohnungseigentümern schon **vor** einem Beschluss nach § 28 Abs. 5 WEG zur Verfügung zu stellen.[36] Für die Abrechnung über die Betriebskosten gilt nichts anderes. Dabei ist allerdings zu beachten, dass die Jahresabrechnung nach hM als Entwurf zwar bis zum 30.6. erstellt werden muss. Allerdings dürfte es auch zulässig sein, sie zB bis zum 30.9. zu erstellen.[37] Welche Frist dem Verwalter im Einzelfall zugestanden werden muss, hängt jeweils vom Umfang und der Schwierigkeit der konkreten Jahresabrechnung ab. Angesichts der COVID-19-Pandemie wird man an dieser Stelle **großzügig** sein müssen.[38]

c) Beschluss über Jahresabrechnung nach § 28 Abs. 5 WEG

aa) Überblick

Der Beschluss, mit dem die Wohnungseigentümer die Jahresabrechnung genehmigen, ist **keine Voraussetzung** für die Abrechnung über die Betriebskosten.[39] Der vermietende Wohnungseigentümer ist in Bezug auf die Abrechnung über die Betriebskosten auf diesen nicht angewiesen und muss vielmehr auch dann innerhalb der Frist des § 556 Abs. 3 S. 2 BGB abzurechnen und diese Abrechnung dem Mieter mitteilen, wenn ein Beschluss nach § 28 Abs. 5 WEG nicht oder noch nicht gefasst ist. 20

bb) Folgerungen

(1) Belegeinsicht

Der vermietende Wohnungseigentümer muss die Jahresabrechnung in Bezug auf sein Wohnungseigentum selbst erstellen und muss ferner die Abrechnung über die Betriebskosten fertigen. Zur Erstellung der Abrechnung über die Betriebskosten muss er in die entsprechenden Belege der Gemeinschaft der Wohnungseigentümer **Einsicht nehmen.** Dazu muss er sich an den Verwalter wenden. Der Verwalter nimmt seine Aufgaben und Pflichten im Schwerpunkt in seinen Geschäftsräumen wahr. Haben die Gemeinschaft der Wohnungseigentümer und der Verwalter keine Vereinbarung getroffen, wo eine Einsichtnahme zu gewähren ist, kann ein Wohnungseigentümer eine Einsichtnahme nur dort verlangen.[40] Die Einschränkungen aufgrund der jeweiligen landesrechtlichen Corona-Verordnungen und örtlicher, kommunaler Regelungen dürften der Einsichtnahme in der Regel nicht entgegenstehen. 21

> **Versendung von Kopien** 22
> Ist es im Einzelfall anders und kommt eine Einsichtnahme wegen der aktuellen Rechtslage vor Ort nicht in Betracht, liegen die Voraussetzungen vor, nach denen ein Wohnungseigentümer eine Einsichtnahme ausnahmsweise außerhalb der Geschäftsräume verlangen kann.[41] Der Verwalter ist dann verpflichtet, dem Vermieter Kopien bzw. einen Ausdruck aller Belege zu übersenden, derer der Vermieter bedarf.

---

[36] BT-Drs. 19/18110, 31.
[37] Jennißen ZWE 2018, 18 (19).
[38] Vgl. auch LG Dresden ZMR 2019, 778 (779).
[39] BGH NJW 2017, 2608 Rn. 17; Elzer ZMR 2019, 825 (832).
[40] BGH NJW 2011, 1137 Rn. 9.
[41] Dazu Hügel/Elzer WEG § 28 Rn. 235. Siehe auch Fritsch ZMR 2020, 458.

(2) Umschlüsselung

23 Nach der Ermittlung des Zahlenwerks muss der vermietende Wohnungseigentümer die Kosten in einem ersten Schritt anhand der in der Wohnungseigentumsanlage geltenden Umlageschlüssel **auf sich selbst umlegen.** In einem zweiten Schritt muss er die umlagefähigen Kostenpositionen anhand der im Mietvertrag vereinbarten Umlageschlüssel auf den Mieter umlegen.[42] Etwas anderes gilt, wenn Kosten speziell für eine einzelne Wohnung erhoben werden, wie das zB bei der Grundsteuer der Fall ist.[43]

(3) Fehler

24 Legt der vermietende Wohnungseigentümer auf den Mieter auch nicht umlagefähige Kosten um, ist § 556 Abs. 3 S. 6 BGB anwendbar.[44] Der vermietende Wohnungseigentümer soll allerdings daran gehindert sein, sich auf § 556 Abs. 3 S. 6 BGB zu berufen, wenn er sich in seinem Abrechnungsschreiben auf die beigefügte Jahresabrechnung bezieht und die genannten Kostenpositionen darin ausdrücklich als „nicht umlagefähig bezeichnet" sind.[45]

d) Einsichtsrechte des Mieters

aa) Überblick

25 Mieter müssen Nachzahlungen auf Nebenkosten erst dann leisten, wenn ihnen auf Verlangen Einsicht in die Belege gewährt wurde. Dem Mieter steht gegenüber der Nachforderung des Vermieters ein **Zurückbehaltungsrecht** nach § 273 Abs. 1 BGB zu, solange der Vermieter ihm keine Überprüfung der Abrechnung ermöglicht hat.[46] Auch im Übrigen dürfte der Mieter ein Belegprüfungs- und Belegeinsichtsrecht haben. Der vermietende Wohnungseigentümer muss ihm insoweit nicht nur Einsicht in die in seinen Händen befindlichen Belege gewähren, sondern auch in die vom Verwalter verwalteten Belege, die im Eigentum der Gemeinschaft der Wohnungseigentümer stehen. Ein Recht, in die entsprechenden Beschlüsse Einsicht zu nehmen, hat der Mieter hingegen nach hM, die nicht zutrifft, nicht.[47]

26 Damit der Mieter Einsicht nehmen kann, muss der vermietende Sondereigentümer seinen Mieter **bevollmächtigen,** sein Einsichtsrecht wahrzunehmen. Auf diese Vollmacht hat der Mieter einen Anspruch. Umgekehrt kann der vermietende Wohnungseigentümer in der Regel verlangen, dass der Mieter von der Bevollmächtigung Gebrauch macht. Es wäre vom Mieter treuwidrig, den Vermieter vor größere Mühen bei der Besorgung der Unterlagen zu stellen, wenn es ihm ein Leichtes ist, den Verwalter aufzusuchen und Einsicht zu nehmen. Ort der Einsichtnahme ist – ist vertraglich nichts vereinbart – der Sitz des Vermieters[48] bzw. der Sitz des WEG-Verwalters.[49]

---

[42] Elzer ZMR 2019, 825 (832); Flatow AnwZert MietR 16/2017.
[43] BGH NJW-RR 2013, 785 Rn. 7; NZM 2012, 96 Rn. 7.
[44] BGH NJW 2016, 2254 Rn. 12.
[45] BGH NJW 2016, 2254 Rn. 12.
[46] BGH NJW 2016, 2254 Rn. 12.
[47] BGH NZM 2012, 96 Rn. 5.
[48] BGH NJW 2006, 1419 Rn. 21.
[49] BGH NJW 2011, 1137 Rn. 9.

bb) Folgerungen

Für diese Einsichtsrechte des Mieters und das Recht auf etwaige Kopien gelten → Rn. 21 und → Rn. 22 im Verhältnis zum Vermieter und auch im Verhältnis zum Verwalter jeweils entsprechend.

27

3. Ausblick auf das WEMoG

a) Überblick

Die Bundesregierung hat am 23.3.2020 im Entwurf das WEMoG vorgelegt.[50] Es wird dort vorgeschlagen, nach § 556a Abs. 2 BGB den folgenden Absatz einzufügen.[51]

28

> **§ 556a Abs. 3 BGB-E**
>
> Ist Wohnungseigentum vermietet und haben die Vertragsparteien nichts anderes vereinbart, sind die Betriebskosten abweichend von Absatz 1 nach dem für die Verteilung zwischen den Wohnungseigentümern jeweils geltenden Maßstab umzulegen. Widerspricht der Maßstab billigem Ermessen, ist nach Absatz 1 umzulegen.

29

b) Folgerungen

Wird der Entwurf umgesetzt – wovon auszugehen ist – **erleichtert** § 556a Abs. 3 BGB-E es dem vermietenden Wohnungseigentümer, die Betriebskosten abzurechnen. Widerspricht der unter den Wohnungseigentümern geltende Maßstab keinem billigen Ermessen, muss der vermietende Wohnungseigentümer dann nämlich keine Sorge mehr darauf verwenden, dass die die zwischen ihm und dem Mieter nach § 556a Abs. 1 S. 1 BGB vereinbarten Umlageschlüssel mit den Umlageschlüsseln übereinstimmen, die im Verhältnis zwischen den Wohnungseigentümern gelten. Noch unklar ist allerdings, wann der Maßstab des § 556 Abs. 3 S. 1 BGB-E billigem Ermessen widerspricht.[52] Ferner ist § 556 Abs. 3 S. 1 BGB-E natürlich nicht anwendbar, wenn die Mietvertragsparteien zuvor etwas anderes vereinbart haben, etwa die Größe der Miteigentumsanteile.

30

> **Inkrafttreten**
>
> Es ist möglich, dass das WEMoG noch im Jahr 2020 in Kraft tritt. Es sieht für § 556a Abs. 3 BGB-E keine Übergangsvorschrift vor. Es ist daher vorstellbar, dass § 556a Abs. 3 BGB-E auf die für das Jahr 2019 abzurechnenden Betriebskosten anwendbar ist.

31

---

[50] BR-Drs. 168/20.
[51] Siehe dazu Zehelein ZMR 2020, 272 ff.
[52] Zehelein ZMR 2020, 272 (274).

V. Versammlungen der Wohnungseigentümer

1. Überblick

32 Aufgrund der durch die COVID-19-Pandemie ausgelösten Situation ist die Durchführung von Versammlungen derzeit **grundsätzlich nur eingeschränkt und teilweise nicht** möglich.[53] Die Situation dürfte sich zum „Ob" einer Versammlung der Wohnungseigentümer und zum „Wie" einer solchen Versammlung teilweise von Landkreis zu Landkreis unterscheiden. Ferner dürfte die Zulässigkeit in der Regel von der Größe der Wohnungseigentümergemeinschaft abhängen. Während es bei kleinen Gemeinschaften keine oder wenige Probleme geben wird, erscheinen Versammlungen für große Wohnungseigentümergemeinschaften noch längere Zeit kaum durchführbar.

2. Präsenzversammlungen

a) Unzulässige Versammlungen

33 Beraumt der Verwalter eine Versammlung an, obwohl das öffentliche Recht diese nicht zulässt, sind alle dort gefassten Beschlüsse **jedenfalls anfechtbar.** Es ist aber auch vorstellbar, dass der Verstoß gegen das öffentliche Recht eine Nichtigkeit der gefassten Beschlüsse nach sich zieht.[54] Jedenfalls ist kein Wohnungseigentümer gezwungen, zu so einer Versammlung zu erscheinen.

b) Zulässige Versammlungen

aa) Überblick

34 Ist eine Versammlung hingegen grundsätzlich möglich, obliegt es dem Ermessen des Verwalters,[55] wann, wo, zu welchem Zeitpunkt, zu welchem Ort und zu welcher Stätte die Versammlung einberufen wird. Die Einzelheiten zu den allgemeinen Grundlagen sind den jeweiligen Kommentierungen zu entnehmen.[56]

bb) Beachtung des öffentlichen Rechts

35 Eine aktuelle Besonderheit ist, dass das Ermessen bei der jeweiligen Auswahl sich zurzeit auch vom **öffentlichen Recht** leiten lassen muss. Bei der Abhaltung der Versammlung sind die jeweils örtlich geltenden Bestimmungen einzuhalten. Der Verwalter muss vor allem eine Versammlungsstätte wählen, die es ermöglicht, dass der notwendige **Mindestabstand** zwischen den Versammlungsteilnehmern und den Mitarbeitern des Verwalters sowie die weiteren **Hygienemaßnahmen** wie das Händewaschen und eine Desinfektion eingehalten werden können. Etwa ein Bauwagen, ein Heizungskeller oder das Büro des Verwalters werden damit regelmäßig als Versammlungsstätte ausscheiden. Bestimmt der Verwalter eine ungeeignete Versammlungsstätte, dürfte kein Wohnungseigentümer verpflichtet sein, an der Versammlung teilzunehmen, und dürften, sind Wohnungseigentümer wegen der Ungeeignetheit der Versammlungsstätte der Versammlung ferngeblieben, dennoch gefasste Beschlüsse keiner ordnungsmäßigen Verwaltung entsprechen und zwar nicht nichtig, aber anfechtbar sein.

---

[53] Vgl. auch BT-Drs. 19/18110, 31.
[54] Zschieschack in Schmidt COVID-19 § 4 Rn. 39.
[55] Hügel/Elzer WEG § 26 Rn. 51 a ff.
[56] Etwa Hügel/Elzer WEG § 23 Rn. 13 ff.

cc) Versammlungsleitung

36 Die Pflicht, für die Einhaltung des öffentlichen Rechtes während der Versammlung zu sorgen, ist ein Teil der Versammlungsleitung und wieder Aufgabe des konkreten Verwalters. Ihm obliegt es zB, für den **Mindestabstand** zwischen den Teilnehmern zu sorgen und auch auf die **Hygiene** zu achten. Was im Einzelnen gilt, ist eine Frage des Infektionsschutzes und der aktuellen Bestimmungen. Die Wohnungseigentümer sind berechtigt, dem Verwalter insoweit durch Beschluss Weisungen zu erteilen.[57]

37 Am konkreten Verwalter als geborenem Versammlungsleiter ist es auch zu entscheiden, ob eine Versammlung aus hygienischen Gründen **unterbrochen, verlegt oder vertagt** wird.[58] Die Wohnungseigentümer sind auch insoweit berechtigt, ihm durch Beschluss Weisungen zu erteilen, und können Beschlüsse zur Geschäftsordnung fassen. Insoweit gelten die allgemeinen Regelungen.[59]

dd) Mund-Nasen-Bedeckungen

38 Die Wohnungseigentümer haben entsprechend ihrem Recht, das Rauchen zu erlauben oder zu verbieten[60] oder Regelungen zum Essen, Trinken und zum Gebrauch von Handys zu treffen, eine Kompetenz, das Tragen von **Mund-Nasen-Bedeckungen** zu **beschließen.** Auch der Verwalter ist im Rahmen seines Hausrechts[61] berechtigt, diese Anordnung zu treffen. Ist ein Wohnungseigentümer nicht bereit, sich dieser Maßnahme zu unterwerfen, ist als ultima ratio vorstellbar, ihn von der **Versammlung zu entfernen.** Problematisch ist allerdings, wenn diese Maßnahmen vor der Versammlung nicht als Möglichkeit **angekündigt** worden waren und der Verwalter auch keine Mund-Nasen- Bedeckungen bereithält. Insoweit muss die Versammlung gegebenenfalls unterbrochen oder vertagt werden. Sie fortzusetzen, ohne einem Wohnungseigentümer die Möglichkeit zu geben, eine Mund-Nasen-Bedeckungen kurzfristig zu beschaffen, dürfte alle Beschlüsse wenigstens anfechtbar machen.

3. Online-Teilnahme an Versammlung

a) Überblick

39 Das geltende Recht lässt grundsätzlich keine virtuellen Versammlungen zu.[62] Das WEMoG[63] wird daran nichts Grundlegendes ändern. Es wird dort allerdings eine Online-Teilnahme an Präsenzversammlungen vorgeschlagen. Dazu soll § 23 Abs. 1 WEG ein Satz angefügt werden. Dass die COVID-19-Pandemie dazu führt, dass dieser Entwurf hin zu einer virtuellen Versammlung verändert wird, ist wohl nicht zu erwarten, wenn auch Regelungen entsprechend § 1 Abs. 2 COVMG grundsätzlich vorstellbar, wenn auch nicht leicht umsetzbar wären.

---

[57] Hügel/Elzer WEG § 27 Rn. 158 ff.
[58] Etwa Hügel/Elzer WEG § 23 Rn. 19 ff.
[59] Hügel/Elzer WEG § 24 Rn. 61 ff.
[60] OLG Köln NJW-RR 2001, 88; Greiner ZWE 2016, 297 (305); Hügel/Elzer WEG § 24 Rn. 73.
[61] Etwa Hügel/Elzer WEG § 23 Rn. 64.
[62] Zschieschack NZM 2020, 297 (300); Hügel/Elzer WEG § 23 Rn. 17.
[63] BR-Drs. 168/20.

40 **§ 23 Abs. 1 S. 2 WEG-E**
Die Wohnungseigentümer können beschließen, dass Wohnungseigentümer an der Versammlung auch ohne Anwesenheit an deren Ort teilnehmen und sämtliche oder einzelne ihrer Rechte ganz oder teilweise im Wege elektronischer Kommunikation ausüben können.

41 Diese Beschlusskompetenz soll es **nicht** ermöglichen, die gesetzlich als Normalfall vorgesehene **Präsenzversammlung** („an deren Ort") insgesamt zugunsten einer reinen Online-Versammlung **abzuschaffen.** Es wird hingegen im Ergebnis möglich sein, dass sämtliche Wohnungseigentümer an einer Präsenzversammlung nur elektronisch teilnehmen.

42 Die Wohnungseigentümer müssen dazu beschließen, dass die Möglichkeit bestehen soll, an einer, mehreren oder allen Versammlungen **im Wege elektronischer Kommunikation** teilzunehmen. Die Wohnungseigentümer müssen ferner über die notwendige technische Ausgestaltung der Online-Teilnahme auf Seiten der Gemeinschaft der Wohnungseigentümer und auf Seiten der Wohnungseigentümer beschließen. Der Datenschutz ist dabei zu wahren. Der Beschluss muss insoweit festlegen, welche Technik die Gemeinschaft der Wohnungseigentümer einsetzen soll und muss die technischen Anforderungen an die Hardware und die Software der elektronisch teilnehmenden Wohnungseigentümer bestimmen und angemessen und verständlich beschreiben. Der Beschluss kann zur Prüfung der Teilnahmeberechtigung und zur Klärung des Stimmrechts ferner vorschreiben, dass sich ein Wohnungseigentümer etwa mit Hilfe eines Codes zur Teilnahme und/oder zur Stimmrechtsausübung legitimieren muss. Verfügt ein Wohnungseigentümer nicht über die verlangte technische Ausstattung, ist das grundsätzlich hinzunehmen.

43 Die Wohnungseigentümer müssen im Beschluss auch bestimmen, **welche Versammlungsrechte ganz oder teilweise** im Wege elektronischer Kommunikation ausgeübt werden können. Vorstellbar ist zB, dass ein auf der Versammlung nicht präsenter Wohnungseigentümer nur zuhören kann. Ferner ist vorstellbar, dass ein Wohnungseigentümer zwar Bild und Ton empfangen kann, aber weder ein Rede-, noch ein Antrags- oder ein Recht zur Abstimmung hat. In der Regel ist freilich anzustreben, dass ein Wohnungseigentümer grundsätzlich sämtliche Versammlungsrechte elektronisch wahrnehmen kann. Das Recht, einen Vertreter zurückzuweisen und seine Vollmacht zu prüfen, dürfte allerdings technisch nicht ohne weiteres umsetzbar sein. Ist nichts im Einzelnen bestimmt, gilt der Regelfall und ist beschlossen, dass jeder Wohnungseigentümer sämtliche Versammlungsrechte im Wege elektronischer Kommunikation ausüben können soll. Die Rechtmäßigkeit des Beschlusses richtet sich nach dem allgemeinen Grundsatz ordnungsmäßiger Verwaltung. Dass Wohnungseigentümer die Möglichkeit elektronischer Kommunikation nicht nutzen können, ist bei der Beurteilung grundsätzlich unerheblich. Jeder Wohnungseigentümer hat stets die Möglichkeit, an der weiterhin notwendigen Präsenzversammlung teilzunehmen.

b) „Simulation"

Im geltenden Recht ist es möglich, eine Online-Teilnahme gleichsam zu **simulieren**.[64] 44
Zum einen können (nicht müssen!) sämtliche Wohnungseigentümer dem Verwalter vorab und ohne Einladung eine Vollmacht erteilen. In diesem Fall ist der Verwalter berechtigt und verpflichtet, aufgrund der Vollmachten mit sich selbst eine Versammlung abzuhalten. Dieser Weg ist für die Wohnungseigentümer auch gefahrlos, wenn sie den Verwalter vorher und im Einzelnen angewiesen haben, wie er abstimmen soll.

> **Vorversammlung** 45
> Die Wohnungseigentümer können diese Versammlung elektronisch vorbereiten und sich im Rahmen der Video-Kommunikation (→ Rn. 67) zwar nicht versammeln, aber Meinungen abfragen. Eine für den Verwalter verbindliche Mehrheitsentscheidung kann im Rahmen solch virtueller informeller „Zusammenkünfte" aber nicht getroffen werden. Dies ist nur aufgrund eines Beschlusses im Rahmen einer Versammlung und unter Beachtung der hierfür in §§ 23–25 WEG vorgeschriebenen Förmlichkeiten möglich.[65]

Zum anderen ist es möglich, dass der Verwalter sich mit nur **einem** Wohnungseigentümer trifft. Dieser Wohnungseigentümer und/oder der Verwalter können von den anderen Wohnungseigentümern Vollmachten erhalten. Der Wohnungseigentümer, der in der Versammlung anwesend ist, steht mit den anderen Wohnungseigentümern in einem telefonischen Kontakt oder kommuniziert mit ihnen über die sozialen Medien oder per E-Mail, und holt so gegebenenfalls ihre Weisungen für die Versammlung ein. Problematisch ist insoweit allerdings die Einberufung. Denn diese müsste bedingt erfolgen. Bedingung wäre, dass nur ein Wohnungseigentümer kommt. Ob dies möglich ist, ist unklar. 46

4. Schriftliche Beschlüsse

a) Überblick

Auch ohne Versammlung ist ein Beschluss im Übrigen nach § 23 Abs. 3 WEG gültig, 47
wenn **alle** Wohnungseigentümer ihre Zustimmung zu diesem Beschluss schriftlich erklären. Gegenstand des Beschlusses kann jede Maßnahme sein, für die es eine Beschlusskompetenz gibt. Auf dieses Instrument kann zurückgegriffen werden, solange Präsenzversammlungen erschwert oder gar nicht möglich sind. Hinderlich sind allerdings die Schriftform sowie der Umstand, dass alle Wohnungseigentümer zustimmen müssen.

> **§ 23 Abs. 3 WEG-E** 48
> Das WEMoG[66] will in § 23 WEG die Textform einführen. Vorstellbar ist, dass in den parlamentarischen Beratungen auch das notwendige Quorum noch gesenkt

---

[64] Elzer MietRB 2020, 149 (153).
[65] BGH NJW 2020, 1134 Rn. 22.
[66] BR-Drs. 168/20.

wird. Dies würde zB AbstimmungsApps erlauben und die Beschlussfassung erleichtern.

b) Verfahren und Antrag

49 „Zustimmung" iSv § 23 Abs. 3 WEG meint, dass jeder Stimmberechtigte gegenüber einem vorformulierten Beschlussantrag gegenüber dem Initiator schriftlich mit „Ja" stimmen muss. Die Zustimmung muss dem Beschluss selbst, aber auch der Verfahrensweise gelten. Nicht ausreichend ist es also, dass zwar sämtliche Wohnungseigentümer dem Verfahren als solches zustimmen, aber nur mehrheitlich abgestimmt wird.

c) Mehrheit

50 Verfehlt ein Beschlussantrag die notwendige Mehrheit **sämtlicher** Stimmen, ist zu verkünden, dass kein Beschluss zustande gekommen ist.[67] Verzählt sich der Initiator oder bewertet er Stimmen falsch und stellt er einen positiven Beschluss fest und verkündet ihn, ist streitig, was gilt.[68]

d) Initiative

51 Ein schriftlicher Beschluss setzt eine Initiative und damit das Bewusstsein der Wohnungseigentümer voraus, einen verbindlichen Beschluss zu fassen.[69] Die Initiative kann von jedem Wohnungseigentümer, nach hM aber auch vom Verwalter und sogar von jedem beliebigen Dritten ausgehen. Die Initiative muss allerdings unmissverständlich sein.[70] Notwendig, aber auch ausreichend ist dazu, dass jedem Stimmberechtigten erkennbar und klar ist, dass seine Äußerung zu einer Entscheidung gefragt ist und nicht lediglich eine unverbindliche Meinungsäußerung herbeigeführt werden soll.

e) Stimmberechtigung

52 Einem schriftlichen Beschluss müssen sämtliche Wohnungseigentümer zustimmen, mithin auch die Wohnungseigentümer, die in der Versammlung vom Stimmrecht **ausgeschlossen wären.** Haben die Wohnungseigentümer indessen vereinbart, dass für bestimmte Angelegenheiten nur ein Teil von ihnen stimmberechtigt ist, ist für einen schriftlichen Beschluss notwendig, aber auch ausreichend, wenn nur die durch die Vereinbarung Bestimmten mit „Ja" stimmen.

f) Zustandekommen

53 Damit ein schriftlicher Beschluss entsteht, muss der Initiator einen Beschlussantrag vorformulieren und zur Abstimmung stellen. Die Abstimmung kann in der Weise geschehen, dass sämtliche Wohnungseigentümer auf einem jeweils gesonderten Blatt dem Beschlussantrag zustimmen. Vorstellbar ist aber auch, dass sämtliche Wohnungseigentümer ihre „Zustimmung" auf ein und demselben Blatt erklären, dieses also unterschreiben, und das von allen Wohnungseigentümern unterzeichnete Blatt im Umlaufverfahren/Zirkularbeschluss dem Initiator wieder zugeht; die Verfahren lassen sich auch kombinieren. Der Initiator muss den Abstimmenden für die Antwort eine Frist

---

[67] OLG Zweibrücken ZMR 2004, 60 (63); BayObLG NZM 2002, 300 (303); ZWE 2001, 590 (593).
[68] Siehe etwa LG Hamburg ZWE 2018, 28 Rn. 50; Hügel/Elzer WEG § 23 Rn. 65.
[69] BGH NJW 2015, 2425 Rn. 12; OLG Düsseldorf NZM 2020, 113 Rn. 12.
[70] BGH NJW 2015, 2425 Rn. 12.

setzen. Gehen Zustimmungen zu spät und nach Ablauf der Frist ein, sind sie nicht zu berücksichtigen. Der Initiator kann das Verfahren aber neu beginnen, wenn absehbar ist, dass bei einer erneuten Fristsetzung alle Wohnungseigentümer mit Ja stimmen werden. Ein Beschluss im schriftlichen Verfahren kommt dann mit seiner Feststellung und einer an alle Wohnungseigentümer gerichteten Mitteilung des Beschlussergebnisses (Verkündung) zustande sein.[71] Die Feststellung darf nicht unter einer Bedingung stehen.[72] Die Anforderungen „Feststellung" und „Verkündung" sind insoweit wie in der Versammlung der Eigentümer zu verstehen.

VI. Notgeschäftsführung

1. Eilige Erhaltung des gemeinschaftlichen Eigentums

a) Verwalter

Nach § 27 Abs. 1 Nr. 3 WEG ist der Verwalter berechtigt und verpflichtet, in **dringenden** Fällen sonstige zur Erhaltung des gemeinschaftlichen Eigentums erforderliche Maßnahmen zu treffen.[73] IdS „dringend" sind nach hM Fälle, die wegen ihrer objektiven Eilbedürftigkeit eine vorherige, gegebenenfalls im Sinne von § 24 Abs. 4 S. 2 WEG dringende Einberufung einer Versammlung der Wohnungseigentümer und ihre Befassung mit „Ob" und „Wie" einer Erhaltungsmaßnahme nicht mehr zulassen. Entscheidend ist stets, ob die Erhaltung des gemeinschaftlichen Eigentums gefährdet wäre, wenn nicht sofort gehandelt werden würde. Zu fragen ist jeweils, ob die (weitere) Erhaltung des gemeinschaftlichen Eigentums oder Menschen gefährdet wären, wenn nicht umgehend gehandelt würde. 54

Beispiele für solche eiligen Fälle sind etwa ein Gasleck, ein Leitungsbruch, ein Brand oder eine Explosion, die Schäden verursachen, denen man sofort entgegentreten muss, die Verstopfung einer Versorgungs- oder Abwasserleitung, eine Überschwemmung oder das (teilweise) abgedeckte/beschädigte Dach.[74] Die Mittel für eine Maßnahme nach § 27 Abs. 1 Nr. 3 WEG sind der Instandhaltungsrückstellung zu entnehmen.[75] Der Verwalter ist grundsätzlich hingegen nicht als berechtigt anzusehen, für die Gemeinschaft der Wohnungseigentümer einen Darlehensvertrag zu schließen. Im **begründeten Einzelfall** muss jetzt anderes gelten. § 27 Abs. 1 Nr. 3 WEG deckt nach Ermessen des Verwalters im Übrigen nur solche Maßnahmen ab, die im Rahmen einer ordnungsmäßigen Verwaltung eine Gefahrenlage für das gemeinschaftliche Eigentum beseitigen, grundsätzlich nicht aber solche, die der dauerhaften Behebung der Schadensursache dienen. Die Bestimmung des § 27 Abs. 1 Nr. 3 WEG erlaubt mithin in der Regel nur Sicherungsmaßnahmen. Hier ist aber eine Abwägung im Einzelfall notwendig. Könnte es, wie gegebenenfalls jetzt, eine längere Zeit nicht zu Versammlungen kommen, wird sich der Handlungsspielraum der Verwalter notwendig erweitern. 55

---

[71] BGH NJW-RR 2019, 73 Rn. 15.
[72] BGH NJW-RR 2019, 73 Rn. 15.
[73] Hogenschurz MDR 2020, 534 (537); Elzer MietRB 2020, 149 (151).
[74] Im Einzelnen Hügel/Elzer WEG § 27 Rn. 75.
[75] So auch Zschieschack ZWE 2020, 165 (166).

56 **Öffentliche Sicherheit oder Ordnung**
Im Rahmen des § 27 Abs. 1 Nr. 3 WEG kann der Verwalter auch verpflichtet sein, eine Störung der öffentlichen Sicherheit oder Ordnung abzuwenden. So liegt es bei Gefahr in Verzug. Ferner kann der Verwalter nach § 27 Abs. 1 Nr. 3 WEG verpflichtet sein, bei Gefahr im Verzug die vom gemeinschaftlichen Eigentum ausgehenden Gefahren abzuwenden und insoweit anstelle der originär Verpflichteten zu handeln.

b) Vermieter

57 Nach § 21 Abs. 2 WEG ist auch der vermietende Wohnungseigentümer grundsätzlich berechtigt, in dem Rahmen tätig zu werden, der für den Verwalter nach § 27 Abs. 1 Nr. 3 WEG gilt.[76] Allerdings ist der Vermieter **nicht** berechtigt, als Notgeschäftsführer Verträge im Namen der Gemeinschaft der Wohnungseigentümer zu schließen.[77] Er sollte daher nur zurückhaltend als Notgeschäftsführer agieren und besser den Verwalter auffordern, das Notwendige unverzüglich zu veranlassen.

2. Eilige Maßnahmen im Übrigen (§ 27 Abs. 3 S. 1 Nr. 2 WEG)

a) Verwalter

58 Der Verwalter hat nach § 27 Abs. 2 Nr. 2, Abs. 3 S. 1 Nr. 2 WEG auch jenseits der Erhaltung des gemeinschaftlichen Eigentums ein umfassendes Notgeschäftsführungsrecht, solange die Wohnungseigentümer nicht selbst in der Lage sind, ihre Beschlusskompetenzen auszuüben. Das COVMG sieht dies nicht anders. In der Begründung von § 6 Abs. 1 COVMG wird ausdrücklich erwähnt, Verwalter seien berechtigt, „Maßnahmen zu treffen, die zur Wahrung einer Frist oder zur Abwendung eines sonstigen Rechtsnachteils erforderlich sind (§ 27 Abs. 3 S. 1 Nr. 2 WEG)".[78] Ferner heißt es dort, auf der Grundlage des geltenden Rechts könne und müsse der Verwalter ohne vorherigen Beschluss der Wohnungseigentümer **alle unaufschiebbaren Maßnahmen veranlassen.** Zu beachten ist allerdings, dass es sich insoweit um eine **Sondersituation** handelt. Wenn die Wohnungseigentümer mit einer Angelegenheit wieder befasst werden können oder wenn eine Angelegenheit objektiv nicht eilig ist, hat der Verwalter selbstverständlich die Befassung der Wohnungseigentümer abzuwarten.

b) Vermieter

59 Für vermietende Wohnungseigentümer gelten auch insoweit die Ausführungen → Rn. 57 und zum Verwalter → Rn. 58 entsprechend. Der Vermieter ist mithin wieder nicht berechtigt, als Notgeschäftsführer Verträge im Namen der Gemeinschaft der Wohnungseigentümer zu schließen. Er sollte daher nur zurückhaltend als Notgeschäftsführer agieren und besser den Verwalter auffordern, das Notwendige unverzüglich zu veranlassen. Außerdem soll der vermietende Wohnungseigentümer nicht berechtigt sein, eine Hausgeldklage zu führen.[79]

---

[76] Zu den Einzelheiten Hügel/Elzer WEG § 21 Rn. 11 ff.
[77] Hügel/Elzer WEG § 21 Rn. 18.
[78] Vgl. BT-Drs. 19/18110, 31.
[79] BGH NZM 2017, 445 Rn. 8.

3. Laufende Gerichtsverfahren

Auch für laufende Gerichtsverfahren gelten § 27 Abs. 2 Nr. 2, Abs. 3 S. 1 Nr. 2 WEG. 60
Danach ist der Verwalter bei Klagen, bei denen die Wohnungseigentümer oder die
Gemeinschaft der Wohnungseigentümer die Beklagten sind **(Passivprozesse),** berechtigt, diese im Erkenntnis- und Vollstreckungsverfahren zu führen. § 27 Abs. 2 Nr. 2
WEG gibt dem Verwalter für Passivprozesse eine umfassende und im Außenverhältnis
uneingeschränkte gesetzliche Vertretungsbefugnis.[80] Für § 27 Abs. 3 S. 1 Nr. 2 WEG
kann insoweit nichts anderes gelten. Es bedarf daher – jedenfalls zunächst – auch hier
keiner Rückkopplung mit den Wohnungseigentümern.

Anders ist es im Grundsatz für **Aktivprozesse,** wobei es sich praktisch nur um solche 61
namens der Gemeinschaft der Wohnungseigentümer handeln kann. Hier kann der
Verwalter nämlich nur etwas unternehmen, wenn eine Frist zu wahren ist oder ein
sonstiger Rechtsnachteil abgewendet werden soll. Dieses begrenzt erlaubte Tun ist
aber auch völlig ausreichend, denn nur dann ist eine Sache auch so eilig, dass die Wohnungseigentümer mit ihr zunächst nicht befasst werden müssen. Zur raschen Erlangung von Liquidität ist jetzt zB ein Mahnverfahren oder eine Hausgeldklage nach
§ 27 Abs. 3 S. 1 Nr. 2 WEG möglich. Freilich dürfte diese Möglichkeit ohnehin in
den meisten Verwalterverträgen vorgesehen sein, sodass es ausreichend ist, wenn der
Verwaltervertrag von den Wohnungseigentümern durch Beschluss genehmigt wurde.

VII. Infektionsschutzgesetz

1. Überblick

Nicht der vermietende Wohnungseigentümer, sondern der **Verwalter** muss dafür 62
Sorge tragen, dass durch ein Schreiben oder eine E-Mail, aber auch durch Aushänge
im Gebäude auf die elementaren Regelungen (Abstandhalten, Händewaschen, Kontakt vermeiden usw) und die aktuellen Bundes- und Landesbestimmungen hingewiesen wird.[81] Hausmeister und Dienstleister, zB für die Außenanlagen oder die Reinigung des Treppenhauses, sind entsprechend anzuweisen, unter anderem beispielsweise
die Handläufe und Knäufe besonders zu reinigen. Was im Detail gilt, ist mit den
Dienstleistern zu besprechen. Im Einzelfall wird auch zu prüfen sein, vorübergehend
die Frequenz und Intensität der Hausreinigung zu überprüfen.

Es ist möglich und vorstellbar, dass der Verwalter auch vermietende Wohnungseigen- 63
tümer anspricht und sie motiviert, vorübergehend auf freiwilliger Basis für eine besondere Reinigung der entsprechenden Stellen zu sorgen. Ein Beschluss wäre insoweit
allerdings nicht möglich, da es sich um eine tätige Mithilfe handeln würde, für die
keine Beschlusskompetenz besteht. Es ist freilich nicht zu beanstanden und auch hinzunehmen, wenn einzelne Wohnungseigentümer zu solchen Maßnahmen nicht bereit
sind. Der Mieter muss nur handeln, wenn das mit ihm vereinbart ist.

Zu einem **Infektionsschutz** im Übrigen ist der Verwalter und ist der Vermieter **nicht** 64
verpflichtet. Der Verwalter muss also nur die aktuellen Gesetze umsetzen sowie den

---

[80] BGH NJW 2020, 1134 Rn. 12.
[81] Hofele NWB 2020, 1065 (1073).

behördlichen Anforderungen Folge leisten und beispielsweise – soweit landesrechtlich vorgesehen – Spielplätze oder andere Flächen sperren. Aktiv ist hingegen grundsätzlich nichts zu unternehmen. Kommt es in einer Wohnungseigentumsanlage wegen der Coronapandemie zu Todesfällen, ist es die Aufgabe der Angehörigen und der Behörden, das Notwendige zu veranlassen. Aufgabe des Verwalters ist es, diese Schritte angemessen zu begleiten und zu fördern. Wird einem Verwalter ein Todesfall bekannt, sollte er, soweit möglich und soweit Adressen bekannt sind und unter Wahrung des Datenschutzes bekannt sein dürfen, die Angehörigen und die Behörden unterrichten.

2. Datenschutz

65   Der Verwalter ist nach Art. 6 Abs. 1 lit. c DS-GVO (Erfüllung einer rechtlichen Verpflichtung) berechtigt und verpflichtet, nach § 16 Abs. 2 S. 2 und 3 IfSG, den Beauftragten der zuständigen Behörde und des Gesundheitsamtes das Grundstück, Räume, Anlagen, Einrichtungen sowie sonstige Gegenstände zugänglich zu machen und Auskünfte zu erteilen. Nach Art. 6 Abs. 1 lit. d DS-GVO (Schutz der lebenswichtigen Interessen einer anderen natürlichen Person) ist der Verwalter im besonders gelagerten Einzelfall außerdem wohl auch berechtigt, auf Corona-Fälle in der Wohnungseigentumsanlage unter **Nennung des Namens** hinzuweisen, zB wenn sich die Person gegenüber dem Schutz Dritter **völlig uneinsichtig** zeigt.

66   Der Verwalter ist auch berechtigt, zB **E-Mail-Verteiler** einzurichten. Wichtig ist allerdings, dass alle, die sich dieser Medien bedienen, mit einem Informationsaustausch und/oder Diskurs an diesem Ort einverstanden sind. Der Verwalter muss sich ferner dessen bewusst sein, dass viele Aufsichtsbehörden etwa den Einsatz von WhatsApp zwischen einem Unternehmen und einem Betroffenen sehr kritisch sehen.[82] Denn dieser Dienst greift schon bei der Installation auf dem Handy sämtliche Daten aus dem Adressbuch ab und übersendet diese an die eigenen Server. Es ist daher ratsam, europäische oder deutsche Messenger-Dienste zu nutzen. Es gibt mittlerweile eine Reihe von Apps, die den datenschutzrechtlichen Anforderungen nahezu gerecht werden. Es können grundsätzlich alle Fragen ausgetauscht werden. Soweit ein Wohnungseigentümer an einem solchen Diskurs nicht teilnehmen möchte oder nicht kann, ist das – sofern nichts anderes vereinbart ist – zu respektieren und kann auch nicht anders beschlossen werden. Soweit der Verwalter in den sozialen Medien Informationen zur Verfügung stellt, muss er den Datenschutz beachten und grundsätzlich personenbezogene Daten schwärzen, soweit die davon betroffenen Wohnungseigentümer ihm keine Ermächtigung erteilt haben, anders zu verfahren.

67   Video-Kommunikation
Im Einzelfall kommt auch eine Video-Kommunikation in Betracht. Der Verwalter sollte auch hier darauf achten, dass bei der Auswahl des Anbieters die gesetzlichen Vorgaben und deren Einhaltung transparent für den Nutzer dargestellt sind. Weiterhin ist es zu klären, ob der Anbieter die Regeln in Bezug auf Privacy Shield und die Standardschutzklauseln (SCC) einhält und sich diesen unterstellt. Sobald ein Videokonferenz-Tool eingesetzt wird, ist zwischen dem Anbieter und dem Unter-

---

[82] Hofele NWB 2020, 1065 (1074).

nehmen ein Auftragsverarbeitungsvertrag iSd Art. 28 DS-GVO zu schließen. Viele Anbieter halten einen entsprechenden Vertrag vor. Allerdings muss der Verwalter aktiv den Vertrag anfordern und entsprechend ausfüllen und übersenden. Die Informationspflichten (Datenschutzhinweise) sind dann entsprechend anzupassen.

VIII. Einwirkungen des Vermieters auf den Mieter

1. Überblick zu § 14 Nr. 2 WEG

Jeder Wohnungseigentümer, der sein Sondereigentum vermietet, ist nach § 14 Nr. 2 WEG verpflichtet, dafür zu **sorgen,** dass auch sein Mieter von dem gemeinschaftlichen Eigentum nur in solcher Weise Gebrauch macht, dass dadurch keinem der anderen Wohnungseigentümer über das bei einem geordneten Zusammenleben unvermeidliche Maß hinaus ein Nachteil erwächst. Mit diesem Anspruch korrespondiert notwendig die Pflicht des Vermieters, insoweit **auf den Mieter einzuwirken.** Diese Pflicht beginnt bereits mit der Überlassung der Mietsache.[83] Ferner muss der Vermieter seinen Mieter verpflichten, die Grenzen des wohnungseigentumsrechtlich zulässigen Gebrauchs einzuhalten. § 14 Nr. 2 WEG räumt dem Vermieter mit diesen Pflichten allerdings keine eigenständigen Befugnisse zu ihrer Durchsetzung ein. Ob und in welchem Umfange er auf den Mieter einwirken kann, bestimmt sich **allein** nach §§ 535 ff. BGB.[84] Will der Vermieter auf den Mieter nicht einwirken – oder kann es nach den ihn mit diesen verbindenden vertraglichen Abreden nicht – schuldet er nach § 280 Abs. 1 BGB Schadenersatz. § 14 Nr. 2 WEG regelt allerdings nicht die Verantwortung des Vermieters für das Verhalten des Mieters, sondern bestimmt nur eine Sorge- und Einwirkungspflicht.[85] Die Frage, ob ein Wohnungseigentümer für die Pflichtverstöße des Dritten einstehen muss, bestimmt sich vor allem nach §§ 31, 278, 831 BGB. Etwa nach § 278 BGB muss sich der überlassende Wohnungseigentümer in den dortigen Grenzen das Verschulden eines Mieters wie ein eigenes Verschulden zurechnen lassen.[86]

68

2. „Coronagesetze"

Verstößt ein Mieter zum Nachteil der anderen Wohnungseigentümer gegen öffentliches Recht, etwa die „Coronagesetze", zB ein Gewerberaummieter gegen das Abstandsgebot auf Flächen, die im gemeinschaftlichen Eigentum stehen, muss der Vermieter nach den allgemeinen Grundsätzen auf den Mieter **einwirken** und versuchen, ihn zur Einhaltung der Gesetze zu bewegen. Notfalls muss er den Mieter verklagen.

69

---

[83] Hügel/Elzer WEG § 14 Rn. 30.
[84] Hügel/Elzer WEG § 13 Rn. 16.
[85] LG Hamburg ZMR 2016, 308.
[86] BGH NJW 2014, 1653 Rn. 12.

3. Beschlüsse der Wohnungseigentümer

a) Überblick

70 Nicht anderes gilt für Beschlüsse der Wohnungseigentümer aus Anlass der COVID-19-Pandemie. Insoweit kommt eine ganze Reihe von Regelungen in den Blick, bei denen auch der Vermieter für eine Einhaltung Sorge tragen muss. Bei keiner ist zurzeit gesichert, dass sie abstrakt oder konkret ordnungsmäßiger Verwaltung entspricht. Insoweit muss die Rechtsprechung abgewartet werden. Beispiele:

71 – Der Beschluss, wie viele Personen einen **Personenaufzug** gleichzeitig gebrauchen dürfen.
  – Der Beschluss, welches von mehreren **Treppenhäusern** zu gebrauchen ist.
  – Der Beschluss, dass beispielsweise im Bereich des gemeinschaftlichen Eigentums ein **Mindestabstand** einzuhalten sind.
  – Der Beschluss, dass im Personenaufzug und im Treppenhaus **Mund-Nasen-Bedeckungen** zu tragen ist.
  – Der Beschluss, dass man im Treppenhaus **nicht grüßen,** und **nicht singen** und sich **nicht unterhalten** darf.
  – Der Beschluss, dass **Außenflächen gesperrt** sind, oder ein im gemeinschaftlichen Eigentum stehendes Schwimmbad.
  – Der Beschluss, wie **Außenflächen gebraucht** werden dürfen.
  – Der Beschluss, dass in bestimmten Bereichen **Desinfektionsmittel** einzusetzen sind, zB von Klinken oder Handläufen.

b) Bindung des Mieters

72 Denn Vermieter und/oder Mieter können sich jeweils nicht darauf berufen, dass die Beschlüsse der Wohnungseigentümer den Mieter **nicht binden.** Denn der Mieter ist nach heute ganz hM allen wirksam beschlossenen Anordnungen für das gemeinschaftliche Eigentum ohne weiteres unterworfen. Der Mieter ist in seiner Gebrauchsausübung in Bezug auf das gemeinschaftliche Eigentum und in der Steuerung seines Verhaltens nämlich nicht frei. Seine Mieterrechte werden vielmehr durch den Inhalt des Sondereigentums nach § 5 Abs. 4 S. 1 WEG beschränkt.

73 Die Wohnungseigentümer haben mithin unmittelbar gegen den **Mieter,** der bei der Benutzung des gemeinschaftlichen Eigentums gegen eine von den Wohnungseigentümern vereinbarte oder beschlossene Gebrauchsregelung verstößt, einen Unterlassungsanspruch aus § 1004 Abs. 1 BGB.[87] Für den vermietenden Wohnungseigentümer gilt im Verhältnis zu den anderen Wohnungseigentümern und zum Mieter nichts anderes.

---

[87] BGH NJW 2020, 1354 Rn. 5; 2020, 921 Rn. 13.

§ 6 Leasing in Zeiten von Corona

Inhaltsübersicht

	Rn.
I. Überblick	1
1. Rechtsnatur des Leasingvertrags als atypischer Mietvertrag	5
2. Vom Mietrecht abweichende Besonderheiten beim Finanzierungsleasing	6
a) Das typische Leasingdreieck	6
b) Rechtsnatur des Liefervertrags	7
c) Die leasingtypische Abtretungskonstruktion	8
d) Schadenersatz im Leasingdreieck	11
II. Förderprogramme für Leasinggesellschaften und Leasingkunden	12
1. Wirtschaftliche Bedeutung des Leasing	12
2. Antragsberechtigung von Leasinggesellschaften für Förderkredite	13
3. Antragsberechtigung von Leasingkunden für Soforthilfen und Förderkredite	14
III. Pandemiebedingte Zahlungsschwierigkeiten des Leasingkunden hinsichtlich der Leasingraten	17
1. Beginn der Ratenzahlungspflicht erst mit vollständiger Lieferung	17
2. Verzug mit den Leasingraten ohne Mahnung	18
3. Kündigung des Leasinggebers wegen Zahlungsverzugs	19
a) Gewerbliches Leasing	19
b) Verbraucherleasing	22
aa) Verbraucherdarlehensrecht	22
bb) Leistungsverweigerungsrecht des Leasingnehmers	23
4. Vermeidung von Zahlungsverzug und Kündigung	24
a) Beantragung von Soforthilfen und Krediten	24
b) Stundung oder Aussetzung der Leasingraten durch Leasinggeber	25
c) Schutzschirmverfahren	27
d) Vereinbarungen zwischen Leasinggeber und Leasingnehmer	28
5. Leistungsverweigerungsrecht des Leasingnehmers bei eingeschränkter oder unwirksamer Freizeichnung des Leasinggebers	30
a) Freizeichnung nur hinsichtlich der Sachmängelhaftung	31
b) Abtretung mit Einschränkungen	32
c) Vorübergehende Liquidität	33
IV. Pandemiebedingte Probleme bei Überlassung der Waren	34
1. Übergabe und Abnahme beim Finanzierungsleasinggeschäft	34
2. Verzögerung der Übergabe der Waren oder der Abnahme des Werks durch Kontaktverbote	36
3. Verzögerungen der Leistung durch Leistungshindernisse auf Seiten des Lieferanten	37
a) Leistungshindernisse	37
b) Unmöglichkeit und Ausschluss der Leistungspflicht des Lieferanten	38
4. Ansprüche auf Ersatz von pandemiebedingten Verzögerungsschäden im Leasingdreieck	40
a) Aus dem Liefervertrag	40
aa) Lieferant gegen Leasinggeber	40
bb) Leasinggeber gegen Lieferant	42
cc) Leasingnehmer gegen Lieferant	43
b) Aus dem Leasingvertrag	44
aa) Leasinggeber gegen Leasingnehmer	44
bb) Leasingnehmer gegen Leasinggeber	45
5. Vorteil einer pandemiebedingten Verzögerung der Überlassung für den Leasingnehmer	47
V. Rückabwicklung des Finanzierungsleasinggeschäfts	48
1. Rücktritt vom Liefervertrag wegen nicht oder nicht vertragsgemäßer Leistung	48
2. Leistungsverweigerungsrecht des Leasingnehmers hinsichtlich der Leasingraten nach Rücktrittserklärung	49
3. Rückabwicklung des Leasingvertrags	50

	Rn.
VI. Probleme bei der Rückgabe der Leasingsachen durch Kontaktverbote	51
1. Annahmeverzug von Leasinggeber und Lieferant	51
2. Laufzeitverlängerung zur Hinausschiebung zusätzlicher Kosten wegen Schäden an der Leasingsache bei Rückgabe	54
VII. Insolvenzrisiken im Leasingdreieck	55
1. Grundsatz	55
2. Uneinbringlichkeit des Rückzahlungsanspruchs aus Rückabwicklung	56
3. Rechtslage bei eigenen Ansprüchen und Eigenschäden des Leasingnehmers	58
VIII. Besondere Probleme im Liefer- und im Leasingprozess	59
1. Klage des Leasinggebers auf Zahlung rückständiger Leasingraten im Leasingprozess . . .	60
a) Klage ohne Kündigung des Leasingvertrags durch den Leasinggeber	60
b) Leistungsverweigerungsrecht des Leasingnehmers	61
c) Aussetzung des Leasingprozesses nach § 148 ZPO	62
d) Verzug des Leasingnehmers mit Leasingraten bei Unterliegen im Lieferprozess	63
e) Kündigung des Leasingvertrags durch den Leasingnehmer	64
2. Durchsetzung der Ansprüche aus dem Liefervertrag im Lieferprozess durch den Leasingnehmer gegen den Lieferanten	65
IX. Immobilien-Leasing	67

I. Überblick

1 Eine vollständige Darstellung der pandemiebedingten mietrechtlichen Probleme „in Zeiten von Corona" muss auch das Leasingrecht erfassen. Es ist offensichtlich, dass die Zahl der Insolvenzen auch Finanzierungsleasinggeschäfte betreffen wird, und zwar in erster Linie Lieferanten und Leasingkunden, weniger wohl Leasinggesellschaften.

2 Der deutsche Gesetzgeber hat bislang von einer **Kodifizierung von Leasingverträgen** abgesehen. Im Besonderen Teil des Schuldrechts des BGB sind die Rechtsbeziehungen der an Finanzierungsleasinggeschäften Beteiligten nicht geregelt; *Leasingrecht ist in erster Linie Richterrecht.*[1]

3 Die **rechtliche Einordnung sog. „Moderner Vertragstypen"** erfolgt nach der höchstrichterlichen Rechtsprechung grundsätzlich unter Berücksichtigung der „wesentlichen Rechte oder Pflichten, die sich aus der Natur des Vertrags ergeben" (§ 307 Abs. 2 Nr. 2 BGB), unter die im Besonderen Teil des Schuldrechts des BGB kodifizierten Vertragstypen. Schwerpunkt eines Leasingvertrags und prägende **Hauptleistungspflicht des Leasinggebers** ist die Überlassung der Leasingsache an den Leasingnehmer für eine bestimmte Zeit gegen Zahlung eines wiederkehrenden Entgelts, was die mietrechtliche Einordnung als **Dauerschuldverhältnis** rechtfertigt.[2]

4 Somit sind die durch das COVID-19-Folgenabmilderungsgesetz (COVFAG) vom 27.3.2020 eingeführten Sonderregelungen auch auf Leasingverträge über bewegliche Güter, die vor dem 8.3.2020 geschlossen worden sind, anwendbar (kritisch → § 2 Rn. 9).[3] Leasingverträge mit Verbrauchern sind auch als **„wesentliche Dauerschuldverhältnisse"** iSd Regelung in Art. 240 § 3 EGBGB anzusehen.[4]

---

[1] Beyer DRiZ 1999, 234 (240).
[2] BGH seit NJW 1982, 105; H. Beckmann in Beckmann/Scharff LeasingR § 1 Rn. 45 mwN.
[3] Tribess GWR 2020, 152 (153).
[4] Lorenz in Schmidt COVID-19 § 1 Rn. 46 und 49; kritisch Scholl WM 2000, 765 (766).

1. Rechtsnatur des Leasingvertrags als atypischer Mietvertrag

Finanzierungsleasingverträge sind nach der stRspr des BGH[5] grundsätzlich dem Mietrecht zuzurechnen. Der BGH bezeichnet den Leasingvertrag ausdrücklich als **„atypischen Mietvertrag"** und beurteilt Finanzierungsleasingverträge „in erster Linie nach" Mietrecht".[6] **Leasingtypische Besonderheiten,** die vom Mietrecht abweichende Vereinbarungen und modifizierte Rechtsfolgen als angemessen erscheinen lassen, ergeben sich daraus, dass gleichzeitig oder zumindest im Zusammenhang mit dem Abschluss eines Finanzierungsleasingvertrags auch ein Liefervertrag geschlossen wird, der **Geschäftsgrundlage** des Leasingvertrags ist.[7]

5

2. Vom Mietrecht abweichende Besonderheiten beim Finanzierungsleasing

a) Das typische Leasingdreieck

Die rechtliche Besonderheit besteht bei einem typischen Finanzierungsleasinggeschäft darin, dass in der Regel nicht nur zwei, sondern drei Vertragspartner beteiligt sind, die im Ergebnis zwei Verträge, jeweils einen Liefervertrag und einen Leasingvertrag, schließen, wobei der Leasingvertrag zwischen dem Leasinggeber und dem Leasingnehmer und der Liefervertrag zwischen dem Leasinggeber, der in den ausgehandelten Liefervertrag eintritt (sog. Eintrittsmodell), und dem Lieferanten der Ware bzw. dem Werkhersteller zustandekommt; es entsteht das **typische Leasingdreieck.**[8] Wegen dieser leasingtypischen Besonderheiten mit der typischen Interessenlage im Leasingdreieck sieht der BGH[9] vom Mietrecht abweichende Vereinbarungen und modifizierte Rechtsfolgen als angemessen und zulässig an.

6

b) Rechtsnatur des Liefervertrags

Zu beachten ist, dass der Liefervertrag im Rahmen eines Finanzierungsleasinggeschäfts, der zwischen Leasingkunde und Lieferant ausgehandelt wird und in den der Leasinggeber als Käufer oder Besteller **eintritt,** sowohl ein **Kaufvertrag** als auch ein **Werkvertrag** sein kann. Auch die gesetzlichen Neuregelungen zum sog. Werklieferungsvertrag in § 650 BGB nF sind zu berücksichtigen.[10] Die rechtliche Einordnung des Liefervertrags ist entscheidend für die Geltendmachung von Rechten und Ansprüchen aus Leistungsstörungen im Leasingdreieck durch den Leasingnehmer aus abgetretenem Recht.

7

c) Die leasingtypische Abtretungskonstruktion

Wichtigste, vom „normalen" Mietrecht abweichende Besonderheit des Leasingrechts ist die Zulässigkeit von Haftungsregelungen in Allgemeinen Leasingbedingungen (ALB) mit der weitreichenden **Freizeichnung des Leasinggebers** von seiner Sachmängelhaftung, aber auch für sonstige Leistungsstörungen und Pflichtverletzungen,

8

---

[5] Seit BGH NJW 1977, 848; 1989, 460; 1989, 1279; 1990, 314; 1995, 1019; 1996, 2860; 2009, 575.
[6] Scharff in H. Beckmann/Scharff LeasingR § 1 Rn. 45 mwN.
[7] Scharff in H. Beckmann/Scharff § 1 Rn. 51 ff. und H. Beckmann in Beckmann/Scharff LeasingR § 17 Rn. 25, jeweils mwN.
[8] MüKoBGB/Koch Anh. § 515 Rn. 44 (Finanzierungsleasing); H. Beckmann in Beckmann/Scharff LeasingR § 2 Rn. 1.
[9] Seit BGH NJW 1977, 848.
[10] H. Beckmann in Beckmann/Scharff LeasingR § 2 Rn. 88 ff. mwN.

die ihre Ursache im Pflichtenkreis des Lieferanten haben. Diese Freizeichnung wird heute allgemein als zulässig angesehen, wenn der Leasinggeber im Rahmen der **leasingtypischen Abtretungskonstruktion** gleichzeitig seine Rechte und Ansprüche gegen den Lieferanten aus dem Liefervertrag an den Leasingnehmer **endgültig, uneingeschränkt, unbedingt und vorbehaltlos abtritt.** Der Leasingnehmer wird dadurch berechtigt und verpflichtet, die ihm vom Leasinggeber abgetretenen Ansprüche und Rechte (vorrangig) gegenüber dem Lieferanten geltend zu machen.[11]

9 Bei entsprechender Regelung in den ALB muss der Leasingnehmer die Rechte und Ansprüche aus sämtlichen Leistungsstörungen – Sach- und Rechtsmängel, Nicht- und nicht rechtzeitige Lieferung, Teillieferung sowie weiteren Pflichtverletzungen, die im Verantwortungsbereich des Lieferanten anzusiedeln sind – vorrangig gegenüber dem Lieferanten durchsetzen. Diese Erstreckung der leasingtypischen Abtretungskonstruktion mit der uneingeschränkten, unbedingten und vorbehaltlosen Abtretung „aller Ansprüche und Rechte jeder Art, die der Leasinggeberin gegen den Lieferanten oder sonstige Dritte zustehen",[12] wird heute allgemein als zulässig angesehen (**„radikale Abtretungsvariante"**).[13]

10 Der Leasingnehmer muss eine wirksame Freizeichnung des Leasinggebers mit der Abtretung aller Rechte und Ansprüche aus Leistungsstörungen insbesondere auch in Zeiten von Corona beachten, weil pandemiebedingt vermehrt **Insolvenzen auf Lieferantenseite** auftreten werden und es dem Leasingnehmer zuzumuten ist, trotz einer Insolvenz des Lieferanten Ansprüche aus Leistungsstörungen vorrangig gegen den Insolvenzverwalter des Lieferanten durchzusetzen.[14]

d) Schadenersatz im Leasingdreieck

11 Da durch eine vom Lieferanten verursachte Leistungsstörung im Leasingdreieck typischerweise zwei Vermögensmassen betroffen werden, ist bei der Geltendmachung von Schadensersatzansprüchen in jedem Einzelfall festzustellen, welcher der drei Beteiligten einen Schaden erlitten hat und wer berechtigt ist, diesen Schaden gegenüber welchem der Beteiligten durchzusetzen. Das gilt insbesondere bei der Durchsetzung von **Eigenschäden des Leasingnehmers,** die durch Pflichtverletzungen des Lieferanten verursacht worden sind.[15]

II. Förderprogramme für Leasinggesellschaften und Leasingkunden

1. Wirtschaftliche Bedeutung des Leasing

12 Leasinggeschäfte haben eine erhebliche wirtschaftliche Bedeutung. Nach Angaben des Bundesverbands Deutscher Leasing-Unternehmen (BDL) sind in Deutschland derzeit (Stand April 2020) Leasinggüter im Wert von über 220 Milliarden EUR im Einsatz.

---

[11] Harriehausen NJW 2019, 1493; H. Beckmann in Beckmann/Scharff LeasingR § 3 Rn. 9 ff. und 28 ff.
[12] OLG Koblenz BeckRS 2019, 12799; Harriehausen NJW 2020, 1482 (1484).
[13] R.M. Beckmann in Martinek/Stoffels/Wimmer-Leonhardt Leasing-HdB § 21 Rn. 5; H. Beckmann in Beckmann/Scharff LeasingR § 3 Rn. 73 ff. mwN und Rn. 97 ff.
[14] BGH NJW 2010, 2798 und 2014, 1583; H. Beckmann in Beckmann/Scharff LeasingR § 3 Rn. 39 und § 14 Rn. 19 ff. mwN.
[15] H. Beckmann in Beckmann/Scharff LeasingR § 3 Rn. 171 ff. mwN.

Hierzu gehören insbesondere Kraftfahrzeuge, Maschinen, Anlagen, IT-Ausstattung. Nach einer aktuellen Mitteilung des BDL vom 24.4.2020 betrug der Leasing-Anteil an neu zugelassenen Straßenfahrzeugen über 40%. Gemessen am Anschaffungswert neuer Fahrzeuge belief sich der Leasing-Anteil wegen des hohen Anteils an Ober- und Mittelklassewagen sogar auf 70% der Neuzulassungen. Durch die Corona-Krise und die dadurch bedingten erheblichen Liquiditätsengpässe bei den typischen Leasingkunden sind die wirtschaftlichen Erwartungen der Leasingbranche für das Jahr 2020 drastisch gefallen. Es ist deshalb zu erwarten, dass auch Leasingverträge erheblich durch die Corona-Pandemie betroffen werden.

2. Antragsberechtigung von Leasinggesellschaften für Förderkredite

Leasing-Gesellschaften können im Rahmen des Corona-Sonderprogramms 2020 für sich über ihre jeweilige Hausbank einen KfW-Unternehmerkredit oder einen KfW-Schnellkredit beantragen, falls sie nicht mit mehr als 25% im Eigentum von Kreditinstituten stehen.[16]   13

3. Antragsberechtigung von Leasingkunden für Soforthilfen und Förderkredite

Auch Leasingkunden können zur Überbrückung von akuten Liquiditätsengpässen durch laufende Betriebskosten, zu denen auch Leasingraten gehören, mit KfW-Krediten und/oder mit Corona-Soforthilfen geschuldete Leasingraten bezahlen, soweit die Fördervoraussetzungen vorliegen. Die Schnellkredite werden zu 100% durch eine Garantie des Bundes abgesichert. Zu beachten ist, dass auch Schnellkredite nur mit einer nicht unerheblichen Verzinsung von 3% pro Jahr gewährt werden, die ebenfalls erwirtschaftet werden müssen.   14

Leasingsnehmer, die in den persönlichen Anwendungsbereich des Art. 240 § 1 EGBGB fallen, können bei Vorliegen der Voraussetzungen ein **Leistungsverweigerungsrecht** bezüglich der Leasingraten geltend machen. Die Regelung des Art. 240 § 2 EGBGB gilt nicht für die Miete beweglicher Sachen, ist somit beim Mobilien-Leasing nicht anwendbar[17] (→ § 2 Rn. 9).   15

Wegen Einzelheiten zu den **Förderleistungen** der Soforthilfe-Programme wird auf die einschlägigen Informationen des Bundesfinanzministeriums, des Bundeswirtschaftsministeriums und der Kreditanstalt für Wiederaufbau (KfW) auf deren Webseiten und in den entsprechenden Merkblättern sowie auf die Webseiten der Länder, beispielhaft auf das Soforthilfeprogramm des Landes NRW gemäß § 53 Landeshaushaltsordnung (LHO) in Verbindung mit dem Bundesprogramm, verwiesen.   16

---

[16] Aktuelle Mitteilung des BDL vom 17.4.2020 – Website BDL (Stand 10. Mai 2020) unter Hinweis auf die Website des Bundesfinanzministeriums.
[17] Streyl in Schmidt COVID-19 § 3 Rn. 108.

III. Pandemiebedingte Zahlungsschwierigkeiten des Leasingkunden hinsichtlich der Leasingraten

1. Beginn der Ratenzahlungspflicht erst mit vollständiger Lieferung

17 Ohne Überlassung der Leasingsache an den Leasingnehmer besteht kein Anspruch auf Zahlung der Leasingraten. Erst mit der vollständigen Überlassung der Leasingsache **beginnen** die **Laufzeit des Leasingvertrags** und damit die Ratenzahlungspflicht des Leasingnehmers. Auch durch eine **unvollständige Lieferung** der Waren wird der Anspruch des Leasinggebers auf Zahlung der Leasingraten noch nicht fällig, jedenfalls dann nicht, solange der Leasingnehmer die **Übernahmebestätigung** noch nicht unterzeichnet hat. Ohne besondere Vereinbarung ist der Schuldner nach § 266 BGB nicht zu **Teilleistungen** berechtigt.[18] Das gilt entsprechend bei einer werkrechtlichen Einordnung des Liefervertrags und einer nur teilweisen Herstellung des Werks.

2. Verzug mit den Leasingraten ohne Mahnung

18 Kann der Leasingnehmer pandemiebedingt seine monatlichen oder vierteljährlichen Leasingraten nicht zu den im Formularleasingvertrag festgesetzten Terminen zahlen, gerät er nach § 286 Abs. 2 Nr. 1 BGB **ohne Mahnung** in **Verzug.** Der Schuldner hat grundsätzlich seine finanzielle Leistungsfähigkeit unabhängig von einem Verschulden zu vertreten.[19] Das Risiko der finanziellen Leistungsfähigkeit liegt insoweit beim Leasingnehmer.

3. Kündigung des Leasinggebers wegen Zahlungsverzugs

a) Gewerbliches Leasing

19 Beim **gewerblichen Leasing,** bei dem der Leasingnehmer Unternehmer iSd § 14 BGB ist, kann der Leasinggeber – wie jeder Vermieter – den Leasingvertrag unter den Voraussetzungen des § 543 Abs. 2 S. 1 Nr. 3 BGB im Falle des Verzugs des Leasingnehmers mit der Zahlung der Leasingraten außerordentlich fristlos kündigen.

20 Von dieser Regelung abweichende sog. **Verfallklauseln** in Allgemeinen Leasingbedingungen (ALB), die eine Verpflichtung des Leasingnehmers zur Rückgabe der Leasingsache und die sofortige Fälligkeit aller noch ausstehenden Leasingraten vorsehen, sieht der BGH in stRspr als unwirksam an.[20]

21 Zu beachten ist, dass auch Kleinstunternehmer, Solo-Selbstständige und **Freiberufler als gewerbliche Leasingnehmer** anzusehen sind, wenn sie einen Finanzierungsleasingvertrag schließen und dieses Handeln eindeutig und zweifelsfrei ihrer gewerblichen oder selbständigen beruflichen Tätigkeit zugeordnet werden kann.[21]

---

[18] H. Beckmann in Beckmann/Scharff LeasingR § 2 Rn. 189 ff. mwN.
[19] BGH NJW 1989, 1276.
[20] BGH NJW 1978, 1432; 1984, 2938; 1995, 954; Scharff in H. Beckmann/Scharff § 18 Rn. 59.
[21] BGH NJW 1996, 2367; 2009, 3780; Scharff in H. Beckmann/Scharff § 21 Rn. 20 mwN.

b) Verbraucherleasing

aa) Verbraucherdarlehensrecht

Ist der Leasingnehmer Verbraucher iSd § 13 BGB, sind die besonderen **Kündigungsregelungen des Verbraucherdarlehensrechts** nach den §§ 506, 500, 491 ff. BGB zu beachten. Gemäß § 498 BGB ist das Kündigungsrecht des Leasinggebers wegen Zahlungsverzuges des Leasingnehmers mit der Zahlung der Leasingraten erheblich eingeschränkt.

bb) Leistungsverweigerungsrecht des Leasingnehmers

Für vor dem 8.3.2020 geschlossene **„wesentliche Dauerschuldverhältnisse"**, zu denen auch Leasingverträge gehören, besteht nach Art. 240 §§ 1–3 EGBGB für Verbraucher und Kleinstunternehmer ein **Leistungsverweigerungsrecht**, das längstens bis zum 30.6.2020 genutzt werden kann. Die Voraussetzungen des Leistungsverweigerungsrechts sowie der persönliche Anwendungsbereich der einzelnen Regelungen sind im Detail unterschiedlich geregelt.[22]

Unter das Moratorium des Art. 240 § 1 S. 1 EGBGB fallen grundsätzlich auch Leasingverträge über Mobilien, da anders als in Art. 240 § 2 Abs. 1 EGBGB eine Beschränkung auf „ein Mietverhältnis über Grundstücke oder über Räume" nicht besteht (→ § 2 Rn. 9). Das Leistungsverweigerungsrecht besteht nach Art. 240 § 1 S. 2 EGBGB allerdings nur für „alle wesentlichen Dauerschuldverhältnisse", wobei nach der Gesetzesdefinition in Art. 240 § 1 S. 3 EGBGB das nur solche sind, „die zur Eindeckung mit Leistungen der angemessenen Daseinsvorsorge erforderlich sind". Das ist zB anzunehmen bei einem für den Betrieb eines Kleinunternehmers geleasten IT-Systems (Hard-und Software) oder einem geleasten Firmenfahrzeug. Derartige längerfristig gelease Gegenstände können für den Weiterbetrieb eines Kleinstunternehmens iSd Art. 240 § 1 Abs. 2 S. 1 EGBGB unter Berücksichtigung der Empfehlung 2003/361/EG der Kommission vom 6.5.2003 von entscheidender Bedeutung und somit für eine angemessene Daseinsvorsorge erforderlich sein.

4. Vermeidung von Zahlungsverzug und Kündigung

a) Beantragung von Soforthilfen und Krediten

Leasingnehmer sollten in erster Linie die angebotenen staatlichen Soforthilfen, Kredite und Bürgschaften in Anspruch nehmen, um die geschuldeten Leasingraten zu den vereinbarten Terminen zu zahlen und so eigenen Zahlungsverzug mit den Leasingraten und Kündigung des Leasingvertrags durch den Leasinggeber zu vermeiden.

b) Stundung oder Aussetzung der Leasingraten durch Leasinggeber

Hat der Leasingkunde (möglicherweise mehrere) Finanzierungsleasingverträge geschlossen, kann die Höhe der monatlich zu zahlenden Leasingraten seine Liquidität erheblich beeinträchtigen. Insoweit kann er Stundung oder Aussetzung der Leasingraten durch den Leasinggeber anregen.

---

[22] Tribess GWR 2020, 152 ff.; Lorenz in Schmidt COVID-19 § 1 Rn. 43 ff.

26 Allerdings ist insoweit wegen der mietähnlichen Überlassungspflicht des Leasinggebers die Kündigungssperre des § 112 InsO zu beachten.[23] In der Leasingbranche sind **Bedenken gegen eine Stundung** oder Aussetzung der Zahlung der Leasingraten mit der Begründung geäußert worden, dass spätere Ratenzahlungen möglicherweise nicht „insolvenzfest" seien. Durch die Regelungen im Gesetz zur vorübergehenden Aussetzung der Insolvenzantragspflicht und zur Begrenzung der Organhaftung bei einer durch die COVID-19-pandemiebedingten Insolvenz (COVID-19-Insolvenzaussetzungsgesetz – COVInsAG) ist die **Insolvenzantragspflicht** des § 15a InsO durch § 1 COVInsAG für betroffene Gesellschaften vorübergehend für die Zeit vom 1.3.2020 bis zum 30.9.2020 für den Fall ausgesetzt worden, dass die wirtschaftlichen Schwierigkeiten bzw. die Liquiditätsengpässe und die Zahlungsunfähigkeit oder Überschuldung wegen der Corona-Pandemie entstanden sind und aufgrund der Beantragung öffentlicher Hilfen oder ernsthafter Finanzierungs- oder Sanierungsverhandlungen begründete Aussichten auf eine Sanierung bestehen. Ziel der Regelungen ist es, die Fortführung von Unternehmen, die infolge der Corona-Pandemie insolvent geworden oder wirtschaftliche Schwierigkeiten hatten, zu ermöglichen oder zumindest zu erleichtern. Durch die Regelung in § 4 COVInsAG wird zudem die Möglichkeit eröffnet, **Aussetzungen der Antragspflicht nach § 15a InsO** bis zum 31.3.2021 zu verlängern. Damit sollten die Bedenken der Leasingbranche weitgehend ausgeräumt sein. Gemäß § 2 Nr. 3 COVInsAG sind Kreditgewährungen und Besicherungen im Aussetzungszeitraum nicht als sittenwidriger Beitrag zur **Insolvenzverschleppung** anzusehen.[24]

c) Schutzschirmverfahren

27 Allerdings kann ein Schuldner (wie der Leasingkunde) trotz der vorübergehenden Aussetzung der Insolvenzantragspflicht auch weiterhin einen Insolvenzantrag stellen, um mit dem sog. **Schutzschirmverfahren** nach § 270b InsO in dem zur Verfügung stehenden Zeitraum von bis zu drei Monaten einen Insolvenzplan auszuarbeiten und vorzulegen, um eine pandemiebedingte wirtschaftliche Krise bei einem ansonsten funktionierenden Geschäftsmodell nachhaltig zu überwinden.[25]

d) Vereinbarungen zwischen Leasinggeber und Leasingnehmer

28 Leasinggeber und Leasingnehmer können bei Zahlungsschwierigkeiten des Leasingnehmers auch eine **Verlängerung der Laufzeit** des Leasingvertrags und dadurch bedingt niedrigere monatliche Leasingraten, die eine erleichterte Bedienung ermöglichen, vereinbaren.

29 Außerdem können die Leasingvertragspartner eine einvernehmliche Regelung dahin treffen, dass der Leasinggeber für einen bestimmten Zeitraum vorübergehend auf die Möglichkeit der **Kündigung** des Leasingvertrags wegen Ratenrückständen **verzichtet**.

---

[23] MüKoBGB/J. Koch BGB Anh. § 515 Rn. 154 mWN.
[24] Schluck-Amend NZI 2020, 289; Römermann NJW 2020, 1108; Nerlich/Römermann COVInsAG § 1 Rn. 1 ff.; kritisch Pape NZI 2020, 393.
[25] Commandeur/Hübler NZG 2020, 514 ff.

5. Leistungsverweigerungsrecht des Leasingnehmers bei eingeschränkter oder unwirksamer Freizeichnung des Leasinggebers

Letztlich kann dem Leasingnehmer ein Leistungsverweigerungsrecht zustehen, wenn die Freizeichnung des Leasinggebers im Rahmen der leasingtypischen Abtretungskonstruktion unwirksam ist. Dem durch die Corona-Krise in aktuelle Zahlungsschwierigkeiten geratenen Leasingnehmer ist anzuraten, den **Umfang** und/oder die **Wirksamkeit der Freizeichnung des Leasinggebers** wegen einer möglicherweise in Betracht kommenden Leistungsstörung zu **überprüfen.** 30

a) Freizeichnung nur hinsichtlich der Sachmängelhaftung

Hat sich nämlich der Leasinggeber iRd leasingtypischen Abtretungskonstruktion nach dem ausdrücklichen Wortlaut seiner ALB ausschließlich **nur von seiner Sachmängelhaftung** freigezeichnet, stehen dem Leasingnehmer die entsprechenden mietrechtlichen Rechte und Ansprüche aus anderen Leistungsstörungen unmittelbar gegenüber dem Leasinggeber zu. Der Leasingnehmer kann sich dann hinsichtlich nicht unter die Freizeichnung fallenden Leistungsstörungen – zB eine nicht rechtzeitige oder unvollständige Lieferung, einen Rechtsmangel oder eine sonstige Pflichtverletzung – auf ein **Leistungsverweigerungsrecht** bezüglich der Zahlung der Leasingraten berufen.[26] 31

b) Abtretung mit Einschränkungen

Das gilt entsprechend, wenn der Leasinggeber die Ansprüche gegen den Lieferanten aus dem Liefervertrag an den Leasingnehmer nur mit **Einschränkungen** abgetreten hat. Nach der stRspr des BGH muss die Abtretung im Rahmen der leasingtypischen Abtretungskonstruktion endgültig, uneingeschränkt, unbedingt und vorbehaltlos erfolgen, weil anderenfalls der Leasingnehmer in nicht hinzunehmender Weise rechtlos gestellt würde; anderenfalls ist sie unwirksam.[27] 32

c) Vorübergehende Liquidität

Selbst wenn sich im Nachhinein herausstellt, dass die Freizeichnung des Leasinggebers wirksam war und sich auch auf die geltend gemachte Leistungsstörung erstreckt und deshalb kein Leistungsverweigerungsrecht des Leasingnehmers bestand, kann der Einwand doch dazu geführt haben, vorübergehend Liquidität zu erhalten. In diesem Fall muss der Leasingnehmer die zurückgehaltenen Leasingraten allerdings nachträglich gemäß den § 280 Abs. 2 BGB, § 286 Abs. 1 BGB, § 288 BGB mit dem hohen gesetzlichen **Verzugszinssatz** von 5 bzw. 9 Prozentpunkten über dem Basiszins verzinsen.[28] 33

IV. Pandemiebedingte Probleme bei Überlassung der Waren

1. Übergabe und Abnahme beim Finanzierungsleasinggeschäft

Bei einem typischen Finanzierungsleasinggeschäft sind **Liefergegenstand und Leasingsache identisch.** Liefervertrag kann sowohl ein Kaufvertrag als auch ein Werkver- 34

---

[26] H. Beckmann in Beckmann/Scharff LeasingR § 2 Rn. 189 ff. und § 14 Rn. 2 mwN.
[27] BGH NJW 1987, 1072; 2006, 1066; 2014, 1538; H. Beckmann in Beckmann/Scharff LeasingR § 3 Rn. 28 ff. mwN.
[28] Vgl. BGH NJW 2016, 397.

trag sein.[29] Leasingtypisch übergibt der Lieferant die Ware gemäß § 433 Abs. 1 BGB zur Erfüllung des Liefervertrags im Auftrag des Leasinggebers an den Leasingnehmer, der zugleich für den Leasinggeber gemäß § 433 Abs. 2 BGB die gekaufte Sache abnimmt. In demselben tatsächlichen Vorgang überlässt der Lieferant die Leasingsache im Auftrag des Leasinggebers gemäß § 535 Abs. 1 BGB zur Erfüllung des Leasingvertrags dem Leasingnehmer.

35 Ist der Liefervertrag rechtlich als **Werkvertrag** einzuordnen, nimmt der Leasingnehmer – insoweit als Erfüllungsgehilfe des Leasinggebers – das vertragsgemäß hergestellte Werk nach § 640 Abs. 1 BGB ab, wodurch die vom Leasinggeber an den Lieferanten zu zahlende Vergütung gemäß § 641 Abs. 1 Satz 1 BGB fällig wird.[30]

2. Verzögerung der Übergabe der Waren oder der Abnahme des Werks durch Kontaktverbote

36 Sowohl in Leasingverträgen als auch in Lieferverträgen werden in der Regel nur unverbindliche Termine und **Lieferfristen** vereinbart. Die Überlassung der Waren an den Leasingnehmer kann sich aufgrund behördlicher Kontaktverbote oder sonstiger Maßnahmen allerdings erheblich verzögern, weil Übergabe- oder Abnahmetermine nicht stattfinden können, obwohl die gekauften oder bestellten Waren zwar fristgerecht hergestellt worden sind und/oder abholbereit beim Lieferanten stehen oder an den Leasingnehmer ausgeliefert werden können, die beteiligten natürlichen Personen aber wegen der geltenden Kontaktsperren die Ware, zB ein Kraftfahrzeug im Autohaus des Lieferanten, nicht übergeben bzw. übernehmen können, oder zB die zu liefernde Hard- und Software vom IT-Unternehmer im Betrieb des Kunden nicht wie vereinbart installiert bzw. ein Abnahmetermin nicht wahrgenommen werden kann. Eine solche zeitliche Verzögerung kann für alle Beteiligten mit wirtschaftlichen Nachteilen verbunden sein. Klauseln in Liefer-AGB und in Leasingbedingungen (ALB) müssen auch in Corona-Zeiten auf ihre Wirksamkeit nach § 308 Nr. 1 BGB, § 307 BGB überprüft werden

3. Verzögerungen der Leistung durch Leistungshindernisse auf Seiten des Lieferanten

a) Leistungshindernisse

37 Die Durchführung von normalerweise alltäglichen Lieferverträgen kann pandemiebedingt zu einer tatsächlichen oder rechtlichen Unmöglichkeit der Erbringung der Leistung durch den Lieferanten führen. Die **Leistungshindernisse** können vorübergehend oder nach dem Ende oder der Lockerung der pandemiebedingten Beschränkungen auch endgültig sein. Als mögliche Leistungshindernisse kommen insoweit insbesondere in Betracht: Ausfall von Arbeitnehmern, Schließung von Produktionsstätten, unterbrochene Lieferketten, unüberwindbare Nachschubprobleme, Beschränkungen des Güter- und Personenverkehrs.

---

[29] H. Beckmann in Beckmann/Scharff LeasingR § 2 Rn. 87 ff.
[30] H. Beckmann in Beckmann/Scharff LeasingR § 8 Rn. 1 ff.

b) Unmöglichkeit und Ausschluss der Leistungspflicht des Lieferanten

Kann der Lieferant seine Lieferpflicht wegen pandemiebedingter Leistungshindernisse 38
nicht rechtzeitig, nur teilweise oder gar nicht erbringen und vermag er sich die geschuldete Liefer- und Leasingsache auch nicht anderweitig am Markt zu beschaffen, entfällt seine Leistungspflicht nach § 275 Abs. 1 BGB.

Der Lieferant ist außerdem bei Vorliegen der Voraussetzungen des § 275 Abs. 2 BGB 39
zur **Verweigerung der Leistung** berechtigt, wenn er seine Leistung nur mit einem unverhältnismäßigen Aufwand vertragsgemäß erbringen kann. Im Rahmen der erforderlichen Abwägung ist insbesondere auch das Leistungsinteresse des Gläubigers niedriger anzusetzen ist, wenn auch er wegen der Corona-Krise die Waren nicht wie beabsichtigt verwenden kann, weil auch er von dem Ausfall der Belegschaft, der Schließung von Betriebsstätten und unterbrochenen Lieferketten betroffen ist.[31] Dies wird jedenfalls beim gewerblichen Leasing in der Regel sowohl für den Leasinggeber als auch für den gewerblichen Leasingnehmer der Fall sein.

4. Ansprüche auf Ersatz von pandemiebedingten Verzögerungsschäden im Leasingdreieck

a) Aus dem Liefervertrag

aa) Lieferant gegen Leasinggeber

Der Verkäufer einer Ware ist im Rahmen eines Finanzierungsleasinggeschäfts vorleis- 40
tungspflichtig. Die Zahlung des Kaufpreises durch den Leasinggeber an den Lieferanten wird leasingtypisch erst mit der Unterzeichnung der **Übernahmebestätigung** durch den Leasingnehmer fällig. Verzögert sich die Übergabe wegen behördlicher Kontaktverbote oder pandemiebedingter Leistungshindernisse, kann der Leasinggeber mit seinen Zahlungen an den Lieferanten schon wegen fehlender Fälligkeit nicht in Schuldnerverzug kommen (§ 286 Abs. 1 S. 1 BGB, § 271 BGB). Außerdem scheitert ein Schadensersatzanspruch daran, dass der Lieferant die verspätete Leistung nicht zu vertreten hat (§ 286 Abs. 4 BGB).

Das gilt entsprechend für den Fall, dass der Liefervertrag als Werkvertrag einzuordnen 41
ist. In diesem Fall bedarf es für die Fälligkeit der Vergütung zusätzlich zur Übernahmebestätigung auch noch der werkrechtlichen **Abnahme** nach § 640 Abs. 1 BGB.[32]

bb) Leasinggeber gegen Lieferant

Hat der Leasinggeber durch die verspätete Auslieferung und Übergabe der Leasing- 42
sache und den dadurch bedingten verzögerten Eingang von Leasingraten seinerseits Liquiditätsengpässe oder sonstige Schäden, kann er diese Schäden ebenfalls nicht gegenüber dem Lieferanten als seinem Vertragspartner aus dem Liefervertrag ersetzt verlangen. Der Lieferant hat die Verzögerung der Auslieferung der Ware oder der Überlassung der Werkleistungen wegen behördlicher Kontaktverbote gemäß § 286 Abs. 4 BGB ebenfalls nicht zu vertreten.[33]

---

[31] Weller/Lieberknecht/Habrich NJW 2020, 1017 (1019f.).
[32] H. Beckmann in Beckmann/Scharff LeasingR § 7 Rn. 14ff.
[33] Weller/Lieberknecht/Habrich NJW 2020, 1017 (1020).

cc) Leasingnehmer gegen Lieferant

43 Dies gilt entsprechend, wenn der Leasingnehmer durch die nicht rechtzeitige Leistung oder die Nichtleistung des Lieferanten **eigene Schäden** erleidet, zB Mehrkosten oder entgangenen Gewinn, weil er die Produktion mit der geleasten Maschine nicht wie geplant aufnehmen oder seinen Betrieb wegen der nicht installierten IT (Hard-und Software) nicht zum vorgesehenen Zeitpunkt eröffnen kann. Derartige eigene Verzögerungsschäden kann der Leasingnehmer zwar grundsätzlich auch gegenüber dem Lieferanten geltend machen. Auch insoweit scheidet aber eine Haftung des Lieferanten schon wegen des fehlenden Verschuldens nach § 286 Abs. 4 BGB aus.

b) Aus dem Leasingvertrag
aa) Leasinggeber gegen Leasingnehmer

44 Ein Anspruch des Leasinggebers gegen den Leasingnehmer auf Ersatz von Verzögerungsschäden kann schon deshalb nicht eintreten, weil die Zahlung der Leasingraten grundsätzlich erst mit der Übergabe der Leasingsache fällig wird und somit die Verzugsvoraussetzungen nicht vorliegen (§ 286 Abs. 1 S. 1 BGB, § 271 BGB).

bb) Leasingnehmer gegen Leasinggeber

45 Kann der Lieferant seine Verpflichtung aus dem Liefervertrag gegenüber dem Leasinggeber zur (rechtzeitigen) Leistung pandemiebedingt nicht oder nur verspätet erbringen, kann auch der Leasinggeber seine Pflicht zur (rechtzeitigen) Überlassung der Leasingsache an den Leasingnehmer nicht vertragsgemäß erfüllen. Es gelten die allgemeinen Unmöglichkeitsregeln; der Leasingnehmer kann die Zahlung der Leasingraten zurückhalten.[34]

46 Es kann dahinstehen, ob den Leasinggeber aus dem Leasingvertrag als atypischem Mietvertrag unter Berücksichtigung des Zwecks des Leasingvertrags überhaupt eine **Beschaffungspflicht** trifft. Der Leasinggeber schuldet leasingtypisch den Abschluss des Liefervertrags mit dem vom Leasingnehmer ausgesuchten Lieferanten, nicht aber mit anderen Lieferanten, falls der ausgewählte Lieferant die Waren nicht beschaffen oder herstellen kann oder der Lieferant vor der Überlassung aus sonstigen Gründen ausfällt.[35]

5. Vorteil einer pandemiebedingten Verzögerung der Überlassung für den Leasingnehmer

47 Eine verzögerte Übergabe der Leasingsache kann für den **Leasingnehmer,** der wegen der Corona-Krise Liquiditätsengpässe hat, zunächst aber auch von Vorteil sein, weil der Leasingvertrag nach den Leasingvertragsformularen oder den ALB erst mit der Übernahme der Leasingsache und der Unterzeichnung der **Übernahmebestätigung** durch den Leasingnehmer in Vollzug gesetzt wird, erst in diesem Zeitpunkt die Laufzeit des Leasingvertrags und damit Verpflichtung zur Zahlung der Leasingraten beginnt.[36]

---

[34] R.M. Beckmann in Martinek/Stoffels/Wimmer-Leonhardt Leasing-HdB § 23 Rn. 6; MüKoBGB/ J. Koch BGB Anh. § 515 Rn. 88 mwN.
[35] MüKoBGB/J. Koch BGB Anh. § 515 Rn. 33, 37 und 90 (Finanzierungsleasing); H. Beckmann in Beckmann/Scharff LeasingR § 3 Rn. 80.
[36] H. Beckmann in Beckmann/Scharff LeasingR § 7 Rn. 29 ff.

V. Rückabwicklung des Finanzierungsleasinggeschäfts

1. Rücktritt vom Liefervertrag wegen nicht oder nicht vertragsgemäßer Leistung

Verzögert sich die Lieferung des Lieferanten und damit gleichzeitig auch die Überlassung der Leasingsache an den Leasingnehmer, kann der Leasingnehmer seiner Zahlungspflicht durch die Ausübung des **Rücktrittsrechts** nach den § 323 Abs. 1 BGB, § 346 Abs. 1 BGB, das unabhängig vom Vertretenmüssen auch dann besteht, wenn der Schuldner eine fällige Leistung nicht oder nicht vertragsgemäß erbringt, entgehen.[37] Hat sich der Leasinggeber im Leasingvertrag gegenüber dem Leasingnehmer im Rahmen der leasingtypischen Abtretungskonstruktion auch von seiner mietrechtlichen Haftung wegen der Sekundäransprüche aus einer Nicht- oder nicht vertragsgemäßen Erfüllung freigezeichnet und seine Ansprüche und Rechte insoweit wirksam an den Leasingnehmer abgetreten, kann der Leasingnehmer, wenn er an einer verspäteten Leistung kein Interesse hat, dem Lieferanten eine angemessene Frist zur Leistung oder Nacherfüllung setzen und nach erfolglosem Fristablauf den **Rücktritt vom Liefervertrag** erklären. Eine Fristsetzung kann nach § 323 Abs. 2 BGB unter den dort genannten Voraussetzungen entbehrlich sein. 48

2. Leistungsverweigerungsrecht des Leasingnehmers hinsichtlich der Leasingraten nach Rücktrittserklärung

Akzeptiert der Lieferant den vom Leasingnehmer erklärten Rücktritt, kann der Leasingnehmer gegen den Leasinggeber die Rückabwicklung des Leasingvertrages durchsetzen. Bestreitet der Lieferant die Wirksamkeit des Rücktritts, zB einen Rücktrittsgrund, muss der Leasingnehmer – möglichst unverzüglich – gegen den Lieferanten Klage auf Rückzahlung des vom Leasinggeber an den Lieferanten gezahlten Kaufpreises bzw. des Werklohns an den Leasinggeber im Lieferprozess erheben. Mit der **Akzeptanz** des Lieferanten oder der **Erhebung der Klage** auf Rückabwicklung des Liefervertrags ist der Leasingnehmer berechtigt, die Zahlung der Leasingraten **vorläufig** einzustellen.[38] 49

3. Rückabwicklung des Leasingvertrags

Bei **Akzeptanz** des Rückabwicklungsverlangens durch den Lieferanten oder nach **Rechtskraft eines stattgebenden Urteils im Lieferprozess** auf Rückzahlung des gezahlten Kaufpreises/Werklohns an den Leasinggeber erlischt der Anspruch des Leasinggebers auf Zahlung künftiger Leasingraten; die bereits gezahlten Leasingraten sind zu erstatten, weil dem Leasingvertrag bei einem berechtigten Rücktritt vom Liefervertrag „von vornherein die **Geschäftsgrundlage** fehlt, sodass dem Leasinggeber von Anfang an keine Ansprüche auf Zahlung von Leasingraten zustehen, selbst wenn der Leasinggegenstand zeitweilig benutzt worden ist".[39] 50

---

[37] R.M. Beckmann in Martinek/Stoffels/Wimmer-Leonhardt Leasing-HdB § 23 Rn. 19.
[38] BGH NJW 2010, 2798; 2014, 1583; H. Beckmann in Beckmann/Scharff LeasingR § 3 Rn. 39.
[39] BGH NJW 2014, 1583; H. Beckmann in Beckmann/Scharff LeasingR § 17 Rn. 31 mwN.

VI. Probleme bei der Rückgabe der Leasingsachen durch Kontaktverbote

1. Annahmeverzug von Leasinggeber und Lieferant

51 Der Leasingnehmer schuldet nach der Beendigung des Leasingvertrags die **Rückgabe der Leasingsache** an den Leasinggeber (§ 546 BGB). Im Leasingvertrag wird insoweit in der Regel vereinbart, dass die Rückgabe auf Geheiß des Leasinggebers unmittelbar an den Lieferanten erfolgen oder vom Lieferanten beim Leasingnehmer abgeholt werden soll. Fällt dieser Zeitpunkt in die Corona-Zeit, bestehen die oben bei der Übernahme der Waren geschilderten Probleme aus den behördlichen Kontaktverboten ebenfalls (→ Rn. 36). Insbesondere bei der **Rückgabe eines Leasingfahrzeugs** finden in der Regel intensive Kontakte zwischen den Beteiligten statt, weil häufig Streit über den ordnungsgemäßen Fahrzeugzustand und einen Minderwert entsteht.

52 Unter Berücksichtigung der gesetzlichen Regelungen in den §§ 297, 299 BGB kommt der Leasinggeber als Gläubiger hinsichtlich der Rückgabe der Leasingsache nicht in **Annahmeverzug,** wenn der Leasingnehmer pandemiebedingt nicht imstande ist, die Leistung zu bewirken und der Leasinggeber vorübergehend an der Annahme der Leistung verhindert ist. Allerdings muss der Leasinggeber dafür sorgen, seinerseits dem Leasingnehmer die fristgerechte Rückgabe der Leasingsache zu ermöglichen. Der Leasingnehmer sollte den Leasinggeber deshalb auffordern, die entsprechenden Maßnahmen zur ordnungsgemäßen Rückgabe zu ergreifen.

53 Haben Leasinggeber und Lieferant in den Bestellbedingungen oder der **Eintrittsvereinbarung** festgelegt haben, dass die Ware bei Beendigung des Leasingvertrags vom Lieferanten zurückgenommen oder zurückgeholt werden soll, gerät auch der Lieferant in diesen Fällen gegenüber dem Leasinggeber nur eingeschränkt in Annahmeverzug.

2. Laufzeitverlängerung zur Hinausschiebung zusätzlicher Kosten wegen Schäden an der Leasingsache bei Rückgabe

54 Insbesondere beim Kfz-Leasing entstehen bei der Rückgabe eines Fahrzeugs in der Regel zusätzliche Kosten wegen erheblicher Gebrauchsspuren oder Schäden und/oder einer Überschreitung der vereinbarten Fahrleistungen (beim sog. Kilometer-Leasingvertrag.) Diese Kosten können insbesondere bei dem Leasing einer großen Anzahl von Fahrzeugen im Rahmen des **Flottenleasing** oder des Fuhrparkmanagements erheblich sein. Insoweit ist Leasingnehmern zu empfehlen, beim Leasinggeber eine Verlängerung der Laufzeit des Leasingvertrages um 6 bis 12 Monate zu beantragen, um den Anfall der Mehrkosten in die Zukunft zu verschieben.[40]

VII. Insolvenzrisiken im Leasingdreieck

1. Grundsatz

55 Da der Leasinggeber im typischen Leasingdreieck zwei Verträge mit zwei unterschiedlichen Vertragspartnern schließt – den Leasingvertrag mit dem Leasingnehmer und

---

[40] Michael Dörfler, Leasingraten wegen der Corona-Krise aussetzen – geht das? in Das Wachstumsmagazin website marktundmittelstand.de – Stand 15.5.2020.

den Liefervertrag mit dem Leasingkunden, trägt er grundsätzlich auch das Insolvenzrisiko bezüglich beider Vertragspartner.[41]

2. Uneinbringlichkeit des Rückzahlungsanspruchs aus Rückabwicklung

Gerade in Zeiten von Corona und insbesondere durch die virusbedingten wirtschaftlichen Folgen wird es in Zukunft vermehrt zu zahlreichen Insolvenzen kommen. Strittig ist nach wie vor, ob der Leasinggeber in jedem Fall uneingeschränkt das **Insolvenzrisiko des Lieferanten** hinsichtlich der Realisierung des Rückzahlungsanspruchs aus der Rückabwicklung des Liefervertrages tragen muss und deshalb die Abwälzung in ALB unwirksam ist.[42] Das hat zur Folge, dass der Leasinggeber in die bei der Rückabwicklung des Leasingvertrags vorzunehmende **Abrechnung des Leasingvertrags** den an den Lieferanten gezahlten Kaufpreis/Werklohn auch bei Zahlungsunfähigkeit des Lieferanten nicht in die Saldierung einstellen kann.[43] Dies wird jedenfalls im kaufmännischen Verkehr und bei Unternehmergeschäften mit guten Argumenten als wenig ausgewogen kritisiert.[44] 56

Nach einem wirksamen Rücktritt vom Liefervertrag wegen einer Leistungsstörung (Nicht- und nicht vertragsgemäße Leistung) muss der Lieferant den gezahlten Kaufpreis bzw. den Werklohn an den Kunden nach § 346 Abs. 1 BGB zurückzahlen. Käufer bzw. Besteller ist beim Finanzierungsleasinggeschäft der Leasinggeber, also ist dieser auch Gläubiger des Rückzahlungsanspruchs und muss deshalb in der Regel auch das Risiko der Realisierung bzw. der **Uneinbringlichkeit** des sich aus einer Rückabwicklung des Liefervertrags ergebenden Rückzahlungsanspruchs tragen. Dieses Risiko trägt der Leasinggeber auch hinsichtlich eigener Schadensersatzansprüche. 57

3. Rechtslage bei eigenen Ansprüchen und Eigenschäden des Leasingnehmers

Hat sich der Leasinggeber im Rahmen der leasingtypischen Abtretungskonstruktion wirksam umfassend auch von sämtlichen Sekundäransprüchen aus Nicht- und nicht vertragsgemäßer Erfüllung, insbesondere auch hinsichtlich aller dem Lieferanten zuzurechnenden Pflichtverletzungen, freigezeichnet, muss der Leasingnehmer auch **eigene Ansprüche** gegen den Lieferanten und mögliche Ansprüche wegen **eigener Schäden** unmittelbar und vorrangig gegen den Lieferanten durchsetzen und insoweit auch das **Insolvenzrisiko** des Lieferanten tragen. 58

VIII. Besondere Probleme im Liefer- und im Leasingprozess

Sinnvoller Weise bezeichnet man einen Rechtsstreit über Fragen des Leasingvertrags zwischen Leasinggeber und Leasingnehmer als Leasingprozess und über Fragen des Liefervertrags zwischen Leasingnehmer oder Leasinggeber und Lieferant als Lieferprozess.[45] 59

---

[41] BGH seit NJW 1985, 129; 1991, 1746; 2009, 575; 2014, 1583; MüKoBGB/J. Koch BGB Anh. § 515 Rn. 38 (Finanzierungsleasing); Scharff in H. Beckmann/Scharff LeasingR § 19 Rn. 54 ff. mwN.
[42] BGH NJW 2009, 575; 2014, 1583.
[43] H. Beckmann in Beckmann/Scharff LeasingR § 17 Rn. 40 mwN.
[44] Scharff in H. Beckmann/Scharff LeasingR § 19 Rn. 58 ff. mwN.
[45] Scharff in H. Beckmann/Scharff LeasingR § 15 Rn. 2.

1. Klage des Leasinggebers auf Zahlung rückständiger Leasingraten im Leasingprozess

a) Klage ohne Kündigung des Leasingvertrags durch den Leasinggeber

60 Zahlt der Leasingnehmer die Leasingraten nicht zu den vereinbarten Terminen, kann der Leasinggeber Klage beim zuständigen Amts- oder Landgericht auf Zahlung der rückständigen Leasingraten erheben, auch **ohne den Leasingvertrag zu kündigen.**

b) Leistungsverweigerungsrecht des Leasingnehmers

61 Hat sich der Leasinggeber von seiner Haftung wegen Nicht- und Schlechterfüllung im Rahmen der leasingtypischen Abtretungskonstruktion wirksam freigezeichnet, steht dem Leasingnehmer kein **Leistungsverweigerungsrecht** hinsichtlich der Leasingraten bis zu dem Zeitpunkt zu, in dem sich der Lieferant mit der Rückabwicklung des Liefervertrags einverstanden erklärt. „Akzeptiert" der Lieferant den Rücktritt nicht, wird sein Vorbringen im Leasingprozess erst erheblich, wenn er Klage gegen den Lieferanten auf Rückzahlung an den Leasinggeber erhebt.[46]

c) Aussetzung des Leasingprozesses nach § 148 ZPO

62 Das angerufene Gericht muss den Rechtsstreit auf Zahlung der rückständigen Leasingraten nach § 148 ZPO bis zur Akzeptanz der Rückabwicklung durch den Lieferanten oder bis zur rechtskräftigen Entscheidung im Lieferprozess über die Wirksamkeit der begehrten Rückabwicklung des Liefervertrags **aussetzen.**[47]

d) Verzug des Leasingnehmers mit Leasingraten bei Unterliegen im Lieferprozess

63 Zu beachten ist, dass nach Auffassung des BGH[48] der Leasingnehmer mit der Zahlung sämtlicher Leasingraten in **Verzug** gerät, wenn im Lieferprozess die Wirksamkeit der begehrten Rückabwicklung verneint und die Klage rechtskräftig abgewiesen wird. Der Leasingnehmer muss also in diesem Fall alle rückständigen Leasingraten nebst den hohen gesetzlichen **Verzugszinsen** nach § 288 BGB in einer Summe nachzahlen und, soweit der Leasinggeber seinerseits den Leasingvertrag noch nicht gekündigt hat und die Laufzeit noch nicht beendet ist, auch die zukünftigen Leasingraten weiterhin zahlen.

e) Kündigung des Leasingvertrags durch den Leasingnehmer

64 Deshalb ist dem Leasingnehmer dringend zu raten, trotz der Geltendmachung seines vermeintlich berechtigten, aber nur vorübergehenden Leistungsverweigerungsrechts vorsorglich einen befristeten kündbaren Leasingvertrag zu kündigen, damit dieser sich nicht automatisch verlängert (Nichtbeachtung ist **Regressfall** für den beratenden Rechtsanwalt).

---

[46] BGH NJW 2014, 1583; 2010, 2798; H. Beckmann in Beckmann/Scharff LeasingR § 3 Rn. 38 ff. und § 15 Rn. 3 ff. und in Martinek/Stoffels/Wimmer-Leonhardt Leasing-HdB § 27 Rn. 142, jeweils mwN.
[47] BGH NJW 1986, 1744; 2014, 1583; H. Beckmann in Beckmann/Scharff LeasingR § 15 Rn. 12.
[48] BGH NJW 2016, 397.

2. Durchsetzung der Ansprüche aus dem Liefervertrag im Lieferprozess durch den Leasingnehmer gegen den Lieferanten

Hat sich der Leasinggeber im Leasingvertrag wirksam von seiner Haftung wegen Leistungsstörungen freigezeichnet, ist der Leasingnehmer grundsätzlich verpflichtet, die ihm insoweit abgetretenen Ansprüche und Rechte gegen den Lieferanten **durchzusetzen.** Der richtige Klageantrag im Lieferprozess muss dahin lauten, den Lieferanten zu verurteilen, den gezahlten Kaufpreis/Werklohn an den Leasinggeber zurückzuzahlen.[49]

65

Dies ist dem Leasingnehmer auch in der **Insolvenz des Lieferanten** zuzumuten. Er darf die Zahlung der Leasingraten auch in der Insolvenz des Lieferanten erst dann verweigern, wenn er den Rückabwicklungsanspruch zur **Insolvenztabelle** angemeldet hat. Bei einem Bestreiten des Anspruchs durch den Insolvenzverwalter ist der Leasingnehmer verpflichtet, gemäß § 179 Abs. 1 InsO **Klage gegen den Insolvenzverwalter auf Feststellung zur Insolvenztabelle** zu erheben bzw. hinsichtlich einer bereits erhobenen Klage die Klageanträge nach § 180 Abs. 2 InsO auf Feststellung zur Tabelle umzustellen.[50]

66

IX. Immobilien-Leasing

Unter dem Begriff Immobilien-Leasing versteht man die finanzierte Nutzungsüberlassung, Vermietung und Verpachtung von unbeweglichen Wirtschaftsgütern, also insbesondere von baulichen Anlagen auf Grundstücken, aber auch von registrierten Flugzeugen und Schiffen.[51] Der BGH beurteilt die Interessenlage beim Immobilien-Leasing ebenso wie beim Mobilien-Leasing.[52] Für die zivilrechtliche Bewertung ist nicht entscheidend, ob Leasinggegenstand eine bewegliche oder eine unbewegliche Sache ist.[53]

67

Für das Immobilien Leasing ist die Anwendung des Art. 240 § 1 EGBGB zu bejahen. Dagegen spricht mE nicht, dass der Wortlaut des Gesetzes ausdrücklich von Mietverträgen spricht und Leasingverträge nicht ausdrücklich aufführt (→ Rn. 2, 5; → § 2 Rn. 9). Wie oben dargelegt, sind Leasingverträge in die Gesetzessprache (insbesondere des BGB) bislang nicht eingeflossen. Der BGH wendet in stRspr auf Leasingverträge jeder Art in erster Linie Mietrecht an. Jedenfalls sind Immobilienleasingverträge über die Normauslegung gedeckt (→ § 2 Rn. 9).

68

Pandemiebedingte wesentliche Besonderheiten gegenüber Finanzierungsleasingverträgen über bewegliche Wirtschaftsgüter und zu Gewerberaummietverhältnissen sind kaum zu erwarten. Zu beachten ist, dass die Kündigungsbeschränkungen nach Art. 240 § 2 EGBGB ausnahmslos zu Gunsten aller Mieter von Grundstücken oder Räumen gelten.[54] Wegen Einzelheiten wird auf die obigen Darstellungen (→ § 4 Rn. 1 ff.) verwiesen.

69

---

[49] H. Beckmann in Martinek/Stoffels/Wimmer-Leonhardt Leasing-HdB § 28 Rn. 40 ff. und in Beckmann/Scharff LeasingR § 16 Rn. 55 ff., jeweils mwN.
[50] BGH NJW 2014, 1583; NJW-RR 1994, 1251; H. Beckmann in Beckmann/Scharff LeasingR § 3 Rn. 20 ff.
[51] Martinek in Martinek/Stoffels/Wimmer-Leonhardt Leasing-HdB § 58 Rn. 1 und 7 f.
[52] BGH NJW 1989, 1279.
[53] BGH NJW 1989, 1279; NJW-RR 2015, 615; Martinek in Martinek/Stoffels/Wimmer-Leonhardt Leasing-HdB § 59 Rn. 1 ff. mwN.
[54] Tribess GWR 2020, 152 (154).

§ 7 Wegfall der Geschäftsgrundlage

Inhaltsübersicht

	Rn.
I. Vorbemerkung	1
II. Grundlagen	2
1. Störung der Geschäftsgrundlage	4
2. Unzumutbarkeit	6
3. Risikozuweisung	8
4. Art. 240 § 2 EGBGB als spezialgesetzliche Regelung	16
5. Anpassung oder Kündigung	17
III. Anwendungsfälle	18
1. Grundregel	19
2. Wohnraummiete	20
3. Keine Krisenbetroffenheit	21
4. Mittelbare Krisenbetroffenheit	23
5. Betriebsuntersagung, Betriebseinschränkung	24
6. Allgemeine Beschränkungen	28
7. Ferienhäuser	29
8. Bewegliche Sachen	30
9. Vertragsschluss nach Krisenbeginn	32
IV. Verfahren	33

I. Vorbemerkung

1 Die Frage, ob und wie durch die Corona-Krise die Geschäftsgrundlage von Mietverträgen betroffen ist, wirft zahlreiche Probleme auf, bei deren Lösung die Weichen in weiterem Maß unterschiedlich gestellt werden können, als selbst Juristen es gewohnt sind. Das hängt mit der Außergewöhnlichkeit der Situation, aber auch der Offenheit sowohl des Tatbestandes als auch der Rechtsfolgenseite des § 313 BGB zusammen. Das stellt die Beratungspraxis vor erhebliche Probleme. Solange nicht die ober- oder höchstgerichtliche Rechtsprechung erste Leitplanken gesetzt hat, bewegen wir uns auf unsicherem Terrain. Wer Sicherheit vorgaukelt, begeht schon einen Beratungsfehler. In dieser Beziehung ist das Gesetz – bei aller Unbestimmtheit – weise: Es setzt in erster Linie auf Verhandlungen der Parteien über eine Anpassung und erst nachrangig auf den Richterspruch. Die Praxis sollte das Beherzigen und insbesondere bedenken, dass man in dem Dauerschuldverhältnis Miete auch nach der Pandemie miteinander auskommen muss.

II. Grundlagen

2 Gem. § 313 Abs. 1 BGB kann eine Anpassung des Vertrags verlangt werden, wenn sich Umstände, die zur Grundlage des Vertrags geworden sind, nach Vertragsschluss schwerwiegend verändert haben und die Parteien den Vertrag nicht oder mit anderem Inhalt geschlossen hätten, falls sie diese Veränderung vorausgesehen hätten; dies gilt aber nur, soweit das Festhalten am unveränderten Vertrag unter Berücksichtigung aller Umstände des Einzelfalls, insbesondere der vertraglichen oder gesetzlichen Risikoverteilung, unzumutbar ist.

3 Zunächst werden die Grundlagen des § 313 BGB an Hand des Beispiels der behördlichen pandemiebedingten **Untersagung des Betriebs** eines Gewerbes dargestellt, um anschließend einige praktische Konstellationen zu beleuchten.

1. Störung der Geschäftsgrundlage

4 Die Störung der Geschäftsgrundlage ist für von der Corona-Krise betroffene Gewerberaummietverhältnisse unproblematisch zu bejahen, soweit die Parteien nicht, was vorrangig wäre,[1] vertragliche Vorsorge getroffen haben oder eine ergänzende Vertragsauslegung möglich ist: Selbstverständlich haben die Vertragsparteien vorausgesetzt, dass es nicht zu einer globalen Pandemie mit weitreichender Stilllegung des öffentlichen Lebens, mit Kontakt- und Zugangsbeschränkungen, mit Betriebsuntersagungen bzw. Betriebseinschränkungen, mit dem Abbruch von Lieferketten sowie zu einem weitreichenden Erlahmen wirtschaftlicher Tätigkeit kommt. Das stellt ohne Weiteres eine Änderung der (objektiven[2]) Vertragsgrundlage gem. § 313 Abs. 1 BGB dar. Betroffen ist die sog. **große Geschäftsgrundlage,** weil die Änderung aus den allgemeinen politischen, wirtschaftlichen und sozialen Rahmenbedingungen herrührt und nicht aus sonstigen, nur den konkreten Vertrag betreffenden Umständen.[3] Diese allgemeine Feststellung entpflichtet aber nicht davon, die **Betroffenheit des konkreten Vertragsverhältnisses** nach den Umständen des Einzelfalls zu prüfen.[4] Dies erfolgt – notwendig vergröbernd – später fallgruppenbezogen.

5 Schwerwiegend ist eine Änderung der Umstände dann, wenn unzweifelhaft zumindest eine Partei den Vertrag nicht abgeschlossen hätte, hätte sie das Fehlen oder den Wegfall der Vertragsgrundlage gekannt oder vorhergesehen.[5] Auch diese Voraussetzung ist für den konkreten Einzelfall zu prüfen. Bei Dauerschuldverhältnissen wie der Miete geht es allerdings nicht darum, dass ein Vertragsschluss ganz unterblieben wäre, weil nicht zu erwarten ist, dass die Vertragspartner jegliches Wirtschaften aus Sorge vor einer Krise eingestellt hätten, deren Eintritt und Ausmaß ungewiss war. Aber es dürfte offensichtlich sein, dass redliche Vertragspartner einen beiderseits angemessenen Ausgleich für die Zeit der Krise je nach dem Ausmaß der Betroffenheit vereinbart hätten.

2. Unzumutbarkeit

6 Ähnliches gilt für die Unzumutbarkeit der Vertragsfortsetzung zu den vereinbarten Bedingungen. Eine Vertragsanpassung ist nach der ständigen Rechtsprechung des BGH[6] nur dann zulässig, wenn es zur Vermeidung eines untragbaren, mit Recht und Gerechtigkeit nicht zu vereinbarenden und damit der betroffenen Partei nach Treu und Glauben nicht zuzumutenden Ergebnisses unabweislich erscheint. Der Kritik an dieser

---

[1] Kumkar/Voß ZIP 2020, 893 (896) auch zu einzelnen Vertragsgestaltungen; Warmuth COVuR 2020, 16.
[2] Hierunter fallen alle Umstände, die notwendig sind, um einen Vertrag als sinnvolle Regelung ansehen zu können; s. dazu und zur Abgrenzung von objektiver und subjektiver Geschäftsgrundlage Göldner ZfIR 2020, 403 (404).
[3] So auch Weller/Habrich NJW 2020, 1021.
[4] BeckOGK/Martens, 1.4.2020, BGB § 313 Rn. 58.2.
[5] Palandt/Grüneberg BGB § 313 Rn. 18; MüKoBGB/Finkenauer BGB § 313 Rn. 58.
[6] S. nur BGH NJW 2012, 1718 Rn. 30.

Formel[7] ist zuzugeben, dass sie keine klare Grenzziehung erlaubt. Das trifft aber auf den Begriff der Zumutbarkeit in anderen Zusammenhängen ebenso zu. Die damit verbundene Unsicherheit bei der Rechtsanwendung ist einem allgemeinen Korrekturinstrument wie dem Wegfall der Geschäftsgrundlage wesensimmanent und muss hingenommen werden.

Die Unzumutbarkeit ist wiederum für den Einzelfall zu prüfen, was gewisse Typisierungen und Leitlinien nicht ausschließt. Bei Redaktionsschluss dieses Buches endete der allgemeine Shutdown, der ca. sechs Wochen gedauert hat, es verbleiben aber erhebliche, teilweise unabsehbar lange dauernde Beschränkungen (insbesondere das Abstandsgebot), die als Lockerungen bezeichnet werden. Schon bei einer **sechswöchigen Dauer** ist ein erheblicher Teil der jährlichen Nutzungszeit betroffen und potenziell über 10% des Jahresumsatzes und Jahresgewinns. Allein das erscheint angesichts der niedrigen Margen und Rücklagen in vielen Geschäftsbereichen als sehr erheblich. Wenn man zudem darauf abstellt, dass die Miete periodisch, nämlich üblicherweise nach Monaten, bemessen wird, dann steht mindestens etwas mehr einer dieser Perioden kein oder nur ein sehr eingeschränkter Nutzwert der Mietsache gegenüber. Abgesehen davon wird man für die Bestimmung der Unzumutbarkeit wohl auf längere Zeiträume abstellen müssen als die Dauer der Betroffenheit von einem allgemeinen Shutdown. Die Geschäftstätigkeit und damit die Verwirklichung des Verwendungszwecks der Mietsache wird nicht nur durch gesetzliche oder behördliche Verbote beeinträchtigt, sondern auch durch behördliche oder wissenschaftliche Verhaltensempfehlungen, die schon vor dem allgemeinen Shutdown zu Kontakteinschränkungen aufforderten und die es nach Lockerungen des allgemeinen Shutdown weiter gibt. Das **Abstandgebot** etwa führt dazu, dass sich in vielen Gewerberäumen nur noch eine erheblich geringere Zahl von Personen aufhalten darf als vor der Krise. Das beeinträchtigt die Nutzbarkeit und damit die Rentabilität des Mietobjekts. 7

3. Risikozuweisung

Die eigentliche Hürde für eine Vertragsanpassung gem. § 313 Abs. 1 BGB ist die Frage nach der Risikoverteilung. Ist das Risiko einer Partei durch Vertrag oder Gesetz zugewiesen, kommt eine Anpassung grundsätzlich nicht in Betracht, es bleibt vielmehr beim allgemeinen Leistungsstörungs- bzw. Gewährleistungsrecht[8]. Es geht bei der Betriebsuntersagung um die Verwirklichung des Vertragszwecks[9], konkret darum, dass der Mieter das Gewerbemietobjekt krisenbedingt nicht wie vorgesehen nutzen kann und die Anmietung unrentabel ist. Das betrifft das **Verwendungsrisiko,** das bei einer Betriebsuntersagung meist der Mieter trägt, da nicht die körperliche Beschaffenheit der Mietsache gestört ist sondern betriebliche Umstände; der Vermieter muss nur die Möglichkeit des Betriebs durch Zurverfügungstellen der Räume gewähren, nicht aber den Betrieb selbst.[10] Anders kann es etwa bei der (Betriebs-) **Pacht** sein, wenn durch die Betriebsuntersagung die vom Verpächter zu gewährende Fruchtziehungsmöglichkeit beeinträchtigt wird. Ebenso kann es anders sein bei der **Ferienhausmiete,** wenn sich an den Ferienhausvermieter ein Überlassungsverbot richtet. 8

---

[7] MüKoBGB/Finkenauer BGB § 313 Rn. 76.
[8] S. zu pandemiebedingten Leistungsstörungen → § 3 und Streyl in Schmidt COVID-19 § 3 Rn. 57 ff.
[9] So auch Zehelein NZM 2020, 398.
[10] S. eingehend Streyl in Schmidt COVID-19 § 3 Rn. 67.

9   Die vertragliche Risikoverteilung hindert eine Anpassung aber nur, solange sich ein „normales" Verwendungsrisiko verwirklicht. Ist hingegen die Grenze des übernommenen **Risikos überschritten** und kann die benachteiligte Vertragspartei in der getroffenen Vereinbarung ihr Interesse nicht mehr auch nur annähernd gewahrt sehen, kommt eine Anpassung in Betracht.[11] Bei der Frage der Risikoverteilung zeigt sich wiederum, dass die Voraussetzungen des § 313 Abs. 1 BGB ineinandergreifen, ja fast redundant sind: Wenn die Geschäftsgrundlage weitreichend und schwerwiegend außerhalb der Vorstellung der Parteien liegt, wird sie regelmäßig auch nicht von deren vereinbarter oder vorausgesetzter Risikoverteilung erfasst sein.

10 So ist es vorliegend.[12] Der krisenbedingte Shutdown war spätestens ab dem 23.3.2020 allumfassend. An diesem Tag traten in ganz Deutschland umfangreiche Ausgangs- und Kontaktverbote sowie Betriebseinschränkungen in Kraft; in einigen Bundesländern (zB Bayern) oder Kommunen bzw. in einigen Lebensbereichen (zB Schulen) galten sie schon früher. Vom Shutdown ausgenommen waren nur wenige unerlässliche Versorgungs- und Infrastruktureinrichtungen. Eine derartige Stilllegung des öffentlichen wir privaten Lebens und Wirtschaftens hat es seit dem II. Weltkrieg nicht gegeben. Dauer und wirtschaftliche Folgen waren bei Redaktionsschluss dieses Buches noch nicht ansatzweise absehbar. Es wurde aber allgemein eine schwere Rezession vorhergesagt und der Bund hat finanzielle Soforthilfen in bisher ungekanntem Ausmaß zugesagt, um einen gesamtwirtschaftlichen Kollaps und eine Welle von Insolvenzen zu verhindern.

11 Es ist allerdings zwischen einer allgemeinen gesellschaftlichen bzw. **wirtschaftlichen Notlage** und einer Störung der Geschäftsgrundlage zu unterscheiden. Das Zivilrecht ist weder dazu berufen noch in der Lage einen gesamtgesellschaftlichen Lastenausgleich herzustellen; es hat grundsätzlich nur die Beziehung Einzelner zueinander im Blick. Deshalb muss eine gesellschaftliche oder wirtschaftliche Notlage unmittelbare Auswirkungen auf ein Schuldverhältnis, hier das Gewerberaummietverhältnis haben.[13] Die allgemeine Beeinträchtigung von Erwerbschancen oder sonstige Folgen der Notlage zu beheben oder abzumildern, ist Aufgabe des Gesetzgebers; die Übergänge sind aber fließend, eine Abgrenzung schwierig und weitgehend ungeklärt. Hierzu kann er etwa die Steuerlast vermindern, direkte Unterstützungsleistungen erbringen oder in Verträge eingreifen. Letzteres ist nach dem II. Weltkrieg durch das inzwischen aufgehobene Gesetz über die richterliche Vertragshilfe (Vertragshilfegesetz)[14] geschehen (zur COVID-19 Gesetzgebung → Rn. 16).

12 Eine über die allgemeine Notlage hinausgehende **unmittelbare Betroffenheit** durch die Corona-Krise ist für viele Gewerberaummietverhältnisse gegeben. Das gilt insbesondere und offensichtlich für Betriebsuntersagungen und Betriebseinschränkungen, die bestimmte Geschäftstätigkeiten direkt unterbinden. Das ist keine bloß mittelbare Folge der Krise, es geht vielmehr um die Abwehr von Gesundheitsgefahren, die

---

[11] BGH NJW 1980, 2241; Kumkar/Voß ZIP 2020, 893 (899) mit weiteren Beispielen.
[12] Wie hier: Weller/Habrich NJW 2020, 1021; Zehelein NZM 2020, 398; Weidt/Schiewek NJOZ 2020, 484; Warmuth COVuR 2020, 20; Schall JZ 2020, 394; Krepold WM 2020, 734. AA, aber nur unter Verweis auf das allgemeine Lebensrisiko → § 1 Rn. 40; weiterhin Leo/Götz NZM 2020, 402 (405); BeckOK Mietrecht/Bruns BGB § 542 Rn. 58; Lützenkirchen MietRB 2020, 114.
[13] Ähnlich Palandt/Grüneberg BGB § 313 Rn. 5; BeckOGK/Martens, Stand: 1.4.2020, BGB § 313 Rn. 219; Warmuth COVuR 2020, 16 (18); Göldner ZfR 2020, 403 (408).
[14] BGBl. 1952 I 198.

ihre Ursache in einem pandemischen Infektionsgeschehen haben, welches nur durch weitgehende Kontaktbeschränkungen eingedämmt werden können. Teil dieser Kontaktbeschränkungen sind Betriebsuntersagungen, die nichts mit der konkreten Betriebsführung oder dem konkreten Nutzungszweck der Mietsache zu tun haben, sondern allein damit, dass es Publikumsverkehr mit einer unkontrollierbaren Vielfalt von Personen gibt. Der betroffene Gewerbemieter übernimmt hier (auch) eine gesamtgesellschaftliche Aufgabe, weil die Infektionszahlen durch die Kontaktverbote so gesteuert werden sollen, dass das Gesundheitssystem nicht durch einen zu hohe Zahl Erkrankter überlastet wird. An der damit verbundenen wirtschaftlichen Last ist der Vermieter angemessen zu beteiligen.

Überdies haben die Parteien diese Situation bei Vertragsschluss nicht berücksichtigt, sie hat deshalb weder Auswirkungen auf die Preisfindung gehabt, noch haben sie Regeln für die Handhabung einer solchen Lage entwickelt.[15] Sie unterlagen vielmehr einer **beiderseitigen Fehlvorstellung.** In einer solchen Konstellation hat der BGH[16] die Anpassung einer werkvertraglichen Pauschalpreisabrede gem. § 313 BGB zugelassen, obwohl die dortige Fehlvorstellung sehr viel weniger abseitig war als diejenige, von einem Shutdown anlässlich einer Pandemie betroffen zu werden, und obwohl die Folgen wesentlich geringer waren.

Dass der Vermieter einen Teil der Last mittragen muss, leuchtet auch ein, wenn man sich die Wiedervermietungssituation verdeutlicht. Bei Betriebsuntersagungen würde es ihm nicht bzw. kaum gelingen, das Objekt weiterzuvermieten.

Schließlich ist es eine Frage der Rechtstechnik und des **Zufalls,** wessen Vertragsrisiko betroffen ist: Hätte der Gesetzgeber nicht Betriebseinschränkungen verfügt, sondern den Grundstückeigentümern auferlegt, die Grundstückszugänge gegen Zutritt zu sperren, hätte der Vermieter die Möglichkeit des Gebrauchs nicht mehr gewähren können; sein Vertragsrisiko wäre betroffen.[17] Bei der Vermietung von Ferienhäusern ist derartiges in vielen Urlaubsregionen tatsächlich geschehen. Ebenso ist bei den ab Ende April 2020 angeordneten Betriebsbeschränkungen auf **Flächen von über 800 qm** die Gebrauchsgewährungspflicht des Vermieters verletzt, weil sich nun an der körperlichen Beschaffenheit der Mietsache festmacht, ob ein Betrieb möglich ist oder nicht. Wähnte sich anfänglich mancher Vermieter hinsichtlich der Verteilung des Verwendungsrisikos in Sicherheit, wendete sich das nach Erlass der Flächenbeschränkungen. Wird eine Gaststätte oder ein Hotel **verpachtet** anstatt Räume zum Betrieb derselben zu vermieten, betrifft die Betriebsuntersagung die Pflicht des Vermieters zur Gewährung der Fruchtziehungsmöglichkeit und damit sein Verwendungsrisiko. Das verdeutlicht, dass die krisenbedingten Beschränkungen zufällige Ergebnisse zeitigen, die über das Vertragsrisiko hinausgehen.

---

[15] Soweit eine große Modehauskette in ihren Mietverträgen vorgesehen hat, dass bei ähnlichen Krisen alle vertraglichen Pflichten ausgesetzt werden, dürfte dies wegen unangemessener Benachteiligung gem. § 307 BGB unwirksam sein; ein Alles oder Nichts ist in einer derartigen Situation nicht angemessen. S. auch Sittner NJW 2020, 1170.
[16] BGH NJW 2011, 3287.
[17] So auch BGH NJW 1981, 2405; KG NZM 2008, 526.

4. Art. 240 § 2 EGBGB als spezialgesetzliche Regelung

16 Eine Anwendung von § 313 BGB wäre gesperrt, wenn der Gesetzgeber die mietrechtlichen Folgen der Corona-Krise in Art 240 § 2 EGBGB abschließend geregelt hätte. Für das oben erwähnte Vertragshilfegesetz hatte der BGH[18] eine entsprechende Sperrwirkung angenommen. Eine Sperrwirkung kann Art. 240 § 2 EGBGB jedoch nicht entnommen werden.[19] Unmittelbar wird dort nur eine Beschränkung des Kündigungsrechts geregelt, aber nichts zur Höhe der Miete oder einem Anpassungsrecht des Mieters gem. § 313 Abs. 1 BGB. Die zeitliche Beschränkung des Kündigungsausschlusses in Abs. 4 der Regelung besagt hierzu ebenfalls nichts. Zwar geht der Gesetzgeber davon aus, dass der Vermieter bei entsprechendem Rückstand nach dem 30.6.2022 kündigen kann; er unterstellt also eine weiterhin bestehende Zahlungspflicht. Dass der Mieter die volle vereinbarte Miete schuldet, folgt daraus jedoch nicht. Die Gesetzesmaterialien schweigen sich zu einer Anwendung von § 313 BGB aus. Möglicherweise hat der Gesetzgeber diese Frage nicht bedacht. In der Gesetzesbegründung[20] wird als Gesetzeszweck allein die Bestandssicherung des Mietverhältnisses genannt. Schon das dürfte eine Sperrwirkung für Mietanpassungen gem. § 313 Abs. 1 BGB ausschließen. Überdies differenziert die Gesetzesbegründung nicht zwischen der Wohnraum- und der Geschäftsraummiete. In Bezug auf den Wegfall der Geschäftsgrundlage gibt es zwischen beiden aber wesentliche Unterschiede. Während bei der Wohnraummiete der vom Mieter beabsichtigte Zweck, das Wohnen, auch in Krise verwirklicht werden kann, ist dies, wie dargestellt, bei der Geschäftsraummiete oftmals nicht oder nur eingeschränkt möglich.

5. Anpassung oder Kündigung

17 Eine Kündigung gem. § 313 Abs. 3 S. 2 BGB kommt nicht in Betracht, sondern nur eine Vertragsanpassung gem. § 313 Abs. 1 BGB. Zwar ist nach dem Vorgesagten die Geschäftsgrundlage vieler Gewerberaummietverhältnisse gestört. Würde man aber ein Beendigungsrecht annehmen, würde – wie bei Aufrechterhaltung der üblichen Risikoverteilung – die Krisenlast nur von einer Vertragspartei zu tragen sein.

III. Anwendungsfälle

18 Die Pandemie als solche, der dadurch verursachte Shutdown oder die allgemeine wirtschaftliche Rezession führen nicht zwangsläufig zu einer Anpassung aller Mietverträge gem. § 313 Abs. 1 BGB. Es ist vielmehr eine **Prüfung jedes einzelnen Vertragsverhältnisses** vorzunehmen. Für jeden Einzelfall müssen auch die Anpassungsfolgen bestimmt werden. Das schließt allerdings eine gewisse Fallgruppenbildung und Typisierung nicht aus (weitere Fälle → § 4).

---

[18] BGH NJW 1955, 59.
[19] Wie hier Ekkenga/Schirrmacher NZM 2020, 410 (415); Kumkar/Voß ZIP 2020, 893 (895); Göldner ZfIR 2020, 402 (408); aA, aber ohne Begründung Lorenz in Schmidt COVID-19 § 1 Rn. 40.
[20] BT-Drs. 19/18110, 36.

1. Grundregel

Entscheidend ist folgende Weichenstellung: War das Mietverhältnis von **unmittelbaren Auswirkungen** der Corona-Pandemie betroffen? Mittelbare Auswirkungen wie etwa eine Corona-bedingte Rezession oder eine allgemeine wirtschaftliche Notlage genügen nicht. Ebenso genügen nicht allein in der Person eines Beteiligten liegende Hinderungsgründe wie etwa die Erkrankung des Mieters an dem Virus oder das Betroffensein von einer Quarantänemaßnahme. Hier verwirklicht sich das vom Mieter zu tragende[21] **allgemeine Lebensrisiko.** Ähnlich ist es bei Erkrankung oder Quarantäne von Mitarbeitern des Mieters. Die Vertragsbezogenheit greift erst dann, wenn auf Vermieterseite die Gebrauchsgewährungsmöglichkeit und auf Mieterseite die Nutzungsmöglichkeit objektiv eingeschränkt wird.

19

2. Wohnraummiete

Bei der Wohnraummiete kommt ein Wegfall der Geschäftsgrundlage nicht in Betracht, da die Wohnung im Prinzip weiter genutzt werden kann; etwaige Einschränkungen wegen Kontaktbeschränkungen oder der Schließung von Gemeinschaftsflächen (etwa Spielplätzen) erscheinen derart geringfügig, dass die Schwelle der Unzumutbarkeit der unangepassten Vertragsfortsetzung nicht überschritten scheint.[22]

20

3. Keine Krisenbetroffenheit

Es gibt Mietverträge, bei denen der Mieter nicht oder kaum von krisenbedingten Einschränkungen oder Umsatzeinbußen betroffen ist. Hierzu gehören etwa Lebensmittelmärkte, Drogerien, Apotheken, Büroräume, Versandhändler evtl. auch Bäckereien. Sie dürfen für Publikumsverkehr weiter geöffnet sein. Teilweise steigen ihre Umsätze krisenbedingt sogar, weil die Menschen sich in höherem Maß zu Hause als an der Arbeitsstelle verpflegen. Soweit die Mieter solcher Geschäfte krisenbedingten Mehraufwand haben (Personal zur Kontrolle von Zugangsbeschränkungen, Hygienemaßnahmen, Schutzeinrichtungen an Kassen etc), dürfte dies in aller Regel nicht die notwendige Unzumutbarkeitsschwelle überschreiten.

21

Bei den **„Krisengewinnern"** kommt eine Anpassung der Miete nach oben, also zu Gunsten der Vermieter, nicht in Betracht. Denn sie sind nicht unmittelbar von krisenbedingten Maßnahmen betroffen, sondern profitieren nur mittelbar von einem Wirtschaftsaufschwung in einem begrenzten Teilmarkt der Gesamtwirtschaft. Abgesehen davon ist § 313 BGB keine Norm der Chancengerechtigkeit, sondern der Krisenanpassung. Wer von der Krise nicht negativ betroffen ist, erhält kein Anpassungsrecht. Der Krisenprofiteur ist nicht negativ betroffen, aber auch der Vermieter nicht, der dieselbe Miete erhält wie vor der Krise.

22

4. Mittelbare Krisenbetroffenheit

Andere Mieter unterliegen ebenfalls keinen krisenbedingten Einschränkungen, sie erleiden aber teilweise erhebliche Umsatzeinbußen, weil ihre Leistungen wegen der wirt-

23

---

[21] Staudinger/V. Emmerich, 2018, BGB § 536 Rn. 44.
[22] Artz in Schmidt COVID-19 § 3 Rn. 48.

schaftlichen Unsicherheit oder schon eingetretener wirtschaftlicher Schwierigkeiten von den Kunden in geringerem Umfang nachgefragt werden. Das betrifft etwa Autowerkstätten. Hierbei handelt es sich allerdings nur um mittelbare Folgen der Krise, nämlich um die Folgen einer allgemeinen wirtschaftlichen Notlage. Eine Vertragsanpassung kommt hier nicht in Betracht.

5. Betriebsuntersagung, Betriebseinschränkung

24 Zu Beginn des allgemeinen Shutdown im März 2020 wurde die Nutzung zum vertraglichen Zweck vielfach vollständig untersagt, Betriebsbeschränkungen in Form von Auflagen waren die Ausnahmen. Bei Betriebsuntersagungen greift das Anpassungsrecht des § 313 Abs. 1 BGB ein. Das betrifft etwa den Bereich der Gastronomie (außer Liefer- bzw. Abholdienste)[23] oder weite Bereiche des Einzelhandels. Hier kommt der Geschäftsbetrieb nahezu vollständig zum Erliegen. Das ist eine schwerwiegende, unzumutbare Störung. Da das Risiko für die Betriebsuntersagung in gleichem Maß außerhalb des Risikobereichs von Mieter und Vermieter lag, scheint eine **Anpassung auf die Hälfte des Mietzinses** angemessen.[24] Das gilt auch für verbrauchsunabhängige Betriebskosten. Lediglich die verbrauchsabhängigen Betriebskosten hat der Mieter vollständig zu tragen, da sie durch seine (eingeschränkte) Fortsetzung der Geschäftstätigkeit verursacht wurden. Eine Anpassung ist auch bei einer **Umsatzmiete** durchzuführen. Je nach erzieltem Umsatz ist allerdings entweder das Verwendungsrisiko des Mieters oder das Ertragsrisiko des Vermieters betroffen. Es ist eine fiktive Miete zu bilden (zu den Bestimmungsmethoden → § 3 Rn. 1 ff.), die dann nach den hier dargestellten Grundsätzen, also in der Regel hälftig anzupassen ist.

25 § 313 BGB ist kein Instrument des sozialen Ausgleichs oder der Vermeidung von Existenzgefährdungen einer Vertragspartei, sondern ein auf Billigkeit und grundlegenden Gerechtigkeitsvorstellungen beruhendes Rechtsinstitut zur Wiederherstellung der Vertragsangemessenheit (Äquivalenz) und Vertragsgerechtigkeit.[25] Deshalb führen **krisenbedingte Unterstützungsleistungen** des Staates im Ansatz nicht zu einer anderen Anpassung der Miete.[26] Mit diesen Leistungen muss der Mieter zunächst die angepasste (hälftige) Miete bestreiten. Umgekehrt gilt dies auch für Unterstützungsleistungen des Staates an den Vermieter; hiermit kann dieser zunächst den anteiligen Mietausfall kompensieren. Ab einer bestimmten Höhe der Unterstützungsleistungen kommt aber ggf. eine geänderte Anpassung in Betracht, weil es der Gerechtigkeit widersprechen würde, die krisenbedingte Vertragsunangemessenheit doppelt zu kompensieren. Als Faustformel für eine Grenzziehung könnte eventuell dienen, dass der Mieter deutlich mehr als 50 % seines durchschnittlichen Umsatzes vor der Krise (ein-

---

[23] Zur Absage von Veranstaltungen s. Spenner/Estner BB 2020, 852.
[24] So auch BeckOGK/Martens, 1.4.2020, BGB § 313 Rn. 226; Zehelein NZM 2020, 390 (399); Ekkenga/Schirrmacher NZM 2020, 410 (414).
[25] Ähnlich Ekkenga/Schirrmacher NZM 2020, 410 (414). BGH MDR 1996, 146 und BAG NJW 2003, 3005 sprechen in ähnlicher Weise von einer Anpassung an die geänderten Verhältnisse. Aus BGH NJW 2020, 333 Rn. 37 (unter Bezugnahme auf BGH NJW 2000, 1714) ergibt sich nichts anderes. Zwar ist dort von „unter Umständen existenziell bedeutsamen Folgen" die Rede; eine Existenzgefährdung wird aber damit nicht für notwendig erklärt, die Formulierung ist nur konkreter Ausdruck der Unzumutbarkeit einer unangepassten Vertragsfortsetzung.
[26] AA wohl Weidt/Schiewek NJOZ 2020, 481 (484); Zehelein NZM 2020, 390 (401); differenzierend Schall JZ 2020, 388 (395).

schließlich Unterstützungsleistungen) erzielt haben muss. Ähnlich wie bei der Berücksichtigung von Unterstützungsleistungen ist es bei der Berücksichtigung von Umsätzen auf Grund kurzfristiger Umstrukturierungen des Betriebs, etwa die Außer-Haus-Lieferung von Speisen durch einen Gastronomiebetrieb.

Die Vertragsanpassung dauert so lange, wie die krisenbedingten Einschränkungen andauern. Das ist mindestens die Länge der Betriebsuntersagung. Danach sind weitere Einschränkungen denkbar, insbesondere etwa Abstandsregeln und eine daraus folgende Beschränkung der Gästezahlen in Gastronomiebetrieben oder Kunden in Einzelhandelsgeschäften (1 Kunde pro 10 qm). 26

Solche Beschränkungen können den Anspruch auf **Vertragsanpassung fortbestehen** lassen[27] (oder ggf. erstmals entstehen lassen, wenn es zuvor keine Betriebsuntersagung gab). Die Höhe der Anpassung muss allerdings den Auswirkungen auf die Nutzbarkeit angepasst werden. Der Anpassungsanspruch entfällt erst dann (vollständig), wenn es keinerlei unmittelbare Beschränkungen mehr gibt oder diese nur geringfügig sind, wobei gleichgültig ist, ob diese auf Verboten oder behördlichen bzw. wissenschaftlichen Empfehlungen beruhen; entscheidend ist die verhaltenssteuernde Wirkung. Eine Anpassung entfällt also erst, wenn ein in Bezug auf das betroffene Mietverhältnis ungestörtes Wirtschaftsleben möglich (nicht aber unbedingt erfolgreich möglich) ist. Danach verbleibende Geschäftseinbußen wegen fortbestehender Rezession berechtigen nicht zur Vertragsanpassung, da das Zivilrecht nicht dazu berufen ist, einen allgemeinen gesellschaftlichen Lastenausgleich herbeizuführen (→ Rn. 11). 27

6. Allgemeine Beschränkungen

Es gibt Betriebe, die ihre Leistungen Großteils außerhalb des Mietobjekts erbringen. Dazu gehören etwa Caterer, Handwerker, aber auch fahrende Friseure. Soweit die krisenbedingten Einschränkungen dazu führen, dass der Mieter seine Leistungen nicht erbringen kann, etwa weil ein Betreten von Altenheimen nicht mehr zulässig ist oder weil Veranstaltungen aller Art verboten sind, handelt es sich ebenfalls um eine unmittelbare Krisenfolge, die – abhängig vom Ausmaß der Betroffenheit – zur Anpassung berechtigen kann. 28

7. Ferienhäuser

In vielen Urlaubsgebieten war es Ferienhausvermietern zeitweise verboten, den Mietern die Wohnungen zu überlassen. Das betrifft das Vertragsrisiko des Vermieters (→ Rn. 8). Dem Vermieter dürfte angesichts der meist kurzzeitigen Vertragsdauern ein Anpassungsrecht idR nicht zustehen, da die Schwelle der Unzumutbarkeit – bezogen auf den einzelnen Vertrag – kaum einmal überschritten ist. Es ist zwar nicht zu verkennen, dass der Erwerb des Vermieters insgesamt genauso beeinträchtigt sein kann wie bei einem Gastronomen; § 313 BGB dient aber ausschließlich der Einzelvertragsgerechtigkeit. Kostenlose Stornierungsmöglichkeiten schließen eine Vertragsanpassung ohnehin aus. 29

---

[27] So auch Göldner ZfIR 2020, 402 (408).

8. Bewegliche Sachen

30 Für die Miete beweglicher Sachen gilt im Ansatz das oben Ausgeführte entsprechend. Bei der Anwendung von § 313 BGB ist allerdings die Betroffenheit von den krisenbedingten Einschränkungen genau zu prüfen. Außerdem ist zu betonen, dass die Unfähigkeit des Mieters, die Mietsache wegen einer eigenen Corona-Infektion oder einer Quarantänemaßnahme zu nutzen (etwa bei der Automiete), zum allgemeinen Lebensrisiko gehört und nicht zu einer Vertragsanpassung führt (→ Rn. 19).

31 Weiter zu beachten, dass die Miete beweglicher Sachen oftmals nur kurz dauert und zu einem verhältnismäßig geringen Mietzins erfolgt, wie etwa bei der Kurzzeitmiete von PKW oder Transportern. In diesen Fällen dürfte die Unzumutbarkeit einer Vertragsdurchführung ohne Anpassung gem. § 313 Abs. 1 BGB meist zu verneinen sein. Bei einer längerfristigen und kostenintensiveren Anmietung etwa von Baumaschinen oder Wohnmobilen kommt hingegen eine Anpassung in Betracht.

9. Vertragsschluss nach Krisenbeginn

32 Bei einem Vertragsschluss nach Krisenbeginn kommt eine Vertragsanpassung nicht in Betracht, da den Parteien das Risiko pandemiebedingter Nutzungseinschränkungen bekannt war[28]

IV. Verfahren

33 § 313 Abs. 1 BGB führt nicht zu einer Anpassung des Vertrages qua Gesetz, die Vertragsparteien müssen sich hierüber verständigen[29], nötigenfalls ist die Anpassung einzuklagen.[30] Das Gesetz favorisiert also eine **Verständigungslösung.** Damit trägt es auch dem Umstand Rechnung, dass eine richterliche Vertragsanpassung einen weiten, unvorhersehbaren Streubereich des (noch) Angemessenem haben kann. Dieser Unvorhersehbarkeit entgehen die Parteien bei einer einvernehmlichen Lösung, die angesichts der zu befürchtenden hohen Zahl der betroffenen Mietverhältnisse und der dadurch bedingten Strapazierung des Justizsystems den Vorteil der schnellen, kostengünstigeren Klärung hat.

34 Bei einer auf die unangepasste Miete gestützten **Zahlungsverzugskündigung** des Vermieters bietet es sich an, die Vorschrift des § 543 Abs. 2 S. 3 BGB entsprechend anzuwenden; dass bedeutet, dass der Mieter sich unverzüglich nach Ausspruch der Kündigung auf ein konkretes, dh der Höhe nach bestimmtes Anpassungsrecht berufen muss. Im Passivprozess kann der Mieter den Anpassungsanspruch auch einredeweise geltend machen.[31] Um Bestehen und Umfang des Anpassungsrechts beurteilen zu können, sind die Vertragspartner ggf. zur gegenseitigen Auskunft über die maßgeblichen Umstände verpflichtet.[32]

---

[28] Näher zum Zeitpunkt Ekkenga/Schirrmacher NZM 2020, 412.
[29] Gem. BGH NJW 2012, 373 besteht eine ggf. schadensersatzauslösende Verhandlungspflicht.
[30] Einzelheiten bei MüKoBGB/Finkenauer BGB § 313 Rn. 82ff.; BeckOGK/Martens, 1.4.2020, BGB § 313 Rn. 127ff.
[31] BGH NJW 2010, 1663. S. auch BeckOGK/Martens, 1.4.2020, BGB § 313 Rn. 125.
[32] BeckOGK/Martens, 1.4.2020, BGB § 313 Rn. 132.

§ 8 Staatshaftung für Mieter und Vermieter aufgrund staatlichen Infektionsschutzes?[*]

Inhaltsübersicht

	Rn.
I. Einleitung	1
II. Staatliche Instrumente des Infektionsschutzes und Rechtsschutzmöglichkeiten	3
III. Entschädigung für rechtmäßige staatliche Maßnahmen des Infektionsschutzes	7
1. Entschädigung nach IfSG	7
a) Analoge Anwendung von § 56 IfSG?	8
b) Analoge Anwendung von § 65 IfSG?	11
c) Abschließende Sperrwirkung der Entschädigungsansprüche des IfSG?	13
2. Entschädigung nach allgemeinem Polizei- und Ordnungsrecht	19
a) Entschädigungsansprüche aus allgemeinem Polizei- und Ordnungsrecht gelten bei Vollzug des IfSG	20
b) Anwendbarkeit auf Infektionsschutzmaßnahmen von Kommunen und Landesregierungen	23
c) Mieter und Vermieter als Nichtstörer?	24
d) „Sonderopfer" der Mieter und Vermieter?	32
e) Kein Anspruchsausschluss aufgrund unmittelbarer Schutzwirkung der Maßnahme für Betriebsinhaber, § 39 Abs. 2 lit. b OBG NRW	36
f) Umfang der Entschädigung	37
3. Entschädigung aufgrund Enteignenden Eingriffs	41
a) „Sonderopfer" der Mieter und Vermieter?	42
b) Eigentumseingriff	51
IV. Entschädigung für rechtswidrige staatliche Eingriffe aufgrund Infektionsschutzes	53
1. Entschädigung nach IfSG	53
2. Entschädigung nach allgemeinem Polizei- und Ordnungsrecht	54
3. Amtshaftungsanspruch bei rechtswidrigen Maßnahmen aufgrund Infektionsschutzes	56
a) Verletzung einer Amtspflicht	57
b) Drittschutz der Norm	58
c) Verschulden	63
d) Umfang der Entschädigung	64
4. Entschädigung aufgrund Enteignungsgleichen Eingriffs	65
5. Anspruchsausschluss bei Nichtinanspruchnahme von Primärrechtsschutz	66
V. Entschädigungsausschluss aufgrund anderweitiger Leistungen	73
1. Gewährung von Leistungen	74
a) Versicherung	75
aa) Legalzession bei Amtshaftungsansprüchen	77
bb) Legalzession bei Ansprüchen nach Landesordnungsrecht	79
b) Freiwillige Staatsleistungen	86
2. Nichtgewährung von Leistungen	88
VI. Keine Entschädigung bei freiwilligem Infektionsschutz?	89
VII. Ausblick	90

---

[*] Die Autoren sind Rechtsanwälte bei DLA Piper in Köln. Prof. Giesberts ist dort Partner und zugleich Honorarprofessor an der Universität zu Köln. Dr. Gayger ist Lehrbeauftragter an der Bucerius Law School in Hamburg. Die Autoren danken Herrn Maximilian Mevißen für seine umfassende Unterstützung. (Stand: 23. Mai 2020).

I. Einleitung

1 Mieter und Vermieter sind in Zeiten der COVID-19-Krise in unterschiedlichem Maße von staatlichen Maßnahmen des Infektionsschutzes betroffen. Wird aufgrund einer **staatlichen Anordnung** ein Geschäft in gemieteten Räumen geschlossen, so kann der Betreiber des Geschäfts keine Einnahmen mehr erzielen, trägt aber weiterhin laufende Kosten (Unterhaltskosten, Arbeitnehmerkosten) und muss auch die Miete weiter zahlen, soweit er nicht zu einer Verweigerung der Mietzahlung berechtigt ist. Von solchen **staatlichen Betriebsschließungen** können aber auch Vermieter – mittelbar – betroffen sein. Dies gilt zum einen, soweit Mieter aufgrund der Betriebsschließung rechtmäßig die Zahlung von Miete unterlassen können. Sind Mieter zum anderen aufgrund der **Infektionsschutzmaßnahmen** wirtschaftlich nicht mehr in der Lage ihre Miete zu zahlen und sind die Vermieter aber gleichzeitig nicht berechtigt, ihren säumigen Mietern zu kündigen, drohen ebenso Ausfälle bei den Vermietern. Dies wirft die Frage auf, ob betroffene Mieter und Vermieter gegen die anordnenden Stellen Staatshaftungsansprüche erheben können.

2 Im Folgenden wird zunächst im Überblick das **staatliche Instrumentarium zum Infektionsschutz,** das solche Belastungen von Mietern und Vermietern herbeiführen kann, dargestellt (II, → Rn. 3 ff.). Danach werden die Ansprüche gegen den Staat geprüft. Zunächst geht es um Entschädigungsansprüche im Fall von rechtmäßigen Maßnahmen (III, → Rn. 7 ff.) und sodann um solche im Fall von rechtswidrigen Maßnahmen des Infektionsschutzes (IV, → Rn. 53 ff.). Schließlich wird die Frage behandelt, ob im Falle der Inanspruchnahme sonstiger Leistungen Entschädigungsansprüche ausgeschlossen sein können (V, → Rn. 73 ff.) und eine Entschädigung bei freiwilligem Infektionsschutz ausscheidet (VI, → Rn. 89 ff.) Am Ende wird im Rahmen eines Ausblicks die mögliche weitere Entwicklung untersucht (VII, → Rn. 90 ff.).

II. Staatliche Instrumente des Infektionsschutzes und Rechtsschutzmöglichkeiten

3 Das Instrumentarium der Schutzmaßnahmen nach IfSG soll hier nur im Überblick dargelegt werden.[1] Das IfSG sieht zur Verhütung übertragbarer Krankheiten in den §§ 16 ff. IfSG sowie zur Bekämpfung übertragbarer Krankheiten in den §§ 24 ff. IfSG verschiedene staatliche Instrumente vor. Praktisch bedeutsam sind insbesondere die Generalklauseln in § 16 Abs. 1 IfSG und § 28 Abs. 1 IfSG. Maßnahmen können gegen natürliche und juristische Personen erlassen werden. Im Immobilienbereich treffen die Maßnahmen zur Eindämmung von COVID-19 vor allem gewerblich genutzte Immobilien, die einen hohen Publikumsverkehr aufweisen. Die dort ansässigen Betriebe sind Gegenstand von staatlichen Beschränkungen (geworden), um Ansammlungen von Menschen aus Infektionsschutzgründen zu vermeiden bzw. bestmöglich zu verringern.

4 Das staatliche Instrumentarium zur Umsetzung solcher Maßnahmen ist vielfältig. Auf **kommunaler Ebene** ist zur Eindämmung von COVID-19 zunächst Anfang März

---

[1] Siehe dazu Giesberts/Gayger/Weyand NVwZ 2020, 417 ff.; zur Verfassungskonformität: Katzenmeier MedR 2020, 461 ff.

2020 mit **Allgemeinverfügungen** operiert worden.[2] Ab Mitte März 2020 wurden Allgemeinverfügungen dann teilweise auf Länderebene erlassen,[3] während sich später ein **Vorgehen der Länder** mittels **Rechtsverordnungen** durchsetzte. Auch in einigen Kommunen wird zusätzlich weiter mit Allgemeinverfügungen operiert.[4]

Für die Praxis ist es wichtig festzustellen, ob in einem individuellen Fall eine Kommune oder ein Land tätig geworden ist. Danach richtet sich der Anspruchsgegner bzw. der **Klagegegner** im Prozess. Das gewählte staatliche Instrument – Allgemeinverfügung oder Rechtsverordnung – ist bedeutsam für die Frage, welcher verwaltungsgerichtliche Rechtsbehelf für den **Primärrechtsschutz** gegen die jeweilige staatliche Maßnahme einzulegen und welches Gericht zuständig ist. Im Falle einer Allgemeinverfügung ist dies das zuständige Verwaltungsgericht,[5] im Falle einer Rechtsverordnung nach § 47 Abs. 1 Nr. 2 VwGO in Verbindung mit dem jeweiligen Landesrecht das zuständige Oberverwaltungsgericht bzw. der Verwaltungsgerichtshof.[6]

Auf der **Sekundärebene**, also mit Blick auf Fragen der Entschädigung, ist **Rechtsschutz grundsätzlich vor den Zivilgerichten** zu suchen (vgl. § 40 Abs. 2 VwGO).[7] Bei Geltendmachung von **Amtshaftungsansprüchen** ist streitwertunabhängig erstinstanzlich vor den **Landgerichten** (§ 71 Abs. 2 Nr. 2 GVG) Klage zu erheben.[8] Ob eine Kommune oder ein Land gehandelt hat, ist hier vor allem für die örtliche Zuständigkeit sowie die Bestimmung des richtigen Klagegegners relevant. Unbeachtlich ist auf dieser Ebene dagegen regelmäßig, ob die staatliche Maßnahme mittels einer Allgemeinverfügung oder einer Rechtsverordnung erlassen wurde.

III. Entschädigung für rechtmäßige staatliche Maßnahmen des Infektionsschutzes

1. Entschädigung nach IfSG

Das IfSG enthält eine Reihe **spezieller Entschädigungsansprüche** für Betroffene von Infektionsschutzmaßnahmen. Diese speziellen Ansprüche betreffen Ausscheider, Ansteckungs- und Krankheitsverdächtige und sonstige Träger von Krankheitserregern

---

[2] Dazu etwa VG Düsseldorf BeckRS 2020, 4419.
[3] Siehe dazu VGH München NJW 2020, 1240.
[4] Siehe etwa zu einer kommunalen Allgemeinverfügung vom 14. Mai 2020: VG Gera BeckRS 2020, 9221.
[5] Siehe beispielsweise VG Düsseldorf BeckRS 2020, 4419; VG Köln BeckRS 2020, 4208.
[6] Siehe etwa VGH Mannheim BeckRS 2020, 8306. In Bundesländern ohne landesrechtliche Regelung zum Normenkontrollverfahren nach § 47 Abs. 1 Nr. 2 VwGO – wie in Hamburg – kann zur Vermeidung von Rechtsschutzlücken bei Maßnahmen durch Rechtsverordnung eine (vorbeugende) Feststellungsklage vor dem Verwaltungsgericht statthaft sein, vgl. VG Hamburg BeckRS 2020, 6396. Teilweise wird die Zulässigkeit einer solchen (vorbeugenden) Feststellungsklage vor dem Verwaltungsgericht auch dann angenommen, wenn in dem Bundesland alternativ auch ein Normenkontrollantrag beim Oberverwaltungsgericht statthaft wäre, siehe VG Schleswig BeckRS 2020, 8535. Zweifelhaft ist der Ansatz des OVG Koblenz BeckRS 2020, 5952, das einen Normenkontrollantrag nach den einschlägigen landesrechtlichen Vorgaben für unzulässig erachtet und den Kläger auf eine Inzidentkontrolle gegen eine Maßnahme verweist, die ihre Rechtsgrundlage in der streitigen Verordnung findet.
[7] Vgl. auch VGH Mannheim BeckRS 2020, 8306.
[8] Bei anderen Ansprüchen kann der Landesgesetzgeber die erstinstanzliche Zuständigkeit der Landgerichte gemäß § 71 Abs. 3 GVG bestimmen, zB Art. 20 HessGVGAG.

(§ 56 Abs. 1 IfSG), Betroffene von „häuslicher Quarantäne" (§ 56 Abs. 2 IfSG), Betroffene von Schädigungen durch Schutzimpfung (§ 60 Abs. 1 IfSG) sowie Eigentümer von zerstörten, mit Krankheitserregern behafteten Gegenständen (§ 65 IfSG). Einen **speziellen Anspruch für betroffene Mieter und Vermieter** oder gar einen weitergehenden allgemeinen Entschädigungsanspruch für Vermögensschädigungen gibt es im IfSG nicht.[9]

a) Analoge Anwendung von § 56 IfSG?

8 Denkbar wären weitere Entschädigungsansprüche durch **analoge Anwendung des § 56 Abs. 1 IfSG** für Mieter und Vermieter, die aufgrund des Verbots der Ausübung einer Erwerbstätigkeit finanzielle Einbußen erleiden.[10] § 56 Abs. 1 IfSG gewährt nach seinem Wortlaut nur Ausscheidern, Ansteckungsverdächtigen, Krankheitsverdächtigen sowie sonstigen Trägern von Krankheitserregern im Sinne von § 31 S. 2 IfSG eine **Entschädigung in Geld**, soweit sie Verboten in der Ausübung ihrer bisherigen Erwerbstätigkeit unterliegen oder unterworfen werden und dadurch einen Verdienstausfall erleiden.

9 Voraussetzung für die Analogiebildung ist neben dem Vorliegen einer **vergleichbaren Interessenlage** auch das Bestehen einer **planwidrigen Regelungslücke**. Eine vergleichbare Interessenlage von Mietern und Vermietern in der COVID-19-Krise mit den in § 56 Abs. 1 IfSG genannten Adressatenkreisen lässt sich gut begründen. Schon aus Gleichheitserwägungen (Art. 3 GG) erscheint es nur schwer vertretbar, einem Betriebsinhaber bei eigener Erkrankung seinen Verdienstausfall zu ersetzen, nicht aber dem gesunden, ansteckungs- und krankheitsunverdächtigen Betriebsinhaber, dessen Gewerbe, etwa im Rahmen eines sektorweiten Verbots, zwangspausiert wird.

10 Zweifelhaft bleibt jedoch, ob auch eine für die Bildung einer Analogie erforderliche planwidrige Regelungslücke besteht. Dies erscheint insbesondere fraglich, da der Gesetzgeber zuletzt am 31.3.2020 den § 56 IfSG angepasst hat und – als zumindest denkbare Neuregelung – einen allgemeinen Ausgleichsanspruch etwa für **Schäden, die infolge von Betriebsschließungen** entstehen, gerade nicht aufgenommen hat. Ein allgemeiner Entschädigungsanspruch für Mieter und Vermieter gemäß § 56 IfSG analog dürfte damit zu verneinen sein.

b) Analoge Anwendung von § 65 IfSG?

11 Zu erwägen wäre weiter auch eine mögliche **analoge Anwendung von § 65 IfSG**.[11] § 65 IfSG gewährt nichtverantwortlichen Betroffenen von Maßnahmen nach §§ 16 und 17 IfSG einen **Entschädigungsanspruch insbesondere im Falle der Zerstörung von Gegenständen**. Eine allgemeine Entschädigungsklausel ist darüber hinaus nicht enthalten.[12] Die Vorschrift ist ihrem Wortlaut nach auf **Gefahrverhütungsmaßnahmen** beschränkt und findet keine Anwendung im Bereich der Gefahrbekämpfungsmaßnahmen auf Grundlage von §§ 28 ff. IfSG. Soweit Mietern und Vermietern durch COVID-19-*Bekämpfungs*maßnahmen Schäden entstehen, scheidet eine direkte Anwendbarkeit daher aus.

---

[9] Vgl. Giesberts/Gayger/Weyand NVwZ 2020, 417 (420); Zehelein NZM 2020, 390 (401).
[10] So wohl Antweiler NVwZ 2020, 584 (589), der § 56 Abs. 1 IfSG auch auf Verdienstausfälle aufgrund allgemeiner Betriebsschließungen durch Verordnungen anwendet.
[11] Vgl. Winter/Thürk in Schmidt COVID-19 § 17 Rn. 30 ff.
[12] Giesberts/Gayger/Weyand NVwZ 2020, 417 (420).

Auch hier wäre eine analoge Anwendung zu erwägen. Mit Blick auf die Interessenlage 12
der Geschädigten erscheint es nur schwer nachvollziehbar, dass die als Nichtstörer von
Gefahrverhütungsmaßnahmen Betroffenen in erheblich anderer Weise geschädigt werden, als diejenigen, die durch Gefahrbekämpfungsmaßnahmen betroffen werden. Ob
hier jedoch auch eine **planwidrige Regelungslücke** besteht, ist ebenso wie bei § 56
Abs. 1 IfSG **zweifelhaft.** Im jüngst angepassten IfSG hat der Gesetzgeber auf eine Erweiterung des Anwendungsbereiches des § 65 IfSG verzichtet. Darüber hinaus ist eine entsprechende Anwendung auch nur für Fallgestaltungen, die mit Schäden an Gegenständen zusammenhängen, denkbar; eine **Ausweitung auf allgemeine Vermögensschäden**
erscheint **ausgeschlossen.**[13] Praktisch sprechen diese Erwägungen gegen eine analoge
Anwendung des § 65 IfSG auf die Fälle von Schäden bei Mietern und Vermietern.

c) Abschließende Sperrwirkung der Entschädigungsansprüche des IfSG?

Neben den für Mieter und Vermieter nur selten einschlägigen Anspruchsgrundlagen des 13
IfSG kommen darüber hinaus **allgemeine Entschädigungsansprüche,** etwa aus dem
Polizei- und Ordnungsrecht der Länder oder dem Gewohnheitsrecht, in Betracht.

Derartige Ansprüche sind auch nicht aufgrund einer **abschließenden Sperrwirkung** 14
des IfSG ausgeschlossen[14]. Zwar kann für die Tatbestände, für die das IfSG konkrete
Entschädigungsansprüche vorsieht, von einer abschließenden Regelung durch das
IfSG ausgegangen werden.[15] Dies gilt jedoch nicht für Ansprüche zum Ersatz von
Schäden, die keine Regelung im IfSG gefunden haben. Schon nach der Begründung
des Gesetzgebers zum Vorgängergesetz des IfSG sollen die Entschädigungsvorschriften
nämlich nur die wichtigsten der nach dem Gesetz in Betracht kommenden Entschädigungsfälle regeln, ohne dass damit die Entschädigungspflicht in anderen Fällen, soweit
eine solche aufgrund anderweitiger Rechtsvorschriften oder aufgrund des Gewohnheitsrechts besteht, ausgeschlossen sein soll.[16] Dass **die Entschädigungsvorschriften
des IfSG keine ausschließliche Regelung** darstellen, folgt ausweislich der damaligen
Gesetzesbegründung des Bundesseuchenschutzgesetzes auch bereits aus dem Wortlaut der Überschrift des Abschnittes, der auch heute allein auf eine „Entschädigung in
besonderen Fällen" abstellt.[17]

Da die Entschädigungsvorschriften des heutigen Infektionsschutzgesetzes den Tat- 15
beständen des Bundesseuchengesetzes im Wesentlichen nachgebildet sind, beanspruchen diese Ausführungen weiterhin Gültigkeit. Der Wortlaut der aktuellen Abschnittsüberschrift im IfSG lautet wie seinerzeit das BSeuchG weiterhin „Entschädigung in
besonderen Fällen". Die dort geregelten Tatbestände schränken schon aus diesem
Grunde Ersatzansprüche nach anderen Rechtsvorschriften oder aufgrund Gewohnheitsrechts nicht ein.[18]

---

[13] Giesberts/Gayger/Weyand NVwZ 2020, 417 (420) zum Anwendungsbereich des § 65 Abs. 1 IfSG.
[14] BGHZ 55, 366 = NJW 1971, 1080 (1081); Antweiler NVwZ 2020, 584 (589); Winter/Thürk in
Schmidt COVID-19 § 17 Rn. 59; aA Reschke DÖV 2020, 423 (426).
[15] Vgl. etwa § 39 Abs. 3 OBG NRW, welcher eine entsprechende Subsidiaritätsklausel enthält.
[16] Zu den Entschädigungsvorschriften in §§ 48 ff. BSeuchG aF s. BT-Drs. III/1888, 27; vgl. auch BGH
NJW 1971, 1080.
[17] Zur gleichlautenden Überschrift des entsprechenden Abschnittes der §§ 48 ff. BSeuchG aF s. BT-Drs.
III/1888, 27.
[18] Vgl. zur Vorgängerregelung BGHZ 55, 366 = NJW 1971, 1080 (1081); Winter/Thürk in Schmidt
COVID-19 § 17 Rn. 63.

16 Das Bestehen weiterer Ersatzansprüche aus dem Landesrecht neben den im IfSG geregelten Fällen steht auch in **Einklang mit der Kompetenzordnung.** Da die Gesetzgebung zum Schutz vor übertragbaren Krankheiten in den Bereich der konkurrierenden Gesetzgebung fällt (Art. 74 Abs. 1 Nr. 19 GG) und der Bundesgesetzgeber nach eigener Begründung hinsichtlich der Entschädigungsregelungen des IfSG nicht abschließend tätig wurde, bleibt auch unter dem Gesichtspunkt der Gesetzgebungskompetenz ein Rückgriff auf die jeweiligen landesrechtlichen Normen eröffnet (Art. 72 Abs. 1 GG).[19]

17 Vereinzelt wird eine **Sperrwirkung des IfSG** zwar bejaht.[20] Im Schrifttum wird insoweit vorgetragen, dass ein nach allgemeinem Ordnungsrecht bestehender Entschädigungsanspruch des Nichtstörers bereits dann wegen **Spezialität** ausgeschlossen sei, wenn in einem speziellen Gefahrenabwehrgesetz überhaupt Entschädigungsregelungen getroffen wurden und nach dessen Auslegung anzunehmen ist, dass sie abschließend sein sollen.[21] So sei für den Bereich des Tierseuchengesetzes etwa aus dem Umstand, dass dem von einer staatlichen Maßnahme aufgrund des Tierseuchengesetzes Betroffenen nur im Falle der Tötung des Tierbestandes ein Entschädigungsanspruch zuerkannt wird, abzuleiten, dass für die anderen Fälle, in denen es nicht zu einer Tötung kommt bzw. eine Tötung nicht angeordnet wird, grundsätzlich kein Anspruch auf Entschädigung bestehen solle.[22] Insofern spreche das „fein abgestimmte" System der Entschädigungsregeln des IfSG gegen die Gewährung weitergehender Entschädigungsansprüche und eine „Einebnung" des Systems.[23] Gegen eine solche Auslegung spricht jedoch entscheidend der erläuterte gegenläufige Wille des Gesetzgebers. Er wollte eben kein abschließendes Entschädigungsregime im IfSG schaffen. Der Gesetzgeber des IfSG betonte zu einem späteren Zeitpunkt zwar, dass die im IfSG getroffenen Entschädigungsregelungen umfassend den von der Rechtsprechung entwickelten allgemeinen Aufopferungsanspruch ersetzen, dem damit insoweit keine lückenschließende Funktion mehr zukomme.[24] Unter Bezugnahme auf diese Äußerung wird teilweise vertreten, dass der Rückgriff auf die Aufopferungsansprüche nach Ordnungsrecht oder Gewohnheitsrecht explizit ausgeschlossen sei.[25] Diese Ansicht verkennt jedoch zum einen, dass der Gesetzgeber sich hier lediglich auf den richterrechtlich ausgeformten und gewohnheitsrechtlich anerkannten *„allgemeinen Aufopferungsanspruch"* bezieht und nicht das gesetzlich niedergelegte Landesordnungsrecht in Bezug nimmt. Darüber hinaus ist der allgemeine Aufopferungsanspruch strikt zu trennen von den hier behandelten **Ansprüchen aus enteignendem und enteignungsgleichem Eingriff**.[26] Schließlich ist auch nicht ersichtlich, warum der Gesetzgeber die Anwendbarkeit eines durch ständige Rechtsfortbildung zum Gewohnheitsrecht gewachsenen Rechtsinstituts durch lediglich implizite – Gesetzesbegründungen haben keinen Gesetzesrang – Willensbekundung ausschließen könnte. Allenfalls dürfte es sich bei der

---

[19] Vgl. Beckermann DÖV 2020, 144 (151).
[20] Vgl. LG Heilbronn BeckRS 2020, 7486 = COVuR 2020, 142, ohne nähere Begründung. Kritisch dazu auch Schwarz COVuR 2020, 142 (144).
[21] Reschke DÖV 2020, 423 (426).
[22] Reschke DÖV 2020, 423 (426), unter Verweis auf LG Düsseldorf 29.9.2010 – 2b O 34/10, juris Rn. 44 = BeckRS 2010, 24510.
[23] Die Sperrwirkung des IfSG daher bejahend Reschke DÖV 2020, 423 (426).
[24] BT Drs. 566/99, 199.
[25] So Siegel NVwZ 2020, 577 (583).
[26] Vgl. Ossenbühl/Cornils, Staatshaftungsrecht, 6. Aufl. 2013, 3. Teil, S. 131 f.

Gesetzesbegründung lediglich um eine insoweit unbeachtliche Rechtsansicht des Gesetzgebers handeln.

Nach alldem ist der **Rückgriff auf allgemeine Entschädigungsansprüche** daher möglich. Eine Sperrwirkung der Entschädigungsansprüche des IfSG besteht nicht. Eine solche abschließende Regelung lässt sich weder den einzelnen Tatbeständen, noch der Systematik des Gesetzes entnehmen.[27]

18

2. Entschädigung nach allgemeinem Polizei- und Ordnungsrecht

Mieter und Vermieter, die aufgrund staatlicher Infektionsschutzmaßnahmen in der COVID-19-Pandemie Schäden erleiden, können bei rechtmäßiger Inanspruchnahme einen Entschädigungsanspruch nach den Polizei- und Ordnungsgesetzen der Länder haben. Der **Entschädigungsanspruch des Nichtstörers bei rechtmäßiger Inanspruchnahme** ist im Ordnungsrecht der Länder an unterschiedlichen Stellen geregelt, folgt im Grundsatz jedoch derselben Systematik. In NRW findet sich der Anspruch in **§ 39 Abs. 1 lit. a OBG NRW,** in Berlin in § 59 Abs. 1 Nr. 1 ASOG Bln, in Hamburg in § 10 Abs. 3 Hamb. SOG und in Bayern ergibt er sich aus Art. 11 Abs. 1 BayLStVG iVm Art. 87 BayPAG. Die Systematik wird im Folgenden anhand der nordrhein-westfälischen Regelung dargestellt.

19

a) Entschädigungsansprüche aus allgemeinem Polizei- und Ordnungsrecht gelten bei Vollzug des IfSG

Der Entschädigungsanspruch nach den Polizei- und Ordnungsgesetzen der Länder ist nicht schon dadurch ausgeschlossen, dass die nach dem jeweiligen Landesrecht zuständigen Behörden mit dem IfSG Bundesrecht vollzogen haben.[28] So ist in Nordrhein-Westfalen nach § 39 Abs. 1 OBG NRW allein erforderlich, dass es sich bei den schadensursächlichen Handlungen um „**Maßnahmen der Ordnungsbehörden**" handelte. Darunter fallen auch die Maßnahmen der **Sonderordnungsbehörden nach § 12 Abs. 1 OBG NRW,**[29] die nach den landesrechtlichen Vorschriften zur Zuweisung von Zuständigkeiten für den Vollzug des Infektionsschutzgesetzes zuständig sind.

20

Ob hier ein materieller Ordnungsbehördenbegriff – die Infektionsschutzbehörden handeln hier materiell im Sinne der Gefahrenabwehr – oder ein formeller Ordnungsbehördenbegriff zugrunde gelegt werden muss, kann vorliegend dahinstehen:[30] Die Infektionsschutzbehörden werden aufgrund landesrechtlicher Zuweisung tätig und damit auch formell, jedenfalls in NRW, ausdrücklich auch als Ordnungsbehörden, §§ 2, 3, 10 Infektionsschutz- und Befugnisgesetz (IfSBG-NRW).

21

Die **Zuständigkeit für den Erlass von Rechtsverordnungen gemäß § 32 IfSG** liegt bei den Landesregierungen; diese können die Ermächtigung auf andere Stellen übertragen. In NRW wird durch § 10 IfSBG-NRW das Landesgesundheitsministerium für die Landesregierung zu Handlungen ermächtigt. Darüber hinaus kann gemäß § 3 Abs. 3 Nr. 2 IfSBG-NRW das Landesgesundheitsministerium in den Fällen unmittelbarer Gefahrenabwehr auch abseitig von § 32 IfSG Maßnahmen der weiteren Ord-

22

---

[27] So auch Winter/Thürk in Schmidt COVID-19 § 17 Rn. 59 ff.; Schwarz COVuR 2020, 142 (144).
[28] AA wohl Schmitz/Neubert NVwZ 2020, 666 (669).
[29] Siehe OVG Münster BeckRS 9998, 39894.
[30] Dazu mwN BeckOK Polizei- und Ordnungsrecht Nordrhein-Westfalen/Schroeder OBG § 39 Rn. 9.

nungsbehörden zunächst selbst wahrnehmen. Damit ist das handelnde NRW-Landesgesundheitsministerium in den vorliegenden Fällen selbst nach einem formellen Begriffsverständnis immer auch Ordnungsbehörde im Sinne des § 39 OBG-NRW.

b) Anwendbarkeit auf Infektionsschutzmaßnahmen von Kommunen und Landesregierungen

23　Auch **Schäden, die durch Verordnungen der Landesregierungen** auf Grundlage des § 32 IfSG entstanden sind, sind nach den Voraussetzungen des allgemeinen Polizei- und Ordnungsrechts grundsätzlich entschädigungsfähig. Auch insoweit liegt ein Handeln der Ordnungsbehörden vor (vgl. beispielsweise §§ 55, 59, 60, 66 Abs. 2 PolG BW).[31] Auf die umstrittene Frage, ob bei der „Ordnungsbehörde" im Sinne des § 39 Abs. 1 OBG NRW auf ein formelles oder ein materielles Verständnis des Ordnungsbehördenbegriffs zurückzugreifen ist, kommt es ebenso wenig an. Eine **Entschädigungspflicht von Maßnahmen der Landesregierung** erfordert selbst nach einem engen formellen Verständnis des Ordnungsbehördenbegriffs allein, dass die **Landesregierung als Sonderordnungsbehörde** tätig wird.[32] Neben den erläuterten formalen Erwägungen spricht auch die Systematik des föderalen Infektionsschutzrechtes für eine solche Schlussfolgerung: Gemäß § 32 IfSG kann der Verordnungsgeber Maßnahmen nach §§ 28 ff. IfSG „auch durch Rechtsverordnungen" erlassen. Gegenstand der Rechtsverordnung sind danach Gefahrenabwehrmaßnahmen durch die Landesregierung als Sonderordnungsbehörde, die andernfalls mit möglichem identischen Inhalt in der Form von Verwaltungsakten oder Allgemeinverfügungen durch die zuständigen kommunalen Ordnungsbehörden angeordnet würden. Die Zuständigkeit der kommunalen Ordnungsbehörden zum Erlass von Verwaltungsakten und Allgemeinverfügungen kann zudem durch Landesrecht in bestimmten Fällen auf die Landesgesundheitsministerien übertragen werden.[33] Gleichzeitig können den Landesgesundheitsministerien die Zuständigkeiten zum Erlass der Rechtsverordnungen nach § 32 IfSG durch Landesrecht übertragen werden.[34] Damit stehen derselben Behörde zur Wahrnehmung ihrer Kompetenzen nach §§ 28 ff. IfSG im Zweifel zwei verschiedene Verwaltungsinstrumente zur Verfügung. Der bloße Wechsel des verwaltungsrechtlichen Anordnungsinstruments und die formelle Verschiebung einer inhaltsgleichen Kompetenz kann nicht die Schlechterstellung der nach Landesordnungsrecht Anspruchsberechtigten zur Folge haben.

c) Mieter und Vermieter als Nichtstörer?

24　Gemäß **§ 39 Abs. 1 lit. a OBG NRW** hat der Staat demjenigen, der als **Nichtstörer** durch Maßnahmen der Ordnungsbehörden in Anspruch genommen wurde, den Schaden zu ersetzen. Als Betroffene von infektionsschutzrechtlichen Maßnahmen in der COVID-19-Pandemie sind Mieter sowie Vermieter regelmäßig Nichtstörer gemäß § 19 OBG NRW. Nichtstörer sind danach andere Personen als „Störer".

---

[31] Ansprüche verneinend Winter/Thürk in Schmidt COVID-19 § 17 Rn. 67.
[32] OLG Düsseldorf NVwZ-RR 1991, 360; für ein weiteres, materielles Begriffsverständnis der Ordnungsbehörden im Rahmen des § 39 Abs. 1 OBG NRW: BeckOK Polizei- und Ordnungsrecht Nordrhein-Westfalen/Schroeder OBG § 39 Rn. 9 mwN.
[33] Vgl. § 3 Abs. 3 IfSBG-NRW, „wenn es aus Gründen der unmittelbaren Gefahrenabwehr geboten erscheint".
[34] Vgl. § 10 IfSBG-NRW.

Typischerweise werden **Mieter und Vermieter keine „Störer"** im Sinne des IfSG sein, da darunter nur Kranke, Krankheitsverdächtige, Ausscheider und Ansteckungsverdächtige fallen.[35] Eine Zuordnung als Störer im allgemeinen ordnungsrechtlichen Sinne wäre für Mieter und Vermieter allenfalls dann denkbar, wenn sie als sogenannte **Zweckveranlasser** angesehen werden müssten. In diesem Falle würde den Mietern und Vermietern die Gefahr der Virus-Ausbreitung durch den Publikumsverkehr in den von ihnen vermieteten bzw. genutzten Immobilien als mittelbare Verursacher zugerechnet. Ein Entschädigungsanspruch als Nichtstörer wäre dann tatbestandlich ausgeschlossen, da die Zweckveranlasserschaft eine Störerverantwortlichkeit iSd § 17 OBG NRW begründet.

Befürworter der Lehre von der Zweckveranlassung nehmen eine solche an, wenn das Verhalten desjenigen, der die **Gefahrenschwelle unmittelbar überschreitet,** vom Hintermann entweder subjektiv oder objektiv bezweckt wurde bzw. sich „zwangsläufig einstelle".[36] Das Verhalten des Zweckveranlassers und der durch das Verhalten der Dritten eintretende Erfolg müssen eine für den Zweckveranlasser erkennbare natürliche Einheit bilden, die es rechtfertigt, diesem das Verhalten der Dritten zuzurechnen.[37] Deshalb darf – einschränkend – nicht unberücksichtigt bleiben, ob der Zweckveranlasser von einer **rechtlichen Befugnis** Gebrauch macht und ob ein hinreichender sachlicher Grund besteht, ihm die **Gefahr oder Störung unmittelbar zuzurechnen.**

Nach der Rechtsprechung begründet die legale Vermietung von Räumen bei Anwendung dieser Grundsätze selbst an Personen, die dort ggf. Straftaten begehen, nicht automatisch eine Zweckveranlasserschaft, da die Vermietung als solche nicht von der Rechtsordnung missbilligt werde.[38] Wenn aber derartige Fälle der Vermietung keine Zweckveranlasserschaft des Vermieters begründen, kann der Vermieter bei der **Vermietung von Räumen allein zum Zwecke des legalen und von Art. 12 GG geschützten Betriebs eines Gewerbes nicht als Zweckveranlasser** eines dort möglicherweise entstehenden Infektionsrisikos angesehen werden. Die Handlung des Vermieters ist grundsätzlich neutral. Dabei ist auch zu beachten, dass im Rahmen der staatlichen Maßnahmen zur Eindämmung von COVID-19 nicht jeglicher Publikumsverkehr unterbunden werden sollte. So durften beispielsweise Lebensmittel- sowie Tabakgeschäfte weiterhin geöffnet bleiben. Für den Vermieter würde dies zu dem merkwürdigen Ergebnis führen, dass er dann als Zweckveranlasser angesehen wird, wenn das vermietete Ladenlokal zB als Bekleidungsgeschäft genutzt wird, nicht aber, wenn es sich um ein Lebensmittelgeschäft handelt – obgleich die Handlung der Vermietung als solche völlig unterschiedslos erfolgen kann.

Gleichsam stellt seitens der Mieter das **Anmieten von Räumen zum Zwecke der Ausübung eines Gewerbebetriebs** eine zulässige, von der Rechtsordnung nicht missbilligte legale Handlung dar, welche eine **Zweckveranlasserschaft nicht begründen dürfte.**[39] Auch für den Mieter stellen die Nutzung der Räume zB für den Betrieb eines Ladenlokals und etwaige Infektionsrisiken durch Publikumsverkehr keine erkennbare

---
[35] Siehe dazu BVerwG NJW 2012, 2823 (2825).
[36] VGH Mannheim NVwZ-RR 1995, 663 (663); OVG Münster BeckRS 2018, 3191 Rn. 25; ähnlich Schoch JURA 2009, 360 (363).
[37] VGH Mannheim NVwZ-RR 1995, 663 (663).
[38] VGH Mannheim NVwZ-RR 1995, 663 (663).
[39] Vgl. iErg. ebenso Rixen NJW 2020, 1097 (1101).

natürliche Einheit dar, welche die Zurechnung entsprechender Infektionsrisiken zum Mieter rechtfertigt. Dabei ist zunächst zu beachten, dass der Mieter mit seinem Betrieb kaum jemals eine Infektion seiner Kunden bezwecken will. Darüber hinaus kann der Betriebsinhaber auf eine weitgehende Senkung des Infektionsrisikos hinwirken, etwa mit der Durchsetzung von Schutzmaßnahmen wie der Wahrung von Abstandsregeln, der Handhygiene, der Aufforderung von Publikum zum Tragen eines Mund-, Nasen-Schutzes etc.

29 Die **Lehre von der Zweckveranlasserschaft** ist zudem hochumstritten und begegnet **verfassungsrechtlichen sowie systematischen Bedenken,** was jedenfalls für eine enge Auslegung dieser Konstruktion spricht.[40] Betrachtet man beispielsweise für Nordrhein-Westfalen den systematischen Zusammenhang der §§ 4–6 PolG NRW bzw. §§ 17–19 OBG NRW wird deutlich, dass die Rechtsfigur des Zweckveranlassers nach gesetzgeberischem Willen nicht gewollt sein kann.[41] § 4 Abs. 3 PolG NRW bzw. § 17 Abs. 3 OBG NRW normieren eine Konstellation, in der nicht der unmittelbar Handelnde, sondern die dahinterstehende Person als Verantwortlicher in Anspruch genommen wird. Diese Konstellation würde gleichermaßen von der Zweckveranlasser-Rechtsprechung erfasst werden, was verdeutlicht, dass der Gesetzgeber ein derart weites Verständnis der Verantwortlichkeit gerade nicht beabsichtigt hat.[42] Nicht zuletzt wird dies dadurch bestätigt, dass der Gesetzgeber mehrere Möglichkeiten, mit denen er die Rechtsfigur des Zweckveranlassers hätte gesetzlich normieren können, hat verstreichen lassen,[43] sich hingegen in anderen Rechtsvorschriften (zB Abfallverbringungsgesetz) für eine ausdrückliche gesetzliche Normierung entschieden hat.[44]

30 Hinzu kommen **verfassungsrechtliche Implikationen,** die gegen die Konstruktion des Zweckveranlassers sprechen. Die Inanspruchnahme des vermeintlichen Zweckveranlassers geht regelmäßig mit einem **intensiven Grundrechtseingriff** einher,[45] was gerade die staatlichen Infektionsschutzmaßnahmen in der COVID-19-Pandemie verdeutlichen. Es begegnet erheblichen Zweifeln, ob derartige Eingriffe bei Berücksichtigung des verfassungsrechtlichen **Bestimmtheitsgebots** allein auf Grundlage einer unspezifizierten und nicht gesetzlich normierten Konstruktion legitimiert werden können. Die Grenzen der Zweckveranlasserschaft sind konturenlos, sodass unbestimmt verfließt, wer Verantwortlicher im ordnungsrechtlichen Sinne ist. Auch Befürworter der Zweckveranlasser-Konstruktion müssen eingestehen, dass sich mittels dieser lediglich eine moralische Verantwortung iS eines Verschuldensvorwurfs begründen lässt, was dem Ordnungsrecht als Erwägungsgrund allerdings fremd ist.[46]

---

[40] Vgl. BeckOK Polizei- und Ordnungsrecht Nordrhein-Westfalen/Wittreck PolG § 17 Rn. 15; zum Streitstand BVerwG NJW 2019, 3317 (3321) – eine Entscheidung dazu konnte das BVerwG allerdings offenlassen.
[41] BeckOK Polizei- und Ordnungsrecht Nordrhein-Westfalen/Wittreck PolG § 4 Rn. 15.
[42] Des Weiteren betont BeckOK Polizei- und Ordnungsrecht Nordrhein-Westfalen/Wittreck PolG § 4 Rn. 39 die Wertungswidersprüchlichkeit, die sich aus der weiten Auslegung innerhalb der Zweckveranlasser-Rechtsprechung einerseits und der restriktiven Auslegung iRd Anwendung des § 4 Abs. 3 PolG NRW andererseits ergibt.
[43] Beaucamp/Seifert JA 2007, 577 (579).
[44] Beaucamp/Seifert JA 2007, 577 (579).
[45] PdK NW/Haurand K-30 Rn. 73.
[46] PdK NW/Haurand K-30 Rn. 72.

Insbesondere ist nach alledem eine zurückhaltende Anwendung geboten, wenn eine 31
Person ihre (verfassungsrechtlich garantierten) Rechte und Freiheiten legal ausübt
und damit allein mittelbar Gefahren durch andere Dritte auslöst. Genau dies ist aber
bei der Einschränkung der Nutzung von Immobilien anzunehmen – der Vermieter
macht von seiner grundrechtlich geschützten Eigentumsfreiheit (Art. 14 GG) in
rechtskonformer Weise Gebrauch, während der Mieter typischerweise sein rechtskonformes Gewerbe in der Immobilie ausübt (Art. 12 GG). Infektionsgefahren werden
dabei von Vermietern und Mietern weder unmittelbar begründet, noch werden sie
von ihnen bezweckt oder sind gar in ihrem Interesse. Die ordnungsrechtlichen Regelungen für Nichtstörer bieten in diesem Falle eine speziellere und auch inhaltlich überzeugendere Ausgestaltung der Regelungen für solche Fälle als die – reichlich konturenlose – Konstruktion des Zweckveranlassers.

d) „Sonderopfer" der Mieter und Vermieter?

Das Bestehen eines **Sonderopfers** ist jedenfalls im Rahmen der gewohnheitsrecht- 32
lichen Entschädigungsansprüche aus enteignendem und enteignungsgleichen Eingriff
tatbestandliche Voraussetzung (im Einzelnen → Rn. 42 ff.). Für den landeordnungsrechtlichen Entschädigungstatbestand des Nichtstörers ist das Erfordernis eines Sonderopfers nicht explizit im Gesetz vorgesehen.

Die **Regelungen der Länder zur Nichtstörerinanspruchnahme,** so der BGH, gehen 33
auf den aus § 75 Einleitung zum Allgemeinen Landrecht für die Preußischen Staaten entwickelten und von § 70 Preuß. PVG aufgenommenen Aufopferungsgedanken
zurück, dass bei rechtmäßigen beeinträchtigenden Eingriffen der Staatsgewalt, die für
den Betroffenen mit einem Sonderopfer verbunden sind, ein Entschädigungsanspruch
gegen den Staat gegeben ist.[47] Damit sind jedoch nur die historischen Motive des Gesetzgebers für die Einführung einer Nichtstörerentschädigung benannt, der Inhalt des
Tatbestandes richtet sich nach dem Gesetzeswortlaut. Gegen die Annahme des Erfordernisses eines Sonderopfers des Nichtstörers spricht insoweit entscheidend, dass das
Sonderopfer nicht explizit im Entschädigungstatbestand benannt wird. Bereits durch
die Inanspruchnahme des Nichtstörers selbst besteht regelmäßig ein Sonderopfer des
Nichtstörers.[48]

Damit kommt es bei der Entschädigung des Nichtstörers nach Landesordnungsrecht 34
grundsätzlich nicht auf das (zusätzliche) Vorliegen eines Sonderopfers an. Dies könnte
allenfalls nach den Regelungen von einzelnen Bundesländern erwogen werden, die zusätzlich ein **Zumutbarkeitskriterium hinsichtlich des Tragens des Schadens** durch
den Nichtstörer normiert haben, wie Hamburg in § 10 Abs. 3 S. 2 Hmb SOG.[49]

Sollte das Merkmal des Sonderopfers entgegen der hier angenommenen Ansicht den- 35
noch implizit im Tatbestand vorausgesetzt werden, sind zu seiner Bestimmung die im
Rahmen des **enteignenden bzw. enteignungsgleichen Eingriffs** angestellten Erwägungen zu berücksichtigen. Danach dürfte ein Sonderopfer der Mieter und Vermieter in vielen Fällen vorliegen (dazu im Einzelnen → Rn. 42 ff.).

---

[47] BGH NJW 2011, 3157 Rn. 13.
[48] Siehe nur BeckOK Polizei- und Ordnungsrecht Niedersachsen/Möstl/Weiner Vorbemerkung A. Rn. 40.
[49] „Ein Anspruch auf Entschädigung besteht nicht, soweit (…) sonst zugemutet werden kann, den Nachteil selbst zu tragen."

e) Kein Anspruchsausschluss aufgrund unmittelbarer Schutzwirkung der Maßnahme für Betriebsinhaber, § 39 Abs. 2 lit. b OBG NRW

36 Entschädigungen nach Landesrecht können auch ausgeschlossen sein, wenn *durch die Maßnahme die Person oder das Vermögen der geschädigten Person geschützt worden ist,* § 39 Abs. 2 lit. b OBG NRW. Bereits der Wortlaut verdeutlicht, dass nicht die intendierte Schutzrichtung, sondern die **tatsächliche Schutzwirkung entscheidend** ist.[50] Eine vermögensschützende Wirkung kann insbesondere den betriebsschließenden bzw. -einschränkenden Maßnahmen bereits nicht entnommen werden. Der vom Anspruchsgegner zu führende Beweis, dass die zur Infektionsbekämpfung und -verhütung ergangenen Maßnahmen auch tatsächlich dem Schutz des Betriebsinhabers gedient haben, dürfte schlichtweg faktisch nicht zu erbringen sein.

f) Umfang der Entschädigung

37 **Art und Umfang der Entschädigung wegen Nichtstörerinanspruchnahme** richten sich nach den jeweiligen **Vorgaben des Landesordnungsrechts** (vgl. etwa § 40 OBG NRW). Durch die Entschädigung sollen die Nachteile, die dem Nichtstörer durch die Maßnahmen der Ordnungsbehörden entstanden sind ausgeglichen werden. Es handelt sich um einen **Wertausgleich für Vermögensschäden,** nicht um einen Schadensersatzanspruch, der auf Naturalrestitution gerichtet ist.[51] Hinsichtlich der Rechtsfolge hat aber auch der BGH bereits etliche sog. „Folgeschäden" des Eingriffs, zu denen auch Erwerbsverluste zählen können, anerkannt.[52]

38 In NRW kann etwa **entgangener Gewinn,** also insbesondere der Ausfall des gewöhnlichen Verdienstes oder Nutzungsentgelts der Entschädigungspflicht unterfallen, § 40 Abs. 1 S. 2 OBG NRW. Der Eingriff in eine bereits bestehende Rechtsposition ist damit nicht erforderlich.[53] Gerade Einnahmeverluste des Mieters sind damit grundsätzlich auf Rechtsfolgenseite erfasst. Praktisch hat der Betriebsinhaber hier dann die Differenz der für gewöhnlich zu erwartenden Einnahmen und der kausal auf die Betriebsschließung/-einschränkung zurückzuführenden Einbußen als entschädigungsmöglichen Betrag nachzuweisen.

39 Da hierzu dem Grunde nach auch das **Entgelt als Gegenleistung für die Überlassung** einer Sache durch Vermietung oder Verpachtung gehören kann,[54] sind Miet- und Pachtausfälle des Vermieters/Verpächters bei Eingriffen gegen Vermieter/Verpächter ebenfalls entschädigungspflichtig. Darüber hinaus können etwa Rechtsberatungskosten ebenfalls als notwendige Aufwendungen im Einzelfall entschädigungspflichtig sein. Insgesamt müssen im Sinne einer Differenztheorie die bereits vom Staat erhaltenen Leistungen und Freistellungen auch schadensmindernd berücksichtigt werden.

40 Zu beachten sind ggf. besondere **Vorschriften der Länder zur Verjährung** des Anspruchs (vgl. etwa § 41 OBG NRW, der aber bloß auf die allgemeinen Verjährungsvor-

---

[50] OLG Köln NJW-RR 1996, 860 (861); ebenso BeckOK Polizei- und Ordnungsrecht Nordrhein-Westfalen/Schroeder OBG § 39 Rn. 41 mwN.
[51] Vgl. für BeckOK Polizei- und Ordnungsrecht Nordrhein-Westfalen/Schroeder OBG § 40 Rn. 1.
[52] Ossenbühl/Cornils, Staatshaftungsrecht, 6. Aufl. 2013, 4. Teil, Enteignung und ausgleichspflichtige Inhaltsbestimmung des Eigentums, S. 254 f.
[53] BeckOK Polizei- und Ordnungsrecht Nordrhein-Westfalen/Schroeder OBG § 40 Rn. 5 f.
[54] Vgl. für BeckOK Polizei- und Ordnungsrecht Nordrhein-Westfalen/Schroeder OBG § 40 Rn. 8.

schriften des BGB verweist). Soweit keine besonderen Verjährungsregeln bestehen ist das Verjährungsrecht des BGB ohnehin anzuwenden.

3. Entschädigung aufgrund Enteignenden Eingriffs

Im Falle rechtmäßigen Handelns der Infektionsschutzbehörden kommt schließlich ein Entschädigungsanspruch auf Grundlage des gewohnheitsrechtlich anerkannten Instituts des **„Enteignenden Eingriffs"** in Betracht.[55] Soweit durch eine hoheitliche Maßnahme – die Infektionsschutzmaßnahme – in der Nebenfolge ein Eingriff in das Eigentum des Maßnahmenadressaten bewirkt wird, ist diesem, wenn ihm ein „Sonderopfer" entsteht, auch bei Rechtmäßigkeit der Maßnahme die Einbuße zu ersetzen. Besondere Bedeutung kommt bei der Anspruchsprüfung im konkreten Fall die Frage der Abgrenzung des Eingriffs in die Berufsausübungsfreiheit (Art. 12 GG) und des Eingriffs (als Nebenfolge) in die Eigentumsgarantie (Art. 14 GG) zu. 41

a) „Sonderopfer" der Mieter und Vermieter?

Schwierigkeiten entstehen in der Anwendung des Merkmals **„Sonderopfer"** dadurch, dass eine abschließende Definition bislang fehlt. Gemessen an den allgemeinen Maßstäben der Rechtsprechung für ein „Sonderopfer" ist ein solches für Mieter und Vermieter aufgrund von Beeinträchtigungen in der COVID-19-Pandemie regelmäßig mit überzeugenden Gründen zu bejahen. 42

Für die Annahme eines Sonderopfers ist zunächst erforderlich, dass die dem Eigentum innewohnende **Sozialbindungsschwelle in besonderer Weise überschritten** wird, die Einwirkungen auf die Rechtsposition des Betroffenen also im Verhältnis zu anderen ebenfalls betroffenen Personen eine besondere Schwere aufweisen oder im Verhältnis zu anderen nicht betroffenen Personen einen Gleichheitsverstoß bewirken.[56] Der BGH berücksichtigt dabei auch die **Schwere des Eingriffs**, die **Situationsgebundenheit**, das **Übermaß** oder ob ein **Eingriff für den Betroffenen nach Dauer, Art, Intensität und Auswirkung** so erheblich ist, dass ihm eine entschädigungslose Hinnahme nicht zugemutet werden kann.[57] Ist die Beeinträchtigung nicht Folge einer einzelfallbezogenen Einwirkung, sondern eines allgemeinen Zwangs, kann ein Sonderopfer unter Umständen ausgeschlossen sein; erforderlich sind dann **über die Zwangstypik hinausgehende, besondere Folgen**.[58] Allein aufgrund einer möglichen hohen Anzahl an Betroffenen durch eine staatliche Infektionsschutzmaßnahme lässt sich das Vorliegen eines Sonderopfers allerdings nicht verneinen.[59] Zum einen vermindert die Zahl zusätzlicher Betroffener nicht die Intensität der Beeinträchtigung der Rechte des individuell betroffenen Grundrechtsträgers. Darüber hinaus würde eine genaue zahlenmäßige Abgrenzung zur Bestimmung des Sonderopfers notwendig zu willkürlichen Ergebnissen führen, die den verfassungsrechtlichen Maßstäben für eine Entschädigungspflicht nicht gerecht werden können.[60] 43

---

[55] Vgl. dazu umfassend Maunz/Dürig/Papier/Shirvani GG Art. 14 Rn. 786 ff.
[56] BGH NJW 2017, 1322 (1324 f.) mwN.
[57] BGHZ 105, 15 (21) = NJW 1988, 3201 (3202); BGH NVwZ 1988, 1066 (1067); MüKoBGB/Ernst BGB Vor § 903 Rn. 148.
[58] Vgl. BGHZ 17, 172 (175) = NJW 1955, 1109 (1110); MüKoBGB/Ernst BGB Vor § 903 Rn. 149.
[59] So aber offenbar Kment NVwZ 2020, 687 (688).
[60] Vgl. Schmitz/Neubert NVwZ 2020, 666 (670).

44 Mieter und Vermieter erbringen deshalb ein ausgleichspflichtiges Sonderopfer, wenn sie durch die Infektionsschutzmaßnahmen einerseits schwer und andererseits im Vergleich zur Allgemeinheit **„in besonderer Weise"** beeinträchtigt werden. Jedenfalls die ausgleichslose Hinnahme existenzgefährdender Maßnahmen kann Mietern und Vermietern nicht abverlangt werden. Gerade bei vollständigen Betriebsschließungen über einen Zeitraum von mehreren Wochen oder sogar Monaten wird eine „sonderopfergleiche Existenzbedrohung" bzw. vergleichbar schwere Belastung regelmäßig anzunehmen sein.[61] Freiwillige staatliche Leistungen (Subventionen) wie die Corona-Soforthilfeprogramme des Bundes und der Länder werden eine solche Existenzbedrohung in vielen Fällen nicht abmildern können.[62]

45 Erforderlich ist weiterhin, dass **die Beeinträchtigung der Betroffenen nicht Folge eines allgemeinen Zwanges, sondern besonderer Umstände ist.** Die im Zuge der COVID-19-Pandemie getroffenen staatlichen Infektionsschutzmaßnahmen stellen regelmäßig solche besonderen Umstände dar. Dies folgt zunächst schon daraus, dass es sich bei der COVID-19-Pandemie um eine außergewöhnliche Situation gehandelt hat, welche mit Gesundheitsgefahren für die Allgemeinheit verbunden war, die es jedenfalls seit Gründung der Bundesrepublik noch nie gegeben hat. Die staatliche Reaktion darauf war ein Paket von Maßnahmen eines „Lockdowns", das historisch in der Bundesrepublik ebenso unvergleichlich ist.

46 Die aktuelle Situation der COVID-19-Pandemie ist deshalb auch von anderen in der Rechtsprechung entschiedenen Einzelfällen abzugrenzen, etwa zur kurzzeitigen Evakuierung einer Innenstadt wegen eines Bombenfundes, bei denen das Vorliegen eines Sonderopfers abgelehnt wurde.[63] Ein solcher Fall ist mit den Maßnahmen zur Bekämpfung der COVID-19-Pandemie nicht zu vergleichen.

47 Die derzeitigen Maßnahmen zeichnen sich gerade dadurch aus, dass es kein allgemeines „Gewerbeausübungsverbot" im Sinne einer vollständigen Ausgangssperre und flächenbezogenen Gewerbeuntersagung gibt. Vielmehr differenzieren die Infektionsschutzmaßnahmen in erheblichem Maße danach, inwieweit Schlüsselbranchen betroffen sind und Betriebe mit (vermeintlich) niedrigerer Infektionsgefahr – ggf. unter Auflagen – zunächst geöffnet bleiben oder früher wieder geöffnet werden können als andere. So durfte der Lebensmitteleinzelhandel bundesweit weiterhin tätig bleiben, während der Bekleidungseinzelhandel geschlossen wurde. Der Verkauf von Schnittblumen wurde in einigen Bundesländern weiterhin gestattet, der von anderen Deko-Artikeln jedoch nicht. Eine Reihe von getroffenen unterschiedlichen Regelungen dürften sich sachlich kaum begründen lassen.

48 Selbst bei einer branchenweiten Betroffenheit durch Maßnahmen des Staates kommt es aufgrund der im Laufe der COVID-19-Krise weiter ausdifferenzierten Maßnahmen nicht notwendigerweise zu einer branchenweit **gleichmäßigen Schädigung der einzelnen Gewerbetreibenden.** So könnten beispielsweise die Mieter von Gewerbeflächen mit einer Größe von mehr als 800 qm stärkeren Belastungen ausgesetzt sein, als kleinere Betriebe desselben Gewerbes.

---

[61] So auch Papier DRiZ 2020, 180 (183).
[62] Vgl. auch Schmitz/Neubert NVwZ 2020, 666 (669).
[63] OLG Koblenz LKRZ 2009, 469 (470).

Einzelne **unterinstanzliche Gerichte** haben mit Bezug auf die COVID-19-Maß- 49
nahmen das Vorliegen eines Sonderopfers einzelner Kläger zwar abgelehnt.[64]
Eine nähere Auseinandersetzung mit der Rechtsgrundlage des enteignenden Eingriffs
und dem Tatbestandsmerkmal des Sondereingriffs erfolgte indes nicht. Im Schrifttum
wird die Annahme eines Sonderopfers aufgrund eines mangelnden Verstoßes gegen
den Gleichheitssatz der COVID-19-Maßnahmen teilweise verneint.[65] Andere Autoren bejahen das Vorliegen eines Sonderopfers explizit im Hinblick auf Betriebsinhaber,
die von Betriebsuntersagungen durch COVID-19-Rechtsverordnungen betroffen sind
und begründen dies damit, dass diese ihre Betriebe schließen müssten, damit die Entwicklung der COVID-19-Pandemie kapazitätsgerecht gesteuert werden könne.[66] Teilweise wird auch das Vorliegen eines **gruppenbezogenen Sonderopfers** bejaht, wenn
eine Gruppe von Betriebsinhabern zwar gleichermaßen geschädigt wird, diese jedoch
ein im Vergleich zu anderen Betriebsinhabern besonderes Opfer erbringt.[67]

Es sprechen damit **gute Argumente für die Annahme eines Sonderopfers** bei von 50
Infektionsschutzmaßnahmen im Rahmen der COVID-19-Pandemie betroffenen Mietern und Vermietern.[68] Dies gilt gerade dann, wenn entgegen der hier vertretenen Ansicht Entschädigungsansprüche des Nichtstörers aus allgemeinem Polizei- und Ordnungsrecht abgelehnt werden. In diesem Falle muss die belastende Wirkung der
zumindest ähnlich einem Nichtstörer durch die staatlichen Infektionsschutzmaßnahmen in Anspruch genommenen Mieter oder Vermieter gerade ohne Ausgleich hingenommen werden, was zu einer besonderen Belastung führt.[69]

b) Eigentumseingriff

Vom **Schutzbereich des Art. 14 GG** werden zwar reine Vermögensschäden nicht er- 51
fasst.[70] Zum Eigentum iSd Art. 14 GG zählt jedoch auch **das Recht am eingerichteten und ausgeübten Gewerbebetrieb,** also etwa des Gewerbes eines Mieters.[71] Gewährleistet wird insoweit das ungestörte Funktionieren des Betriebsorganismus.[72] Auf
diese Weise wird grundsätzlich lediglich **Entschädigung für die entzogene Vermögenssubstanz** gewährt.[73] Im Ergebnis fallen allerdings auch Ertragsverluste, die
aus einem vorübergehenden Eingriff in den Gewerbebetrieb resultieren, hierunter. Soweit sich der Geldwert der Entschädigung grundsätzlich nach dem Verkehrswert der
entzogenen Substanz richtet, ist es im Rahmen dessen aus Gründen der Praktikabilität
auch möglich, auf den ausgebliebenen Ertrag abzustellen, verkörpert dieser insoweit

---

[64] VG Ansbach BeckRS 2020, 6627.
[65] Reschke DÖV 2020, 423 (429).
[66] Antweiler NVwZ 2020, 584 (589); vgl. ebenso Härting, LTO-Interview vom 6.4.2020: Entschädigung für Restaurantbetreiber?, abrufbar unter https://www.lto.de/recht/hintergruende/h/corona-betriebsschliessung-entschaedigung-infektionsschutzgesetz-sonderopfer-enteignung/ (Stand: 9.6.2020).
[67] Winter/Thürk in Schmidt COVID-19 § 17 Rn. 76.
[68] So iErg auch Schmitz/Neubert NVwZ 2020, 666 (670f.); Antweiler NVwZ 2020, 584 (589); offengelassen bei Zehelein NZM 2020, 390 (401). Ebenso offengelassen bei VGH Mannheim BeckRS 2020, 8306. Ein Sonderopfer ebenfalls bejahend Papier DRiZ 2020, 180 (183), der deshalb eine gesetzliche Neuregelung der Entschädigungsbestimmungen fordert.
[69] Vgl. auch Schmitz/Neubert NVwZ 2020, 666 (669f.).
[70] Maunz/Dürig/Papier/Shirvani GG Art. 14 Rn. 277ff.
[71] Siehe dazu ebenfalls im Kontext von COVID-19 Zehelein NZM 2020, 390 (401).
[72] Vgl. Ossenbühl/Cornils, Staatshaftungsrecht, 6. Aufl. 2013, 4. Teil, Enteignung und ausgleichspflichtige Inhaltsbestimmung des Eigentums, S. 175 ff. (177).
[73] BGHZ 57, 359 = NJW 1972, 243.

den Substanzwert.⁷⁴ Dies gilt sogar für Betriebe, die bislang in den roten Zahlen standen, soweit ein zu erwartender Gewinn schlüssig begründet werden kann.⁷⁵

52 Darüber hinaus ist von der Eigentumsgarantie des **Art. 14 GG auch die Verwertungsmöglichkeit von Grundeigentum erfasst,**⁷⁶ so etwa durch Vermietung und Verpachtung. Für die Bemessung der Entschädigungszahlung soll es dabei auf den fiktiven Miet- bzw. Pachtzins, der unter normalen Umständen hätte erzielt werden können, ankommen. Ist eine Immobilie zwar als Geschäftslokal vermietet, aber wird im Zusammenhang mit den COVID-19-bedingten Schließungsanordnungen kein Mietzins seitens des Mieters entrichtet, kann der Vermieter auf diese Weise eine Entschädigung erlangen. Dies stellt sich insoweit als eine Frage des Einzelfalls dar, bei der es insbesondere darauf ankommt, auf welcher Grundlage der Mieter die Mietzinszahlung eingestellt hat bzw. verweigert.

IV. Entschädigung für rechtswidrige staatliche Eingriffe aufgrund Infektionsschutzes

1. Entschädigung nach IfSG

53 Grundsätzlich ist davon auszugehen, dass die Entschädigungstatbestände des IfSG auch auf **rechtswidrige Maßnahmen** der Behörden entsprechende Anwendung finden. Dem unrechtmäßig in Anspruch Genommenen muss gleichsam bzw. erst recht ein Anspruch zustehen.⁷⁷ In Anbetracht des begrenzten Umfangs der IfSG-Entschädigungstatbestände sind jedoch gerade im Bereich rechtswidriger Maßnahmen die allgemeinen Ansprüche in den Blick zu nehmen.

2. Entschädigung nach allgemeinem Polizei- und Ordnungsrecht

54 Eine **verschuldensunabhängige Unrechtshaftung bei rechtswidrigen ordnungsbehördlichen Maßnahmen** findet sich im Ordnungsrecht der Länder, etwa in § 39 Abs. 1 lit. b OBG NRW oder in § 59 Abs. 2 ASOG Bln. In Bundesländern ohne entsprechende ausdrückliche Regelung – wie etwa in Hamburg – wird regelmäßig eine Analogie zu den Ersatzansprüchen des rechtmäßig in Anspruch genommenen Nichtstörers als Anspruchsgrundlage gebildet.

55 Im Unterschied zur Haftung etwa nach § 39 Abs. 1 lit. a OBG NRW kommt es bei rechtswidriger Inanspruchnahme grundsätzlich nicht auf die Eigenschaft des Anspruchstellers als Nichtstörer an. Der Anspruch verdrängt als **lex specialis** Ansprüche aus enteignungsgleichem und aufopferungsgleichem Eingriff.⁷⁸ Der Umfang der Entschädigung folgt den gleichen Maßgaben wie bei der rechtmäßigen Nichtstörerinanspruchnahme nach Landesordnungsrecht (s. o.).

---

⁷⁴ BGHZ 57, 359 (368 f.) mwN = NJW 1972, 243 (246); BGH NJW 1972, 1574 (1575); 1975, 1966 (1967 f.).
⁷⁵ BGH NJW 1975, 1966 (1967 f.).
⁷⁶ Vgl. BGHZ 136, 182 (185) = NJW 1997, 3432 (3433).
⁷⁷ Giesberts/Gayger/Weyand NVwZ 2020, 417 (421).
⁷⁸ Vgl. etwa BGHZ 72, 273 (276) = NJW 1979, 36 (37); BGHZ 82, 361 (363) = NJW 1982, 1281.

3. Amtshaftungsanspruch bei rechtswidrigen Maßnahmen aufgrund Infektionsschutzes

Nach § 839 Abs. 1 BGB iVm Art. 34 GG hat der Staat den Schaden zu ersetzen, der durch die **schuldhafte Amtspflichtverletzung eines Beamten** entstanden ist. Denkbar ist, dass im Erlass rechtswidriger Infektionsschutzmaßnahmen zugleich schuldhafte Amtspflichtverletzungen liegen. Von den Gerichten wurden einzelne Maßnahmen bereits für rechtswidrig befunden.[79] Amtshaftungsansprüche sind grundsätzlich auch beim Erlass von Rechtsverordnungen möglich, soweit durch diese drittbezogene Amtspflichten verletzt werden. Danach sind Amtshaftungsansprüche von Mietern und Vermietern bei Vorliegen der Voraussetzungen sowohl bei rechtswidrigen Infektionsschutzmaßnahmen in Form von Verwaltungsakten als auch in Form von Rechtsverordnungen denkbar. 56

a) Verletzung einer Amtspflicht

Der Amtspflichtbegriff ist denkbar weit, jeder Amtsträger unterliegt insoweit der Pflicht, Gesetze und Rechtsvorschriften richtig auszulegen und die höchstrichterliche Rechtsprechung zu beachten.[80] Es besteht eine **Amtspflicht zu rechtmäßiger Amtsausübung**.[81] Ordnet ein Amtsträger demnach vorsätzlich oder fahrlässig eine rechtswidrige Infektionsschutzmaßnahme an, kann dies den Entschädigungsanspruch nach § 839 Abs. 1 BGB iVm Art. 34 GG begründen. 57

b) Drittschutz der Norm

Nicht jede Amtspflichtverletzung führt jedoch zu einem Schadensersatzanspruch, vielmehr muss eine „**einem Dritten gegenüber obliegende Amtspflicht**" verletzt worden sein. Eine pauschale Drittbezogenheit sämtlicher Regelungen des IfSG wurde vom LG Köln in einer Entscheidung verneint.[82] Zweck des IfSG sei gemäß **§ 1 Abs. 1 IfSG**, übertragbaren Krankheiten beim Menschen vorzubeugen, Infektionen frühzeitig zu erkennen und ihre Weiterverbreitung zu verhindern. Daraus ließen sich **keine pauschalen drittbezogenen Amtspflichten zum Schutze des Vermögens** ableiten.[83] 58

Bei Verletzung subjektiv öffentlicher Rechte des Geschädigten liegt jedenfalls eine **Drittbezogenheit der Amtspflicht** vor.[84] Es gilt die allgemeine Regel, dass dann, wenn der Amtshaftungsanspruch darauf gestützt wird, dass die Amtspflichtverletzung im Erlass eines rechtswidrigen belastenden Verwaltungsaktes besteht, die Drittgerichtetheit mit der Klagebefugnis nach § 42 Abs. 2 VwGO zusammenfällt.[85] 59

---

[79] Vgl. etwa zur Quarantänepflicht für aus dem Ausland Einreisende: OVG Lüneburg BeckRS 2020, 8099; zur Beschränkung der Verkaufsfläche auf 800 m²: VGH Mannheim BeckRS 2020, 7262; sowie BayVGH BeckRS 2020, 6630; zum Verlassen der Wohnung: VerfGH Saarland BeckRS 2020, 7053.
[80] BGHZ 84, 285 (287) = NJW 1983, 222 (223); BGHZ 119, 365 (369f.) = NJW 1993, 530; BGH NJW 1994, 3158f.
[81] BeckOK BGB/Reinert BGB § 839 Rn. 41.
[82] LG Köln BeckRS 2018, 34949.
[83] LG Köln BeckRS 2018, 34949 Rn. 34ff.
[84] MüKoBGB/Papier/Shirvani BGB § 839 Rn. 228.
[85] BGH NJW 1994, 1647 (1649); Winter/Thürk in Schmidt COVID-19 § 17 Rn. 94; MüKoBGB/Papier/Shirvani BGB § 839 Rn. 229.

60 Für **Amtshaftungsansprüche auf der Grundlage von rechtswidrigen Rechtsverordnungen** ist eine differenzierende Betrachtung geboten. Gesetze und Verordnungen enthalten generelle und abstrakte Regeln und dementsprechend nimmt der Gesetz- bzw. **Verordnungsgeber** in der Regel **ausschließlich Aufgaben gegenüber der Allgemeinheit wahr, denen die Drittbezogenheit fehlt**.[86] So hat der BGH bezüglich einer Verordnung, die für Milcherzeuger eine Kappungsgrenze zum Zwecke der Begrenzung der Überproduktion von Milch vorschrieb, die Einzelfallbezogenheit abgelehnt. Er begründete dies damit, dass die in der Verordnung vorgeschriebene Kappungsgrenze für alle betroffenen Milcherzeuger in gleicher Weise galt und der Kreis der durch die Verordnung Betroffenen nach abstrakt-generellen Merkmalen bestimmt worden sei. Daher fehle eine räumliche und/oder sachliche Individualisierung der Rechtsadressaten, die eine besondere Beziehung zwischen dem Rechtsetzungsakt und den geschützten Interessen bestimmter Betroffener hätte schaffen können.[87]

61 Dieses Prinzip gilt jedoch nicht immer. In **Ausnahmefällen** – etwa bei Maßnahmen – oder Einzelfallgesetzen bzw. -verordnungen, in denen die Belange einzelner Personen oder begrenzter Personenkreise berührt werden, kommt eine Drittbezogenheit des jeweiligen Rechtsaktes bzw. der dahinterstehenden Amtspflicht in Betracht.[88] Danach können nach stRspr selbst abstrakt-generelle Legislativakte, die *nach Anlaß und Inhalt zweck- und situationsgebunden sind und versuchen, eine konkrete Lage durch eine Maßnahme in Form eines Gesetzes zu lösen* gerade doch die Belange Einzelner berühren.[89] Gerade für Verordnungen zur Bekämpfung von COVID-19 als Exekutivakte mit eng begrenztem Zeitraum sowie zT eng begrenztem Adressatenkreis gilt eine solche Ausnahme umso mehr. Entscheidend ist, dass **Belange bestimmter Einzelner unmittelbar berührt** werden, so dass sie als Dritte im Sinne des § 839 BGB angesehen werden.[90]

62 Mit Blick auf COVID-19-Maßnahmen hat etwa das OVG Bremen in einem Verfahren des Eilrechtsschutzes gegen Maßnahmen einer **Corona-Verordnung** entschieden, dass durch dort festgelegte Beschränkungen des Einzelhandels die **Verletzung eines subjektiven Rechts eines Inhabers eines Autohauses** möglich erscheint – und hat dessen Antragsbefugnis ohne weitere Begründung bejaht.[91] Dies ist vor dem Hintergrund der Systematik des IfSG und des Zwecks der Verordnungsermächtigung in § 32 IfSG folgerichtig; durch Corona-Maßnahmenverordnungen werden Infektionsschutzmaßnahmen angeordnet, die sonst als Verwaltungsakte, insbesondere als Allgemeinverfügungen erlassen werden würden. Während die Rechtsverordnung eine **abstrakt generelle** Regelung trifft, trifft die Allgemeinverfügung eine **konkret generelle** Regelung. Der Unterschied liegt also nicht beim Adressatenkreis, sondern bei der Frage, ob die Regelung für einen Fall oder abstrakt für eine Vielzahl von Fällen gilt. Nur insofern besteht somit ein Unterschied zur Rechtsverordnung. Die Wahl des Instruments der Rechtsverordnung kann hier also an der Drittbezogenheit der angeordneten Maßnahmen nichts ändern. Wesentlich ist nicht die Rechtsnatur, sondern die Betroffenheit subjektiver Rechte des Einzelnen. **Ob rechtliche Regelungen Be-**

---

[86] Vgl. BGH NJW 1989, 101.
[87] BGH NVwZ-RR 1993, 450.
[88] BGH NJW 1989, 101.
[89] BayObLGZ 1997, 31 (35) = NJW 1997, 1514 (1515).
[90] BGH NJW 1997, 123.
[91] OVG Bremen BeckRS 2020, 5629 Rn. 11.

troffene schützen ist anhand des Charakters des konkreten Paragraphen zu entscheiden, nicht aber anhand der Rechtsform der Regelung. Soweit durch Corona-Rechtsverordnungen in subjektiv öffentliche Rechte von Mietern oder Vermietern eingegriffen wird, scheitern entsprechende Entschädigungsansprüche damit nicht an fehlender Drittbezogenheit der Amtspflichten.[92]

c) Verschulden

Die Haftung wegen Amtspflichtverletzung setzt ein **Verschulden des Amtsträgers** 63 voraus. Besondere Bedeutung kommt damit der Bestimmung des Verschuldensmaßstabs zu. Hierbei ist zu berücksichtigen, dass es sich bei den Infektionsschutzbehörden, insbesondere den Landesministerien, um Fachbehörden mit besonderer Expertise handelt, die auch bei schwierigen Rechtsfragen eine vertretbare Entscheidung treffen müssen.[93] Bei den Anforderungen an die Fachkompetenz der Behörden sind jedoch auch die besonderen Herausforderungen durch die COVID-19-Pandemie zu berücksichtigen.[94] Die Fachbehörden müssen in kurzer Zeit, bei teilweise unsicherer Informationslage weitreichende Maßnahmen zum Infektionsschutz vornehmen und in vielfältiger Weise Interessen Betroffener gegeneinander abwägen. Die Fachkompetenz der Behörden ist im Angesicht der konkreten Bedrohungslage nicht uferlos. Zudem sind regelmäßig eine **Bandbreite von Infektionsschutzmaßnahmen fachlich vertretbar.** Nichtsdestotrotz müssen den Amtswaltern allgemeine grundrechtliche Erwägungen, etwa zur Rechtfertigung von Ungleichbehandlungen oder zur Verhältnismäßigkeit staatlicher Eingriffe bewusst sein. Durch die Anerkennung eines **Organisationsverschuldens** kann auf die Feststellung des individuell verantwortlichen Amtsträgers verzichtet werden.[95] Die Schuldformen Vorsatz und Fahrlässigkeit müssen zudem nur bezüglich der Amtspflichtverletzung, nicht aber auch hinsichtlich des schädigenden Ereignisses gegeben sein.[96]

d) Umfang der Entschädigung

Inhalt eines Anspruches aus Amtshaftung gemäß § 839 Abs. 1 BGB iVm Art. 34 GG 64 ist Schadensersatz. Damit erstreckt sich der Anspruch – im Gegensatz zu einem Entschädigungsanspruch – grds. auf **Naturalrestitution.** Damit ist die Vermögenslage herzustellen, die bei pflichtgemäßem Verhalten des Amtsträgers eingetreten wäre. Der Schadensersatzanspruch erstreckt sich auch auf entgangenen Gewinn sowie immaterielle Schäden.[97]

4. Entschädigung aufgrund Enteignungsgleichen Eingriffs

Liegt kein Fall eines speziellen Anspruchs vor, bleibt den betroffenen Mietern und Ver- 65 mietern noch der **Rückgriff auf das gewohnheitsrechtlich anerkannte Institut des „Enteignungsgleichen Eingriffs".** Der Anspruch setzt im Kern voraus, dass durch einen hoheitlichen Eingriff eine Rechtsposition, die in den Eigentumsschutz des Art. 14 GG einbezogen ist verletzt wird. Das Vorliegen eines Sonderopfers wird aus

---

[92] So auch Winter/Thürk in Schmidt COVID-19 § 17 Rn. 100.
[93] BGH NJW 1994, 3158 (3159); Staudinger/Wöstmann, 2013, BGB § 839 Rn. 208.
[94] Vgl. ebenso BGH NJW 2003, 369.
[95] Vgl. BGH NJW 1964, 41.
[96] Vgl. MüKoBGB/Papier/Shirvani BGB § 839 Rn. 284.
[97] Vgl. Winter/Thürk in Schmidt COVID-19 § 17 Rn. 114 ff.

der Rechtswidrigkeit des Eingriffs gefolgert.[98] Dabei ist zu beachten, dass durch den Enteignungsgleichen Eingriff nicht das Vermögen als solches geschützt wird, sondern, dem Schutzbereich von Art. 14 GG entsprechend, nur vermögenswerte Rechtspositionen.[99] Mit Blick auf den Inhalt der Entschädigung gilt das gleiche wie beim Enteignenden Eingriff (s.o.).

5. Anspruchsausschluss bei Nichtinanspruchnahme von Primärrechtsschutz

66 Wird der Bürger durch rechtmäßige staatliche Maßnahmen in Anspruch genommen, kann er sich gegen diese nicht wehren, er hat sie vielmehr zu dulden und etwaige Schäden im Nachhinein zu liquidieren (**„Dulde und liquidiere"**). Wird der Bürger vom Staat jedoch in rechtswidriger Weise in Anspruch genommen, stehen ihm in Form von Rechtsmitteln Abwehrmöglichkeiten offen. In diesen Fällen hat der von einem rechtswidrigen hoheitlichen Eingriff Betroffene nicht die freie Wahl, ob er den Eingriff mit den dafür vorgesehenen Rechtsmitteln abwehren möchte oder ihn hinnehmen und stattdessen eine Entschädigung verlangen will.[100] Dies ist für den Amtshaftungsanspruch in § 839 Abs. 3 BGB ausdrücklich vorgeschrieben. Danach tritt die Ersatzpflicht nicht ein, wenn der Verletzte vorsätzlich oder fahrlässig unterlassen hat, den Schaden durch Gebrauch eines Rechtsmittels abzuwenden. Dieser „Vorrang des Primärrechtsschutzes" gilt auch bei Ansprüchen aus Enteignungsgleichem Eingriff. Dort ist § 254 BGB entsprechend anzuwenden. Mitwirkendes Verschulden im Sinne des § 254 BGB ist dort nicht nur im Rahmen der Eingriffsfolgen,[101] sondern auch bei der Verwirklichung des Schädigungstatbestandes selbst zu berücksichtigen.[102]

67 Betroffene von Infektionsschutzmaßnahmen stehen nun vor der Frage, ob sie, um etwaige Entschädigungsansprüche wegen rechtswidriger Inanspruchnahme nicht zu verlieren, „vorsorglich" Rechtsmittel einlegen müssen, oder, wenn Rechtsmittelfristen bereits abgelaufen sind, ob sie entsprechende Entschädigungsansprüche bereits verloren haben. Entscheidend ist insoweit, dass der Vorrang des Primärrechtsschutzes nur dann zum **Verlust der Entschädigungsansprüche** führt, wenn der Betroffene es schuldhaft versäumt hat, Rechtsmittel einzulegen.

68 Mit Blick auf das Verschulden sind die Anforderungen an die **Prüfpflicht des Adressaten nicht zu hoch** anzusetzen, vor allem bei normativen Akten (Satzungen, Verordnungen). **Der Bürger kann nicht verpflichtet werden, vorsorglich Rechtsschutz gegen jegliche staatliche Maßnahme** schon dann zu suchen, wenn eine Rechtswidrigkeit bloß möglich erscheint.[103] Ebenso kann vom rechtlichen Laien nicht gefordert werden, dass er ohne deutlich erkennbare Anhaltspunkte für die Rechtswidrigkeit einer staatlichen Maßnahme in jedem Falle Rechtsrat einholt. Dies gilt gerade, soweit der Betroffene ein berechtigtes Vertrauen in die Rechtmäßigkeit des Verwaltungshan-

---

[98] Vgl. Maunz/Dürig/Papier/Shirvani GG Art. 14 Rn. 796ff.
[99] Maunz/Dürig/Papier/Shirvani GG Art. 14 Rn. 277ff.
[100] BGHZ 197, 375–386 = BeckRS 2013, 12249; siehe ferner nur OVG Bautzen NJOZ 2010, 2303.
[101] So BGHZ 56, 57 (64ff.) = NJW 1971, 1694 (1696f.).
[102] BGHZ 90, 17 = NJW 1984, 1169.
[103] Zum Ganzen Ossenbühl/Cornils, Staatshaftungsrecht, 6. Aufl. 2013, 5. Teil. Der Anspruch wegen rechtswidriger Eigentumsverletzung (enteignungsgleicher Eingriff), S. 315ff.

delns entwickeln kann.¹⁰⁴ So darf der Bürger vor allem auf Belehrungen und Erklärungen eines Beamten ihm gegenüber vertrauen. Mit den Worten des BGH ist ein Verschulden des Betroffenen nämlich regelmäßig jedenfalls dann nicht anzunehmen, *„wenn er nicht klüger ist als der Beamte".*¹⁰⁵ Wann der Betroffene einen Rechtsbehelf einzulegen hat bzw. zumindest qualifizierten Rechtsrat einholen sollte, um keinen Rechtsverlust zu erleiden, lässt sich etwa in Anlehnung an die Regelung in § 48 Abs. 2 S. 3 Nr. 3 VwVfG bestimmen.¹⁰⁶ Danach kann der Begünstigte sich auf Vertrauen dann nicht berufen, wenn er die Rechtswidrigkeit des Verwaltungsaktes kannte oder infolge grober Fahrlässigkeit nicht kannte.

Solange betroffene Mieter und Vermieter also auf die Rechtmäßigkeit einer staatlichen Infektionsschutzmaßnahme vertrauen dürfen, und dies könnte in Anlehnung an § 48 Abs. 2 S. 3 Nr. 3 VwVfG sogar bei einfach fahrlässiger Unkenntnis der Rechtswidrigkeit der Fall sein, liegt nach den Maßstäben der Rechtsprechung **kein schuldhaftes Versäumnis** vor, mithin ergibt sich kein Anspruchsverlust. 69

Argumentativ wird man bei der Beurteilung der (schuldhaften) Nichtinanspruchnahme von Primärrechtsschutz in Anbetracht der konkreten COVID-19-Situation Folgendes berücksichtigen können: 70

Sowohl die tatsächlichen Umstände der Pandemie als auch deren juristische Bekämpfung stellen in ihrer Schwere und ihrem Umfang eine außergewöhnliche Herausforderung für alle Beteiligten dar, Erfahrung im Umgang mit so weitreichenden staatlichen Infektionsschutzmaßnahmen kann keinem Betroffenen abverlangt werden. Zudem stoßen die behördlichen Infektionsschutzmaßnahmen auf breite gesellschaftliche Akzeptanz und werden erschöpfend in der politischen Debatte diskutiert. Schließlich besteht vor diesem Hintergrund auch das Risiko von Imageschäden, sollten sich betroffene Gewerbetreibende gerichtlich gegen sie betreffende Maßnahmen versuchen zu wehren. Da die etwaige Rechtswidrigkeit von Infektionsschutzmaßnahmen vorwiegend auf der Ebene der Verhältnismäßigkeit zu finden sein wird, für deren Bewertung umfassendes epidemiologisches Fachwissen vonnöten ist, ist eine Erfolgsprognose im Hinblick auf mögliche Rechtsmittel außerdem erheblich erschwert. 71

Werden einzelne Verbote jedoch gerichtlich gekippt, könnte die Nichteinlegung von Rechtsmitteln, soweit noch möglich, jedoch grob fahrlässig oder gar vorsätzlich sein – soweit es sich um vergleichbare Sachverhalte handelt. 72

V. Entschädigungsausschluss aufgrund anderweitiger Leistungen

Fraglich ist schließlich, ob und inwieweit etwaige Entschädigungsansprüche aufgrund der Annahme anderweitiger Leistungen ausgeschlossen sein können. 73

---

¹⁰⁴ BGH NJW 1991, 1168 (1170); Ossenbühl/Cornils, Staatshaftungsrecht, 6. Aufl. 2013, 5. Teil. Der Anspruch wegen rechtswidriger Eigentumsverletzung (enteignungsgleicher Eingriff), S. 316.
¹⁰⁵ BGH NJW 1991, 1168 (1170).
¹⁰⁶ Ossenbühl/Cornils, Staatshaftungsrecht, 6. Aufl. 2013, 5. Teil. Der Anspruch wegen rechtswidriger Eigentumsverletzung (enteignungsgleicher Eingriff), S. 316 f.

1. Gewährung von Leistungen

74 Von praktischer Bedeutung sind **konkret ausgezahlte Versicherungsleistungen** im Falle entsprechender Betriebsversicherungen der Mieter oder Vermieter sowie die Annahme von staatlichen Subventionen.

a) Versicherung

75 Werden Mieter oder Vermieter für die ihnen durch die staatlichen Maßnahmen entstandenen Schäden bereits durch ihre eigene Versicherung kompensiert, besteht bei ihnen in Höhe entsprechender Versicherungsleistungen regelmäßig kein Schaden. Bei der Geltendmachung von Staatshaftungsansprüchen von Mietern und Vermietern sind erhaltene **Versicherungszahlungen** damit **anspruchsmindernd** zu berücksichtigen.

76 Dies bewirkt jedoch regelmäßig nicht, dass entsprechende Ersatzansprüche erlöschen. Vielmehr können entsprechende Entschädigungsansprüche im Wege der **Legalzession** auf die jeweils leistende Versicherung nach § 86 VVG übergehen, wenn eine solche Zession nicht ausgeschlossen ist.

aa) Legalzession bei Amtshaftungsansprüchen

77 Nach älterer Rechtsprechung wurde bei einem Zusammenfallen von Amtshaftungsansprüchen und Versicherungsleistungen der Anspruchsübergang auf den Versicherer generell abgelehnt, da der Geschädigte auf die Ersatzmöglichkeit nach dem Versicherungsvertrag zugreifen könne.[107] Mit der einschränkenden Auslegung des Verweisungsprivilegs des § 839 Abs. 1 S. 2 BGB wird diesem Ansatz in der neueren Rechtsprechung nicht mehr gefolgt.[108]

78 Nach dieser neuen Rechtsprechung werden private Versicherungsleitungen grundsätzlich nicht mehr als anderweitige Ersatzmöglichkeit iSd § 839 Abs. 1 S. 2 BGB angesehen. Vielmehr wird angenommen, dass der Geschädigte diese Leistungen „verdient" bzw. mit eigenen Aufwendungen „erkauft" hat. Dieser Ansatz wird in der Rechtsprechung ausdrücklich etwa für die private Krankenversicherung, für die Kaskoversicherung und für die private Feuerversicherung angenommen.[109] Einer Übertragung dieses Grundsatzes auch auf Versicherungsleistungen für den Ersatz von Schäden von Mietern und Vermietern in der COVID-19-Pandemie begegnen keine Bedenken.

bb) Legalzession bei Ansprüchen nach Landesordnungsrecht

79 Im Bereich der Ansprüche bei rechtmäßiger Nichtstörerinanspruchnahme bzw. rechtswidriger Schädigung ist die Entschädigung im Landesrecht ebenfalls teilweise ausgeschlossen, wenn und soweit der Geschädigte **„auf andere Weise Ersatz erlangt hat"** (§ 39 Abs. 2 lit. a OBG NRW), der Geschädigte „nicht von anderen Ersatz zu erlangen vermag" (Art. 11 Abs. 1 BayLStVG iVm Art. 87 Abs. 1 BayPAG), oder der Per-

---

[107] So noch BGHZ 62, 394 = NJW 1974, 1769; BGH VersR 1973, 1066; MüKoVVG/Möller/Segger VVG § 86 Rn. 71 mwN.
[108] BGHZ 68, 217 = NJW 1977, 1238; VersR 1981, 252 = NJW 1981, 623; NJW 1991, 1171; VersR 1983, 84; 1984, 759; MüKoVVG/Möller/Segger VVG § 86 Rn. 71 mwN.
[109] Siehe nur BGHZ 79, 35 (36) = NJW 1981, 626; BGHZ 85, 230 (233) = NJW 1983, 1668; BGHZ 100, 313 = NJW 1987, 2664; MüKoBGB/Papier/Shirvani BGB § 839 Rn. 309.

son „zugemutet werden kann, den Nachteil selbst zu tragen" (§ 10 Abs. 3 S. 2 Hamb. SOG). Im Berliner AOSG findet sich eine solche Subsidiaritätsklausel nicht.

Die Deckung eines Schadens durch eine Versicherung führt insoweit jedoch nicht zum Ausschluss eines gegen den Staat gerichteten Entschädigungsanspruchs. Es bleibt insoweit dabei, dass ein Schaden vorliegt. 80

Rechtsprechung zur Frage, ob eigener Versicherungsschutz eines Mieters oder Vermieters eine **anderweitige Ersatzmöglichkeit iSd § 39 Abs. 2 lit. a) OBG NRW** oder etwa Art. 11 Abs. 1 BayLStVG iVm Art. 87 Abs. 1 BayPAG darstellt, ist nicht ersichtlich. Vom OLG Düsseldorf wurde im Versicherungskontext der Einzelfall entschieden, dass bei einem von der Polizei begleiteten Schwertransport eine Brücke beschädigt wird und der Haftpflichtversicherer des Schwertransportunternehmens dem Eigentümer der Brücke den Schaden ersetzt.[110] Der Haftpflichtversicherer verlangte vom Land gesamtschuldnerischen Ausgleich, da die den Transport sichernde Polizei neben dem eigenen Verschulden des Transportfahrers auch eine eigene Amtspflicht verletzt hätte. Dieser Anspruch setzte im Kern voraus, dass der geschädigte Brückeneigentümer nicht nur Schadensersatz gegen den Transporteur, sondern auch Schadensersatz wegen Amtspflichtverletzung aus § 839 Abs. 1 BGB iVm Art. 34 GG gegen das Land geltend machen konnte. 81

Das OLG Düsseldorf entschied, dass das Land in diesem Falle den Geschädigten ausnahmsweise auf den anderweitig erlangten Ersatz verweisen könne, da der Brückeneigentümer bereits von der Haftpflichtversicherung des Transportunternehmers entschädigt wurde. An dieser Stelle betont das OLG mit Blick auf das Landesordnungsrecht, dass dasselbe auch für eine etwaige Haftung des Staates nach § 39 OBG NRW gelte; Es bestehe kein Ersatzanspruch des Geschädigten gegen das Land, weil dieser bereits „auf andere Weise" – durch die Versicherung des Transportunternehmers – Ersatz erlangt habe.[111] 82

Der vom OLG Düsseldorf entschiedene Fall ist jedoch nicht auf die vorliegende Konstellation übertragbar, da die betroffenen Mieter und Vermieter nicht durch die Versicherung eines Dritten Privaten entschädigt werden, sondern im Rahmen ihrer eigenen, „erkauften" Versicherungspolice. Insoweit ist unseres Erachtens von einem Gleichlauf zwischen der rechtlichen Bewertung des Verweisungsprivilegs in § 839 Abs. 1 BGB und dem Haftungsausschluss in § 39 Abs. 2 lit. a OBG NRW auszugehen. Wenn der Staat den durch Amtspflichtverletzung Geschädigten nicht auf dessen eigene Versicherung verweisen darf, spricht vieles dafür, dass dies im Bereich des Landesordnungsrechts ebenfalls nicht möglich ist. 83

Die vom BGH für den Bereich der Amtspflichtverletzung aufgestellten Argumente[112] greifen bei der Auslegung der Haftungsausschlüsse im Landesordnungsrecht ebenso durch. Sobald es um eine eigene Versicherung geht, hat der Versicherungsnehmer die Kompensation, die er im Schadensfall erhält „erkauft". Das bloße Auseinanderfallen der Person des Geschädigten und des Zahlungsverpflichteten Versicherers führt bei wirtschaftlicher Betrachtung nicht zu einer Schadenstragung durch eine Person außerhalb der Wirtschaftssphäre des Geschädigten. Warum sollte ein Unternehmen, wel- 84

---
[110] OLG Düsseldorf VersR 1989, 185 = BeckRS 9998, 37862.
[111] OLG Düsseldorf VersR 1989, 185 = BeckRS 9998, 37862.
[112] Siehe nur BGHZ 100, 313 = NJW 1987, 2664; MüKoBGB/Papier/Shirvani BGB § 839 Rn. 309.

ches regelmäßige Cash-Rücklagen für Schadensfälle bildet und diese im Schadensfall aufbraucht, Ersatz vom Staat nach § 39 OBG NRW verlangen können, das Unternehmen, welches stattdessen regelmäßige Versicherungsprämien zahlt, nicht?

85 Soweit das Landesordnungsrecht – wie etwa in Hamburg (§ 10 Abs. 3 S. 2 Hmb SOG)– auf die Zumutbarkeit der Schadenstragung durch den Betroffenen der ordnungsbehördlichen Maßnahme abstellt, kann unseres Erachtens nichts anderes gelten. Die Abgrenzungsfragen zum „anderweitigen Ersatz" sind in diesem Fall lediglich in die Zumutbarkeitsprüfung verlagert. Hat der Betroffene lediglich Kompensation durch seine eigene Versicherung erhalten, ist ihm der Ausschluss der Haftung des Staates nicht zumutbar.

b) Freiwillige Staatsleistungen

86 Soweit geschädigte Mieter oder Vermieter staatliche Subventionen in Anspruch genommen haben, um ihnen entstandene Schäden auszugleichen, dürften dadurch zwar etwaige Entschädigungsansprüche nicht ausgeschlossen sein – die geltend zu machende Schadenshöhe wäre in diesen Fällen jedoch **um den Subventionsbetrag zu kürzen.** Im Einzelfall kann insoweit zu diskutieren sein, inwiefern bestimmte staatliche Hilfen etwa in Form von (zinsgünstigen) Darlehen oder Garantien bzw. deren Subventionswert spezifisch dazu dienen, den konkreten bei einem Mieter oder Vermieter entstandenen Schaden zu kompensieren. Zu erwägen wäre, dass es sich insoweit eher um allgemeine Wirtschaftsförderungsmaßnahmen des Staates zur Abwendung einer Wirtschaftskrise handeln könnte und nicht um den Ausgleich eines spezifischen Schadens des Betroffenen.

87 Werden Subventionen durch Verwaltungsakt gewährt, sind etwaige Nebenbestimmungen zu beachten. **Nebenbestimmungen iSd § 36 Abs. 2 VwVfG** sind aber auch bei staatlichen Zuwendungen nicht unbegrenzt zulässig. Insbesondere müssen sie in einem hinreichenden Sachzusammenhang mit dem jeweiligen Förderzweck stehen.[113] Rechtswidrig könnten vor diesem Hintergrund Nebenbestimmungen eines Zuwendungsbescheids sein, die die Inanspruchnahme staatlicher Hilfeleistungen an den Verzicht der Geltendmachung von (weitergehenden) Entschädigungsansprüchen knüpfen. Bei Förderung mittels privatrechtlicher Instrumente wären entsprechende Vertragsbestandteile ebenso unzulässig.

2. Nichtgewährung von Leistungen

88 Sollten sich Versicherungsunternehmen weigern, ihre aufgrund der Infektionsschutzmaßnahmen geschädigten Versicherungsnehmer zu entschädigen und diese darauf verweisen stattdessen Subventionen in Anspruch zu nehmen oder Staatshaftungsansprüche geltend zu machen, so handelt es sich dabei um eine zivilrechtliche Fragestellung zwischen dem Versicherungsunternehmen und dem Versicherungsnehmer. Hier ist dann konkret zu prüfen, welche Regelungen im Versicherungsvertrag im Einzelnen enthalten sind. Eine Auswirkung auf die staatliche Entschädigungspflicht oder deren Umfang könnte sich im Einzelfall allenfalls ergeben, wenn der betroffene Mieter oder Vermieter es schuldhaft versäumt, bestehende eigene Ansprüche gegen Dritte – wie Versicherungen – geltend zu machen.

---

[113] Mann/Sennekamp/Uechtritz/Weiß VwVfG § 36 Rn. 102.

VI. Keine Entschädigung bei freiwilligem Infektionsschutz?

Fraglich ist schließlich ob und inwieweit Entschädigungsansprüche bestehen, wenn Mieter und Vermieter ohne hoheitliche Anordnungen „freiwillig" bzw. durch Eigeninitiative **Infektionsschutzmaßnahmen übernehmen** und dadurch Schäden erleiden. Grundsätzlich scheidet in diesen Fällen eine staatliche Entschädigung aus. Zu denken ist aber an eine Parallele zum Umgang mit staatlichen Empfehlungen und Warnungen. Macht eine staatliche Stelle in rechtswidriger Weise von ihrer Befugnis zur Bürgerinformation Gebrauch – ohne eine verbindliche Regelung anzuordnen – kommen Amtshaftungsansprüche nach § 839 BGB iVm Art. 34 GG in Betracht, die auf Unterlassung und Beseitigung in Form eines Widerrufes sowie im Verschuldensfalle auf Schadensersatz gerichtet sein können.[114] Betriebsinhaber dürften, gerade um das Kundenvertrauen zurückzugewinnen, gewillt sein, sämtliche, wenn auch nicht verbindliche, staatliche Empfehlungen zum Infektionsschutz umzusetzen. Wenn und soweit diese Empfehlungen zu einem Tun schuldhaft rechtswidrig vorgenommen werden, sind im Einzelfall Amtshaftungsansprüche zu prüfen.

89

VII. Ausblick

Die COVID-19-Krise wird den Gerichten eine Vielzahl von Prozessen im Bereich der Staatshaftung bescheren. Es ist nicht schwer vorauszusehen, dass eine Reihe von neuen Fragen behandelt und entschieden werden müssen. Von Einzelaspekten abgesehen, ist eine Kernfrage hervorzuheben, die bei den verschiedenen Ansprüchen unter unterschiedlichen Überschriften auftaucht: Wo ist die Grenze zu ziehen bzw. anhand welcher Kriterien entscheidet sich, wer der Betroffenen staatlicher Maßnahmen in der COVID-19-Pandemie eine Entschädigung erhält und wer nicht? Vorsichtige Stimmen versuchen den Kreis der Entschädigungsberechtigten bereits durch Begrenzung auf die ausdrücklich im IfSG geregelten Ansprüche eher klein zu halten. Wer diese Beschränkung auf das IfSG für nicht zutreffend ansieht, muss sich außerhalb des IfSG mit Möglichkeiten und Grenzen weiterer Ansprüche beschäftigen. Bei den Nichtstörer-Ansprüchen nach allgemeinem Polizei- und Ordnungsrecht fragt sich, ob es rechtlich geboten ist, den weiten Anwendungsbereich zu reduzieren. In gleicher Weise stellt sich beim enteignenden bzw. enteignungsgleichen Eingriff die umgekehrte Frage, ob der Kreis derjenigen, die unter die bislang enge Anspruchsvoraussetzung eines Sonderopfers fallen, in Fällen einer Pandemie weiter zu ziehen ist. Schließlich ist auch hinsichtlich des Kriteriums des Drittschutzes beim Amtshaftungsanspruch zu fragen, in welchem Umfang der Kreis der Betroffenen definiert werden kann. Einzelheiten dieser Diskussionen werden Betroffene, Behörden und Gerichte im Nachgang zu dieser in der Geschichte der Bundesrepublik bislang einmaligen Situation für viele Monate und Jahre beschäftigen.

90

---

[114] OLG Stuttgart NJW 1990, 2690 (2691 ff.); vgl. MüKoBGB/Papier/Shirvani BGB § 839 Rn. 148 mwN.

§ 9 AGB-Recht: Vorhandene Klauseln und künftige Gestaltungsmöglichkeiten

Literatur: Bub, Gewerberaummietvertrag und AGB-Gesetz, NZM 1998, 789; Häublein NZM-info Heft 7/2020 V; Ekkenga/Schirrmacher, Auswirkungen der COVID-19-Katastrophe auf die Zahlungspflichten gewerblicher Mieter und Pächter, NZM 2020, 410; Jendrek, Mietrecht und Versicherungsrecht, NZM 2003, 697; Joachim, Nutzungsänderungen in der Gewerberaummiete, NZM 2009, 801; Krepold, Gewerbemietverträge in Zeiten der Corona-Pandemie, WM 2020, 726; Kumkar/Voß, COVID-19 und das Institut der Geschäftsgrundlage, ZIP 2020, 893; Leo/Ghassemi-Tabar, Haftungs- und Minderungsausschluss im Gewerberaummietrecht – Zulässigkeit der Klauseln und alternative Vertragsgestaltung, NZM 2010, 568; Leo/Götz, Fälle und Lösungen zum Schicksal der Mietzahlungspflicht des Gewerberaummieters in COVID-19-Zeiten, NZM 2020, 402; Lindner-Figura/Stellmann, Geschäftsraummiete – Die AGB-Ampel –, 1. Aufl. 2015; Melcher, Miete zahlen trotz Corona? Ansprüche gewerblicher Mieter wegen der behördlichen COVID-19-Maßnahmen, IMR 2020, 1038; Otte-Gräbener, Auswirkungen der COVID-19-Pandemie auf Lieferverträge, GWR 2020, 147; Schall, Corona-Krise: Unmöglichkeit und Wegfall der Geschäftsgrundlage bei gewerblichen Miet- und Pachtverträgen, JZ 2020, 388; Sittner, Mietrechtspraxis unter COVID-19, NJW 2020, 1169; Warmuth, § 313 BGB in Zeiten der Corona-Krise – am Beispiel der Gewerberaummiete, COVuR 2020, 16; Weick, Force Majeure, ZEuP 2014, 281; Weidt/Schiewek, Geschäftsschließungen wegen Corona – mietrechtlich ein Fall des § 313 BGB?, NJOZ 2020, 481; Zehelein, Infektionsschutzbedingte Schließungsanordnungen in der COVID-19-Pandemie, NZM 2020, 390

Inhaltsübersicht

	Rn.
I. Überblick	1
II. Grundlagen	5
1. Gesetzliche Ausgangslage	5
a) Mietzahlungsverpflichtung	7
aa) Fortbestand der Mietzahlungsverpflichtung	8
bb) Kein Mangel und keine Minderung der Miete	12
cc) Störung der Geschäftsgrundlage	13
b) Außerordentliche Kündigung	14
c) Schadensersatz	17
2. Vorrang vertraglicher Regelungen gegenüber dem Gesetz	18
3. Überblick zu den allgemeinen Anforderungen an AGB	21
III. Mögliche Regelungsbereiche	33
1. Bisher verwendete Klauseln	33
2. Weitere mögliche Regelungsbereiche	39
IV. Allgemeine Überlegungen zur Vertragsgestaltung in der aktuellen Situation	45
V. Zulässigkeit von konkreten Gestaltungsmöglichkeiten in Formularverträgen	49
1. Nutzung der Mietsache	52
a) Mietzweck	52
b) Einhaltung hoheitlicher Anforderungen	56
c) Aussetzen der Betriebspflicht	59
2. Herstellung der Mietsache/Regelungen zum Mietbeginn	61
a) COVID-19-Klausel	63
b) Allgemein	68
3. Laufzeit	71
a) Fortbestand des Mietvertrags	71
b) Begründung eines Sonderkündigungsrechts für den Mieter	72
4. Miete	74
a) Sachverhalte ohne oder allenfalls mittelbarer Betroffenheit	75
b) Sachverhalte unmittelbarer Betroffenheit	78
5. Mängelhaftung	82
a) Ausschluss der verschuldensunabhängigen Garantiehaftung	82
b) Regelung zu Umweltmängeln	85

	Rn.
6. Nebenpflichten	87
a) Hinweispflichten	88
b) Versicherungspflicht des Mieters	90
VI. Fazit	92

I. Überblick

1 Um die Rechte und Pflichten des Vermieters und Mieters aufgrund von COVID-19 im Einzelfall zutreffend rechtlich bewerten zu können, ist es erforderlich, zunächst den betreffenden Mietvertrag daraufhin zu untersuchen, ob und inwieweit dieser einschlägige (und natürlich auch wirksame) Regelungen enthält. **Vertragliche Regelungen** haben – abgesehen vom zwingenden Recht – idR Vorrang vor gesetzlichen Bestimmungen.

2 In der Vergangenheit dürften Regelungen, deren Wortlaut sich ausdrücklich auf Umstände bezieht, die mit COVID-19 vergleichbar sind, in Mietverträgen eher die Ausnahme bilden.[1] Teilweise sind solche Regelungen jedoch zu finden. Vor dem Hintergrund der mit COVID-19 noch verbundenen Rechtsunsicherheit ist jedoch zu vermuten, dass derartige Regelungen künftig zunehmend Eingang in Mietverträge finden werden. Dieser Abschnitt gibt daher nicht nur einen Überblick über einschlägige teilweise bereits **verwendete Regelungen.** Er gibt vielmehr auch einen Ausblick auf **zu erwartende Regelungen.**

3 Individualvertraglich können die Mietvertragsparteien die gesetzlichen Bestimmungen des Mietrechts aufgrund der Privatautonomie umfassend ändern. Die Erfahrung aus der Praxis zeigt, dass gerade Mietverträge häufig auf Basis von standardisierten Vertragsmustern bzw. zumindest unter Verwendung von Musterklauseln erstellt und nur in Teilen verhandelt werden.[2] Die Verwendung von Mustern kann für den Verwender Vereinheitlichung und damit insbesondere eine deutliche Erleichterung aber auch rechtliche Sicherheit bringen. Der Verwendung von **Formularverträgen und Formularklauseln** kommt daher im Mietrecht eine hohe Bedeutung zu. Entsprechende formularvertraglich gestellte Klauseln müssen sich dabei, um wirksam zu sein, an den Anforderungen an **Allgemeine Geschäftsbedingungen („AGB")** gemäß §§ 305 ff. BGB messen lassen.

4 Dieser Abschnitt setzt sich daher auch mit den Anforderungen auseinander, die vom Verwender zu beachten sind, wenn er Formularklauseln verwenden möchte, die Umstände vergleichbar mit COVID-19 regeln. Zur Unterstützung der Vertragsgestaltung in der Praxis soll dieser Abschnitt auch erste **Anregungen und Einschätzungen für die Bewertung von entsprechenden formularvertraglich gestellten Klauseln** geben. Aufgrund der sich fortlaufend ändernden Umstände ist es jedoch unerlässlich, die weitere Entwicklung der Sach- und Rechtslage sowie die aktuelle Rechtsprechung eng zu verfolgen, sein Handeln fortlaufend zu überprüfen und ggf. anzupassen. Dennoch dort, wo sich Änderungen der rechtlichen Bewertung ergeben oder die Rechtsprechung die hier zu Grunde gelegte Ansicht nicht bestätigt, hat dies naturgemäß auch Auswirkungen auf die Vertragsgestaltung.

---

[1] So auch Häublein NZM-info Heft 7/2020 V; Sittner NJW 2020, 1170.
[2] Lindner-Figura in Lindner-Figura/Oprée/Stellmann Geschäftsraummiete Kap. 7 Rn. 1; Leo/Ghassemi-Tabar NZM 2010, 568.

II. Grundlagen

1. Gesetzliche Ausgangslage

Ausgangspunkt einer solchen Betrachtung muss zwingend die Rechtslage sein, die sich aus dem **Gesetz** – ohne eine entsprechende vertragliche Bestimmung – ergibt. Gerade in der Erfassung einer gesicherten Auslegung der gesetzlichen Grundlagen liegt jedoch betreffend COVID-19 bislang noch die Schwierigkeit. Umstände, die mit COVID-19 vergleichbar sind, hat es in der Vergangenheit praktisch nicht gegeben. Auf Erfahrungen, Literatur und Rechtsprechung, die sich damit befassen oder die hierauf zumindest übertragen werden können, kann daher weitestgehend nicht zurückgegriffen werden. COVID-19 und dessen Folgen, einschließlich der ergangenen hoheitlichen Maßnahmen (wie zB die angeordneten Schließungen von weiten Teilen des Einzelhandels), stellen uns vielmehr vor bislang nicht gekannte Herausforderungen und insbesondere auch vollkommen **neue rechtliche Fragestellungen.** 5

Seit Ausbruch von COVID-19 sind eine Reihe von Beiträgen und Meinungen zu den wichtigsten Rechten und Pflichten der Mietvertragsparteien veröffentlicht worden (siehe hierzu auch das Literatur- und Abkürzungsverzeichnis). Die Rechtslage wird dabei zum Teil unterschiedlich, in Einzelfragen sogar gegensätzlich, bewertet. Aus einer Gesamtschau der gegenwärtigen Veröffentlichungen scheint sich jedoch zumindest in wichtigen Kernpunkten eine – soweit man dies aktuell schon beurteilen kann – **„überwiegende" Ansicht zur Bewertung der Rechtslage** herauszukristallisieren. Da diese Ansicht den nachfolgenden Ausführungen zu Grunde gelegt wird, soll sie hier noch einmal kurz zusammengefasst werden. Da es hier nur um einen Überblick über den Meinungsstand geht, wird in Bezug auf die Herleitung und die Hintergründe an dieser Stelle maßgeblich auf die jeweils angegebenen Fundstellen verwiesen. Diese Ansicht ist gegenwärtig weder gefestigt noch durch die Rechtsprechung bestätigt. 6

a) Mietzahlungsverpflichtung

Gemäß § 535 Abs. 1 S. 1 BGB ist der Vermieter durch den Mietvertrag verpflichtet, dem Mieter den Gebrauch an der Mietsache während der Mietzeit zu gewähren. Im Gegenzug ist der Mieter gemäß § 535 Abs. 2 BGB verpflichtet, dem Vermieter die vereinbarte Miete zu entrichten. Aufgrund von COVID-19 können Mieter die angemieteten Flächen jedoch möglicherweise nicht mehr (uneingeschränkt) nutzen. Dies betrifft insbesondere jene Mieter, die von den hoheitlich angeordneten Betriebsuntersagungen betroffen sind (zB weite Teile des Einzelhandels, Gastronomie, Hotels). Die Möglichkeit der Mieter, die Mietsache zu nutzen und damit Umsätze zu erwirtschaften, wird hierdurch größtenteils ausgeschlossen, jedenfalls wesentlich beschränkt. 7

aa) Fortbestand der Mietzahlungsverpflichtung

Die nach Übergabe der Mietsache bestehende Verpflichtung des Mieters zur Mietzahlung besteht grundsätzlich unberührt fort. Dies gilt – trotz der damit verbundenen Einschränkungen – auch für die Mietverträge, die von den hoheitlich angeordneten Betriebsuntersagungen betroffen sind. Das Risiko der Verwendbarkeit der Mietsache liegt beim Mieter. 8

9   Insbesondere begründet auch das COVFAG **kein Recht des Mieters zur Verweigerung der Leistung.** Das insoweit mit Art. 240 § 1 EGBGB nF in Kraft getretene Moratorium ist gemäß Art. 240 § 1 Abs. 4 Nr. 1 EGBGB nF auf Miet- und Pachtverträge ausdrücklich nicht anwendbar.

10 Der Mietvertrag ist – soweit die zwangsweisen hoheitlichen Betriebsuntersagungen reichen – entgegen einer vereinzelt vertretenen Ansicht[3] auch **nicht etwa gem. § 134 BGB (temporär) nichtig.** So ist schon fraglich, ob es sich bei den hoheitlichen Schließungsanordnungen überhaupt um Verbotsgesetze im Sinne dieser Norm handelt. Jedenfalls verbieten diese Anordnungen allein den Betrieb entsprechender Gewerbe. Sie verbieten jedoch grundsätzlich nicht die Hauptleistungspflichten der Mietvertragsparteien, also die vom Vermieter geschuldete Überlassung der Mietsache oder die Verpflichtung des Mieters zur Mietzahlung.

11 Ein Mieter ist nach weit überwiegender Ansicht in der Literatur auch **nicht etwa wegen Unmöglichkeit von der Mietzahlung befreit.**[4] Weder wird die Verpflichtung des Mieters zur Zahlung der Miete – bspw. aufgrund einer teilweisen als „wirtschaftliche Unmöglichkeit" bezeichneten Störung des Äquivalenzverhältnisses – iSv § 275 BGB unmöglich. Insoweit verbleibt es bei dem Grundsatz „Geld hat man zu haben".[5] Gestört ist zudem nicht das Verhältnis zwischen Schuldneraufwand und Gläubigerinteresse (§ 275 Abs. 2 BGB).[6] Solche Sachverhalte werden nach der Schuldrechtsreform vielmehr unter dem Rechtsinstitut der Störung der Geschäftsgrundlage gemäß § 313 BGB behandelt.[7] Noch wird die Verpflichtung des Vermieters zur Gebrauchsüberlassung aufgrund der hoheitlichen Betriebsuntersagungen gemäß § 275 BGB unmöglich und entfällt die Verpflichtung des Mieters zur Mietzahlung als Gegenleistung damit gemäß § 326 Abs. 1 BGB. Die körperliche Beschaffenheit der Mietsache und die Gebrauchsgewährungsverpflichtung des Vermieters ist aufgrund COVID-19 – ohne Hinzutreten konkreter Umstände – nicht gestört.[8] Ohnehin wird nach Überlassung der Mietsache das allgemeine Leistungsstörungsrecht durch die §§ 536 ff. BGB verdrängt, so dass der Anwendungsbereich bereits in den meisten Fällen nicht eröffnet ist.[9]

bb) Kein Mangel und keine Minderung der Miete

12 Abweichend von der allenfalls vereinzelt in der Literatur vertretenen Ansicht[10] steht dem Mieter auch **kein Recht auf Minderung der Miete gem. § 536 BGB** zu (im Einzelnen hierzu auch → § 3 Rn. 1 ff.).[11] In Bezug auf Nutzungsarten, die von den hoheit-

---

[3] Leo/Götz NZM 2020, 402; → § 4 Rn. 6, 119.
[4] Ekkenga/Schirrmacher NZM 2020, 410; Kumkar/Voß ZIP 2020, 893; Streyl in Schmidt COVID-19 § 3 Rn. 62 ff.; Sittner NJW 2020, 1169; Warmuth COVuR 2020, 16; Weidt/Schiewek NJOZ 2020, 481; aA Krepold WM 2020, 726; Leo/Götz NZM 2020, 402; Schall JZ 2020, 388; → § 4 Rn. 6.
[5] Ekkenga/Schirrmacher NZM 2020, 410.
[6] Warmuth COVuR 2020, 16.
[7] Kumkar/Voß ZIP 2020, 893 mwN; Palandt/Grüneberg BGB § 275 Rn. 29; MüKoBGB/Ernst BGB § 275 Rn. 79.
[8] Streyl in Schmidt COVID-19 § 3 Rn. 71.
[9] BGH NJW 1997, 2813; Hübner/Griesbach/Fuerst in Lindner-Figura/Oprée/Stellmann Geschäftsraummiete Kap. 14 Rn. 77; Palandt/Weidenkaff BGB § 536 Rn. 7; Sittner NJW 2020, 1169.
[10] Krepold WM 2020, 726.
[11] Häublein NZM-info Heft 7/2020 V; Kumkar/Voß ZIP 2020, 893; Leo/Götz NZM 2020, 402; Melcher IMR 2020, 1038; Schall JZ 2020, 388; Sittner NJW 2020, 1169; Warmuth COVuR 2020, 16; Weidt/Schiewek NJOZ 2020, 481; ausführlich auch Zehelein NZM 2020, 390.

lichen Betriebsuntersagungen nicht betroffen sind, scheidet ein Mangel ohnehin von vornherein aus. Aber auch soweit die Betriebsuntersagungen reichen, liegt kein Mangel der Mietsache vor. Zwar können auch rechtliche Verhältnisse als Mangel in Betracht kommen. Öffentlich-rechtliche Gebrauchshindernisse und -beschränkungen begründen nach ständiger Rechtsprechung des BGH[12] jedoch nur dann einen Sachmangel, wenn sie unmittelbar auf der konkreten Beschaffenheit der Mietsache beruhen und ihre Ursache nicht in persönlichen oder betrieblichen Umständen des Mieters haben. Die hoheitlichen Betriebsuntersagungen könnten nur dann einen Mangel begründen, wenn diese unmittelbar mit der konkreten Beschaffenheit, dem Zustand oder der Lage der Mietsache in Zusammenhang stehen. Da die Untersagungen jedoch der Verminderung gesundheitlicher Gefahren dienen, die sich aus dem betreffenden Betrieb der Mieter ergeben, und losgelöst von der Lage und Beschaffenheit der Mietsache sind, liegt der für einen Mangel erforderliche Unmittelbarkeitszusammenhang im Ergebnis nicht vor.[13]

cc) Störung der Geschäftsgrundlage

In Betracht kommt ein Anspruch des Mieters auf Anpassung des Mietvertrags gem. § 313 Abs. 1 BGB wegen Störung der Geschäftsgrundlage (im Einzelnen hierzu auch → § 7 Rn. 1 ff.).[14] Als Ausnahmetatbestand vom Grundsatz der Vertragstreue sind an das Vorliegen dessen Voraussetzungen hohe Ansprüche zu stellen. Dieser Anspruch ist nicht schon deshalb ausgeschlossen, weil das COVFAG Miet- und Pachtverträge ausdrücklich vom Anwendungsbereich des mit Art. 240 § 1 EGBGB nF geschaffenen Moratoriums ausnimmt.[15] Ausgeschlossen wäre ein Anspruch, soweit sich ein von den Vertragsparteien im Mietvertrag etwa berücksichtigtes Risiko materialisiert hätte, was nur in Ausnahmefällen einschlägig sein dürfte. Der COVID-19 Pandemie vergleichbare Umstände und deren Folgen waren bei Mietverträgen, die vor Beginn 2020 abgeschlossen worden sind, von beiden Parteien nicht vorhersehbar.[16] Ob ein Anspruch auf Anpassung des Mietvertrags letztlich besteht, wird maßgeblich von der Frage abhängen, ob/inwieweit das Festhalten am unveränderten Vertrag für den Mieter zumutbar ist. Dies wird stark einzelfallabhängig von der individuellen Situation und den Möglichkeiten des Mieters bewertet werden müssen. Inhaltlich wird ein solcher Anspruch idR auf Anpassung der Miete,[17] nicht jedoch auf Aufhebung des Mietvertrags gerichtet sein. Dabei wird man auch zu berücksichtigen haben, dass der Mieter das originäre Verwendungsrisiko der Mietsache trägt.[18] Daher wird zum Teil auch vertreten, dass ein Anspruch auf Anpassung erst nach Ablauf eines gewissen Zeitraums besteht.[19]

---

[12] BGH NJW 1981, 2405; BGH NJW 1988, 2644; BGH NJW 2011, 3151.
[13] Sittner NJW 2020, 1169.
[14] Ekkenga/Schirrmacher NZM 2020, 410; Häublein NZM-info Heft 7/2020 V; Kumkar/Voß ZIP 2020, 893; Melcher IMR 2020, 1038; Schall JZ 2020, 388 (der für den Fall der Unmöglichkeit auch eine Anwendung zugunsten des Vermieters erwägt); Streyl in Schmidt COVID-19 § 3 Rn. 75 ff.; Sittner NJW 2020, 1169; Warmuth COVuR 2020, 16; Weidt/Schiewek NJOZ 2020, 481; Zehelein NZM 2020, 390; aA Leo/Götz NZM 2020, 402.
[15] Sittner NJW 2020, 1169.
[16] Kumkar/Voß ZIP 2020, 893; Melcher IMR 2020, 1038; Weidt/Schiewek NJOZ 2020, 481.
[17] Sittner NJW 2020, 1169; Zehelein NZM 2020, 390.
[18] BGH NJW 1981, 2405; NJW 1970, 1313; Sittner NJW 2020, 1169; Weidt/Schiewek NJOZ 2020, 481.
[19] Ekkenga/Schirrmacher NZM 2020, 410; Sittner NJW 2020, 1169; Weidt/Schiewek NJOZ 2020, 481.

b) Außerordentliche Kündigung

14 Mietverträge können vor Ablauf der vereinbarten Festlaufzeit grundsätzlich nur außerordentlich gemäß § 543 BGB (ggf. iVm § 569 BGB) gekündigt werden. Außerordentliche Kündigungsrechte setzen idR unter Berücksichtigung aller Umstände des Einzelfalls – insbesondere eines Verschuldens der Vertragsparteien und unter Abwägung der beiderseitigen Interessen – ganz gravierende und nachhaltige Störungen des Vertragsverhältnisses voraus und kommen daher nur in **eng umgrenzen Ausnahmefällen** in Betracht.

15 **Rechte des Mieters** zur außerordentlichen Kündigung wegen COVID-19 werden daher – ohne Hinzutreten konkreter Umstände – nicht bestehen. Insbesondere werden diese nicht allein durch die hoheitlichen Betriebsuntersagungen begründet. Wie vorstehend (→ § 3 Rn. 18 ff.) aufgezeigt, liegt hierdurch gerade kein Mangel und keine Nichtgewährung des vertragsgemäßen Gebrauchs durch den Vermieter gemäß § 543 Abs. 2 Nr. 1 BGB vor.[20] Den Vermieter trifft selbstverständlich auch kein Verschulden an den Umständen. Bezug besteht vielmehr zum Betrieb des Mieters und dessen Verwendungsrisiko.

16 Durch den mit dem COVAG geschaffenen Art. 240 § 2 EGBGB nF wird das **Recht des Vermieters** zur außerordentlichen Kündigung wegen Zahlungsverzugs (§ 543 Abs. 2 Nr. 3 BGB) eingeschränkt. Danach kann der Vermieter ein Mietverhältnis über Grundstücke und Räume nicht allein aus dem Grund kündigen, dass der Mieter im Zeitraum vom 1.4. bis 30.6.2020 trotz Fälligkeit die Miete nicht leistet, sofern die Nichtleistung auf den Auswirkungen der COVID-19 Pandemie beruht. Gemäß Art. 240 § 2 Abs. 2 EGBGB nF kann hiervon zum Nachteil des Mieters nicht abgewichen werden. Es handelt sich insoweit um zwingendes Recht. Sonstige Kündigungsrechte bleiben unberührt (Art. 240 § 2 Abs. 1 S. 3 EGBGB nF).

c) Schadensersatz

17 Schadensersatzansprüche einer Mietvertragspartei gegen die andere Partei werden allein aufgrund von COVID-19 – ohne Hinzutreten weiterer Umstände – nicht ernsthaft in Betracht kommen. Insbesondere wird es idR an einer kausalen **Pflichtverletzung** sowie an dem grundsätzlich erforderlichen **Verschulden** fehlen. Sie können allenfalls dort bestehen, wo ein Vermieter – abweichend vom gesetzlichen Leitbild – verschuldensunabhängig haftet (zB § 536a Abs. 1 Alt. 1 BGB) oder eine Garantie übernommen hat und nun aufgrund von COVID-19 seine Verpflichtung etwa nicht erfüllen kann.

2. Vorrang vertraglicher Regelungen gegenüber dem Gesetz

18 Soweit gesetzliche Regelungen nicht zwingend sind, ist das Recht dispositiv und kann grundsätzlich durch die Parteien im Rahmen des Mietvertrags abgeändert werden. Dies folgt aus dem Grundsatz der Privatautonomie. **Vertragliche Regelungen haben idR Vorrang vor gesetzlichen Bestimmungen.** Im Mietrecht bilden zB weite Teile des Wohnraummietrechtes zwingendes Recht, so dass hiervon – auch individualvertraglich – nicht zum Nachteil des Mieters abgewichen werden kann. Im Gegensatz

---

[20] Sittner NJW 2020, 1169; Warmuth COVuR 2020, 16.

hierzu ist das Geschäftsraummietrecht – bis auf wenige Ausnahmefälle – nicht zwingend. Es kann durch die Vertragsparteien grundsätzlich weitestgehend abgeändert werden, was in der Praxis auch häufig genutzt wird. Daher beziehen sich die nachfolgenden Überlegungen weitestgehend auf die Geschäftsraummiete.

Der Vorrang vertraglicher Regelungen ist auch im Zusammenhang mit der Prüfung von Ansprüchen aus **Störung der Geschäftsgrundlage** gemäß § 313 BGB von essenzieller Bedeutung. Entsprechende Ansprüche auf Anpassung und Auflösung des Vertrags sind subsidiär. Sie treten zurück, sofern und soweit Risiken bereits durch den Vertrag oder das Gesetz einer Regelung zugeführt wurden.[21] Erst, wenn der Mietvertrag – auch nach ergänzender Vertragsauslegung – keine auf die betreffenden Umstände einschlägigen Regelungen enthält, kommt überhaupt eine Anwendbarkeit des § 313 BGB in Betracht. 19

Sowohl der Vorrang vertraglicher Regelungen aber auch die Subsidiarität des Anspruchs auf Anpassung des Vertrags wegen Störung der Geschäftsgrundlage werden Anlass dafür sein, dass Mietverträge **künftig voraussichtlich (verstärkt) Regelungen** enthalten werden, die auf – bislang nicht vorhergesehene aber nun erkannte – Umstände vergleichbar COVID-19 Anwendung finden. 20

3. Überblick zu den allgemeinen Anforderungen an AGB

Wie einleitend bereits ausgeführt, werden Mietverträge (jedenfalls der erste Entwurf) meist auf Basis von **standardisierten Vertragsmustern** bzw. zumindest unter Verwendung von Musterklauseln erstellt. Mietverträge werden dabei meist vom Vermieter auf Basis seines Mustervertrags vorbereitet und übermittelt. Mit Ausnahme von marktstarken Mietern („Ankermieter", wie zB teilweise Filialisten im Einzelhandel) sind vom Mieter vorbereitete Muster eher die Ausnahme. Gründe für die Verwendung von formularvertraglichen Bestimmungen sind zB die damit verbundene Rationalisierung/Vereinfachung des Geschäftsablaufs und die Klärung von Zweifelsfragen, die bei Anwendung des Gesetzes tlw. auftreten können. Hauptgrund ist jedoch idR die Abwälzung von Risiken auf den Vertragspartner und damit die Stärkung der Position des Verwenders.[22] 21

Für eine Vielzahl von Verträgen vorformulierte Vertragsbedingungen, die von einer Vertragsseite gestellt worden sind, werden gemäß § 305 Abs. 1 BGB auch als **Allgemeine Geschäftsbedingungen** („AGB") bezeichnet. Dabei genügt bereits die Absicht zur entsprechenden Mehrfachverwendung,[23] wobei – sofern der Vertragspartner kein Verbraucher ist – die untere Grenze bei 3maliger Verwendung(sabsicht) liegt.[24] Im Einzelnen ausgehandelte, vom Verwender ernsthaft zur Disposition gestellte Bestimmungen sind gemäß § 305 Abs. 1 S. 3 BGB keine AGB. Zudem haben individuelle Vertragsabreden gemäß § 305 b BGB auch Vorrang vor den AGB. Meist werden 22

---

[21] BGH NJW 1983, 2034; Melcher IMR 2020, 1038; Streyl in Schmidt COVID-19 § 3 Rn. 80; Sittner NJW 2020, 1169; Warmuth COVuR 2020, 16; Zöll in Lindner-Figura/Oprée/Stellmann Geschäftsraummiete Kap. 8 Rn. 5.
[22] Palandt/Grüneberg BGB Vor § 305 Rn. 4 ff.; Lindner-Figura/Stellmann AGB-Ampel Rn. 1.
[23] BGH NJW 2000, 2988; BGH NJW-RR 1998, 259.
[24] BGH NJW 2002, 138; BGH NJW 1998, 2286.

die Formularklauseln vom Vertragspartner des Verwenders jedoch weitestgehend akzeptiert – zT sogar ohne davon (hinreichend) Kenntnis zu nehmen. Ein Verhandeln erfolgt idR allenfalls bezüglich einzelner Klauseln, aber vergleichsweise selten bezüglich des Vertrags in seiner Gänze. Generell unterliegen AGB zum Schutz des Vertragspartners gemäß §§ 305 ff. BGB zahlreichen gesetzlichen (zwingenden[25]) allgemeinen Anforderungen. Werden diese nicht eingehalten, sind AGB möglicherweise ganz oder teilweise nicht Vertragsbestandteil geworden und/oder (im Ergebnis) unwirksam. Gemäß § 306 Abs. 2 BGB richtet sich der Inhalt des Vertrags dann insoweit nach den gesetzlichen Vorschriften. Der Vertrag bleibt im Übrigen wirksam (§ 306 Abs. 1 BGB). Bei der Prüfung ist immer auf die konkrete Klausel und nicht etwa auf den Vertrag in Gänze abzustellen.

23 § 310 Abs. 1 BGB beschränkt den Schutz der sich aus §§ 305 ff. BGB ergebenden allgemeinen Anforderungen, soweit Formularklauseln **gegenüber einem Unternehmer,** einer juristischen Person des öffentlichen Rechts oder einem öffentlich-rechtlichen Sondervermögen verwendet werden. Insoweit wird vom Partner des Verwenders im Vergleich zu Verbrauchern ein höheres Maß an Geschäftserfahrung erwartet. Insbesondere § 305 Abs. 2 und 3 BGB, § 308 Nr. 1, 2–8 BGB und § 309 BGB finden dann keine Anwendung. Dies wird bei Mietverträgen – im Bereich der Geschäftsraummiete – weitestgehend der Fall sein. Im Gegensatz dazu sieht § 310 Abs. 3 BGB für vom Unternehmer **gegenüber Verbrauchern** gestellten Formularverträgen über §§ 305 ff. BGB den Schutz ausweitende Sondervorschriften vor (zB genügt eine einmalige Verwendung(sabsicht) und gelten diese grundsätzlich als vom Unternehmer gestellt). Bei Mietverträgen betrifft dies insbesondere Wohnraummietverträge.

24 Um Bestandteil eines Vertrags zu werden, müssen AGB in diesen einbezogen werden, was idR bei Mietverträgen unproblematisch ist. Bei sog. **überraschenden Klauseln** (§ 305c Abs. 1 BGB) kann es jedoch daran fehlen. Dies wird in der Regel in drei Schritten geprüft: Feststellung des objektiven Inhalts, Feststellung der subjektiven Vorstellungen und Erwartungen, die der Partner des Verwender hatte und haben durfte, und schließlich der Abgleich, ob die Abweichung dazwischen so groß ist, dass die formularvertragliche Regelung als überraschend bewertet werden kann.[26] Der AGB muss insoweit ein Überrumpelungs- oder Übertölpelungseffekt innewohnen.[27] Kriterium für die Prüfung des Überraschungsmoments ist insbesondere die Häufigkeit und Verbreitung der Klausel. Je ungewöhnlicher eine Klausel ist, desto deutlicher muss die Klausel formuliert und strukturiert werden und desto stärker muss sie hervorgehoben werden.[28]

25 Da Klauseln in Bezug auf mit COVID-19 vergleichbare Umstände bisher kaum verwendet wurden, sind – schon allgemein – an die **Deutlichkeit und Hervorhebung entsprechender AGB hohe Anforderungen** zu stellen. Systematisch und strukturell sollten diese herausgestellt werden, um zu vermeiden, dass sie als überraschende Klauseln gemäß § 305c Abs. 1 BGB schon nicht Vertragsbestandteil werden.

---

[25] BGH NJW 2014, 1725; Palandt/Grüneberg BGB Vor § 305 Rn. 7.
[26] MüKoBGB/Basedow BGB § 305c Rn. 5; Lindner-Figura/Stellmann Die AGB-Ampel Rn. 65.
[27] BGH NJW 1982, 2309; BGH NJW 1988, 558; BGH NJW 2010, 3152.
[28] Lindner-Figura/Stellmann Die AGB Ampel Rn. 68.

AGB unterliegen den allgemeinen Regelungen der § 133 BGB, § 157 BGB zur Auslegung von Willenserklärungen. Anders als bei Individualvereinbarungen erfolgt die **Auslegung** jedoch **objektiv** anhand des typischen Verständnisses eines **redlichen und verständigen Vertragspartners** unter Abwägung der Interessen der an entsprechenden Mietverträgen normalerweise beteiligten Kreise.[29] Maßgeblich ist hierfür der Zeitpunkt des Vertragsschlusses.[30] Dem Wortlaut der Klausel kommt daher bei AGB neben dem Sinn und Zweck noch stärkere Bedeutung zu als bei individuell verhandelten Bestimmungen. Der Wille der konkreten Vertragsparteien ist daher idR nicht maßgeblich. Grundsätzlich besteht zwar auch bei AGB bei Vorliegen von Regelungslücken die Möglichkeit einer **ergänzenden Vertragsauslegung.** Jedoch wird diese meist nur zu Gunsten des Vertragspartners des Verwenders eingreifen, da der Verwender insoweit die Formulierungsverantwortung trägt.[31] Dass sich eine Auslegung verbietet, die eine unwirksame Klausel in eine nach der Inhaltskontrolle gerade noch wirksame Klausel umdeutet, ist selbstverständlich (keine geltungserhaltende Reduktion). Für die Praxis wichtig ist auch die **Unklarheitenregel** des § 305 c Abs. 2 BGB. Danach gehen Zweifel bei der Auslegung von AGB zu Lasten des Verwenders. 26

Klauseln in Bezug auf COVID-19 vergleichbare Umstände werden für den Vertragspartner meist vollständig neu sein. An die Klarheit und Eindeutigkeit der Formulierung sollte daher besonderes Augenmerk gelegt werden. Dies vermeidet vom Verwender ungewollte Auslegungsmöglichkeiten und Regelungslücken und reduziert das Risiko der Unwirksamkeit. 27

Unter der Voraussetzung, dass die Klausel nach den vorstehenden Erläuterungen Bestandteil des Vertrags geworden ist, erfolgt die **Inhaltskontrolle gemäß §§ 307–309 BGB.** § 308 BGB und 309 BGB enthalten einen – nicht abschließenden – Katalog von unwirksamen Beispielsklauseln. Dabei führen die Klauselverbote in § 309 BGB stets, also ohne Wertungsmöglichkeit, und die des § 308 BGB nur dann zur Unwirksamkeit, wenn der Vertragspartner zusätzlich unangemessen benachteiligt wird (mit Wertungsmöglichkeit). Eine Prüfung nach der Generalklausel des § 307 BGB findet nur statt, sofern die Klausel nach § 308 und § 309 BGB zulässig ist. Die Klauselverbote gemäß § 308 Nr. 1, 2–8 BGB und § 309 BGB gelten zwar gemäß § 310 Abs. 1 S. 1 BGB unmittelbar nicht für AGB, die gegenüber einem Unternehmer verwendet werden. Dennoch wird eine Privilegierung bei Verwendung gegenüber Unternehmern nur beschränkt anerkannt. Vielmehr zieht die Rechtsprechung die Maßstäbe dieser Klauselverbote im Rahmen der Prüfung auf Basis der Generalklausel des § 307 BGB mittelbar heran.[32] Als solche stellt § 307 BGB letztlich den Kern des AGB-Rechts dar. Allgemeine Geschäftsbedingungen sind danach unwirksam, wenn diese den Vertragspartner des Verwenders (also idR den Mieter) entgegen den Geboten von Treu und 28

---

[29] BGH NJW 2008, 2497; 2009, 3716; NJW-RR 2011, 1188; NJW 2013, 2502.
[30] BGH NJW-RR 2012, 1312.
[31] BGH NJW 1988, 1261; 1993, 57; Lindner-Figura in Lindner-Figura/Oprée/Stellmann Geschäftsraummiete Kap. 7 Rn. 87; Palandt/Grüneberg BGB § 305c Rn. 17; Erman/Roloff BGB § 305c Rn. 23.
[32] BGH NJW 1984, 2941; DNotZ 2008, 365; NJW 2010, 3152; Palandt/Grüneberg BGB § 307 Rn. 38.

Glauben unangemessen benachteiligen. Zugunsten des Verwenders findet keine Inhaltskontrolle statt.[33]

29 Eine **unangemessene Benachteiligung** ist gemäß § 307 Abs. 2 BGB im Zweifel anzunehmen, wenn 1. eine Bestimmung mit wesentlichen Grundgedanken der gesetzlichen Regelung, von der abgewichen wird, nicht zu vereinbaren ist oder 2. wesentliche Rechte oder Pflichten, die sich aus der Natur des Vertrags ergeben, so eingeschränkt werden, dass die Erreichung des Vertragszwecks gefährdet ist. Eine Benachteiligung liegt schon dann vor, wenn die Klausel den Vertragspartner gegenüber der gesetzlichen Regelung schlechter stellt.[34] Eine Klausel ist dann unangemessen, wenn der Verwender missbräuchlich eigene Interessen auf Kosten des Vertragspartners durchzusetzen versucht, ohne dessen Interessen hinreichend zu berücksichtigen und ihm einen eigenen Ausgleich zuzugestehen.[35] Nicht jede Abweichung vom Gesetz ist als unangemessene Benachteiligung zu werten. Diese ist nur gegeben, wenn die gesetzlichen Regelungen außer Funktion gesetzt werden, die den Vertragstyp prägen und eine ausgewogene Risikoverteilung bestimmen. Relevant für die Bewertung ist auch die Frage, wer das Schadensrisiko besser beherrschen und hierfür kostengünstiger durch Präventionsmaßnahmen Vorsorge treffen kann, sowie auch, wem Regressmöglichkeiten zur Verfügung stehen. Auch wenn, wie erläutert, jeweils nur die konkrete Klausel betrachtet wird, muss dennoch der gesamte Vertrag im Blick bleiben. Aus dieser Gesamtbetrachtung können sich sowohl zum Nachteil des Verwenders Summierungs-/Verstärkungseffekte ergeben. Möglich ist aber auch, dass eine nachteilige Klausel an anderer Stelle durch eine – damit zusammenhängende – besonders kundenfreundliche Regelung kompensiert wird.

30 Um das Risiko der Unwirksamkeit zu mindern bzw. auszuschließen, muss auch bei Klauseln betreffend COVID-19 Augenmerk darauf gerichtet werden, dass wesentliche Grundsätze der gesetzlichen Grundkonzeption in AGB nicht grundlegend anders geregelt werden können. Ggf. kommt in einzelnen Bereichen auch in Betracht, dem Vertragspartner auferlegte Nachteile an anderer Stelle durch kundenfreundlichere COVID-19 Regelungen tlw. auszugleichen.

31 Gemäß § 307 Abs. 1 S. 2 BGB kann sich eine unangemessene Benachteiligung auch dadurch ergeben, dass die AGB nicht klar und verständlich sind (**Transparenzgebot**). Die sich aus AGB ergebenden Nachteile für den Verwender und der Sinngehalt der Klausel müssen klar und eindeutig erkennbar sei.

32 Nach alledem sollte bei der Gestaltung formularvertraglicher Klauseln eine entsprechend **hohe Sorgfalt** angewandt werden, da die Rechtsprechung die Anforderungen aus den §§ 305 ff. BGB idR zu Lasten des Verwenders in aller Strenge anwendet. Dies gilt erfahrungsgemäß nicht nur bei der Verwendung von AGB gegenüber Verbrauchern, sondern – insbesondere in der Geschäftsraummiete – auch dort, wo sich Unternehmen und damit (eigentlich) geschäftserfahrenere Vertragspartner gegenüber stehen.

---

[33] BGH NJW 1987, 837; 1998, 2280; Palandt/Grüneberg BGB § 307 Rn. 11.
[34] Erman/Roloff BGB § 307 Rn. 8; Staudinger/Wendland, 2019, BGB § 307 Rn. 90; Lindner-Figura/Stellmann Die AGB-Ampel Rn. 103.
[35] BGH NJW 1984, 1531; 2000, 1110; 2005, 1774.

III. Mögliche Regelungsbereiche

1. Bisher verwendete Klauseln

Regelungen, zur Verteilung von Risiken in Mietverträgen im Zusammenhang mit 33
COVID-19 sind vielgestaltig denkbar. Mangels Vorhersehbarkeit werden Klauseln,
die sich **ausdrücklich** auf COVID-19 beziehen, in Mietverträgen bislang praktisch
nicht vorkommen. Aber auch Klauseln, die unmittelbar Umstände regeln, die zumindest ansatzweise mit COVID-19 vergleichbar sind, kamen in der mietvertraglichen
Praxis nur selten vor. Insoweit kommen Klauseln in Betracht, die ausdrücklich Pandemien und/oder Seuchen umfassen. Soweit solche Klauseln überhaupt verwendet worden sind, finden sich diese erfahrungsgemäß weniger in von Vermietern gestellten
Mustern. Denn das Gesetz räumt den Vermietern bereits eine durchaus komfortable
Position ein (→ Rn. 5ff.). Sie wurden daher eher in den Mustern von Ankermietern
verwendet.

Bislang verwendet wurden Klauseln, die eher allgemeiner gefasst sind und deren 34
Wortlaut und Anwendungsbereich zumindest mittelbar auch die Umstände um
COVID-19 umfassen könnte. Derartige Klauseln können zB in Form von sog.
„Force Majeure" Klauseln vereinbart sein. Diese sind gerade in internationalen
Verträgen durchaus verbreitet und regeln die Rechtsfolgen „höherer Gewalt".[36]
Weniger in Mietverträgen, sondern maßgeblich in Unternehmens- und Immobilienkaufverträgen, wurden sog. Material-Adverse-Change Klauseln **(MAC)** verwendet, die die Folgen wesentlicher Verschlechterungen zwischen Vertragsschluss
und wirtschaftlichem Übergang auf den Käufer bestimmen sollen.

Aber auch weitere zT übliche Regelungen und Klauseln in Mietverträgen können für 35
die Bewertung der aktuellen Rechtslage zumindest mittelbar relevant sein, wenn
diese – jedenfalls im Ergebnis – sich hier realisierende Risiken verteilen. Solche Regelungen könnten dann zB auch eine gegenüber einem etwaigen Anspruch auf Anpassung des Vertrags wegen Störung der Geschäftsgrundlage gemäß § 313 BGB vorrangige Regelung darstellen.

Zu denken ist hier zB an eine Regelung zur **Umsatzmiete,** die als Regelung zur Miet- 36
höhe nicht einmal der AGB-Kontrolle in Formularmietverträgen unterliegt. Mit dieser
beteiligt sich der Vermieter bereits zu einem gewissen Umfang am wirtschaftlichen Erfolg aber – insb. wenn keine Mindestmiete vereinbart ist – auch am Misserfolg.

Formularvertraglich in Betracht kommen Klauseln, die die Verantwortlichkeit für 37
die Einholung von etwaigen Genehmigungen verteilen (zB im Zusammenhang
mit dem Betrieb des Mieters ggf. erforderliche Konzessionen durch den Mieter
einzuholen sind). Dies gilt umso mehr, falls solche Regelungen ausdrücklich auch
die Einhaltung öffentlich-rechtlicher Maßgaben und Auflagen erfassen.
Vordringlich in Mietverträgen für Retailflächen in Shoppingcentern könnten tlw. 38
Regelungen für den Fall einer temporär erforderlichen **Schließung des Centers**

---

[36] Kumkar/Voß ZIP 2020, 893.

enthalten sein. Erfahrungsgemäß beziehen sich solche Regelungen jedoch selten ausdrücklich auf Gründe außerhalb des Centers, sondern auf den Umgang mit unmittelbaren Gefahren, die sich aus dem Betrieb oder der Lage des Centers selbst ergeben (iSv „Gefahr in Verzug").

2. Weitere mögliche Regelungsbereiche

39   Vermieter und Mieter werden vor dem Hintergrund der aktuellen Lage zu überlegen haben, welche Regelungen aufgrund von COVID-19 nun **zukünftig** benötigt werden. Möglicherweise werden diese Überlegungen auch gar nicht von der eigentlichen Ursache (also der COVID-19 Pandemie), sondern vielmehr von den entsprechend eingetretenen Folgen und Auswirkungen geleitet, die bislang niemand in diesem Umfang (tatsächlich) für möglich gehalten hat („hoheitliche Betriebsuntersagungen", „Ausgangsbeschränkungen" etc).

40   Der Regelungsbedarf kann sich dabei sowohl auf Risiken aufgrund der **konkreten COVID-19 Umstände** beziehen. Der Verwender wird aber – nachdem ein Umstand wie COVID-19 nun Realität geworden ist – auch ein Interesse daran haben, Risiken zu vermeiden, falls sich ein **vergleichbarer Umstand** zukünftig wiederholen sollte.

41   Besonders im Blickfeld stehen Regelungen, die die **Auswirkungen von mit COVID-19 vergleichbaren Umständen** unmittelbar oder mittelbar erfassen und betreffende Risiken verteilen sollen. Zu denken ist hier zB an den Anspruch auf Mietzahlung und den Anspruch auf eine Anpassung des Vertrags.

42   Der Mieter wird mit Blick auf die aktuellen Umstände uU nun noch stärker daran interessiert sein, dass ihm aufgrund seiner formularvertraglichen Regelungen ein Recht zur (temporären) Anpassung/Erweiterung des **Mietzwecks** eingeräumt wird.

43   In nach Bekanntwerden der Umstände von COVID-19 abzuschließenden Mietverträgen, die eine Errichtungs-/Herrichtungsverpflichtung (meist des Vermieters) beinhalten, sind Regelungen wichtig, die etwaige **Verzögerungen bei der Übergabe** aufgrund der Unsicherheiten durch COVID-19 und daraus resultierende Risiken betreffen. Denn ab diesem Zeitpunkt wird sich der Verpflichtete kaum noch darauf berufen können, dass die Umstände für ihn nicht vorhersehbar waren. Auch könnte ein Berufen auf höhere Gewalt in diesen Fällen ohne besondere Regelung ausgeschlossen sein.

44   Regelungen können sich schließlich auch auf **Nebenpflichten** beziehen. Entsprechender Regelungsbedarf könnte zB hinsichtlich Versicherungspflichten und Hinweispflichten der Parteien bestehen.

IV. Allgemeine Überlegungen zur Vertragsgestaltung in der aktuellen Situation

Nach den vorstehenden Ausführungen dürften sowohl der Vermieter als auch der Mieter ein nicht unerhebliches Interesse an der Aufnahme von Regelungen im Zusammenhang mit COVID-19 bzw. mit vergleichbaren Umständen haben. Jedoch ist das **jeweilige Interesse unterschiedlich.** Die Interessen stehen sich vielmehr – wie aber die Regel – meist entgegengesetzt gegenüber. Während Vermieter voraussichtlich versuchen werden, etwaige Ansprüche von Mietern auf Anpassung des Vertrags zur Reduzierung der Miete möglichst weitgehend zu beschränken, werden Mieter versuchen, solche Ansprüche gerade zu begründen. Vergleichbar stehen sich die Interessen bei etwa COVID-19 bedingten Verzögerungen der Übergabe gegenüber. Dem Vermieter wird hier daran gelegen sein, Rechte und Ansprüche gegen ihn möglichst zu vermeiden und den Mieter möglichst lange zu binden. Der Mieter hat aber ein Interesse daran, die Flächen zu dem vereinbarten Termin zu übernehmen oder sich vom Vertrag lösen zu können.

45

Bei der Gestaltung von Musterverträgen und der Aufnahme weiterer Regelungen muss allgemein zwischen **Länge und Komplexität des Vertragswerks** und Nutzen der konkreten Regelung abgewogen werden. Dies gilt umso mehr, als Vertragsmuster üblicherweise durchaus auch Regelungen enthalten, die sich auf nicht sonderlich wahrscheinliche Sachverhalte beziehen. Deren Aufnahme ist meist dennoch gerechtfertigt, da die davon betroffenen (vermeintlich) „theoretischen" Risiken idR erhebliche Bedeutung haben. Alle Risiken wird man in einem Vertrag wiederum erfahrungsgemäß nicht abdecken können und auch nicht wollen. Letztlich kommt es auf das richtige Verhältnis an, um die Verhandlungen der Parteien nicht unnötig zu erschweren und den Vertragspartner nicht schon allein ob dem Umfang des Vertragswerks „abzuschrecken". Das jeweilige Vertragsmuster ist immerhin auch eine Art Visitenkarte des Verwenders.

46

> Dies ist insbesondere auch bei Regelungen zu COVID-19 (vergleichbaren Umständen) relevant. Derartige Umstände und deren Folgen waren jedenfalls bislang nicht vorhersehbar. Ob und inwieweit sich diese in Zukunft wiederholen werden und damit Regelungsbedarf besteht, ist nicht vorhersehbar. Der jeweilige Gestalter von Formularverträgen wird daher abzuwägen haben, inwieweit für die betreffenden Vertragssituationen eine Aufnahme von Regelungen am Ende **zweckmäßig** ist. Wie die nachfolgenden Ausführungen zu konkreten Regelungen zeigen, dürfte man hier schon durch behutsame Eingriffe in – bereits jetzt – mietvertragstypische Regelungsbereiche zumindest einen gewissen Teil der Risiken berücksichtigen können. Ein stärkeres Regelungsbedürfnis scheint gerade bei Mietverträgen angebracht, die **umfangreiche Herstellungsverpflichtungen** begründen und bei denen der Verpflichtete aufgrund der aktuellen (unsicheren) Lage und deren Entwicklung bestimmte Fristen und Termine nicht hinreichend abschätzen kann.

47

Wie bereits unter → Rn. 5 dargestellt, besteht für die Vertragsgestaltung noch keine gänzlich gesicherte Auslegung der gesetzlichen Grundlagen. Der Verwender formularvertraglicher Regelungen wird daher nicht nur abzuwägen haben, ob/inwieweit er diese

48

aufgrund der Umstände um COVID-19 ändert und ergänzt. Er muss auch entscheiden, zu welchem **Zeitpunkt** er seine Muster anpasst. Der Zeitpunkt muss daher **nicht einheitlich** und kann vielmehr für die jeweiligen Regelungen unterschiedlich sein. Aufgrund der sich aus Regelungen in Mustern potenzierenden Risiken ist er auch davon abhängig, ob der Verwender die Möglichkeit hat, den wissenschaftlichen Diskurs in Bezug auf die rechtliche Einordnung der Umstände zunächst weiter zu verfolgen oder ob zeitnaher Anpassungsbedarf besteht und etwaige Risiken aus einer letztlich abweichenden Entwicklung der Einschätzung eingegangen werden können. Unmittelbarer Anpassungsbedarf könnte jedenfalls in Bezug auf solche Regelungen bestehen, die die konkreten Umstände um COVID-19 betreffen (zB Risiken bei der Verzögerung der Übergabe aufgrund der unklaren Entwicklung von COVID-19). Dies gilt sowohl für neue Mietverträge aber auch im Rahmen von (ohnehin geplanten) Nachträgen.

V. Zulässigkeit von konkreten Gestaltungsmöglichkeiten in Formularverträgen

49 COVID-19 bzw. damit vergleichbare Umstände können in Mietverträgen in den **verschiedensten Bereichen Regelungsbedürfnisse** begründen. Art und Umfang sind stark abhängig von der jeweiligen konkreten Vermietungssituation (zB Mietvertrag über Einzelhandels-, Büro- oder Wohnraumflächen). Im Folgenden werden daher einige der insoweit allgemein in Formularverträgen in Betracht kommenden Regelungsbereiche angesprochen. Es soll auch eine Anregung bieten, für den konkreten Fall darüber nachzudenken, ob/welche weiteren Regelungen ggf. darüber hinaus benötigt werden.

50 Da Mietverträge idR formularvertraglich verwendet werden, geht die Darstellung auch auf konkrete Anforderungen ein, die bei Verwendung derartiger Regelungen als Formularklauseln – insbesondere mit Blick auf die **Inhaltskontrolle gemäß § 307 BGB** – zu beachten sind. Vorsorglich sei darauf hingewiesen, dass selbstverständlich auch die sonstigen (allgemeinen) Anforderungen an AGB einzuhalten sind (unter → Rn. 21 ff. überblicksartig zusammengefasst).

51 Wie bereits erläutert, dürften bei Wohnraummietverträgen kaum Regelungsmöglichkeiten bestehen. Daher konzentrieren sich die Darstellungen auf die Geschäftsraummiete. Die Darstellung versucht, sich hierzu praxisgerecht an der – mehr oder weniger – typischen **Gliederung von Geschäftsraummietverträgen** zu orientieren.

1. Nutzung der Mietsache

a) Mietzweck

52 Die Vereinbarung des Mietzwecks in Geschäftsraummietverträgen ist eine der wichtigsten – von den Parteien jedoch häufig unterschätzten – **Schnittstellen zur Verteilung von Risiken** zwischen Vermieter und Mieter. Der Mietzweck ist nicht nur ausschlaggebend dafür, in welchem Umfang der Mieter berechtigt ist, die Mietsache zu nutzen. Er ist auch relevant für die Frage, ob und inwieweit der Vermieter dafür einsteht, dass die Mietsache für den vertragsgemäßen Gebrauch geeignet ist. Der Vermie-

ter wird demnach darauf bedacht sein, den Mietzweck möglichst konkret und nur soweit zu vereinbaren, wie er für die Geeignetheit der Mietsache einstehen möchte.

Die Vereinbarung des Mietzwecks selbst wird idR nicht formularvertraglich erfolgen. Mit Blick auf die aktuellen Umstände könnte ein **Vermieter** jedoch überlegen, für den Fall, das durch die hoheitlichen Betriebsuntersagungen wider Erwarten – entgegen der hier zu Grunde gelegten Ansicht – ein Mangel der Mietsache begründet werden sollte (→ Rn. 12), vorsorglich seine **Haftung für die entsprechende tatsächliche und rechtliche Eignung der Mietsache** zum vertragsgemäßen Gebrauch auszuschließen. Nach der Rechtsprechung des BGH verstoßen derartige formularvertragliche Regelungen – die dann die Lage und Beschaffenheit der Mietsache betreffen – jedoch gegen § 307 BGB und sind damit unzulässig. Dem Mieter muss insoweit das Recht zur Minderung der Miete und zur Kündigung des Vertrags verbleiben.[37] 53

Ein **Mieter** könnte Interesse daran haben, bei Vorliegen vergleichbarer Umstände einen **Anspruch auf Anpassung des Mietzwecks** zu begründen. Dies könnte ihm die Möglichkeit geben, sein Geschäft leichter auf die jeweiligen Umstände (zumindest temporär) anzupassen, um die Umsätze erwirtschaften zu können, die auch für die Begleichung der Kosten und damit auch der Miete erforderlich sind. Entsprechende Klauseln finden sich bereits jetzt in Mustern der Mieter und sollen ihm bislang – losgelöst von den aktuellen Umständen – entsprechende Flexibilität bei der Nutzung der Mietsache sichern. Nach allgemeiner Auffassung hat der Mieter – auch ohne ausdrückliche Regelung – Anspruch auf Zustimmung des Vermieters zu einer gewissen Anpassung/Fortentwicklung des vertragsgemäßen Gebrauchs.[38] Derartige Ansprüche finden ihre Grenze spätestens dort, wo eine wesentlich andere Nutzung verfolgt werden soll oder etwa legitime Interessen des Vermieters verletzt werden[39] (zB Konkurrenzschutzverpflichtungen, keine Erweiterung der Einstandspflicht des Vermieters für die Geeignetheit der Mietsache). Sofern sich derartige Klauseln des Mieters an diesen Grundsätzen orientieren, dürften sie auch formularvertraglich zulässig sein. 54

Nur am Rande sei vorsorglich darauf hingewiesen, dass etwaige Vereinbarungen über die Änderung des Mietzwecks einen **Schriftformmangel** begründen können.[40] Dies sollte auch bei der Formulierung von entsprechenden Formularklauseln beachtet und ggfs. ergänzend zu einem Anspruch auf Anpassung des Mietzwecks auch ein Anspruch auf Festhalten eines etwa geänderten Mietzwecks in einem der gesetzlichen Schriftform entsprechenden Nachtrag begründet werden. 55

b) Einhaltung hoheitlicher Anforderungen

Ein Vermieter könnte von den aktuellen Umständen auf eine Regelung schließen, nach der der Mieter auch gegenüber dem Vermieter verpflichtet ist, hoheitliche Anforderungen **in Bezug auf den Betrieb des Mieters** einzuhalten (zB zur Einhaltung einer etwa maximalen Kundenanzahl in einer in einem Shoppingcenter gelegenen Miet- 56

---

[37] BGH NJW 1988, 2664; KG NJOZ 2014, 1688; Hübner/Griesbach/Fuerst in Lindner-Figura/Oprée/Stellmann Geschäftsraummiete Kap. 14 Rn. 2; Leo/Ghassemi-Tabar NZM 2010, 568.
[38] OLG Hamm NZM 1999, 1050; Palandt/Weidenkaff BGB § 535 Rn. 17; Joachim NZM 2009, 801.
[39] BGH ZMR 1961, 102; NJW 2009, 3157; Schmidt-Futterer/Eisenschmid BGB § 535 Rn. 445; Hübner/Griesbach/Fuerst in Lindner-Figura/Oprée/Stellmann Geschäftsraummiete Kap. 14 Rn. 39.
[40] BGH NZM 2017, 189.

sache, um die insgesamt für das Center zulässige Kundenanzahl einhalten zu können; zur Einhaltung von Hygieneauflagen).

57 Bereits jetzt recht verbreitet sind formularvertragliche Regelungen in Mietverträgen über Geschäftsräume, die die Zuständigkeit und **Verteilung der Einstandspflicht für im Zusammenhang mit den für den Mietvertrag erforderlichen Genehmigungen betreffen.** In diesem Zusammenhang ist es jedenfalls Sache des Vermieters, die für den vereinbarten Mietzweck erforderliche Bau- und Nutzungsgenehmigung für die Mietsache zu erhalten und daraus resultierende Auflagen zu erfüllen.[41] Dies beruht auf der Gebrauchsgewährungsverpflichtung des Vermieters und seiner daraus resultierenden Verpflichtung sicherzustellen, dass die Mietsache zu dem vereinbarten Mietzweck geeignet ist. Da es sich um eine der grundlegenden Hauptleistungspflichten handelt, wäre eine davon abweichende formularvertragliche Regelung unzulässig. Diese Einstandspflicht des Vermieters ist jedoch insoweit begrenzt und formularvertraglich begrenzbar, als der Vermieter dafür nur soweit einzustehen hat, wie die Lage und die Beschaffenheit der Mietsache betroffen ist.[42] Allerdings muss bei der Formulierung von Formularklauseln darauf geachtet werden, dass dieses Risiko auch nicht mittelbar übertragen wird. So wurde vom BGH eine Klausel in AGB für unwirksam erklärt, nach der der Mieter alle für die Einrichtung und den Betrieb der Mietsache erforderlichen behördlichen Genehmigungen und Erlaubnisse beizubringen habe. Aus Sicht des BGH deckt eine solche Klausel die vorstehenden Grundsätze nicht, da die Haftung auch für Fälle als ausgeschlossen angesehen werden könne, in denen die Konzession für den Mieter aus Gründen versagt wird, die auf der Beschaffenheit und Lage der Mietsache beruhen, was nicht zulässig sei.[43]

58 Die Grundsätze im Zusammenhang mit der Einstandspflicht für die Einholung von Genehmigungen dürften grundsätzlich auf die Einstandspflicht für **behördliche Auflagen und Anforderungen** entsprechend übertragen werden können. ZT werden solche Klauseln auch schon verwendet. Analog der Rechtsprechung zur Verantwortlichkeit für die Einholung von Genehmigungen gilt auch für hoheitliche Auflagen und Anforderungen, dass eine pauschale Risikoübertragung in AGB den Mieter unangemessen benachteiligt. Derartige formularvertragliche Regelungen wären daher dann unwirksam, wenn sie sich auch auf die Beschaffenheit oder Lage der Mietsache beziehen; für diese haftet vielmehr allein der Vermieter.[44] Formularvertragliche Klauseln zur Erfüllung von Auflagen dürften jedoch grundsätzlich dann zulässig sein, wenn diese Auflagen den Mieter, seine Person oder die persönlichen oder betrieblichen Verhältnisse des Mieters betreffen und nicht auf der Beschaffenheit und Lage der Mietsache selbst beruhen.[45] Hier sollte jedoch bei der Formulierung der Klausel sehr genau abgegrenzt werden.[46]

---

[41] BGH ZMR 1971, 220; Emmerich/Sonnenschein/Emmerich BGB § 536 Rn. 12; Hübner/Griesbach/Fuerst in Lindner-Figura/Oprée/Stellmann Geschäftsraummiete Kap. 14 Rn. 13; Joachim NZM 2009, 801.
[42] BGH NJW 1981, 2405; 1988, 2664.
[43] BGH NJW 1988, 2664.
[44] BGH NZM 2014, 165; BeckRS 2007, 19678; OLG Celle NJW-RR 2000, 873; OLG Köln NJW-RR 1998, 585.
[45] OLG Düsseldorf MDR 2006, 1277; Emmerich/Sonnenschein/Emmerich BGB § 536 Rn. 11; Hübner/Griesbach/Fuerst in Lindner-Figura/Oprée/Stellmann Geschäftsraummiete Kap. 14 Rn. 13.
[46] Lindner-Figura/Stellmann Die AGB-Ampel Rn. 268.

c) Aussetzen der Betriebspflicht

Die Auferlegung einer Betriebspflicht auf den Mieter begegnet auch in Formularverträgen des Vermieters grundsätzlich **keinen Bedenken**.[47] In der Rechtsprechung bestehen gegen derartige Klauseln meist nur im Zusammenhang mit der Ausgestaltung des konkreten Umfangs oder in Kombination mit einem Ausschluss des Konkurrenzschutzes sowie einer Sortimentsbindung Bedenken.[48]

Dass eine dem Mieter auferlegte Betriebspflicht dann nicht zu erfüllen ist, sofern und soweit der Mieter einer **behördlichen Betriebsuntersagung** unterliegt, dürfte eigentlich selbstverständlich sein. Ein Regelungsbedürfnis dürfte insoweit kaum bestehen. Formularvertragliche Betriebspflichten sollten ohnehin zeitweise Schließungen zulassen, die für den konkreten Betriebsablauf unerlässlich sind (zB Inventur, Schönheitsreparaturen, Instandhaltung, Instandsetzung etc).[49] Bei einer solchen Regelung dürfte es sich nur um eine Klarstellung handeln. Daher dürfte deren Aufnahme durch einen Mieter, der eine Betriebspflicht in seinem eigenen Muster hat, auch formularvertraglich zulässig sein.

2. Herstellung der Mietsache/Regelungen zum Mietbeginn

Mietverträge enthalten zT (nicht unerhebliche) Verpflichtungen einer Partei (weit überwiegend des Vermieters) zur Herrichtung (auch Erstellung) der Mietsache. Sofern umfangreichere Arbeiten geschuldet sind, verweisen Mietverträge wegen der Beschreibung der Arbeiten meist auf eine diesem als Anlage beigefügte Baubeschreibung. Die entsprechende Herrichtung durch den Vermieter ist dabei idR vor der Übergabe an den Mieter geschuldet. Für die vom Vermieter geschuldete Übergabe wird ein (spätester) Zeitpunkt vereinbart sein. Vor Ausführung der vom Vermieter geschuldeten Arbeiten ist der Mieter – sofern nicht ausnahmsweise eine andere Vereinbarung getroffen wurde – nicht zur Übernahme der Mietsache verpflichtet. Kann der Vermieter den geschuldeten **Übergabetermin nicht einhalten** und die Mietsache vor dem Übergabetermin nicht entsprechend herrichten, sieht er sich – abhängig von den Ursachen – Schadensersatzansprüchen ausgesetzt. Gemäß § 543 Abs. 2 Nr. 1 BGB kommt ferner ein außerordentliches Kündigungsrecht des Mieters wegen Nichtgewährung des vertragsgemäßen Gebrauchs in Betracht. Für die Kündigung kommt es nicht einmal darauf an, ob der Vermieter die Nichtgewährung oder Entziehung zu vertreten hat.[50]

Bei aktuell abzuschließenden Mietverträgen wird ein Vermieter – gerade bei erheblichen Herrichtungsarbeiten – uU nicht hinreichend sicher planen können, bis wann er die Arbeiten zur Herrichtung abschließen kann. Er sieht sich zahlreichen Umständen ausgesetzt, die er aktuell nicht vorhersehen kann und auf die er auch keinen Einfluss hat. Störungen oder Behinderungen können zB auf behördlichen Anordnungen (zB Ausgangssperren oder -beschränkungen, Betriebsuntersagungen, Schließung der Baustelle), Verzögerung behördlicher Verfahren aber auch Schwierigkeiten bei der Materialbeschaffung oder Ausfall von Baubeteiligten beruhen. Durch das bei Überschrei-

---

[47] BGH NJW-RR 2010, 1017; ZMR 2007, 187; 2003, 254; NJW-RR 1992, 1032.
[48] BGH NJW 2007, 2176; KG NJOZ 2010, 149; OLG Brandenburg BeckRS 2014, 22674.
[49] KG NJOZ 2010, 149.
[50] Bereits BGH NJW 1974, 2233 mwN; Oprée in Lindner-Figura/Oprée/Stellmann Geschäftsraummiete Kap. 15 Rn. 188.

tung des Übergabetags (drohende) Kündigungsrecht des Mieters läuft er jedoch Gefahr, dass sich die mit der Herrichtung getätigten Investitionen nicht rentieren. Insoweit könnte von vornherein ein sehr auskömmlicher Übergabetermin vereinbart werden. Zur Vereinbarung eines pauschal sehr späten Übergabetermins wird der Mieter jedoch im Zweifel nicht bereit sein. Die Situation könnte Gegenstand einer Klausel sein, die die **konkreten COVID-19 Umstände betrifft.** Zudem werden voraussichtlich auch weitere **allgemeine Klauseln** in diesem Zusammenhang an Bedeutung gewinnen.

a) COVID-19-Klausel

63 Eine konkrete Klausel betreffend COVID-19 könnte sich an einer Force Majeure Klausel orientieren. Diese ist insbesondere in internationalen Wirtschaftsverträgen weit verbreitet. Eine solche „COVID-19-Klausel" könnte zB auf Tatbestandsseite vorsehen, dass sich die Parteien einig sind, dass COVID-19 und alle hierdurch verursachten Umstände **nicht in die Risikosphäre beider Parteien** fällt. Sie könnte COVID-19 auch ausdrücklich als Fall höherer Gewalt definieren. Auf Rechtsfolgeseite könnte zunächst an eine gegenseitige fortlaufende Informations- und Abstimmungspflicht gedacht werden. Aus Vermietersicht von hoher Bedeutung wird zudem eine Regelung sein, die Verzug aufgrund von COVID-19 ausschließt und sich die vereinbarten Übergabetermine aufgrund von COVID-19 einvernehmlich verschieben. Zudem wird an eine Haftungsfreizeichnung der Parteien zu denken sein.

64 Wie auch Force Majeure Klauseln[51] wird sich eine solche Klausel, insbesondere deren Teil zur Verschiebung der Übergabetermine, als formularvertragliche Regelung (zumindest mittelbar) insbesondere an § 308 Nr. 1 und 2 BGB messen lassen müssen. **§ 308 Nr. 1 und 2 BGB** findet zwar bei Verwendung gegenüber einem Unternehmer unmittelbar keine Anwendung (§ 310 Abs. 1 S. 1 BGB). Wie bereits unter → Rn. 23 erläutert, werden die entsprechenden Klauselverbote des § 308 BGB durch die Rechtsprechung jedoch zumindest mittelbar als Indiz für die Bewertung der Frage der unangemessenen Benachteiligung gemäß § 307 BGB herangezogen. Danach ist in AGB eine Bestimmung unzulässig, durch die sich der Verwender unangemessen lange oder nicht hinreichend bestimmte Fristen für die Erbringung einer Leistung vorbehält. Gleiches gilt für eine Bestimmung, durch die sich der Verwender für die von ihm zu bewirkende Leistung abweichend von Rechtsvorschriften eine unangemessen lange oder nicht hinreichend bestimmte Nachfrist vorbehält. Die Zulässigkeit von Force Majeure Klauseln in formularvertraglichen Regelungen wird – im unternehmerischen Rechtsverkehr außerhalb des Mietrechts – im Grundsatz bestätigt.[52] Im entsprechenden unternehmerischen Rechtsverkehr sei gemäß § 310 Abs. 1 S. 2 BGB auf die im Handelsverkehr geltenden Gewohnheiten und Gebräuche angemessen Rücksicht zu nehmen. Daher sei hier im Ergebnis eine etwas großzügigere Betrachtung gerechtfer-

---

[51] Hierzu ausführlich Weick ZEuP 2014, 281.
[52] Schöne in Graf von Westphalen, Vertragsrecht und AGB-Klauselwerke, Stand: 44. EL November 2019, Rn. 366a; de Wyl/Soetebeer in Schneider/Theobald, Recht der Energiewirtschaft, 4. Aufl. 2013, § 11 Rn. 286; wohl auch Otte-Gräbener GWR 2020, 147; kritisch, aber wohl jedenfalls im unternehmerischen Rechtsverkehr großzügiger betrachtend BeckOF Vertrag/Kaufholdt, 52. Edition 2020, Ziffer 10.2 Anm. 14.

tigt als bei der unmittelbaren Anwendung des § 308 Nr. 1 und 2 BGB.[53] Damit eine entsprechende Klausel nicht unangemessen iSd § 307 BGB benachteiligt, darf sie nicht nur einseitig zu Lasten des Vertragspartners, sondern vielmehr einheitlich **beidseitig** wirken.

Die vorstehenden Ausführungen berücksichtigen jedoch noch nicht die Besonderheiten, die gerade im Mietrecht gelten. Bei der **Überlassungspflicht des Vermieters handelt es sich um eine der Hauptleistungspflichten des Vermieters.** Sie dürfte daher – anders als bei anderen Vertragstypen – in Mietverträgen formularvertraglich nur in engen Grenzen eingeschränkt werden. So dürfte die Vereinbarung lediglich eines voraussichtlichen unverbindlichen Übergabetermins gegen § 307 Abs. 2 BGB verstoßen, weil sich der Vermieter für die Übergabe eine nicht hinreichend bestimmte Frist vorbehält.[54] § 308 Nr. 1 BGB soll verhindern, dass der Verwender die dem Vertragspartner im Falle einer Fristüberschreitung zustehenden Rechte durch unangemessen lange Leistungsfristen aushöhlt.[55] Aus den vorbezeichneten Gründen dürfte eine entsprechende Regelung im Bereich des Mietrechts – anders als ggf. bei anderen Vertragstypen – wohl nur dann formularvertraglich zulässig sein, wenn diese einen festen Zeitpunkt vorsieht, bis zu dem die Mietsache vom Vermieter – trotz COVID-19 – übergeben werden muss bzw. ab dem sich der Mieter zumindest vom Mietvertrag lösen kann.

65

Insbesondere für den Vermieter scheint relevant, ob eine solche COVID-19-Klausel einen **Ausschluss der Schadensersatzverpflichtungen** für etwaige durch COVID-19 verursachte Verzögerungen vorsehen kann. Allgemein ist umstritten, ob ein Vermieter seine Haftung für die rechtzeitige Übergabe mit einer Formularklausel wirksam auf Vorsatz und grobe Fahrlässigkeit beschränken kann. Dafür spricht, dass § 309 Nr. 7b BGB (mittelbar über § 307 BGB) nur den Ausschluss einer Haftung bei Vorsatz und grober Fahrlässigkeit in Formularverträgen verbietet.[56] Dagegen spricht jedoch, dass es sich bei der Übergabepflicht um eine Kardinalspflicht handelt, bei denen sich der Vermieter nicht einmal wegen einfacher Fahrlässigkeit freizeichnen kann.[57] Wenn sich der Haftungsausschluss jedoch auf Fälle bezieht, die allein auf COVID-19 beruhen, liegt insoweit kein Verschulden des Vermieters vor; insoweit dürfte eine Haftungsfreizeichnung auch formularvertraglich zulässig sein. Diese sollte auch beidseitig erfolgen.

66

Eine solche Klausel könnte jedoch nur soweit von den jeweiligen Vertragspflichten befreien, soweit die konkrete Leistung auch tatsächlich von COVID-19 betroffen ist. Für diese Frage kommt es auf den konkreten Einzelfall an. Im Ergebnis ergeben sich

67

---

[53] BeckOF Vertrag/Kaufholdt, 52. Edition 2020, Ziffer 10.2 Anm. 14; MüKoBGB/Wurmnest BGB § 308 Nr. 1 Rn. 26 und BGB § 308 Nr. 2 Rn. 8.
[54] Bub in Bub/Treier MietR-HdB II Rn. 1084; Fritz, Gewerberaummietrecht, 5. Aufl. 2019, Rn. 154; Schmidt-Futterer/Blank BGB § 543 Rn. 9; Hübner/Griesbach/Fuerst in Lindner-Figura/Oprée/Stellmann Geschäftsraummiete Kap. 14 Rn. 69.
[55] OLG Köln BeckRS 2019, 1408 mwN; Palandt/Grüneberg BGB § 308 Rn. 6; Ghassemi-Tabar/Leo, AGB im Gewerberaummietrecht, 2. Aufl. 2014, Rn. 273 f.
[56] OLG Düsseldorf NZM 2008, 893; Bub in Bub/Treier MietR-HdB II Rn. 1331; Fritz, Gewerberaummietrecht, 5. Aufl. 2019, Rn. 154.
[57] OLG München WuM 1989, 128; LG Hamburg WuM 1990, 115; Schmidt-Futterer/Eisenschmid BGB § 536a Rn. 181; Hübner/Griesbach/Fuerst in Lindner-Figura/Oprée/Stellmann Geschäftsraummiete Kap. 14 Rn. 69.

hier entsprechende **Nachweisschwierigkeiten,** die denjenigen treffen werden, der sich auf die Klausel beruft, also maßgeblich den Vermieter.

b) Allgemein

68   Vermieter werden aufgrund der Erfahrung mit COVID-19 nicht nur an eine konkrete COVID-19 Klausel denken. Sie werden auch zu überlegen haben, an welchen sonstigen Stellen Regelungen formularvertraglich möglich sind, falls die Übergabe aus – von beiden Parteien nicht zu vertretenden Gründen – nicht (rechtzeitig) erfolgen kann.

69   Insoweit könnte man zB an eine Klausel denken, nach der der Mieter **relevante Kosten in Bezug auf die Mietsache** (Kauf von notwendiger Ausstattung; Abschluss von Arbeitsverträgen) **erst zu einem in der Klausel zu definierenden Termin** begründen soll. Ob und unter welchen Voraussetzungen eine solche Klausel – mit Blick auf die Verpflichtung des Mieters zur Schadensminderung – allgemein auch für den Fall des Verschuldens des Vermieters als Formularklausel zulässig wäre, braucht hier nicht näher erörtert zu werden. Wenn nach den vorstehenden Ausführungen ein Ausschluss der Haftung für – von beiden Parteien nicht zu vertretende – Umstände zulässig ist, wird jedenfalls unter dieser Prämisse auch eine entsprechend weniger einschneidende Regelung jedenfalls nicht von vornherein formularvertraglich unwirksam sein. Diese darf den Vertragspartner jedoch durch die konkrete Ausgestaltung gerade mit Blick auf den betreffenden Zeitpunkt nicht unangemessen benachteiligen (§ 307 BGB).

70   Stärker als bisher werden voraussichtlich auch Klauseln relevant, die die Folgen einer verspäteten Übergabe auch allgemein regeln. Wird die Mietsache nicht rechtzeitig übergeben, kann diese aber noch erfolgen, steht ein **Verzug des Vermieters** im Raum. Dieser setzt neben der Fälligkeit der Überlassungspflicht – sofern nichts anderes vereinbart ist – ua ein Verschulden des Vermieters für die nicht rechtzeitige Erfüllung der Übergabeverpflichtung voraus. Abweichend von diesem Grundsatz kommt eine verschuldensunabhängige Haftung des Vermieters zumindest in Betracht, wenn der Vermieter ausdrücklich oder stillschweigend eine Garantie für die Einhaltung des Übergabetermins übernommen haben sollte.[58] Bei der Formulierung des Mietvertrags sollte daher darauf geachtet werden, dass der Vermieter für Verzögerungen mit der Übergabe nur haftet, soweit er diese zu vertreten hat.

3. Laufzeit

a) Fortbestand des Mietvertrags

71   Vor dem Hintergrund der aktuellen Diskussionen könnte ein Vermieter zwar daran interessiert sein, eine Klausel zu vereinbaren, nach der der Bestand des Mietvertrags durch – **nicht in den Risikobereich des Vermieters fallende hoheitliche Maßnahmen** – unberührt bleibt. Auf Basis der hier vertretenen Auffassung (→ Rn. 14 f.) dürfte es sich dabei lediglich um eine Klarstellung handeln und insoweit auch formularvertraglich zulässig sein.

---

[58] BGH NJW 1992, 3226; Emmerich NZM 2002, 362; Hübner/Griesbach/Fuerst in Lindner-Figura/Oprée/Stellmann Geschäftsraummiete Kap. 14 Rn. 82.

b) Begründung eines Sonderkündigungsrechts für den Mieter

Relevanter dürfte in diesem Zusammenhang jedoch die Frage sein, ob Mieter in ihren Formularverträgen für den Fall vergleichbarer Krisen ein **Sonderkündigungsrecht** begründen könnten. 72

Ein solches Recht wird mit Formularklauseln **nicht wirksam begründet** werden können. Das Recht zur fristlosen Kündigung kann durch AGB – auch bei Vorliegen schwerwiegender Gründe – aus Gründen des Bestandsschutzes von Mietverträgen nicht über den gesetzlich geregelten Bereich hinaus zu Lasten des Vertragspartners erweitert werden.[59] Vielmehr wäre ein solches formularvertragliches Sonderkündigungsrecht unwirksam, da es den Vermieter ohne hinreichende sachliche Gründe auf Seiten des Mieters unangemessen benachteiligt. Ein solches Recht würde dem gesetzlichen Leitbild eines befristeten Mietvertrags widersprechen.[60] Nach der gesetzlichen Konzeption ist eine Kündigung bei befristeten Mietverträgen nur außerordentlich zulässig. Außerordentliche Kündigungsrechte setzen jedoch idR unter Berücksichtigung aller Umstände des Einzelfalls – insbesondere eines Verschuldens der Vertragsparteien und unter Abwägung der beiderseitigen Interessen – ganz gravierende und nachhaltige Störungen des Vertragsverhältnisses voraus und kommen daher nur in eng umgrenzen Ausnahmefällen in Betracht. Allein durch die Krise und die damit verbundenen hoheitlichen Betriebsuntersagungen ist diese Schwelle jedoch nicht erreicht (→ Rn. 14 ff.). Hinzu kommt, dass auch der Vermieter diese Umstände nicht zu vertreten hat, bei Einräumung eines etwaigen Kündigungsrechts das Risiko jedoch im Ergebnis weitestgehend allein tragen würde. Ein Recht auf Auflösung des Mietvertrags wird nicht einmal gemäß § 313 BGB wegen Störung der Geschäftsgrundlage begründbar sein (→ Rn. 13). 73

4. Miete

In Bezug auf die Verpflichtung zur Mietzahlung im Fall einer entsprechenden Krise stehen sich etwaige Klauselmöglichkeiten **aus Vermietersicht und aus Mietersicht konträr entgegen.** Während Vermieter überlegen werden, die Verpflichtung zur Fortzahlung der Miete auch in der Krise durch ihre Klauseln weitestgehend zu bestätigen, werden die Mieter für diesen Fall ein Recht zum Entfall, ggf. Reduzierung der Mietzahlungsverpflichtung begründen wollen. Im Ergebnis wird man hier wohl zumindest danach differenzieren müssen, ob der Mieter unmittelbar durch hoheitliche Maßnahmen (zB Betriebsschließungen) betroffen ist (→ Rn. 78) oder nur mittelbar oder gar nicht (→ Rn. 75 ff.). 74

a) Sachverhalte ohne oder allenfalls mittelbarer Betroffenheit

Ist der Mieter nicht oder allenfalls mittelbar von der Krise betroffen, wird ihm kein Anspruch auf Reduzierung der Miete zustehen (→ Rn. 8 ff.). Ohne, dass die hoheitlichen Maßnahmen unmittelbar auf den Mieter Anwendung finden (wie zB aktuell nur am Rande auf Büroflächen aber auch Lebensmittelmärkte etc.), kommt ein Mangel und damit ein **Recht zur Mietminderung schon von vornherein nicht in Betracht** (→ Rn. 12 sowie detaillierter → § 3 Rn. 29). Auch ein Recht auf Anpassung des Vertrags wegen Störung der Geschäftsgrundlage dürfte in derartigen Fällen nicht 75

---

[59] OLG Hamm BeckRS 1987, 31002959; Lindner-Figura/Stellmann Die AGB-Ampel Rn. 348.
[60] OLG Hamm BeckRS 1987, 31002959.

in Betracht kommen (→ Rn. 13 sowie detaillierter → § 7 Rn. 21 ff.). Dies dürfte auch für solche Sachverhalte gelten, in denen Mieter zwar nicht den Einschränkungen der Krise unterliegen, aber zumindest insoweit von der Krise betroffen sind, als dass sie (zT erhebliche) Umsatzeinbußen erleiden mussten, weil ihre Dienstleistungen/Produkte während der Krise keinen Absatz finden. Entsprechende Umsatzeinbußen fallen jedoch in den originären und alleinigen Risikobereich des Mieters. Sie sind allenfalls mittelbare Folge der Krise.[61] Ansprüche des Mieters kommen auch dann nicht in Betracht wenn die Ursachen allein in der Person/dem Unternehmen des Mieters und dessen Mitarbeitenden liegen (zB Erkrankung und Quarantäne), denn insoweit verwirklicht sich „lediglich" ein allgemeines Lebensrisiko des Mieters.[62]

76 Dies vorangestellt, dürften **formularvertragliche Klauseln des Mieters** gemäß § 307 Abs. 1, 2 BGB unwirksam sein, die einen Anspruch auf Anpassung/Aussetzung der Miete (auch) für Sachverhalte begründen möchten, in denen der Mieter nicht bzw. allenfalls mittelbar betroffen ist.[63] Entsprechende Klauseln von Mietern wären mit wesentlichen Grundgedanken der gesetzlichen Regelung, von der abgewichen wird, nicht zu vereinbaren, denn bei der Verpflichtung zur Mietzahlung handelt es sich um die Kardinalpflicht des Mieters[64] Dabei wird man auch zu berücksichtigen haben, dass der Mieter das Verwendungsrisiko der Mietsache trägt.[65] Insbesondere für das Mietrecht hat der BGH wiederholt ausgesprochen, dass die Erwartung, auf dem zu gewerblichen Zwecken überlassenen Flächen gewinnbringende Geschäfte abzuschließen und nicht etwa Verlust zu machen, zum alleinigen Risikobereich des Mieters gehört.[66]

77 Im Gegenzug dürften aus den gleichen Gründen formularvertragliche Klauseln des Vermieters, die den **Fortbestand und die Unberührtheit des Anspruchs** auf Mietzahlung in Bezug auf derartige Sachverhalte bestätigen und Minderungen/Ansprüche auf Anpassung des Mietvertrags ausschließen, zulässig sein.

b) Sachverhalte unmittelbarer Betroffenheit

78 Fraglich ist, ob formularvertragliche Klauseln des Vermieters bzw. Mieters, die sich auf Sachverhalte einer unmittelbaren Betroffenheit des Mieters (zB Fälle, in denen der Mieter unmittelbar den Einschränkungen durch hoheitliche Betriebsuntersagungen unterliegt) beziehen, **möglich sind oder schon im Grundsatz ausscheiden.**

79 Auf Basis der hier zu Grunde gelegten Auffassung liegt für derartige Sachverhalte zwar mangels Unmittelbarkeit kein Mangel der Mietsache vor. Das gesetzliche Gewährleistungsrecht findet daher keine Anwendung. Unter Berücksichtigung der Umstände des Einzelfalls ist jedoch uU ein Anspruch auf Anpassung des Vertrags wegen Störung der Geschäftsgrundlage gemäß § 313 BGB nicht ausgeschlossen (→ Rn. 13 sowie detaillierter → § 7 Rn. 24 ff.). Der Grundsatz der Störung der Geschäftsgrundlage gemäß § 313 BGB wurde ursprünglich aus dem Grundsatz von Treu und Glauben gemäß § 242 BGB entwickelt.[67] § 313 BGB ist demnach als kodifizierte Spezialvorschrift zu

---

[61] Streyl in Schmidt COVID-19 § 3 Rn. 92; → § 7 Rn. 23 mWN.
[62] Staudinger/Emmerich, 2018, BGB § 536 Rn. 44; Streyl in Schmidt COVID-19 § 3 Rn. 90.
[63] Weidt/Schiewek NJOZ 2020, 481; Streyl in Schmidt COVID-19 § 3 Rn. 90 ff.
[64] Lindner-Figura/Stellmann Die AGB-Ampel Rn. 122.
[65] BGH NJW 1981, 2405; 1970, 1313; Sittner NJW 2020, 1169; Weidt/Schiewek NJOZ 2020, 481.
[66] BGH NJW 1970, 1313; WM 1970, 907; 1978, 1008.
[67] BeckOGK/Martens BGB § 313 Rn. 14; Palandt/Grüneberg BGB § 313 Rn. 1.

§ 242 BGB **im Kern zwingendes Recht**.[68] Wie oben ausgeführt, ist ein Anspruch wegen Störung der Geschäftsgrundlage gemäß § 313 BGB jedoch subsidiär gegenüber etwaigen Vereinbarungen der Parteien zur Verteilung der Risiken. Der Anspruch aus § 313 BGB greift daher überhaupt nur, wenn der Vertrag keine (wirksame) Regelung enthält. Letztlich können die Parteien den Anwendungsbereich des § 313 BGB damit zumindest mittelbar in nicht unerheblichem Umfang selbst bestimmen, indem sie spezifische Lösungen für die jeweiligen Risiken festlegen.[69] So ist es möglich, dass die Parteien Sachverhalte als Grundlage des Geschäfts festlegen und für den Fall von Veränderungen auch Rechtsfolgen definieren.[70] § 313 BGB steht demnach formularvertraglichen Regelungen für diesen Sachverhalt nicht von vornherein entgegen.

Entsprechende formularvertragliche Klauseln müssen sich jedoch selbstverständlich an 80
§ 307 BGB messen lassen. Sie dürfen den Vertragspartner des Verwenders nicht unangemessen benachteiligen. Aus der Rechtsprechung des BGH zum Einheitspreis-Bauvertrag dürfte insoweit folgen, dass eine unangemessene Benachteiligung dann vorliegen könnte, wenn der Geschäftspartner bestimmte Risiken auch im Fall einer Grundlagenstörung tragen muss.[71] Insoweit wird erforderlich sein, dass die Klausel das Risiko, dass sie regeln möchte, klar und eindeutig benennt, denn für unvorhergesehene und nicht geregelte Risiken verbleibt es bei dem insoweit zwingenden § 313 BGB und wäre allenfalls eine Klausel zulässig, die sich an den Voraussetzungen und Rechtsfolgen des § 313 BGB orientiert.[72]

Ob und inwieweit demnach eine formularvertragliche Regelung zulässig ist, richtet 81
sich nach dem jeweiligen konkreten Inhalt der Klausel. Es steht zu vermuten, dass Klauseln in AGB, die – nicht im Risikobereich des Vertragspartners – liegende Umstände vollständig und ohne eine Kompensation vorzusehen, pauschal auf den anderen Vertragspartner übertragen, diesen entgegen den Geboten von Treu und Glauben unangemessen benachteiligen. Solche Klauseln wären dann gemäß § 307 Abs. 1, 2 BGB unwirksam. Unwirksam wäre aus diesem Grund jedenfalls eine Klausel des Mieters, die die vertraglichen Pflichten bei Vorliegen einer vergleichbaren Krise aussetzt.[73] Eine solche Klausel dürfte als unangemessene Benachteiligung gewertet werden, da sie dazu führt, dass der Vermieter Risiken, die nicht in seinen Verantwortungsbereich fallen, vollständig allein zu tragen hätte.[74] Anders herum ist ebenso fraglich, ob der Vermieter durch eine Klausel pauschal den Fortbestand der Verpflichtungen des Mieters perpetuieren und damit mittelbar einen etwaigen Anspruch auf Anpassung des Vertrags ausschließen könnte.[75] Dass der Mieter – jedenfalls im Grundsatz – das Verwendungsrisiko der Flächen trägt, spricht mE dafür, dass eine Übertragung des Risikos auf den Mieter zumindest unter bestimmten engen Voraussetzungen, die stark von den erfassten Vermietungssituationen abhängig sind und neben den Interessen des Vermieters auch die Zumutbarkeit für den Mieter berücksichtigt, durchaus zulässig sein

---

[68] BeckOGK/Martens BGB § 313 Rn. 46; ähnlich MüKoBGB/Finkenauer BGB § 313 Rn. 51.
[69] Kumkar/Voß ZIP 2020, 893; MüKoBGB/Finkenauer BGB § 313 Rn. 51; BeckOGK/Martens BGB § 313 Rn. 46.
[70] LAG Baden-Württemberg BeckRS 2019, 5464.
[71] BGH NJW 2017, 2762.
[72] MüKoBGB/Finkenauer BGB § 313 Rn. 51; BeckOGK/Martens BGB § 313 Rn. 47.
[73] Streyl in Schmidt COVID-19 § 3 Rn. 85.
[74] Streyl in Schmidt COVID-19 § 3 Rn. 85; Sittner NJW 2020, 1169.
[75] Ablehnend Krepold WM 2020, 726.

kann. Eine solche Klausel müsste jedoch wohl auf einen gewissen Zeitraum begrenzt werden. Zudem wird zu beachten sein, dass gemessen an § 307 BGB der Kernbereich von § 313 BGB erhalten bleiben muss, um den Grundgedanken dieser zwingenden Vorschrift nicht auszuhöhlen.

5. Mängelhaftung

a) Ausschluss der verschuldensunabhängigen Garantiehaftung

82 Liegt ein **Mangel der Mietsache bei Vertragsschluss** vor, kann der Mieter gemäß § 536a Abs. 1 S. 1 Alt. 1 BGB unabhängig davon Schadensersatz verlangen, ob der Vermieter die Entstehung dieses Mangels zu vertreten hat (gesetzliche Garantiehaftung des Vermieters). Wenn die Mietsache bei Vertragsschluss noch nicht fertiggestellt ist, greift diese Garantiehaftung des Vermieters für Mängel, die bei Übergabe oder späterer Fertigstellung vorlagen, entsprechend.[76]

83 Schon bislang war dem Vermieter dringend zu empfehlen, diese Garantiehaftung für Sachmängel vertraglich abzubedingen. Nach allgemeiner Meinung, insbesondere auch nach der Rechtsprechung des Bundesgerichtshofs, kann diese Garantiehaftung für anfängliche Sachmängel auch **formularvertraglich** abbedungen werden. Bei dieser Garantiehaftung handele es sich nämlich um eine dem gesetzlichen Haftungssystem untypische Regelung.[77] Entsprechende Schäden sind für den Vermieter zudem im Grundsatz nicht versicherbar. Durch den Vermieter abgeschlossene Haftpflichtversicherungen enthalten vielmehr (fast durchgängig) einen Ausschluss des Versicherungsschutzes in Bezug auf die verschuldensunabhängige Garantiehaftung.[78] Klauseln zum Ausschluss der Garantiehaftung sollten sich mit Blick auf die erforderliche Transparenz jedoch nicht darauf beschränken, lediglich die Norm zu zitieren und diese auszuschließen. Vielmehr sollten diese den gewünschten Regelungsinhalt direkt beschreiben.

84 Das Erfordernis des Ausschlusses der Garantiehaftung für den Vermieter gilt umso mehr mit Blick auf die aktuellen Umstände und Diskussionen. Zwar kommt im Zusammenhang mit COVID-19 und vergleichbaren Umständen bei bestehenden Mietverträgen nach der hier vertretenen Auffassung ohnehin kein Mangel in Betracht. ZT werden jedoch entsprechende Gegenansichten vertreten (→ Rn. 12 sowie detaillierter → § 4 Rn. 5). Bei neu abzuschließenden Mietverträgen mit Herrichtungsverpflichtung des Vermieters kann es jedoch nach Bekanntwerden der Umstände um COVID-19 zum Vorliegen eines Mangels kommen (→ Rn. 43), zumal die aktuellen Umstände sehr dynamisch und für den Vermieter kaum vorhersehbar sind (→ Rn. 63 ff.). Er sollte sich daher vor entsprechenden – auch im Gesetz atypischen – Haftungspotentialen schützen.

b) Regelung zu Umweltmängeln

85 COVID-19 und die allgemeinen daraus resultierenden Umstände begründen für sich selbst betrachtet – ohne Hinzutreten weiterer Umstände – keinen Mangel der

---

[76] BGHZ NJW 1971, 1450; OLG Naumburg ZMR 2000, 381; Hübner/Griesbach/Fuerst in Lindner-Figura/Oprée/Stellmann Geschäftsraummiete Kap. 14 Rn. 330.
[77] BGH NJW-RR 1993, 519; BGH NJW-RR 1991, 74.
[78] Leo/Ghassemi-Tabar NZM 2010, 568.

Mietsache. Auch etwaige in diesem Zusammenhang ergangene hoheitliche Betriebsuntersagungen begründen nach hiesiger Ansicht keinen Mangel der Mietsache, da es an dem erforderlichen **Unmittelbarkeitszusammenhang zur Lage und Beschaffenheit der Mietsache** fehlt. Nur bei Vorliegen dieses Zusammenhangs wäre der Verantwortungsbereich des Vermieters im Grundsatz eröffnet (→ Rn. 12). Dies unterstellt, dürfte eine formularvertragliche Klausel des **Vermieters** grundsätzlich dann zulässig sein, wenn durch diese festgehalten wird, dass vergleichbare Umstände und Maßnahmen keinen Mangel und damit keine Mängelgewährleistungsrechte des Mieters begründen. Im Ergebnis handelt es sich dabei nur um eine Klarstellung. Die Umstände, auf die die Klausel Anwendung finden soll, sollten dabei möglichst konkret und transparent beschrieben werden. Vorsorglich sollte in Anlehnung an die Rechtsprechung auch klar geregelt werden, dass die Klausel nur gilt, sofern kein unmittelbarer Zusammenhang mit der Lage und Beschaffenheit der Mietsache besteht.[79] Auch darf der Wortlaut einer solchen Regelung nicht etwa konkludent dazu führen, dass etwaige weitere Ansprüche, insbes. gemäß § 313 BGB wegen Störung der Geschäftsgrundlage pauschal ausgeschlossen werden (hierzu → Rn. 79).

Anders herum könnte der **Mieter** überlegen, eine formularvertragliche Klausel in seine Muster aufzunehmen, nach der ein **entsprechender Umweltmangel begründet** werden soll. Sofern sich eine solche Klausel auf Umstände bezieht, durch die der Mieter nicht oder allenfalls mittelbar betroffen ist, verbietet sich eine solche Klausel von vornherein (→ Rn. 75). Sie wäre nach der hier zu Grunde gelegten Auffassung auch dann unwirksam, wenn sie vergleichbare hoheitliche Betriebsuntersagungen als Mangel der Mietsache definieren würde. Die formularvertragliche Vereinbarung von Umständen als Mangel, die nicht mit der Lage und Beschaffenheit der Mietsache zusammenhängen und auf die der Vertragspartner keinen Einfluss nehmen sowie diese nicht einmal hinreichend vorhersehen kann, dürfte mit wesentlichen Grundgedanken der gesetzlichen Regelung des Sachmängelgewährleistungsrechts nicht zu vereinbaren sein. Sofern eine Regelung überhaupt konkret und nicht lediglich allgemein gefasst werden könnte, käme dies auch einer Art allgemeiner Garantieerklärung und Einstandspflicht des Vermieters für höhere Gewalt gleich, was mit § 307 Abs. 1, 2 BGB nicht zu vereinbaren sein dürfte.[80]

6. Nebenpflichten

An dieser Stelle sollen nur kurz weitere Regelungsbereiche in Vertragsmustern angerissen werden, die Nebenpflichten der Vertragsparteien betreffen.

a) Hinweispflichten

In der mietrechtlichen Praxis stellt sich insbesondere die Frage, ob und unter welchen Voraussetzungen ein Vertragspartner den anderen Vertragspartner **über COVID-19 Krankheitsfälle oder Verdachtsmomente** zu informieren hat. Insbesondere ist fraglich, inwieweit eine solche Verpflichtung auch formularvertraglich begründet werden könnte.

---
[79] BGH NJW 2011, 3151; Sittner NJW 2020, 1169.
[80] Zehelein NZM 2020, 390.

89 Jedenfalls unter bestimmten Voraussetzungen dürfte ein solcher Informationsanspruch grundsätzlich in Betracht kommen und aus bestehenden Nebenpflichten hergeleitet werden können. Eine entsprechende Klausel scheint daher nicht von vornherein unzulässig. Eine **Mindestvoraussetzung** für einen derartigen Anspruch/Klausel dürfte jedenfalls sein, dass der Hinweis/die Information, zu der der Vertragspartner verpflichtet werden soll, für den anderen Vertragspartner überhaupt relevant ist. Die gewünschte Information und der Hinweis müssen erforderlich sein, damit der Verwender bestimmte ihm obliegende Pflichten (zB solche, die er als Arbeitgeber seinen Mitarbeitern oder als Vermieter anderen Mietern gegenüber etwa unterliegen könnte) wahren kann. Mit Blick auf das ebenfalls bedeutsame Gut der Informationsfreiheit werden an eine solche Klausel schon allgemein recht hohe Anforderungen zu stellen sein. Sie könnte zB zulässig sein, um gesundheitliche Gefahren von dem Verwender und Dritten abzuwenden. Generell dürfte eine solche Verpflichtung nur so weit gehen, wie dies zur Wahrung der geschützten Interessen des Verwenders angemessen ist. Der Datenschutz müsste zwingend gewahrt werden. Eine Verpflichtung zur Herausgabe personenbezogener Daten an den Verwender dürfte kaum zulässig sein.

b) Versicherungspflicht des Mieters

90 Risiken im Zusammenhang mit COVID-19 bzw. vergleichbaren Umständen könnten zum Teil durch Versicherungen abgefangen/gemildert werden. Konkret kommen hierfür im Grundsatz Betriebsunterbrechungsversicherungen in Betracht. Betriebsunterbrechungsversicherungen im eigentlichen Sinn sind jedoch zumeist – abhängig von den jeweiligen Versicherungsbedingungen – an einen Sachschaden gebunden. Versicherte Gefahren sind hierbei meist Feuer, Leitungswasser, Blitz, Einbruchdiebstahl etc. Da im Zusammenhang mit COVID-19 jedoch idR ein Sachschaden fehlt, würde eine solche Versicherung kaum greifen. Bei einigen Versicherern gab es – jedenfalls bislang – als Zusatzbaustein zur Betriebsunterbrechungsversicherung auch eine sog. Betriebsschließungsversicherung. Diese beziehen sich auf Schließungen aufgrund von behördlichen Anordnungen. Ob und inwieweit solche Betriebsschließungsversicherungen bei COVID-19 eingreifen, ist wiederum abhängig vom jeweiligen Versicherungsvertrag.

91 Grundsätzlich ist es auch formularvertraglich zulässig, Mieter zum Abschluss und zur Aufrechterhaltung von Versicherungen zu verpflichten. Dies gilt jedenfalls in den Bereichen, an denen der Vermieter ein berechtigtes Interesse hat.[81] Dabei sind die zu versichernden Risiken konkret zu beschreiben, um einen Verstoß gegen das Transparenzgebot gemäß § 307 Abs. 1 BGB zu vermeiden. Die Verpflichtung des Mieters zum Abschluss einer Betriebsunterbrechungsversicherung wird auch in Formularklauseln des Vermieters als zulässig erachtet.[82] Gleiches dürfte grundsätzlich auch für den Zusatzbaustein der Betriebsschließungsversicherung gelten, solange das versicherte Risiko konkret bezeichnet ist. Jedoch ist insoweit auch der Versicherungsmarkt zu betrachten. Aufgrund der aktuellen Umstände sind Versicherer möglicherweise nicht mehr bereit, entsprechende Betriebsschließungsversicherungen abzuschließen. Sofern sich die Praxis am Versicherungsmarkt ändern sollte und dem Mieter der Abschluss

---

[81] MAH MietR/Hannemann § 48 Rn. 186; Bub NZM 1998, 789; Jendrek NZM 2003, 697.
[82] Hübner in Lindner-Figura/Oprée/Stellmann Geschäftsraummiete Kap. 13 Rn. 49; MAH MietR/Hannemann § 48 Rn. 186; Bub NZM 1998, 789; Jendrek NZM 2003, 697; vorsichtiger Fritz, Gewerberaummietrecht, 5. Aufl. 2019, Rn. 191.

von entsprechenden Versicherungen nicht oder nicht mehr mit zumutbaren Mitteln möglich ist, dürfte eine Verpflichtung zum Abschluss einer solchen Versicherung formularvertraglich nicht (mehr) möglich sein.

VI. Fazit

Mietverträge werden idR auf Basis von Musterformularen erstellt. Als solche unterliegen diese auch den Anforderungen an AGB gemäß §§ 305 ff. BGB. Regelungen, die ausdrücklich auf COVID-19 vergleichbare Umstände Anwendung finden sollen, finden sich in den Mustermietverträgen sowohl der Vermieter als auch der Mieter bisher nur vereinzelt. Es wurden jedoch allgemeiner gefasste Regelungen verwendet, die nun auch auf auch die aktuellen Umstände Anwendung finden könnten. 92

Die Herausforderung für die Praxis besteht neben der Anwendbarkeit vorhandener Regelungen auf die aktuellen Umstände maßgeblich auch in der Gestaltung etwa erforderlicher zukünftiger Regelungen. Die Ausführungen zeigen, dass in bestimmten Regelungsbereichen ein entsprechender, nicht unerheblicher Bedarf zur Ergänzung der Mietvertragsmuster besteht. Die Gestaltung formularvertraglicher Klauseln ist aufgrund der insoweit anzuwendenden unbestimmten Rechtsbegriffe im Recht der Allgemeinen Geschäftsbedingungen ohnehin schon schwierig und meist nicht eindeutig. Im Zusammenhang mit den konkreten Umständen kommt erschwerend hinzu, dass die sich in diesem Zusammenhang stellenden Rechtsfragen zu einem großen Teil gänzlich neu und durch die Rechtsprechung noch nicht bestätigt sind. Gerade bei der Bewertung der Zulässigkeit von AGB ist der Vergleich mit der Rechtslage, die sich aus dem Gesetz ergibt, essenziell. 93

Die Bereiche, in denen Klauseln im Zusammenhang mit COVID-19 vergleichbaren Umständen in Betracht kommen, sind breit. Insbesondere in neuen Mietverträgen mit nicht unerheblicher Herrichtungsverpflichtung dürfte für Klauseln betreffend Verzögerungen bei der Übergabe ein recht unmittelbares Bedürfnis zur Aufnahme bestehen. Zukünftig erörtert werden insbesondere Regelungen, die als gegenüber einem Anspruch auf Anpassung des Vertrags gemäß § 313 BGB wegen Störung der Geschäftsgrundlage vorrangige vertragliche Regelung die Risiken bei betreffenden Umständen verteilen sollen. Derartige Regelungen dürften sich jedoch jedenfalls nicht auf Grundlagenstörungen beziehen. 94

§ 10 Pandemiebedingte Fragen der Zwangsvollstreckung unter besonderer Berücksichtigung der Miete

Literatur: auf der Heiden, Prozessrecht in Zeiten der Corona-Pandemie, NJW 2020, 1023; Brackhahn, Vollstreckung von Duldungstiteln durch den Gerichtsvollzieher?, DGVZ 1992, 145; Gehrlein, Zivilprozessrecht in Zeiten des Corona-Virus, ZMR 2020, 257; Greger, Der Zivilprozess in Zeiten der Corona-Pandemie – und danach, MDR 2020, 509; Herlitz, Corona (Covid-19): Die Kündigungsbeschränkung im Mietrecht, jurisPR-MietR 8/2020 Anm. 1; Kannowski/Keil, Wohnungsöffnung und Widerstand des Schuldners beim Ausbau von Energiezählern: Ein Fall der Duldungsvollstreckung?, DGVZ 2008, 109; Lissner, Pfändung von Corona-Hilfen – staatliche Hilfe oder Befriedigungschance für Gläubiger?, KKZ 2020, 89; Prütting, Anwaltliche Arbeit in der Coronakatastrophe, AnwBl 2020, 287; Rauscher, COVID-19-Pandemie und Zivilprozess, COVuR 2020, 2; Rothbächer, Der Vollstreckungsaufschub gemäß § 258 AO als Teil des Schutzschilds in der Corona-Krise, DStR 2020, 1014; Schmitz/Neubert, Praktische Konkordanz in der Covid-Krise, NVwZ 2020, 666; Vorwerk, Corona/Covid19 – Wiedereinsetzung oder Unterbrechung?, NJW 2020, 1196.

Inhaltsübersicht

	Rn.
I. Die Durchführung der Zwangsvollstreckung in der „Corona-Krise"	1
1. Unterbrechung und Aussetzung	2
2. Ausgestaltung des Dienstbetriebs	5
a) Beschränkung auf das zwingend erforderliche Maß („Notbetrieb")	6
b) Erweiterter Dienstbetrieb („Exit-Strategie")	9
c) Weitere Entwicklung	10
3. Die Fürsorgepflicht des Dienstherrn	11
4. Dokumentations- und Mitteilungspflichten der Vollstreckungsorgane	13
II. Die Zwangsvollstreckung durch Gerichtsvollzieher	15
1. Die Pflicht zur Durchführung von Aufträgen	16
a) Vorgaben der dienstvorgesetzten Behörden	17
b) Einzelne Dienstgeschäfte	21
aa) Pfändungsaufträge	22
bb) Herausgabevollstreckung	25
cc) Räumungsvollstreckung	28
(1) Verfahren	28
(2) Pflicht zur Durchführung	30
(a) „Notbetrieb"	31
(b) Wiederaufnahme des Dienstbetriebs	33
(c) Grenzen der Räumungsvollstreckung	34
dd) Zählersperre	37
ee) Abnahme der Vermögensauskunft	41
(1) Vorprüfung durch den Gerichtsvollzieher	41
(2) Fristsetzung und Terminsladung	42
(3) Pflicht des Schuldners zum Erscheinen	47
ff) Zustellaufträge	53
gg) Pfandverwertung	59
(1) Verwertung in der Zwangsvollstreckung	59
(2) Verwertung außerhalb der Zwangsvollstreckung	62
hh) Familiengerichtliche Verfahren	65
(1) Kindesherausgabe	65
(2) Sonstiges	68
ii) Vollstreckung von Haftbefehlen	71
jj) Vorführungen	75
kk) Einholung von Drittauskünften	76
c) Kostenrechtliche Fragen	77
2. Die Pflicht zur Ergreifung von Schutzmaßnahmen	80

	Rn.
a) Übertragungswege	81
b) Innendienst	82
c) Außendienst	85
3. Rechtsbehelfe	87
a) Vollstreckungserinnerung (§ 766 ZPO)	88
aa) Erinnerungsbefugnis	89
bb) Begründetheit der Erinnerung	94
cc) Sofortige Beschwerde	98
b) Vollstreckungsabwehrklage (§ 767 ZPO)	99
c) Vollstreckungsschutz (§ 765 a ZPO)	101
d) Räumungsfrist (§ 721 ZPO)	109
e) Zwangsvollstreckung aus Räumungsvergleich (§ 794 a ZPO)	111
f) Dienstaufsichtsbeschwerde	112
g) Befangenheitsablehnung	113
III. Die Zwangsvollstreckung durch das Vollstreckungsgericht/Grundbuchamt	114
1. Die Pflicht zur Durchführung von Aufträgen	115
a) Pfändungs- und Überweisungsbeschlüsse	116
b) Sicherungshypothek	117
c) Zwangsversteigerung	118
d) Zwangsverwaltung	122
2. Die Pfändbarkeit sog. Corona-Soforthilfen	123
3. Rechtsbehelfe	126
a) Entscheidungen des Vollstreckungsgerichts	127
b) Entscheidungen des Grundbuchamts	129
c) Untätigkeit des Vollstreckungsorgans	130
d) Einstweilige Einstellung nach § 30 a ZVG	131
e) Gegenvorstellung	136
IV. Die Zwangsvollstreckung durch das Prozessgericht	138
1. Die Pflicht zur Durchführung von Aufträgen	139
2. Die Pflicht zur Ergreifung von Schutzmaßnahmen	142
3. Rechtsbehelfe	146
a) Entscheidungen des Prozessgerichts	147
b) Vorbereitende Maßnahmen des Prozessgerichts	151
c) Untätigkeit des Prozessgerichts	152
V. Ausblick	155

I. Die Durchführung der Zwangsvollstreckung in der „Corona-Krise"

1 Im Bereich der Justiz ist es aufgrund der „Corona-Krise" zu keiner vollständigen Einstellung des Dienstbetriebs („Shutdown") gekommen. Ein solcher wäre mit dem grundgesetzlich verankerten **Justizgewährungsanspruch,** der eine wirkungsvolle Zwangsvollstreckung einschließt,[1] auch nicht vereinbar.

1. Unterbrechung und Aussetzung

2 Bei einem **Stillstand der Rechtspflege** könnte an eine Unterbrechung nach § 245 ZPO, der auch auf das Zwangsvollstreckungsverfahren Anwendung findet, gedacht werden. Insoweit genügt aber nicht, dass sämtliche für die Bearbeitung der Verfahren zuständigen sowie beteiligten Personen an der Ausübung ihres Amtes durch Erkran-

---

[1] Vgl. hierzu BVerfGE 141, 121 Rn. 44 = NJW 2016, 930 (932) = BeckRS 2016, 41876; Zöller/Seibel ZPO Vor §§ 704–945b Rn. 1.

kung oder Quarantäne gehindert sind. Für den richterlichen Bereich kommt vielmehr eine Zuständigkeitsbestimmung nach § 36 Abs. 1 Nr. 1 ZPO in Betracht.[2] Für den nichtrichterlichen Dienst obliegt es den jeweiligen Justizverwaltungen, entsprechende Regelungen zu treffen. Nur wenn es – was (derzeit) nicht der Fall und auch nicht zu erwarten ist – zu einem vollständigen Erliegen der Rechtspflege kommt, ist Raum für eine Unterbrechung des Verfahrens.[3] Streiten die Verfahrensbeteiligten darüber, ob das Verfahren unterbrochen ist, hat das Vollstreckungsorgan hierüber im Rahmen einer **Zwischenentscheidung** zu befinden und festzustellen, dass das Verfahren (nicht) unterbrochen ist. Das Vollstreckungsgericht, das Grundbuchamt und das Prozessgericht entscheiden durch Beschluss, gegen den die sofortige Beschwerde (→ Rn. 127, → Rn. 129, → Rn. 147) eröffnet ist (§ 793 ZPO; § 71 GBO). Der Gerichtsvollzieher entscheidet durch Zwischenverfügung, gegen die Vollstreckungserinnerung gem. § 766 ZPO eingelegt werden kann (→ Rn. 88).

Für eine Unterbrechung durch **Anwaltsverlust** nach § 244 Abs. 1 ZPO[4] ist im Zwangsvollstreckungsverfahren von vornherein kein Raum, da eine Pflicht zur Vertretung durch einen Rechtsanwalt nicht besteht. 3

Eine Aussetzung des Zwangsvollstreckungsverfahrens nach § 247 ZPO bei **abgeschnittenem Verkehr,** etwa aufgrund von Einreiseverboten oder Quarantänemaßnahmen gegenüber einem Verfahrensbeteiligten, dürfte ebenfalls keine praktische Relevanz haben.[5] Zum einen besteht in den genannten Fällen angesichts der begrenzten Dauer solcher Maßnahmen regelmäßig die Möglichkeit, der vorübergehenden Verhinderung anderweitig Rechnung zu tragen, insbesondere durch Terminsverlegungen.[6] Zum anderen wird regelmäßig trotz der Maßnahmen zumindest ein schriftlicher Verkehr der Verfahrensbeteiligten mit dem Vollstreckungsorgan, insbesondere zur Wahrung des Anspruchs auf rechtliches Gehör, möglich bleiben.[7] Alleine rechtlich nicht bindende Empfehlungen der Bundesregierung sowie der Landesregierungen an die Bürger, zu Hause zu bleiben, eröffnet den Anwendungsbereich des § 247 ZPO nicht,[8] da es hier an einem „Abgeschnittensein" fehlt. Gegen die Aussetzung des Verfahrens oder deren Ablehnung durch das Vollstreckungsorgan findet gem. § 252 ZPO die **sofortige Beschwerde** statt; für die Entscheidung des Gerichtsvollziehers gilt § 766 ZPO. 4

2. Ausgestaltung des Dienstbetriebs

Für den gesamten Bereich der Justiz und damit auch der Zwangsvollstreckung stellt sich damit die Frage, in welchem Umfang und unter welchen Bedingungen der Dienstbetrieb während der „Corona-Krise" fortzusetzen ist. 5

---

[2] Greger MDR 2020, 509 f.; auf der Heiden NJW 2020, 1023 (1025); Rauscher COVuR 2020, 2 (11 f.); Zschieschack in Schmidt COVID-19 § 13 Rn. 8.
[3] Vgl. LG Saarbrücken Beschl. v. 12.5.2020 – 15OH61/19, BeckR 2020, 8514; Greger MDR 2020, 509 (510); Gehrlein ZMR 2020, 257 (258); Prütting AnwBl 2020, 287 (288); Zschieschack in Schmidt COVID-19 § 13 Rn. 7 f.
[4] S. hierzu Vorwerk NJW 2020, 1196 ff.; Zschieschack in Schmidt COVID-19 § 13 Rn. 23.
[5] Ohne nähere Begründung aA Prütting AnwBl 2020, 287.
[6] Greger MDR 2020, 509 f.; auf der Heiden NJW 2020, 1023 (1025).
[7] auf der Heiden NJW 2020, 1023 (1025); Gehrlein ZMR 2020, 257 (258); Rauscher COVuR 2020, 2 (20); aA Zschieschack in Schmidt COVID-19 § 13 Rn. 12.
[8] So aber Prütting AnwBl 2020, 287.

a) Beschränkung auf das zwingend erforderliche Maß („Notbetrieb")

6 Durch entsprechende Erlasse der zuständigen Justizbehörden der jeweiligen Bundesländer ist es beginnend ab Mitte März 2020 zu einer weitgehenden Beschränkung des Dienstbetriebs der Justiz gekommen. Danach sollen nur noch **„unaufschiebbare" Dienstgeschäfte** vorgenommen werden. Für die jeweiligen Sachbereiche ist dann zu klären, was hierunter im Einzelnen zu verstehen ist.

7 Für den Bereich der Zwangsvollstreckung stellt sich dieses Vorgehen deshalb als problematisch dar, weil im Hinblick auf den **Prioritätsgrundsatz** und den **drohenden Verlust pfändbaren Schuldnervermögens** per se Eile geboten ist. Auch das **Schuldnerverzeichnis** nach §§ 882b ff. ZPO als Auskunftsverzeichnis der Kreditunwürdigkeit einer Person[9] setzt voraus, dass die erforderlichen Eintragungen zügig vorgenommen werden. Dem Zwangsvollstreckungsverfahren wohnt daher regelmäßig eine Eilbedürftigkeit inne. Diesem Umstand trägt das Gesetz an verschiedenen Stellen Rechnung (vgl. etwa § 802a Abs. 1 ZPO, § 802b Abs. 3 S. 1 ZPO, § 802f Abs. 6 S. 1 ZPO, § 802l Abs. 3 S. 1 ZPO, § 813 Abs. 2 S. 1 ZPO, § 882d Abs. 1 S. 3 ZPO) und findet ihren Ausdruck zudem in der Dienstanweisung für Gerichtsvollzieher (→ Rn. 16). Andererseits ist zu berücksichtigen, dass das Risiko einer Infektion mit dem sog. Coronavirus (SARS-CoV-2) und der Erkrankung an der dadurch ausgelösten Lungenkrankheit (Covid-19) zu einer konkreten **Gefahr für das Leben und die Gesundheit der Verfahrensbeteiligten** führen kann (Art. 2 Abs. 2 S. 1 GG). Darüber hinaus besteht das allgemeine Risiko einer weiteren Verbreitung des Coronavirus, dem die durch die Länder in Form von Verordnungen bzw. Allgemeinverfügungen getroffenen Maßnahmen gerade begegnen wollen.[10] Unter Berücksichtigung dessen sind nur solche Zwangsvollstreckungsmaßnahmen als „unaufschiebbar" anzusehen, durch deren Unterlassen dem Gläubiger ein nicht unerheblicher Nachteil droht (**„besondere Eilbedürftigkeit"**). Andernfalls besteht ein Vollstreckungshindernis.

8 Für die Durchführung von Zwangsvollstreckungsaufträgen folgt hieraus, dass sich generalisierende Aussagen oder Empfehlungen verbieten, vielmehr hat eine **einzelfallbezogene Interessenabwägung** stattzufinden. Sofern mit der Durchführung der Aufträge für die Verfahrensbeteiligten keine oder lediglich eine geringe Infektionsgefahr einhergeht, überwiegt das Interesse des Gläubigers an einer zügigen Durchführung der Zwangsvollstreckung. Besteht hingegen eine Infektionsgefahr, insbesondere weil die Durchführung des Auftrags einen persönlichen Kontakt mit den Verfahrensbeteiligten erforderlich macht, ist im Einzelfall zu prüfen, ob das Durchführungsinteresse des Gläubigers überwiegt. Ein **absoluter Vorrang** des Gesundheitsschutzes besteht dagegen nicht und wäre mit dem Justizgewährungsanspruch (→ Rn. 1) unvereinbar. Auch ist es weder möglich noch geboten, eine Infektionsgefahr im Zusammenhang mit der Durchführung einer Zwangsvollstreckungsmaßnahme vollständig auszuschließen. Allerdings kann eine **generalisierende Betrachtungsweise** dahingehend erfolgen, dass für bestimmte Amtshandlungen die „besondere Eilbedürftigkeit" (→ Rn. 7) stets zu bejahen ist (vgl. § 5 Abs. 1 S. 5 GVGA, § 26 Abs. 2 S. 3 GVO), wohingegen sie für andere Amtshandlungen entweder amtsbekannt sein oder vom Gläubiger in seinem Antrag dargelegt werden muss (vgl. § 5 Abs. 1 S. 6 GVGA).

---

[9] S. hierzu BT-Drs. 16/10069, 36, 37.
[10] Vgl. VerfGH Sachsen NJW 2020, 1285 Rn. 18 = BeckRS 2020, 4039.

b) Erweiterter Dienstbetrieb („Exit-Strategie")

Beginnend ab Ende April 2020 ist im Zuge der allgemeinen Lockerungsmaßnahmen der Dienstbetrieb im Bereich der Justiz weitgehend wiederaufgenommen worden. Für die Zwangsvollstreckung folgt hieraus, dass im Grundsatz sämtliche Aufträge wieder durchzuführen sind. Zu beachten sind dabei aber stets die **Sicherungsmaßnahmen,** die zu ergreifen sind, um eine Infektion der Verfahrensbeteiligten so weit wie möglich zu verringern (→ Rn. 7). Nur dort, wo diese Maßnahmen im Einzelfall nicht ergriffen werden können oder nicht ausreichen, besteht ein Hinderungsgrund für die Durchführung eines Zwangsvollstreckungsauftrags. 9

c) Weitere Entwicklung

Für den Fall eines **erneuten Anstiegs** der Infektionszahlen kann es künftig – sei es landesweit, sei es bezogen auf einzelne Landkreise oder Städte – erneut zu einer Reduzierung des Dienstbetriebs kommen. Für diesen Fall gelten die obigen (→ Rn. 6–8) sowie die nachfolgenden Ausführungen zum „Notbetrieb" entsprechend. 10

3. Die Fürsorgepflicht des Dienstherrn

Die Aufrechterhaltung des Dienstbetriebs in der Justiz (→ Rn. 1) erfordert es, dass in sämtlichen Bereichen ausreichend Personal zur Bearbeitung der noch durchzuführenden Dienstgeschäfte vorhanden ist. Das Unterlassen insbesondere eilbedürftiger Dienstgeschäfte kann dabei nicht mit dem Argument fehlenden Personals gerechtfertigt werden.[11] Dem für die an der Durchführung der Dienstgeschäfte beteiligten Mitarbeiter der Justiz bestehenden **Infektionsrisiko** hat der Dienstherr im Rahmen seiner Fürsorgepflicht (§ 78 BBG, § 45 BeamtStG) Rechnung zu tragen, insbesondere durch die Zurverfügungstellung geeigneter **Schutzmaterialien** (Atemschutzmasken, Desinfektionsmittel, Spuckschutz etwa in Form von Plexiglastrennscheiben), die Begrenzung der Anzahl von Mitarbeitern in den jeweiligen Dienstzimmern, die Regulierung des Publikumsverkehrs oder die Ermöglichung von Heimarbeit („Home-Office"), insbesondere bei Mitarbeitern, die einer sog. Risikogruppe (→ Rn. 103) angehören. 11

Die Schutzmaterialien (→ Rn. 11) sind den betroffenen Vollstreckungsorganen **auf Kosten des Dienstherrn** zur Verfügung zu stellen. Dies gilt auch für den **Gerichtsvollzieher.**[12] Dieser hat zwar sein Geschäftszimmer auf eigene Kosten zu halten (§ 30 Abs. 1 S. 1 GVO) und auch seinen Geschäftsbedarf auf eigene Kosten zu besorgen (§ 36 Abs. 1 GVO). Nach den Gerichtsvollziehervergütungsordnungen der Länder sind aus der Vergütung der Gerichtsvollzieher auch die besonderen, für die Gerichtsvollziehertätigkeit typischen Aufwendungen zu bestreiten, weshalb dem Gerichtsvollzieher ein weitergehender Erstattungsanspruch nicht zusteht. Bei den hier in Rede stehenden Schutzmaterialien, die der Dienstherr dem Gerichtsvollzieher zur Verfügung zu stellen hat, handelt es sich jedoch nicht um für die Gerichtsvollziehertätigkeit typische Aufwendungen des Allgemeinbedarfs,[13] sondern um Sonderbedarf aufgrund einer Pandemielage. 12

---

[11] Vgl. BGHZ 170, 260 = NJW 2007, 830 (832) = BeckRS 2007, 02723.
[12] Im Folgenden wird aus Gründen der besseren Lesbarkeit ausschließlich die männliche Form verwendet. Sie bezieht sich auf Personen aller Geschlechter.
[13] Vgl. hierzu BVerwG NZA-RR 2019, 614 Rn. 13 = BeckRS 2019, 19688.

4. Dokumentations- und Mitteilungspflichten der Vollstreckungsorgane

13 Wird im Hinblick auf die Einschränkung des Dienstbetriebs durch ein Vollstreckungsorgan von der Vornahme einer Diensthandlung (zeitweise) abgesehen, ist der Grund hierfür **aktenkundig** zu machen. Dabei sollte von pauschalen Hinweisen auf die „Corona-Pandemie" abgesehen und stattdessen konkrete, einzelfallbezogene Erwägungen bezogen auf die jeweils in Rede stehende Diensthandlung (→ Rn. 8) angestellt werden. Insbesondere muss Bezug auf die jeweils aktuelle Gefährdungslage genommen werden, wobei die Risikobewertung des Robert Koch-Instituts zugrunde gelegt werden darf.

14 Das Vollstreckungsorgan hat darüber hinaus den betroffenen Verfahrensbeteiligten auf das Unterlassen der Diensthandlung **hinzuweisen** und die hierfür maßgeblichen **Gründe mitzuteilen** (vgl. § 139 Abs. 3 und 4 ZPO; § 5 Abs. 1 S. 2 GVGA), insbesondere damit der Antragsteller die Möglichkeit hat, die bestehenden Hinderungsgründe entweder zu beseitigen oder Rechtsbehelfe gegen die Untätigkeit (→ Rn. 88, → Rn. 130, → Rn. 152) zu ergreifen. Die Dokumentations- und Hinweispflicht hat darüber hinaus Bedeutung im Rahmen der Geltendmachung von **Amtshaftungsansprüchen** wegen dem Antragsteller durch die Untätigkeit des Vollstreckungsorgans etwaig entstandener Vermögensschäden (§ 839 BGB, Art. 34 GG).

II. Die Zwangsvollstreckung durch Gerichtsvollzieher

15 Der Gerichtsvollzieher ist insbesondere zuständig für die Zwangsvollstreckung wegen Geldforderungen in bewegliche Sachen (§§ 802a ff. ZPO), zur Erwirkung der Herausgabe von Sachen (§§ 883ff. BGB) sowie Personen (§§ 88ff. FamFG).

1. Die Pflicht zur Durchführung von Aufträgen

16 Der Gerichtsvollzieher hat hinsichtlich der Frage, ob er einen Vollstreckungsauftrag übernimmt, kein Ermessen. Ist er für die Erledigung zuständig, muss er diesen übernehmen und ausführen.[14] Gem. § 802a Abs. 1 BGB wirkt er dabei auf eine *zügige* Beitreibung von Gelforderungen hin. Diese Pflicht ist in den Geschäftsanweisungen für Gerichtsvollzieher der Länder als **Dienstpflicht** (§ 1 S. 4 GVGA)[15] für die Durchführung sämtlicher Aufträge weiter konkretisiert (vgl. § 5 GVGA). Sie kann nicht dadurch umgangen werden, dass Schuldner durch den Gerichtsvollzieher zunächst nur schriftlich zur Leistung aufgefordert werden, so dass die erste Vollstreckungshandlung (pro forma) unmittelbar durch diese **Leistungsaufforderung** und somit innerhalb eines Monats erfolgt ist (vgl. § 5 Abs. 1 S. 2 GVGA).[16] Abgesehen davon, dass dieses Vorgehen mit § 59 Abs. 1 S. 1, Abs. 2 S. 1 GVGA – der auch in der „Corona-Krise" zu beachten ist – nicht in Einklang zu bringen ist, entbindet eine solche isolierte Leistungsaufforderung ohne unmittelbare rechtliche Folgen den Gerichtsvollzieher nicht von seiner Pflicht zu prüfen, ob eine (besondere) Eilbedürftigkeit des Zwangsvollstre-

---

[14] Schuschke/Walker/Kessen/Thole/Walker/Vuia ZPO Vor §§ 753–763 Rn. 10.
[15] Schuschke/Walker/Kessen/Thole/Walker/Vuia ZPO Vor §§ 753–763 Rn. 3.
[16] In diese Richtung aber teilweise die Handlungsempfehlungen der Landesverbände des Deutschen Gerichtsvollzieherbundes.

ckungsauftrags gegeben ist. Im Folgenden ist daher zu erörtern, wie weit die oben genannte Dienstpflicht in der „Corona-Krise" reicht.

a) Vorgaben der dienstvorgesetzten Behörden

Der Gerichtsvollzieher unterliegt als Beamter der allgemeinen Dienstaufsicht. Eine der Unabhängigkeit der Richter (§ 25 DRiG, § 1 GVG, Art. 97 Abs. 1 GG) oder der Rechtspfleger (§ 9 RPflG) vergleichbare gesetzliche Regelung existiert für Gerichtsvollzieher nicht. Andererseits sehen die Gerichtsvollzieherordnung (GVO) und die Geschäftsanweisung für Gerichtsvollzieher (GVGA) entsprechend der Art der dem Gerichtsvollzieher übertragenen Aufgaben eine gewisse **Eigenverantwortlichkeit** und **Selbstständigkeit** des Gerichtsvollziehers vor.[17] Ob der aufsichtsführende Richter des Amtsgerichts als unmittelbarer Dienstvorgesetzter (vgl. § 1 S. 3 GVO) bzw. die jeweilige Landesjustizverwaltung als oberster Dienstherr befugt sind, dem Gerichtsvollzieher generelle, also nicht auf ein einzelnes Verfahren bezogene Weisungen zu erteilen, ist dementsprechend umstritten (→ Rn. 20).[18]

17

In der Praxis haben jedenfalls die Landesjustizverwaltungen von solchen (ggf. bindenden) Weisungen im Zusammenhang mit der Durchführung von Vollstreckungsaufträgen in der „Corona-Krise" abgesehen. Stattdessen wurden zum Teil **„Handlungsempfehlungen"** gegeben (zB Rheinland-Pfalz;[19] Sachsen;[20] Brandenburg[21]). Danach soll der Außendienst nach eigenem Ermessen auf das Nötigste beschränkt oder eingestellt werden, insbesondere eilbedürftige Sachen (zB Vollziehung von Anordnungen in Gewaltschutzsachen und Sorgerechtsentscheidungen, Zustellaufträge sowie Räumungsaufträge) sollen noch durchgeführt werden. Die Sprechzeiten sollen weiter abzuhalten sein, jedoch soll der Publikumsverkehr insbesondere auf eine telefonische Kontaktaufnahme beschränkt werden können.

18

In anderen Bundesländern (zB Baden-Württemberg, Berlin, Hessen, Saarland) sind keine konkreten, über die allgemeinen Erlasse für Gerichte und Staatsanwaltschaften hinausgehenden Vorgaben für Gerichtsvollzieher gemacht worden. Teilweise sind hier durch die jeweiligen **Landesverbände des Deutschen Gerichtsvollzieherbundes** Empfehlungen gegeben worden (Baden-Württemberg, Sachsen-Anhalt). Danach sollen lediglich die unaufschiebbaren Dienstgeschäfte und Verhandlungen durchgeführt werden. Der Außendienst soll mit Ausnahme eilbedürftiger Angelegenheiten iSd § 5 Abs. 1 S. 5 GVGA ausgesetzt werden können. Die Ladung zum Termin auf Abnahme einer Vermögensauskunft soll auf einen späteren Zeitpunkt erstellt werden dürfen. Im Übrigen ist den jeweiligen Gerichtsvollziehern im Hinblick auf ihre Eigenverantwortlichkeit und Selbstständigkeit (→ Rn. 17) die Entscheidung über ihr Vorgehen überlassen worden.

19

In Berlin ist den Gerichtsvollziehern nach einer Pressmitteilung der Senatsverwaltung für Justiz, Verbraucherschutz und Antidiskriminierung[22] durch einige **Amtsgerichte**

20

---

[17] S. zum Ganzen BVerwGE 65, 260 = NJW 1983, 896 (897) = BeckRS 9998, 44675.
[18] Schuschke/Walker/Kessen/Thole/Walker/Vuia ZPO Vor §§ 753–763 Rn. 4 mwN.
[19] Handlungsempfehlung durch das Ministerium der Justiz vom 19.3.2020.
[20] Handlungsempfehlung durch das OLG Dresden.
[21] Leitfaden durch das OLG Brandenburg.
[22] Pressemitteilung der Senatsverwaltung für Justiz, Verbraucherschutz und Antidiskriminierung Berlin Nr. 30/2020 v. 24.3.2020, https://www.berlin.de/sen/justva/presse/pressemitteilungen/2020/pressemitteilung.911106.php.

auf der Grundlage entsprechender **Anordnungen** vorgegeben worden, auf die Vollstreckung von Wohnungsräumungen und „Zählersperren" zu verzichten. Diese Anordnungen sind – selbst wenn sie rechtswidrig sein sollten – für die betroffenen Gerichtsvollzieher bindend, da es sich um eine generelle, also nicht auf ein einzelnes Verfahren bezogene Weisung handelt und dem Gerichtsvollzieher eine sachliche Unabhängigkeit weder verfassungsrechtlich noch einfachgesetzlich garantiert ist (→ Rn. 17).[23] Gegen Maßnahmen der Dienstaufsicht kann der Gerichtsvollzieher den Verwaltungsrechtsweg beschreiten (§ 54 Abs. 1 BeamtStG). Andere Amtsgerichte in Berlin haben lediglich (nicht bindende) Empfehlungen an die Gerichtsvollzieher gegeben.

b) Einzelne Dienstgeschäfte

21 Da sich generalisierende Aussagen über das „Ob" und das „Wie" der Durchführung von Zwangsvollstreckungsaufträgen verbieten (→ Rn. 8), sind im Folgenden die im Zusammenhang mit einzelnen Diensthandlungen auftretenden typischen Problemlagen im Einzelnen zu untersuchen.

aa) Pfändungsaufträge

22 Die Durchführung der Sachpfändung (§ 802a Abs. 2 S. 1 Nr. 4 ZPO, §§ 803 ff., 808 ff. ZPO) erfordert regelmäßig einen persönlichen Kontakt mit dem Schuldner, insbesondere im Zusammenhang mit der Suche nach pfändbarer Habe der im **(Allein-)Gewahrsam** des Schuldners befindlichen Sachen in dessen Wohnung oder – im Rahmen einer Taschenpfändung – an dem Schuldner selbst (vgl. §§ 758, 758a ZPO; § 81 GVGA).

23 Während eines „**Notbetriebs**" (→ Rn. 6) darf der Gerichtsvollzieher die Durchführung eines Pfändungsauftrags zurückstellen, wenn der Anspruch der Verfahrensbeteiligten auf Schutz ihrer Gesundheit dem Durchführungsinteresse des Gläubigers überwiegt. Ist aufgrund der Gefährdungslage von einem **hohen Infektionsrisiko** auszugehen, überwiegt das Interesse des Gläubigers regelmäßig nicht. Zu den Dokumentationspflichten des Gerichtsvollziehers → Rn. 13. Etwas anderes gilt aber dann, wenn für den Gläubiger aufgrund der Nichtdurchführung seines Antrags ein **Rangverlust** droht, was insbesondere dann der Fall ist, wenn mehrere Gläubiger die Zwangsvollstreckung gegen den Schuldner betreiben und daher noch weitere Pfändungsaufträge einzugehen drohen. Der Gerichtsvollzieher muss in diesem Fall die Pfändung für alle beteiligten Gläubiger zugleich bewirken. Auf die Reihenfolge des Eingangs der Aufträge bei dem Gerichtsvollzieher kommt es nicht an (vgl. § 117 Abs. 1 S. 1 GVGA). Sind die Tatsachen, die den drohenden Rangverlust bewirken, dem Gerichtsvollzieher aus seiner dienstlichen Tätigkeit nicht bereits bekannt, müssen sie von dem Gläubiger in seinem Auftrag gesondert dargelegt werden (vgl. § 5 Abs. 1 S. 5 GVGA), ggf. auch auf eine entsprechende Zwischenverfügung des Gerichtsvollziehers hin (→ Rn. 14). Hat der Gerichtsvollzieher danach einen Pfändungsauftrag auszuführen, sind hierbei die Sicherungsmaßnahmen zu beachten (→ Rn. 80).

---

[23] Vgl. Schuschke/Walker/Kessen/Thole/Walker/Vuia ZPO Vor §§ 753–763 Rn. 4; MüKoZPO/Zimmermann, 5. Aufl. 2017, GVG § 154 Rn. 15; aA BeckOK GVG/Dörndorfer, 6. Ed. 1.2.2020, GVG § 154 Rn. 14; Zöller/Seibel ZPO § 753 Rn. 17.

Nach der **Wiederaufnahme des Dienstbetriebs** (→ Rn. 9) sind Pfändungsaufträge 24
grundsätzlich unter Beachtung der Sicherungsmaßnahmen (→ Rn. 80) durchzuführen. Nur wenn und soweit diese nicht ausreichend sind oder nicht eingehalten werden
können, muss von der Durchführdung des Auftrags abgesehen werden. Führt der
Gerichtsvollzieher eine Sachpfändung trotz eines bestehenden Vollstreckungshindernisses (→ Rn. 7) oder unter Nichtbeachtung der notwendigen Sicherungsmaßnahmen
durch, führt dies nicht zur Nichtigkeit der Pfändungsmaßnahme, sondern zu deren
Anfechtbarkeit. Es tritt daher eine Verstrickung ein, jedoch entsteht kein Pfändungspfandrecht.[24]

bb) Herausgabevollstreckung

Die Herausgabevollstreckung setzt einen persönlichen Kontakt mit dem Schuldner 25
voraus, da sich der Gerichtsvollzieher zu dem Schuldner begeben und diesem die herauszugebende Sache **wegnehmen** muss (§ 883 Abs. 1 ZPO). Eine Anwesenheit des
Gläubigers vor Ort ist nicht erforderlich, muss ihm aber ermöglicht werden (vgl.
§ 127 Abs. 2 S. 2 GVGA). Ist der Gläubiger nicht anwesend, sendet der Gerichtsvollzieher die Sache an ihn ab (§ 127 Abs. 2 S. 1 Alt. 2 GVGA) oder fordert ihn zur Abholung auf.[25]

Für die Durchführung der Herausgabevollstreckung besteht grundsätzlich eine **Eil-** 26
bedürftigkeit. Sie ergibt sich aus der Gefahr, dass sich die im Besitz des Schuldners
befindliche Sache verschlechtert, dort untergeht oder von dem Schuldner beiseitegeschafft wird. Während eines „Notbetriebs" (→ Rn. 6) darf aber im Hinblick auf die
mit der Durchführung der Vollstreckung einhergehende Infektionsgefahr verlangt
werden, dass der Gläubiger – ggf. auf einen entsprechenden Hinweis des Gerichtsvollziehers hin (→ Rn. 14) – konkret die Gefährdung des Herausgabeanspruchs darlegt.
Für die Herausgabevollstreckung durch einen **Insolvenzverwalter** gem. § 148 Abs. 2
S. 1 InsO, § 883 ZPO besteht im Hinblick auf § 148 Abs. 2 InsO („sofort") stets eine
besondere Eilbedürftigkeit. Entsprechendes gilt für die Herausgabevollstreckung aus
einem **Zuschlagsbeschluss** gem. § 93 Abs. 1 S. 1 ZVG (→ Rn. 32). Ist die Herausgabevollstreckung durchzuführen, hat der Gerichtsvollzieher dabei Sicherungsmaßnahmen zu ergreifen (→ Rn. 80). Nach der **Wiederaufnahme des Dienstbetriebs**
(→ Rn. 9) sind Anträge auf Herausgabevollstreckung wiederum grundsätzlich zu vollstrecken (→ Rn. 24). Zur **Kindesherausgabe** → Rn. 65.

Wird die herauszugebende Sache nicht vorgefunden, hat der Schuldner auf Antrag des 27
Gläubigers zu Protokoll an **Eides statt zu versichern,** dass er die Sache nicht hat und
auch nicht weiß, wo sich die Sache sich befindet (§ 883 Abs. 2 S. 2 ZPO). Der gem.
§ 802e ZPO zuständige Gerichtsvollzieher hat den Schuldner zur Abgabe der eidesstattlichen Versicherung zu laden (§ 883 Abs. 2 S. 3 ZPO). Zur Frage der Notwendigkeit einer **Unterschrift** unter die zu Protokoll erklärten eidesstattlichen Versicherung
→ Rn. 83.Die Durchführung dieses Verfahrens kann während eines „Notbetriebs"
(→ Rn. 6) grundsätzlich unterbleiben, sofern nicht der Gläubiger – ggf. auf einen entsprechenden Hinweis des Gerichtsvollziehers hin (→ Rn. 14) – konkret darlegt, dass
er auf die eidesstattliche Versicherung angewiesen ist, etwa weil er sich hieraus Angaben über den Aufenthaltsort der Sache verspricht. Dagegen genügt das Interesse an

---

[24] Vgl. hierzu Schuschke/Walker/Kessen/Thole/Walker/Loyal ZPO § 804 Rn. 6 mwN.
[25] Vgl. LG Saarbrücken DGVZ 2009, 205 = BeckRS 2009, 89378.

der Vorbereitung eines Schadensersatzprozesses zur Begründung einer „besonderen Eilbedürftigkeit" (→ Rn. 7) nicht. Nach der **Wiederaufnahme des Dienstbetriebs** (→ Rn. 9) ist das Verfahren zur Abgabe der eidesstattlichen Versicherung grundsätzlich zu betreiben (→ Rn. 24). Zur **Vollstreckung von Haftbefehlen** → Rn. 71.

cc) Räumungsvollstreckung

(1) Verfahren

28 Die **Herausgabevollstreckung** einer unbeweglichen Sache erfolgt dergestalt, dass der Gerichtsvollzieher den Schuldner aus dem Besitz und den Gläubiger in den Besitz zu setzen hat (§ 885 Abs. 1 S. 1 ZPO). Hinsichtlich der beweglichen Sachen, die nicht Gegenstand der Zwangsvollstreckung sind, ist nach § 885 Abs. 2 ZPO (Wegschaffen und Übergabe an den Schuldner) oder nach § 885 Abs. 3 ZPO (Verwahrung auf Kosten des Schuldners/Vernichtung) zu verfahren. Zur Veräußerung vom Schuldner nicht abgeforderter Sachen gem. § 885 Abs. 4 ZPO, §§ 806, 814, 817 ZPO → Rn. 59. Der Vollstreckungsauftrag kann gem. § 885a Abs. 1 ZPO auch auf die **Maßnahmen nach § 885 Abs. 1 ZPO beschränkt** werden; den Gerichtsvollzieher trifft dann die Dokumentationspflicht nach § 885a Abs. 2 ZPO.

29 Während der Gerichtsvollzieher die zuzustellende **Mitteilung des Räumungstermins** an den Schuldner (vgl. § 128 Abs. 2 S. 1 und 2 GVGA) durch die Post und einem damit einhergehenden geringen persönlichen Kontakt mit dem Schuldner (→ Rn. 55) bewirken kann, erfordert die Durchführung der Räumungsvollstreckung vor Ort regelmäßig einen persönlichen Kontakt zu verschiedenen Personen, so zu dem/den Schuldner/n, ggf. weiteren Mitbewohnern, erforderlichenfalls einem Schlosser sowie Mitarbeitern eines Speditionsunternehmens, der Polizei (§ 758 Abs. 3 ZPO) und Zeugen (§ 759 ZPO) oder – bei Vorhandensein von Tieren[26] – dem Veterinäramt oder dem Tierheim sowie – bei drohender Obdachlosigkeit – der Ordnungsbehörde. Die **Anwesenheit des Gläubigers** ist zwar nicht zwingend erforderlich (vgl. § 128 Abs. 2 S. 8 GVGA),[27] jedoch hat er ein Anwesenheitsrecht, das ihm auch während der „Corona-Krise" nicht verwehrt werden kann.

(2) Pflicht zur Durchführung

30 Auch wenn demnach die Durchführung von Räumungsvollstreckungen einen persönlichen Kontakt mit mehreren Personen erfordert und daher ein gesteigertes Infektionsrisiko gegeben ist, hat auch insoweit eine **einzelfallbezogene Abwägung** zwischen den beteiligten Interessen zu erfolgen (→ Rn. 7). Generalisierende Aussagen verbieten sich daher, insbesondere kann sich der Gerichtsvollzieher nicht auf die Durchführung von Räumungen nach § 885a ZPO beschränken, weil hierfür regelmäßig ein geringerer zeitlicher Umfang erforderlich ist und auf die Beauftragung eines Speditionsunternehmens verzichtet werden kann. Soweit in der Praxis teilweise durch die Justizverwaltung den Gerichtsvollziehern hiervon abweichende **bindende Weisungen** dahingehend erteilt worden sind, generell von der Vollstreckung von Räumungen abzusehen (→ Rn. 20), sind diese Weisungen rechtswidrig, da sie mit dem Justizgewährungsanspruch (→ Rn. 1) nicht zu vereinbaren sind. Bei der Räumungsvollstreckung streitet zugunsten des Gläubigers darüber hinaus die Eigentumsgarantie (Art. 14 Abs. 1 GG),

---

[26] Vgl. hierzu BGH NJW 2012, 2889 = BeckRS 2012, 16119.
[27] LG Berlin GE 2005, 803 = BeckRS 2011, 8782; LG Osnabrück DGVZ 1997, 13.

wohingegen der Schuldner sein Besitzrecht regelmäßig verloren hat. Zur **Wohnungszuweisung nach dem FamFG/GewSchG** → Rn. 69.

(a) „Notbetrieb"

Während eines „Notbetriebs" (→ Rn. 6) hat der Gläubiger darzulegen und glaubhaft zu machen, dass für ihn ein **besonderes Durchführungsinteresse** an der Räumungsvollstreckung besteht (→ Rn. 8). Dies ist etwa dann der Fall, wenn er selbst oder eine der in § 573 Abs. 2 Nr. 2 BGB genannten Personen zu Wohnzwecken dringend auf das Räumungsobjekt angewiesen ist **(Eigenbedarf).** Hiervon ist insbesondere dann auszugehen, wenn dem Räumungstitel selbst bereits ein Verfahren wegen einer Eigenbedarfskündigung zugrunde gelegen hat, der Eigenbedarf also durch das Gericht festgestellt worden ist. Entsprechendes gilt, wenn der Gläubiger auf die wirtschaftliche Nutzung des Objekts angewiesen ist, um seinen Lebensunterhalt hieraus zu bestreiten. Darüber hinaus überwiegt das Durchführungsinteresse des Gläubigers, wenn der Schuldner **die laufende Nutzungsentschädigung** nicht oder nicht vollständig an den Gläubiger zahlt (→ Rn. 109), da diesem nicht zugemutet werden kann, dass der Schuldner auf Kosten des Gläubigers das Objekt weiterhin bewohnt, ohne eine Gegenleistung zu erbringen. Auch während der „Corona-Krise" entfällt die Pflicht des Mieters zur Zahlung der Miete nicht (→ § 2 Rn. 11). 31

Ferner überwiegt des Durchführungsinteresse des Gläubigers bei **einstweiligen Räumungsverfügungen** nach § 940a ZPO aufgrund der dort genannten Verfügungsgründe. Auch für die Räumungsvollstreckung durch einen **Insolvenzverwalter** gem. § 148 Abs. 2 S. 1 InsO, § 885 ZPO besteht im Hinblick auf § 148 Abs. 2 InsO („sofort") eine besondere Eilbedürftigkeit. Schließlich ist die Räumung aufgrund eines **Zuschlagsbeschlusses** gem. § 93 Abs. 1 S. 1 ZVG zu betreiben, da der Vollstreckungstitel selbst im Rahmen eines Zwangsvollstreckungsverfahrens ergangen ist. 32

(b) Wiederaufnahme des Dienstbetriebs

Nach Wiederaufnahme des Dienstbetriebs (→ Rn. 9) sind grundsätzlich sämtliche Räumungsaufträge durchzuführen, wobei der Gerichtsvollzieher die besonderen Sicherungsmaßnahmen (→ Rn. 80) zu beachten hat. 33

(c) Grenzen der Räumungsvollstreckung

Befindet sich der Schuldner in einer behördlich angeordneten **Quarantäne,** kann der Gerichtsvollzieher diesem Umstand bereits bei der Bestimmung des Räumungstermins (vgl. § 128 Abs. 2 S. 5 GVGA) Rechnung tragen.[28] Gehört der Schuldner einer **Risikogruppe** an (→ Rn. 103), ist dieser Umstand nur erheblich, wenn die Vollstreckung für ihn eine unbillige Härte (→ Rn. 101) darstellen würde (vgl. § 765a Abs. 1 S. 1 ZPO). Die **drohende Obdachlosigkeit** des Schuldners allein hindert die Räumungsvollstreckung nicht, da es Aufgabe der Ordnungsbehörden ist, geeignete Maßnahmen hiergegen zu ergreifen (vgl. § 130 Abs. 3 S. 1 GVGA). Allerdings kann drohende Obdachlosigkeit in Verbindung mit einer konkreten Gesundheitsgefährdung zu einer **unbilligen Härte** iSd § 765a Abs. 1 S. 1 ZPO führen (→ Rn. 103). Im Übrigen ist es Sache des Schuldners, die für seinen Eigenschutz erforderlichen Sicherungs- 34

---

[28] Vgl. zur Dauer der Frist LG Baden-Baden DGVZ 2018, 210 = BeckRS 2018, 15021.

maßnahmen zu ergreifen, insbesondere eine Mund-Nase-Bedeckung zu tragen und einen Mindestabstandes von 1,5 Metern einzuhalten.[29]

35 Stellt der Gerichtsvollzieher erst bei der Durchführung einer Räumung vor Ort fest, dass die Räumung nicht ohne eine unzumutbare Gefährdung der Gesundheit des Schuldners durchgeführt werden kann, hat er die Möglichkeit, die Vollstreckung bis zu einer Entscheidung des Vollstreckungsgerichts, jedoch nicht länger als eine Woche, **aufzuschieben** (§ 765a Abs. 2 ZPO). Er hat den Schuldner entsprechend zu belehren (§ 65 Abs. 2 GVGA). Allerdings gilt dies nur, wenn dem Schuldner die rechtzeitige Anrufung des Vollstreckungsgerichts nicht möglich war, was in der Praxis häufig nicht der Fall sein wird. Unterlässt der Schuldner auf den Hinweis des Gerichts die Antragstellung bei dem Vollstreckungsgericht oder stellt dieses das Verfahren nicht (einstweilen) ein, ist die Räumungsvollstreckung nach Ablauf der Frist weiter durchzuführen.

36 Stellt der Gerichtsvollzieher vor Ort fest, dass sich der Schuldner in einer behördlich angeordneten **Quarantäne** befindet, hat er einen neuen Räumungstermin für die Zeit nach Beendigung der Maßnahme anzuberaumen, da die Durchführung der Räumung rechtlich vorübergehend nicht möglich ist.

dd) Zählersperre

37 Teilweise haben Versorgungsunternehmen während der „Corona-Krise" Versorgungssperren ausgesetzt oder gar bereits vollzogene Versorgungssperren wieder rückgängig gemacht. Verbreitet ist aber auch während der „Corona-Krise" von Versorgungsunternehmen auf die Vollstreckung bestanden worden. Vollstreckungstitel, mit denen Versorgungsunternehmen die Einstellung der Energieversorgung geltend gemacht haben, sind in der Regel auf **Duldung** der Versorgungsunterbrechung gerichtet und damit nach § 890 ZPO durch das Prozessgericht zu vollstrecken (→ Rn. 138). Soweit in dem Titel auch die Zutrittsgewährung genannt ist, kommt dieser keine eigenständige Bedeutung zu.[30] Darüber hinaus kann der Gläubiger gem. § 892 ZPO bei einem **Widerstand des Schuldners** einen Gerichtsvollzieher zuziehen.[31] Dieser hat sodann nach § 758 Abs. 3 ZPO, § 759 ZPO zu verfahren. Nach hM soll dabei ausreichend sein, dass eine zu erwartende Widerstandshandlung vom Gläubiger behauptet wird.[32]

38 Während eines **„Notbetriebs"** (→ Rn. 6) sind Anträge nach § 892 ZPO dann eilbedürftig und daher zu vollstrecken, wenn – was der Gläubiger in seinem Antrag darzulegen hat (→ Rn. 8) – der Schuldner die laufenden Abschlagszahlungen nicht oder

---

[29] Vgl. zur Durchführung eines Ortstermins im Rahmen eines selbstständigen Beweisverfahrens LG Saarbrücken Beschl. v. 12.5.2020 – 15 OH 61/19, BeckRS 2020, 8514.
[30] LG Paderborn Beschl. v. 24.2.2009 – 5 T 329/08, BeckRS 2009, 6318; AG Bühl DGVZ 2010, 61 = BeckRS 2010, 6556; aA (Vollstreckung nach § 887 ZPO) Brackhahn DGVZ 1992, 145; Kannowski/Keil DGVZ 2008, 109.
[31] LG Braunschweig DGVZ 1988, 140; LG Karlsruhe DGVZ 1984, 12; LG Paderborn Beschl. v. 24.2.2009 – 5 T 329/08, BeckRS 2009, 6318; Zöller/Seibel ZPO § 892 Rn. 1; Schuschke/Walker/Kessen/Thole/Sturhahn ZPO § 892 Rn. 1; aA AG Wedding DGVZ 1987, 63 (vorherige Vollstreckung nach § 890 ZPO).
[32] LG Paderborn Beschl. v. 24.2.2009 – 5 T 329/08, BeckRS 2009, 6318; LG Koblenz DGVZ 2008, 119 = BeckRS 2008, 16246; AG Bühl DGVZ 2010, 61 = BeckRS 2010, 6556; Brackhahn DGVZ 1992, 145 (146); BeckOK ZPO/Stürner, 36. Ed. 1.3.2020, ZPO § 892 Rn. 3; Schuschke/Walker/Kessen/Thole/Sturhahn ZPO § 892 Rn. 3; aA AG Lahnstein DGVZ 2007, 150 (vorangegangener Ausbauversuch).

nur teilweise erbringt. In diesem Fall würde ein Zuwarten dazu führen, dass der Schuldner weiterhin auf Kosten des Gläubigers eine Versorgungsleistung in Anspruch nimmt, für die er keine oder lediglich eine unzureichende Gegenleistung erbringt. Wenn und solange der Schuldner die laufenden Abschlagszahlungen erbringt, überwiegt das Durchführungsinteresse dagegen nicht, der Antrag kann dann zumindest während der Dauer eines „Notbetriebs" zurückgestellt werden.

Soweit durch die Justizverwaltung den Gerichtsvollziehern hiervon abweichende **bindende Weisungen** dahingehend erteilt worden sind, generell von der Vollstreckung von „Zählersperren" abzusehen (→ Rn. 20), sind diese Weisungen rechtswidrig, da sie mit dem Justizgewährungsanspruch (→ Rn. 1) nicht zu vereinbaren sind. 39

Nach der **Wiederaufnahme des Dienstbetriebs** sind auch Anträge nach § 892 ZPO wieder grundsätzlich auszuführen, wiederum unter Beachtung der gebotenen Sicherungsmaßnahmen (→ Rn. 80). 40

ee) Abnahme der Vermögensauskunft

(1) Vorprüfung durch den Gerichtsvollzieher

Bei Anträgen auf Abnahme der Vermögensauskunft (§ 802a Abs. 2 S. 1 Nr. 2 ZPO, §§ 802c ff. ZPO) hat der Gerichtsvollzieher zunächst zu prüfen, ob der Schuldner innerhalb der letzten zwei Jahre (**Sperrfrist**) die Vermögensauskunft bereits abgegeben hat (vgl. § 802d Abs. 1 S. 1 ZPO). Diese Prüfung hat der Gerichtsvollzieher in jedem Fall durchzuführen, da sie keinen persönlichen Kontakt zu den Verfahrensbeteiligten erfordert. Das Vermögensverzeichnis kann nach § 802k Abs. 2 S. 1 ZPO bei den zentralen Vollstreckungsgerichten abgerufen werden. Hat der Schuldner innerhalb der Sperrfrist eine Vermögensauskunft abgegeben, ist er zur **erneuten Abgabe einer Vermögensauskunft** nur verpflichtet, wenn der Gläubiger Tatsachen glaubhaft macht, die auf eine wesentliche Veränderung der Vermögensverhältnisse des Schuldners schließen lassen. Auch diese Prüfung hat der Gerichtsvollzieher durchzuführen, ebenso wie die Zuleitung bzw. Übermittlung des letzten abgegebenen Vermögensverzeichnisses gem. § 802d Abs. 1 S. 2, Abs. 2 ZPO, sofern die Voraussetzungen für die erneute Abgabe nicht vorliegen, da auch sie keinen persönlichen Kontakt mit den Verfahrensbeteiligten erfordern. Die Kommunikation mit dem Gläubiger bzw. dessen Vertreter kann schriftlich (auch auf elektronischem Wege) oder telefonisch erfolgen. 41

(2) Fristsetzung und Terminsladung

Hat der Schuldner innerhalb der Sperrfrist keine Vermögenauskunft abgegeben oder liegen die Voraussetzungen für eine erneute Abgabe nach § 802d Abs. 1 S. 1 ZPO vor, hat der Gerichtsvollzieher den Schuldner für die Begleichung der Forderung eine Frist von zwei Wochen zu setzen (§ 802f Abs. 1 S. 1 ZPO). Diese **Fristsetzung** erfolgt zwar schriftlich, ihre Zustellung nach § 802f Abs. 4 S. 1 Hs. 1 ZPO kann per Post erfolgen (→ Rn. 55). Jedoch ist zugleich für den Fall, dass die Forderung nach Fristablauf nicht vollständig beglichen ist, ein **Termin** „alsbald" nach Fristablauf zu bestimmen und der Schuldner zu diesem Termin in die Geschäftsräume des Gerichtsvollziehers zu laden oder die Abgabe in der Wohnung des Schuldners zu bestimmen (§ 802f Abs. 2 ZPO). Die Durchführung dieses Termins erfordert in jedem Fall einen persönlichen Kontakt 42 mit dem Schuldner. Zudem hat der Gläubiger ein Anwesenheitsrecht (§ 138 Abs. 1 S. 3 GVGA).

43 Während eines „**Notbetriebs**" (→ Rn. 6) kann der Gerichtsvollzieher trotz der bestehenden Infektionsgefahr die Durchführung isolierter Aufträge zur Abnahme der Vermögensauskunft nicht zurückstellen. Das Durchführungsinteresse des Gläubigers wird hier zwar regelmäßig nicht überwiegen. Die §§ 802c ff. ZPO tragen dem öffentlichen Interesse daran Rechnung, dem Vollstreckungsgläubiger, dem der Staat als Inhaber des Zwangsmonopols die Selbsthilfe verbietet, die Verwirklichung seines Anspruchs und als Voraussetzung dafür die mit der Offenlegung bezweckte Feststellung der pfändbaren Vermögensgegenstände zu ermöglichen.[33] Das Vermögensverzeichnis dient damit letztlich der Vorbereitung des eigentlichen Zugriffs auf das schuldnerische Vermögen. Zur **Wahrung des Justizgewährungsanspruchs** kann der Antrag des Gläubigers aber nicht mehrere Monate lang zurückgestellt werden. Bei Bestehen einer erhöhten Infektionsgefahr ist es insoweit lediglich zulässig, den anzuberaumenden Termin nicht „alsbald" nach Fristablauf zu bestimmen, sondern **innerhalb eines angemessenen Zeitraums,** der je nach den Umständen des Einzelfalls zwischen zwei und vier Wochen beträgt. Bei der Bemessung des Zeitraums kann etwa zu berücksichtigen sein, dass sich der Schuldner in einer hoheitlich angeordneten Quarantäne befindet. Bereits vor Beginn der „Corona-Krise" anberaumte Termine zur Abgabe der Vermögensauskunft können entsprechend verlegt werden. Nur dann, wenn ein Termin trotz Sicherungsmaßnahmen (→ Rn. 80) nicht durchgeführt werden kann, etwa weil der Schuldner einer **Risikogruppe** (→ Rn. 103) angehört, muss das Durchführungsinteresse des Gläubigers zurücktreten (→ Rn. 50). In diesem Fall hat der Gerichtsvollzieher dem Schuldner lediglich schriftlich eine Zahlungsfrist von zwei Wochen zu setzen (§ 802f Abs. 1 S. 1 ZPO), damit nach Wiederaufnahme des Dienstbetriebs unmittelbar Termin anberaumt werden kann (vgl. § 802f Abs. 1 S. 4 ZPO).

44 Nicht zulässig ist es, bereits anberaumte Termine bestehen zu lassen und **erst am Tag des Termins aufzuheben** sowie dem erschienenen und abgabebereiten Schuldner die Aufhebung sodann mündlich mitzuteilen, um bei einem unentschuldigten Nichterscheinen des Schuldners die Eintragung gem. § 882c Abs. 1 Nr. ZPO anordnen und ggf. die Verfahrensakten an das Amtsgericht zur Entscheidung über einen Haftbefehlsantrag nach § 802g weiterleiten zu können.[34] Denn der erschienene Schuldner hat sich bereits durch die Wahrnehmung des Termins einer erhöhten Infektionsgefahr ausgesetzt, was nur gerechtfertigt ist, wenn das Durchführungsinteresse des Gläubigers überwiegt. Dann aber hat der Gerichtsvollzieher die Vermögensauskunft auch abzunehmen.

45 Nach der **Wiederaufnahme des Dienstbetriebs** (→ Rn. 9) sind Anträge auf Abnahme der Vermögensauskunft grundsätzlich unter Beachtung der Sicherungsmaßnahmen (→ Rn. 80) durchzuführen. Nur wenn und soweit diese nicht ausreichend sind oder nicht eingehalten werden können, darf die Durchführung des Auftrags zurückgestellt werden.

---

[33] Vgl. BGH NJW 2004, 2452 (2453) = BeckRS 2004, 6255 (zu §§ 807, 899 ff. ZPO aF).
[34] So aber teilweise die Handlungsempfehlungen der Landesverbände des Deutschen Gerichtsvollzieherbundes.

In der Praxis werden Anträge auf Abnahme der Vermögensauskunft häufig nicht iso- 46
liert, sondern zusammen mit Pfändungsaufträgen gestellt (§ 807 ZPO). Für die
Durchführung solcher **„Kombiaufträge"** gilt das zur Durchführung von Pfändungs-
aufträgen Gesagte entsprechend (→ Rn. 22). Widerspricht der Schuldner der sofortigen Abnahme, hat der Gerichtsvollzieher nach § 802f ZPO zu verfahren, wobei es der
Setzung einer Zahlungsfrist nicht bedarf (§ 807 Abs. 2 ZPO).

(3) Pflicht des Schuldners zum Erscheinen

Der Schuldner ist auch während eines **„Notbetriebs"** (→ Rn. 6) zum Erscheinen ver- 47
pflichtet. Hält er die Anberaumung oder Aufrechterhaltung des Termins durch den
Gerichtsvollzieher für rechtswidrig, hat er Erinnerung (verbunden mit einem Antrag
auf Erlass einer einstweiligen Anordnung) einzulegen (→ Rn. 88).

Erscheint der Schuldner zu dem anberaumten Termin zur Abgabe der Vermögensaus- 48
kunft nicht oder verweigert der erschienene Schuldner die Abgabe unter Hinweis auf
die „Corona-Pandemie", stellt dies keine hinreichende Entschuldigung dar, weshalb
auf Antrag des Gläubigers durch das Vollstreckungsgericht ein **Erzwingungshaftbefehl** (§ 802g ZPO) zu erlassen ist. Der Gerichtsvollzieher sollte – auch zur Vermeidung von Rückfragen – in der Ladung, jedenfalls aber in einem gesonderten Schreiben
den Schuldner auf die Sicherungsmaßnahmen hinweisen, die er zur Vermeidung einer
Infektion ergriffen hat bzw. ergreifen wird (→ Rn. 80). Zur **Vollstreckung von Haftbefehlen** → Rn. 71.

Beruft sich der Schuldner darauf, er sei infiziert, kann von ihm zur **Glaubhaftmachung** 49
die Vorlage des Testergebnisses verlangt werden. Der Termin zur Abgabe der Vermögensauskunft ist dann entsprechend zu verlegen, wobei unter Berücksichtigung der
nach dem derzeitigen Stand der Wissenschaft noch unklaren Dauer der Infektiosität[35]
ein zeitlicher Abstand von mindestens drei Wochen geboten ist. Befindet sich der
Schuldner aufgrund der Infektion im Krankenhaus oder in einer behördlich angeordneten Quarantäne, gilt Entsprechendes. Nach einer „überstandenen" Infektion ist der
Schuldner nach derzeitigem Stand der Wissenschaft weder ansteckend für andere,
noch kann er sich – zumindest für einen nicht unerheblichen Zeitraum – aufgrund der
erlangten Immunität erneut mit dem sog. Coronavirus (SARS-CoV-2) infizieren.

Macht der Schuldner geltend, er gehöre einer **Risikogruppe** (→ Rn. 103) an, hat er 50
dies glaubhaft zu machen. Hat der Schuldner dies getan, darf der Gerichtsvollzieher
den Termin während eines „Notbetriebs" (→ Rn. 6) aufheben. Nach Wiederaufnahme des Dienstbetriebs kommt es darauf an, ob dem nach wie vor bestehenden,
wenn auch gesunkenen Infektionsrisiko durch entsprechende Sicherungsmaßnahmen
(→ Rn. 80) Rechnung getragen werden kann.

Macht der Schuldner lediglich geltend, er leide an grippeähnlichen Krankheitssymp- 51
tomen, hat er dies sowie die Unfähigkeit, zu dem Termin zu erscheinen, grundsätzlich
durch Vorlage eines aussagekräftigen **ärztlichen Attests** glaubhaft zu machen. Die
Vorlage einer **Arbeitsunfähigkeitsbescheinigung,** die während der „Corona-Krise"
bis zum 31.5.2020 nach einer telefonischen Anamnese für die Dauer von bis zu sieben

---

[35] Vgl. https://www.rki.de/DE/Content/InfAZ/N/Neuartiges_Coronavirus/Steckbrief.html#doc137767
92bodyText8.

Tagen ausgestellt wurden, genügt nicht.³⁶ Andererseits ist es nicht zu beanstanden, wenn Gerichtsvollzieher zumindest während eines **"Notbetriebs"** (→ Rn. 6) Termine zur Abgabe der Vermögensauskunft aufheben bzw. verlegen, wenn der Schuldner mitteilt, er leide unter grippeähnlichen Symptomen, da in diesem Fall eine erhöhte Ansteckungsgefahr naheliegt und Tests auf eine Infektion mit dem sog. Coronavirus (SARS-CoV-2) zumindest derzeit allein aufgrund einer entsprechenden Symptomatik nicht durchgeführt werden.

52 Macht der Schuldner die Gründe für sein Nichterscheinen erst **nach dem Termin** (bis zur Entscheidung über den Haftantrag) geltend, gilt das vorstehend Gesagte entsprechend, in diesem Fall ist analog § 337 S. 1 ZPO ein neuer Termin anzuberaumen.³⁷

ff) Zustellaufträge

53 Der Gerichtsvollzieher ist Organ für die Zustellungen auf Betreiben der Parteien (§ 192 ZPO, § 9 Abs. 1 S. 1 GVGA). Für Zustellungen von Amts wegen (§§ 166 ff. ZPO) ist er zuständig, soweit ihm solche durch Gesetz, Rechtsverordnung oder Verwaltungsanordnung übertragen sind oder ihn der Vorsitzende des Prozessgerichts oder ein von diesem bestimmtes Mitglied des Prozessgerichts mit der Ausführung der Zustellung beauftragt (§ 168 Abs. 2 ZPO, § 9 Abs. 2 S. 1 GVGA). Die **Durchführung der Zustellung** erfolgt entweder durch den Gerichtsvollzieher persönlich (vgl. § 3 GVO), durch die Post (§ 194 ZPO) oder durch Aufgabe zur Post. Letztere ist allerdings nur in den gesetzlich bestimmten Fällen zulässig (vgl. etwa §§ 184, 829 Abs. 2 ZPO, § 835 Abs. 3 ZPO, § 845 Abs. 1 S. 3 ZPO). Im Übrigen liegt die **Wahl der Zustellungsart** im pflichtgemäßen Ermessen des Gerichtsvollziehers (vgl. § 15 Abs. 2 S. 1 GVGA), seine örtliche Zuständigkeit jeweils vorausgesetzt (vgl. § 14 GVGA). Er ist zur persönlichen Zustellung verpflichtet, wenn die Sache eilbedürftig ist oder besondere Umstände es erfordern (§ 15 Abs. 2 S. 2 Nr. 1 GVGA), der Auftraggeber es beantragt hat oder bei der Zustellung durch die Post höhere Kosten entstehen würden (§ 15 Abs. 2 S. 2 Nr. 2 GVGA). Die Zustellung durch die Post ist ausgeschlossen bei gerichtlichen Pfändungsbeschlüssen im Fall des § 840 ZPO (§ 15 Abs. 4 Nr. 1 GVGA), bei Willenserklärungen, wenn eine Urkunde vorzulegen ist (§ 15 Abs. 4 Nr. 2 GVGA, § 29 Abs. 4 S. 2 GVGA) und wenn im Insolvenzverfahren eine Postsperre verhängt ist (§ 15 Abs. 5 GVGA).

54 Das Problem der **Ansteckungsgefahr** im Zusammenhang mit der Übergabe des zuzustellenden Schriftstücks lässt sich nicht dadurch lösen, dass der Gerichtsvollzieher mit Ausnahme eilbedürftiger Fälle die Zustellung durch die Post veranlasst, da auch in diesem Fall der Postbedienstete die Zustellung nach Maßgabe der §§ 191, 177 ZPO grundsätzlich durch persönliche Übergabe des zuzustellenden Schriftstücks an den Zustellungsadressaten durchzuführen hat,³⁸ die Ansteckungsgefahr also ebenso besteht wie bei einer Zustellung durch den Gerichtsvollzieher selbst. Dass bei einer Zustellung durch die Post die Ansteckungsgefahr für den Gerichtsvollzieher verringert wird, ist kein sachliches Argument bei der Ausübung des Ermessens (→ Rn. 93). Der Gerichtsvollzieher muss bei seiner Entscheidung, ob er den Zustellungsauftrag aus-

---

³⁶ Vgl. Zöller/Seibel ZPO § 802 g Rn. 4 mwN.
³⁷ Vgl. hierzu Zöller/Seibel ZPO § 802 g Rn. 4.
³⁸ Vgl. BGHZ 145, 358 = NJW 2001, 885 (887) = BeckRS 2000, 9886 (zu §§ 170, 180 ZPO aF).

führt, daher in jedem Fall das für den Zustellungsadressaten bestehende Infektionsrisiko berücksichtigen.

Auch während eines **„Notbetriebs"** (→ Rn. 6) darf der Gerichtsvollzieher sich nicht darauf beschränken, nur noch eilbedürftige Zustellungen durchzuführen, also dann, wenn durch die Zustellung eine **Notfrist** oder eine sonstige **gesetzliche Frist** gewahrt werden soll (vgl. § 5 Abs. 1 S. 4 Hs. 2 GVGA). Denn es ist zu berücksichtigen, dass im Rahmen der Zustellung von Schriftstücken in der Regel lediglich ein kurzer persönlicher Kontakt, nämlich bei der Übergabe des zuzustellenden Schriftstücks, erforderlich ist. Anders als etwa bei der Durchführung von Pfändungen in der Wohnung des Schuldners oder bei der Abnahme der Vermögensauskunft ist dabei insbesondere kein **„Hochrisikokontakt"** (direkter Kontakt im Abstand von weniger als 2 Metern über mehr als 15 Minuten/Aufenthalt in geschlossenen Räumen für 15 Minuten oder länger und in einer Entfernung von weniger als 2 Metern) erforderlich. Der bestehenden Infektionsgefahr kann im Rahmen einer persönlichen Übergabe vielmehr durch Einhalten eines ausreichenden Sicherheitsabstands von mindestens 1,5 bis 2 Metern oder durch Tragen etwa einer Mund-Nasen-Bedeckung effektiv begegnet werden und zwar auch dann, wenn der Zustellungsadressat einer Risikogruppe (→ Rn. 103) angehört. Eine persönliche Übergabe setzt keine Übergabe „von Hand zu Hand" voraus, sondern kann im Einverständnis mit dem Zustellungsadressaten unter Bezugnahme auf die Ansteckungsgefahr auch so bewirkt werden, dass das zuzustellende Schriftstück von dem Gerichtsvollzieher an einem Ort (zB Treppenabsatz, Türsockel, Briefkasten) abgelegt und dort unter Einhaltung eines ausreichenden Abstands von dem Zustellungsadressaten aufgenommen wird (**„kontaktlose Übergabe"**). Von dem zuzustellenden Schriftstück selbst geht nach derzeitigem Stand der Wissenschaft keine Infektionsgefahr aus.[39] Die vorstehenden Ausführungen gelten erst recht für die Durchführung von Zustellungsaufträgen nach **Wiederaufnahme des Dienstbetriebs** (→ Rn. 9). Verweigert der Zustellungsadressat oder ein tauglicher Ersatzzustellungsempfänger (§ 178 ZPO) die Mitwirkung an einer „kontaktlosen Übergabe", ist von einer Annahmeverweigerung mit der Folge der Anwendbarkeit des § 179 ZPO auszugehen (→ Rn. 57). 55

Befindet sich der Zustellungsadressat in einer behördlich angeordneten **Quarantäne**, ist ein persönlicher Kontakt und damit auch eine Zustellung durch persönliche Übergabe in der Regel aus Rechtsgründen ausgeschlossen. In diesem Fall kommt jedoch eine **Ersatzzustellung** nach § 178 Abs. 1 ZPO in Betracht. Die Bestimmung gilt auch dann, wenn das Zustellungsorgan aus Rechtsgründen daran gehindert ist, den Adressaten anzutreffen und ihm das zuzustellende Schriftstück persönlich zu übergeben.[40] Ist eine Ersatzzustellung nach § 178 Abs. 1 Nr. 1 oder 2 ZPO nicht ausführbar, kommt eine Ersatzzustellung durch Einlegen in den Briefkasten in Betracht (§ 180 ZPO). Bei **Geschäftsräumen** kann eine Ersatzzustellung nach § 180 ZPO auch dann erfolgen, wenn das Schriftstück außerhalb der Geschäftszeit in den Briefkasten gelegt wird.[41] Hieraus folgt allerdings nicht, dass der Gerichtsvollzieher Zustellungen zur Vermeidung eines persönlichen Kontakts bewusst außerhalb der gewöhn- 56

---

[39] auf der Heiden NJW 2020, 1023 (1025).
[40] OVG Lüneburg NJW 2019, 3171 (3172) Rn. 7 = BeckRS 2019, 14168; Zöller/Schultzky ZPO § 178 Rn. 2.
[41] BGH NJW 2007, 2186 (2187) = BeckRS 2007, 09496; BVerwG NJW 2007, 3222f. = BeckRS 2007, 25692; OVG Münster NJW 2014, 3117 = BeckRS 2014, 52196; Zöller/Schultzky ZPO § 180 Rn. 2.

lichen Öffnungszeiten des Zustellungsadressaten ausführen darf.[42] Denn dadurch würde die persönliche Übergabe als Leitbild der Zustellung[43] umgangen. Ziel des § 180 ZPO ist es nicht, Zustellungen durch persönliche Übergabe zu vermeiden, sondern den hohen Anteil an Niederlegungen spürbar zu reduzieren und zugleich den Zugang der Sendung an den Adressaten zu erleichtern und zu beschleunigen.[44]

57 Trifft der Gerichtsvollzieher den Zustellungsadressaten oder einen tauglichen Ersatzzustellungsempfänger (§ 178 ZPO) an und verweigert dieser die Entgegennahme des zuzustellenden Schriftstücks unter Hinweis auf die bestehende Infektionsgefahr, gilt § 179 ZPO. Die **Annahmeverweigerung** erfolgt unberechtigt, sofern der Gerichtsvollzieher die gebotenen Sicherungsmaßnahmen ergreift (→ Rn. 55). Das zuzustellende Schriftstück ist dann in der Wohnung oder dem Geschäftsraum zurückzulassen. Hat der Zustellungsadressat keine Wohnung oder ist kein Geschäftsraum vorhanden, ist das zuzustellende Schriftstück zurückzusenden. Mit der Annahmeverweigerung gilt das Schriftstück als zugestellt. Wird dem Gerichtsvollzieher der Zutritt zu einem Wohn- oder Geschäftsraum unter Hinweis auf das Infektionsrisiko verweigert, ohne dass der Zustellungsadressat oder ein tauglicher Ersatzzustellungsempfänger angetroffen werden, liegt kein Fall der Annahmeverweigerung nach § 179 ZPO vor, vielmehr hat die Ersatzzustellung nach §§ 180, 181 ZPO zu erfolgen. Da dem Gerichtsvollzieher bei der Durchführung von Zustellungsaufträgen die Zwangsbefugnisse nach §§ 758, 758a ZPO nicht zustehen, kann der Gerichtsvollzieher auch in diesen Fällen nicht zu dem Zustellungsadressaten gelangen (→ Rn. 56).

58 Bei einer **Betriebsschließung** aufgrund der „Corona-Krise" bleibt eine Ersatzzustellung nach §§ 180, 181 ZPO möglich, da die Nutzung der Geschäftsräume lediglich vorübergehend unterbleibt. Dagegen ist eine Ersatzzustellung nach §§ 178, 180 ZPO bei einer **Betriebsaufgabe** ausgeschlossen.[45] In jedem Fall zulässig bleibt die Zustellung durch persönliche Übergabe. Nach § 177 ZPO kann dem Zustellungsadressaten das Schriftstück an jedem Ort übergeben werden, an dem er angetroffen wird, also etwa auch dem Geschäftsführer einer Gesellschaft an dessen Privatanschrift.[46]

gg) Pfandverwertung
(1) Verwertung in der Zwangsvollstreckung

59 Die Verwertung gepfändeter Sachen in der Zwangsvollstreckung erfolgt ohne besonderen Antrag gem. §§ 814 ff. ZPO. Sie erfolgt durch **öffentliche Versteigerung** (§ 814 Abs. 1 ZPO). Gem. § 814 Abs. 2 ZPO kann sie nach Wahl des Gerichtsvollziehers als Versteigerung vor Ort (**Präsenzversteigerung**) oder als allgemein zugängliche Versteigerung im Internet über eine Versteigerungsplattform (www.justiz-auktion.de) erfolgen. Da mit der Durchführung einer **Internetversteigerung** keine Infektionsgefahr für die Verfahrensbeteiligten einhergeht, hat der Gerichtsvollzieher diese Art

---

[42] So aber teilweise die Handlungsempfehlungen der Landesverbände des Deutschen Gerichtsvollzieherbundes.
[43] Vgl. BGHZ 145, 358 = NJW 2001, 885 (887) = BeckRS 2000, 9886 (zu §§ 170, 180 ZPO aF); Zöller/Schultzky ZPO § 177 Rn. 1.
[44] Vgl. hierzu BT-Drs. 14/4554, 21; BGH NJW 2007, 2186 (2187) = BeckRS 2007, 09496; BVerwG NJW 2007, 3222 f. = BeckRS 2007, 25692.
[45] Vgl. BGHZ 190, 99 Rn. 17 = NJW 2011, 2440 (2441) = BeckRS 18958; Zöller/Schultzky ZPO § 178 Rn. 16a.
[46] OVG Münster NVwZ-RR 2009, 364 (365) = BeckRS 2009, 31030.

der Verwertung insbesondere während eines „Notbetriebs" (→ Rn. 6) zu nutzen. Auch nach Wiederaufnahme des Dienstbetriebs sollte der Gerichtsvollzieher diese Möglichkeit nutzen. Nur wenn eine Präsenzversteigerung einen (deutlich) höheren Ertrag verspricht, kann er gehalten sein, diese (unter Einhaltung von Sicherungsmaßnahmen) durchzuführen (→ Rn. 119).

Die **Ablieferung von gepfändetem Geld** gem. § 815 Abs. 1 ZPO stellt einen öffentlich-rechtlichen Übertragungsakt dar, kraft dessen der Gläubiger – unabhängig von den Regeln der §§ 929 ff. BGB – Eigentum erwirbt.[47] Soweit die Ablieferung des Geldes einen persönlichen Kontakt mit dem Gläubiger bzw. dessen Vertreter erfordert, kann dies auch während eines „Notbetriebs" (→ Rn. 6) unter weitgehender Verringerung des Infektionsrisiko erfolgen (→ Rn. 55). Die Ablieferung des Geldes sollte im Hinblick auf § 815 Abs. 3 ZPO und die damit einhergehende Gefahrtragung für den Gläubiger[48] nicht hinausgeschoben werden. Befindet sich der Gläubiger in einer behördlich angeordneten Quarantäne, kann er einem Dritten eine Geldempfangsvollmacht erteilen, andernfalls kann die Ablieferung des Geldes erst nach Beendigung der Maßnahme erfolgen. Die Einzahlung von gepfändetem Geld auf das **Geschäftskonto** des Gerichtsvollziehers sowie die anschließende Überweisung an den Gläubiger scheidet demgegenüber aus, da dadurch das an den Geldscheinen entstandene Pfändungspfandrecht (§ 804 ZPO) verloren ginge. 60

Soweit die Verwertung durch **freihändigen Verkauf** (§ 817 a Abs. 3 ZPO, §§ 821, 825 ZPO) einen persönlichen Kontakt mit den Verfahrensbeteiligten erfordert, kann dies in der Regel auch während eines „Notbetriebs" (→ Rn. 6) unter weitgehender Verringerung des Infektionsrisiko erfolgen (→ Rn. 55). Soweit hierbei Schriftstücke erstellt und ggf. unterzeichnet werden müssen, wie etwa eine Quittung, geht hiermit regelmäßig kein nennenswertes Infektionsrisiko einher (→ Rn. 55, → Rn. 83). 61

(2) Verwertung außerhalb der Zwangsvollstreckung

Die **Befriedigung eines Pfandgläubigers** aus dem Pfand erfolgt durch Verkauf, der durch öffentliche Versteigerung zu erfolgen hat (§ 1228 BGB, § 1235 Abs. 1 BGB; §§ 182 ff. GVGA). Hat das Pfand einen Börsen- oder Marktpreis, kommt ein freihändiger Verkauf in Betracht (§ 1235 Abs. 2 BGB, § 1221 BGB; § 185 GVGA). Praktische Relevanz erlangt die Pfandverwertung vor allem bei gesetzlichen Pfandrechten (§ 1257 BGB) wie etwa dem **Vermieterpfandrecht** (§§ 562 ff. BGB) oder dem **Unternehmerpfandrecht** (§ 647 BGB). Durchgeführt werden kann die Versteigerung durch Gerichtsvollzieher (vgl. § 383 Abs. 3 S. 1 BGB). Sie erfolgt außerhalb der Zwangsvollstreckung und setzt insbesondere keinen Vollstreckungstitel voraus (vgl. § 181 GVGA). Gegen Maßnahmen des Gerichtsvollziehers steht den dadurch Betroffenen der **Antrag auf gerichtliche Entscheidung** gem. § 23 Abs. 1 EGGVG zu.[49] 62

Eine Versteigerung im Internet über eine **Versteigerungsplattform** ist im Rahmen des § 383 Abs. 3 BGB nicht möglich. Die Bestimmung des § 814 Abs. 2 Nr. 1 ZPO findet hier keine Anwendung, sie ist auch nicht analogiefähig. Der Gerichtsvollzieher ist im Rahmen eines **„Notbetriebs"** (→ Rn. 6) zur Durchführung einer Präsenzversteigerung grundsätzlich nicht verpflichtet, es sei denn, es droht durch ein Zuwarten ein (er- 63

---

[47] BGHZ 179, 298 = NJW 2009, 1085 (1086) = BeckRS 2009, 6284.
[48] S. hierzu Zöller/Herget ZPO § 815 Rn. 2 mwN zum Streitstand.
[49] OLG Köln InVo 2000, 316 = BeckRS 2000, 5655.

heblicher) Wertverlust für den Gläubiger. Nach **Wiederaufnahme des Dienstbetriebs** (→ Rn. 9) sind demgegenüber Präsenzversteigerungen unter Einhaltung der Sicherungsmaßnahmen (→ Rn. 119) durchzuführen. Soweit insbesondere die Einhaltung eines Mindestabstands zu einer Verringerung der Teilnehmerzahl führt, stellt dies die Öffentlichkeit der Versteigerung nicht in Frage. Der Grundsatz der Öffentlichkeit ist nicht verletzt, wenn aus zwingenden Gründen – wie etwa der nach wie vor bestehenden Infektionsgefahr – Beschränkungen bestehen oder angeordnet werden müssen.[50] Es besteht kein Anspruch auf so viele Plätze, wie Interessenten kommen.[51] Allerdings genügt die Zurverfügungstellung lediglich weniger Sitzplätze nicht, da in diesem Fall der Erfolg der Versteigerung gefährdet ist (→ Rn. 119). Ggf. muss der Gerichtsvollzieher auf größere Räumlichkeiten ausweichen.

64 Die Durchführung von **freiwilligen Versteigerungen für Rechnung des Auftraggebers** darf der Gerichtsvollzieher ohne Angaben von Gründen ablehnen (§ 191 Abs. 1 GVGA), erst recht kann er die Durchführung unter Hinweis auf die bestehende Infektionsgefahr ablehnen. Für die Durchführung solcher Versteigerungen während der „Corona-Krise" gilt das eben Gesagte entsprechend (→ Rn. 63), ebenso wie für **sonstige Versteigerungen**, die kraft gesetzlicher Ermächtigung für einen anderen erfolgen (vgl. § 189 GVGA).

hh) Familiengerichtliche Verfahren

(1) Kindesherausgabe

65 Eine besondere Herausforderung in der „Corona-Krise" stellt die Vollstreckung von Titel über die Herausgabe von Kindern durch das Gericht dar (vgl. §§ 88 ff. FamFG). Zum einen handelt es sich regelmäßig um **besonders eilbedürftige Sachen** (vgl. § 88 Abs. 3 S. 1 FamFG), der Titel ergeht meist in Form einer einstweiligen Anordnung (§§ 49 ff. FamFG), wobei meist die Zulässigkeit der Vollstreckung vor der Zustellung angeordnet wird (§ 53 Abs. 2 S. 1 FamFG). Zum anderen sind im Rahmen der Vollstreckung neben dem Gerichtsvollzieher häufig noch mehrere andere Personen beteiligt, namentlich neben dem Herausgabeberechtigten (vgl. § 156 Abs. 4 GVGA), dem Herausgabeverpflichteten und dem herauszugebenden Kind auch Mitarbeiter des Jugendamtes (§ 88 Abs. 2 FamFG), Polizeibeamte zur Unterstützung des Gerichtsvollziehers bei der Anwendung unmittelbaren Zwangs (§ 87 Abs. 3 S. 1 FamFG, § 90 FamFG), Zeugen (§ 87 Abs. 3 S. 2 FamFG, § 759 ZPO, § 156 Abs. 3 GVGA) sowie ggf. ein Schlosser zur Öffnung der Wohnung des Verpflichteten (§ 91 FamFG).

66 Wegen der besonderen Eilbedürftigkeit sind Kindesherausgaben auch während eines „**Notbetriebs**" (→ Rn. 6) durchzuführen. Der Gerichtsvollzieher als zuständiges Vollstreckungsorgan hat dabei Sorge für die Einhaltung der Schutzmaßnahmen (→ Rn. 80) zu tragen. Soweit der gebotene Mindestabstand von 1,5 bis 2 Metern nicht eingehalten werden kann, ist eine Mund-Nase-Bedeckung durch die Beteiligten zu tragen. Weigern sich der Herausgabeverpflichtete oder das herauszugebende Kind, die gebotenen Schutzmaßnahmen einzuhalten, ist dies als Widerstand anzusehen, der die Anwendung unmittelbaren Zwangs rechtfertigt. Nach der **Wiederaufnahme des Dienstbetriebs** gilt das Vorstehende entsprechend.

---

[50] Zschieschack in Schmidt COVID-19 § 13 Rn. 35, 37.
[51] Vgl. Zöller/Lückemann GVG § 169 Rn. 6.

Bei der Vollstreckung von Kinderherausgaben nach dem FamFG existieren **besondere** 67
Rechtsbehelfe. Wird das Verfahren nicht vorrangig und beschleunigt durchgeführt, ist die Beschleunigungsrüge gem. § 155b FamFG sowie ggf. anschließend die Beschleunigungsbeschwerde gem. § 155c FamFG (vgl. § 88 Abs. 3 S. 2 FamFG) statthaft. Gegen Beschlüsse im Vollstreckungsverfahren findet gem. § 87 Abs. 4 FamFG die sofortige Beschwerde nach Maßgabe der §§ 567–572 ZPO statt. Gegen die Art und Weise der Vollstreckung durch den Gerichtsvollzieher ist die Erinnerung analog § 766 ZPO zulässig (→ Rn. 88), über die der Richter des nach § 88 Abs. 1 FamFG zuständigen Familiengerichts zu entscheiden hat. Dagegen ist die Beschwerde nach § 87 Abs. 4 FamFG eröffnet.[52]

(2) Sonstiges

Handelt der Verpflichtete einer **Unterlassungsanordnung nach § 1 GewSchG** zu- 68
wider, kann der Berechtigte zur Beseitigung einer jeden andauernden Zuwiderhandlung einen Gerichtsvollzieher zuziehen (§ 96 Abs. 1 S. 1 FamFG). Der Gerichtsvollzieher hat dann nach § 758 Abs. 3 ZPO, § 759 ZPO zu verfahren (§ 96 Abs. 1 S. 2 FamFG). Derartige Verfahren sind per se eilbedürftig und stets durchzuführen. Auch insoweit hat der Gerichtsvollzieher für die Einhaltung der Sicherungsmaßnahmen Sorge zu tragen (→ Rn. 80). Gegen dessen Vorgehen oder Unterlassen ist die **Erinnerung** nach § 95 Abs. 1 FamFG, § 766 ZPO eröffnet.

Für die **Herausgabevollstreckung** nach § 95 Abs. 1 Nr. 2 FamFG einschließlich der 69
Räumung einer Wohnung (vgl. etwa § 2 GewSchG) finden die §§ 883, 885 ZPO entsprechende Anwendung.[53] Insoweit kann auf die obigen Ausführungen zur Herausgabe- (→ Rn. 25) und Räumungsvollstreckung (→ Rn. 28) Bezug genommen werden. Im Anwendungsbereich des § 96 Abs. 2 FamFG kommt eine mehrfache Besitzeinweisung iSd § 885 Abs. 1 ZPO in Betracht. Gegen Beschlüsse ist wiederum die sofortige Beschwerde statthaft (→ Rn. 67). Hinsichtlich der Art und Weise findet die Erinnerung nach § 95 Abs. 1 FamFG, § 766 ZPO statt. Über einen Vollstreckungsschutzantrag gem. § 765a ZPO hat das Vollstreckungs- und nicht das Familiengericht zu entscheiden.[54]

Die Vollstreckung von Titeln in **Unterhaltssachen** erfolgt gem. § 120 Abs. 1 FamFG, 70
§ 112 Nr. 1 FamFG nach den Vorschriften der §§ 704 ff. ZPO. Insoweit kann auf die Ausführungen zu den jeweils in Betracht kommenden Vollstreckungshandlungen des Gerichtsvollziehers Bezug genommen werden. Zu beachten ist insoweit, dass der Vollstreckung dann eine **besondere Eilbedürftigkeit** (→ Rn. 7) zukommt, wenn es sich um eine einstweilige Anordnung (§§ 49 ff. FamFG) handelt.

ii) Vollstreckung von Haftbefehlen

Die Verhaftung des Schuldners aufgrund eines **Erzwingungshaftbefehls** erfolgt durch 71
den Gerichtsvollzieher (§ 802g Abs. 2 S. 1 ZPO; § 284 Abs. 8 S. 3 AO). Vor der Verhaftung hat der Gerichtsvollzieher § 802h ZPO zu beachten (vgl. § 144 Abs. 2 S. 1 GVGA). Bei dem von Amts wegen zu berücksichtigenden Vollstreckungsverbot des § 802h Abs. 2 ZPO ist ein strenger Maßstab zugrunde zu legen. Die Gesundheits-

---

[52] Zöller/Feskorn FamFG § 87 Rn. 9 mwN.
[53] Zöller/Feskorn FamFG § 95 Rn. 4.
[54] OLG Frankfurt a. M. NJW-RR 2013, 776 (777) = BeckRS 2013, 5021.

gefährdung muss offensichtlich oder nachgewiesen sein. Ein **ärztliches Attest** genügt nur, wenn die Haftunfähigkeit konkret und nachvollziehbar begründet ist.[55] Die Vorlage einer **Arbeitsunfähigkeitsbescheinigung** ist auch hier unzureichend (→ Rn. 51).

72 Hinsichtlich der Frage, welche Anforderungen während der „Corona-Krise" an die Vollstreckung von Haftbefehlen zu stellen sind, gelten die obigen Ausführungen zum (un)entschuldigten Fernbleiben zu dem Termin zur Abgabe der Vermögensauskunft entsprechend (→ Rn. 51). Insbesondere begegnet es auch im Rahmen der Vollstreckung von Haftbefehlen keinen Bedenken, wenn Gerichtsvollzieher deren Vollstreckung zurückstellen, sofern der Schuldner mitteilt, er leide unter grippeähnlichen Symptomen. Demgegenüber rechtfertigt allein ein **pauschaler Hinweis** auf die „Corona-Krise" das Absehen von einer Vollstreckung des Haftbefehls nicht. Die bestehende Infektionsgefahr lässt sich durch die von dem Gerichtsvollzieher zu ergreifenden Sicherungsmaßnahmen (→ Rn. 80) weitgehend reduzieren. In den Justizvollzugsanstalten sind bundesweit Maßnahmen zur Verringerung des Infektionsrisikos ergriffen worden; zur teilweisen Nichtaufnahme von Schuldnern durch Vollzugsanstalten bei der Vollstreckung von Zivilhaft → Rn. 74. Auch auf § 144 Abs. 2 S. 2 GVGA kann sich der Gerichtsvollzieher daher nicht berufen. Eine **Nachverhaftung** ist nach § 146 GVGA durchzuführen.

73 Für die Vollstreckung von **anderen Haftbefehlen** nach §§ 390 Abs. 2 S. 2, 836 Abs. 3 S. 4, 883 Abs. 2 S. 3, 933 S. 1, 802g ZPO, § 94 FamFG, § 883 Abs. 2 S. 3 ZPO, § 802g ZPO, § 153 Abs. 2 S. 2 InsO, § 98 Abs. 3 S. 1 InsO, § 20 Abs. 1 S. 2 InsO, § 802g Abs. 2 ZPO, § 889 Abs. 2 ZPO, § 888 Abs. 1 S. 3 ZPO, § 802g ZPO sowie die Vollstreckung von Ordnungshaft nach § 890 Abs. 1 ZPO, § 178 GVG durch den Rechtspfleger (§ 31 Abs. 3 RPflG, § 4 Abs. 2 Nr. 2 lit. a RPflG) gilt das zum Erzwingungshaftbefehl Gesagte entsprechend (→ Rn. 71).

74 Aufgrund entsprechender **Erlasse** soll die Vollstreckung von Erzwingungshaft nach §§ 96 f. OWiG bzw. von Ersatzfreiheitsstrafen gem. § 455a StPO aus Anlass der „Corona-Pandemie" bis auf Weiteres **aufgeschoben** werden. Soweit von den Justizvollzugsanstalten im Hinblick hierauf zur Verringerung der Ansteckungsgefahr auch keine Erzwingungshaft nach § 802g ZPO mehr vollstreckt wird, hat der Gerichtsvollzieher zunächst zu prüfen, ob die Erzwingungshaft an einem anderen Ort vollstreckt werden kann. In der Regel wird dies jedoch – insbesondere im Hinblick auf die mögliche Dauer der Erzwingungshaft (§ 802j ZPO) – nicht möglich sein. Die Vollstreckung des Haftbefehls ist dann zurückzustellen, bis die Justizvollzugsanstalten Zivilhäftlinge wieder aufnahmen. Gegen die **Weigerung der Justizvollzugsanstalt,** den Schuldner aufzunehmen, kann sich der Gläubiger nicht mit Erfolg im Wege der Vollstreckungserinnerung (→ Rn. 88) wenden, da kein Handeln des Gerichtsvollziehers zugrunde liegt. Gegen die Weigerung der Justizvollzugsanstalt steht dem Gläubiger aber der Antrag auf gerichtliche Entscheidung nach §§ 23 ff. EGGVG offen.

jj) Vorführungen

75 Bei der zwangsweisen Vorführung von **Zeugen, Parteien und Beteiligten** (§ 372a Abs. 2 S. 1 ZPO, § 380 Abs. 2 ZPO, § 33 Abs. 3 S. 3 FamFG, § 96a Abs. 2 FamFG, § 128 Abs. 4 FamFG, § 178 Abs. 2 S. 2 FamFG, § 98 Abs. 2 InsO, § 20 Abs. 1 S. 2

---

[55] LG Lübeck DGVZ 2008, 126 = BeckRS 2008, 16260; AG Oldenburg in Holstein Beschl. v. 8.7.2008 – 24 M 388/08, BeckRS 2008, 13494.

InsO) erfolgt die Beauftragung durch das Gericht (Vorführbefehl). Der Gerichtsvollzieher hat dann den Auftrag nach den **Anordnungen des Gerichts** auszuführen (§ 149 S. 2 GVGA). Dementsprechend ist die zwangsweise Vorführung auch während der „Corona-Krise" durchzuführen. Stellen sich insoweit jedoch Probleme, insbesondere wenn der Gerichtsvollzieher Bedenken gegen die Vorführung hat, weil der Schuldner Krankheitssymptome zeigt oder die vorzuführende Person sich in einer behördlich angeordneten Quarantäne befindet, hat der Gerichtsvollzieher dies unverzüglich (ggf. telefonisch) dem Gericht mitzuteilen (vgl. § 149 S. 5 GVGA) und dessen Anordnungen abzuwarten.

kk) Einholung von Drittauskünften

Die Einholung von Drittauskünften gem. § 802a Abs. 2 Nr. 3 ZPO, § 802l ZPO kann durch den Gerichtsvollzieher ohne persönlichen Kontakt zu den Verfahrensbeteiligten durchgeführt werden, weshalb dahingehende Anträge zu bearbeiten sind. Entsprechendes gilt für Anträge durch den Insolvenzverwalter bzw. das Insolvenzgericht.[56] 76

c) Kostenrechtliche Fragen

Sieht der Gerichtsvollzieher von der Durchführung eines Zwangsvollstreckungsauftrags im Hinblick auf die „Corona-Krise" ab, sendet er die Vollstreckungsunterlagen an den Gläubiger bzw. dessen Vertreter zurück und ist dann befugt, eine Gebühr für eine **nicht erledigte Amtshandlung** nach Maßgabe der KV 600–604 GvKostG zu berechnen. Denn nach § 3 Abs. 4 S. 1 Alt. 2 GvKostG gilt ein Auftrag auch dann als durchgeführt, wenn seiner (weiteren) Durchführung „Hintergrundgründe" entgegenstehen. Dies ist der Fall, wenn die beantragten Amtshandlungen aus rechtlichen oder tatsächlichen Gründen nicht erledigt werden können,[57] wie dies während der „Corona-Krise" in den oben genannten Konstellationen der Fall sein kann. Dass der Hinderungsgrund nicht „dauerhaft" ist, ist dabei unerheblich. Liegen die Voraussetzungen für eine Unterbrechung (→ Rn. 2) oder Aussetzung (→ Rn. 4) des Verfahrens nicht vor, ist der Gerichtsvollzieher zu einer **„Ruhendstellung"** des Zwangsvollstreckungsverfahrens nicht verpflichtet.[58] Die Bestimmung des § 27 GVO ist insoweit nicht einschlägig, insbesondere ist der Gerichtsvollzieher selbst zur Einstellung des Verfahrens nicht berechtigt (→ Rn. 88). Die Gebühren sind zudem nach § 14 S. 1 GvKostG fällig, wenn der Auftrag als durchgeführt „gilt" iSd § 3 Abs. 4 S. 1 GvKostG.[59] Es ist im Übrigen auch nicht unbillig, dass der Gläubiger für die Kosten aufkommen muss, da diese dem Gerichtsvollzieher durch sein bisheriges Tätigwerden angefallen sind.[60] Nur wenn der Durchführung des Auftrags ein **behebbarer Mangel** entgegensteht, soll der Gerichtsvollzieher nach Nr. 2 Abs. 1 DB-GvKostG dem Gläubiger eine Frist zur Behebung des Mangels gewähren, wobei kostenrechtlich kein neuer Auftrag vorliegt, wenn der Mangel bis zum Ablauf der Frist behoben wird. 77

Will sich der Gläubiger gegen den Kostenansatz wehren, kommen sowohl die **Vollstreckungserinnerung** nach § 766 ZPO (→ Rn. 88) als auch die **Erinnerung gegen** 78

---

[56] Vgl. hierzu Schuschke/Walker/Kessen/Thole/Walker/Vuia ZPO § 802l Rn. 13f mwN.
[57] BeckOK Kostenrecht/Herrfurth, 29. Ed. 2020, GvKostG § 3 Rn. 75.
[58] Vgl. AG Duisburg-Hamborn Beschl. v. 24.3.2011 – 20 M 1008/11, BeckRS 2011, 139562.
[59] BeckOK Kostenrecht/Herrfurth, 29. Ed. 2020, GvKostG § 14 Rn. 8.
[60] Vgl. AG Duisburg-Hamborn Beschl. v. 24.3.2011 – 20 M 1008/11, BeckRS 2011, 139562.

den **Kostenansatz** nach § 5 Abs. 2 GvKostG in Betracht. Die Rechtsbehelfe sind streng zu unterscheiden. Sie begründen unterschiedliche Rechtszüge.[61] Der Verweis in § 5 Abs. 2 S. 1 GvKostG auf § 766 ZPO regelt lediglich die sachliche Zuständigkeit. Will sich der Gläubiger dagegen wehren, dass der Gerichtsvollzieher die Durchführung des Auftrags im Hinblick auf die „Corona-Krise" als „Hinderungsgrund" nicht durchgeführt hat, wendet er sich damit gegen die Art und Weise der Zwangsvollstreckung (→ Rn. 95), weshalb die Vollstreckungserinnerung nach § 766 ZPO statthaft ist. Demgegenüber geht es weder um eine fehlerhafte Berechnung der Kosten noch um die Feststellung des Kostenschuldners. Über die Kostenerinnerung kann ein fehlerhaftes Verfahren nicht gerügt werden. Umgekehrt ist bei einer erfolgreichen Vollstreckungserinnerung gem. § 766 ZPO der Kostenansatz entsprechend zu korrigieren.[62]

79 Können **Auslagen nach KV 701–716 GvKostG** ohne Verschulden des Gerichtsvollziehers nicht eingezogen werden, weil den Kostenschuldnern die Kosten, die durch „coronabedingte" Amtshandlungen entstanden sind, erlassen wurden, sind sie dem Gerichtsvollzieher mit Ausnahme der Wegegelder (KV 711 GvKostG) und der Reisekosten (KV 712 GvKostG) aus der Landeskasse zu ersetzen (§ 7 Abs. 3 S. 1 GVO). Durch entsprechende Erlasse der Justizverwaltungen ist klargestellt worden, dass hinsichtlich etwaiger (Mehr-)Kosten für Umladungen (insbesondere Zustellauslagen) sowie etwaiger Ausfallkosten einer Spedition bei Absage eines Räumungstermins nach § 7 Abs. 3 GVO verfahren werden kann.

2. Die Pflicht zur Ergreifung von Schutzmaßnahmen

80 In allen Fällen, in denen der Gerichtsvollzieher Vollstreckungsmaßnahmen durchführt, sei es im Rahmen des „Notbetriebs" (→ Rn. 6), sei es nach Wiederaufnahme des Dienstbetriebs (→ Rn. 9), hat er Schutzmaßnahmen zu ergreifen, um eine Infektion der Verfahrensbeteiligten soweit wie möglich zu verringern. Da der Gerichtsvollzieher hoheitlich tätig wird, trifft ihn aus Art. 2 Abs. 2 S. 1 GG eine **Schutzpflicht** gegenüber den Verfahrensbeteiligten.[63]

a) Übertragungswege

81 Nach derzeitigem Stand der Wissenschaft[64] erfolgt die Übertragung des sog. Coronavirus (SARS-CoV-2) zunächst vor allem über **Tröpfchen,** die beim Sprechen, Husten und Niesen entstehen und beim Gegenüber über die Schleimhäute der Nase, des Mundes und ggf. des Auges aufgenommen werden. Ferner deutet derzeit Vieles darauf hin, dass eine Übertragung auch durch **Aerosole** (Tröpfchenkerne) insbesondere in geschlossenen Räumen stattfinden kann. Eine Übertragung durch **Kontakt** mit kontaminierten Oberflächen ist insbesondere in der unmittelbaren Umgebung des Infizierten nicht auszuschließen. Unter Berücksichtigung dessen ist im Folgenden zu erörtern, welche Sicherungsmaßnahmen konkret durch den Gerichtsvollzieher zum Schutz einer Infektion der Verfahrensbeteiligten (einschließlich seiner eigenen Person)

---

[61] Vgl. hierzu OLG Celle DGVZ 2016, 158 f. = BeckRS 2016, 10373.
[62] BeckOK Kostenrecht/Herrfurth, 29. Ed. 2020, GvKostG § 5 Rn. 15 f.
[63] Vgl. Schmitz/Neubert NVwZ 2020, 666 (667).
[64] Vgl. hierzu https://www.rki.de/DE/Content/InfAZ/N/Neuartiges_Coronavirus/Steckbrief.html#doc13776792bodyText1.

ergriffen werden müssen. Zur Verpflichtung des Dienstherrn, die damit einhergehenden Kosten zu übernehmen, → Rn. 12.

b) Innendienst

Im **Geschäftszimmer** des Gerichtsvollziehers (vgl. § 30 GVO) ist insbesondere auf die Einhaltung eines Abstands von mindestens 1,5 bis 2 Metern zu achten, ggf. ist Mobiliar so aufzustellen, dass dieser Abstand zwischen dem Gerichtsvollzieher und dem Publikum eingehalten wird. Der Mindestabstand ist auch zu etwaigen Büroangestellten des Gerichtsvollziehers (§ 33 GVO) oder den Hilfsbeamten (§ 81 GVO) einzuhalten, andernfalls ist das Tragen einer Mund-Nase-Bedeckung erforderlich. Zur Vermeidung einer Tröpfcheninfektion kann ferner ein „Spuckschutz" eingerichtet werden, wie es etwa in der Praxis verbreitet durch das Aufstellen einer Plexiglastrennscheibe erfolgt ist. Um die Gefahr einer Infektion durch Aerosole zu verringern, ist zudem auf eine regelmäßige, ggf. auch dauerhafte ausreichende Belüftung des Geschäftszimmers zu achten. Soweit möglich, insbesondere bei der Nutzung von Räumen des Amtsgerichts, sollte auf möglichst große Räume ausgewichen werden. Die regelmäßige Desinfektion von Mobiliar (Stühle, Tische etc.) ist nicht angezeigt, da die Gefahr einer Schmierinfektion nach dem derzeitigen Stand der Wissenschaft als gering einzustufen ist. Eine normale Reinigung der Flächen genügt. Allerdings kann das Aufstellen eines Spenders mit Desinfektionsmittel die Ansteckungsgefahr noch weiter reduzieren. 82

Soweit ein **Protokoll** erstellt wird, *muss* dieses gem. § 762 Abs. 2 Nr. 4 ZPO die **Unterschriften** der Personen enthalten, mit denen verhandelt ist. Auf die Unterschriftsleistung kann auch in der „Corona-Krise" nicht verzichtet werden.[65] Abgesehen davon, dass eine erhöhte Infektionsgefahr bei der Unterschriftsleistung nicht gegeben ist, kann die fehlende Unterschrift die Beweiskraft schmälern oder beseitigen.[66] Für die **Vermögensauskunft** sieht § 802f Abs. 5 S. 1 ZPO allerdings die Errichtung des Vermögensverzeichnisses durch den Gerichtsvollzieher in einem elektronischen Dokument vor. Einer Unterschrift durch den Schuldner bedarf es hierbei nicht.[67] 83

Während eines „Notbetriebs" (→ Rn. 6) ist es zulässig, die **Sprechstunden** des Gerichtsvollziehers (vgl. § 30 Abs. 7 S. 1 GVO) nur noch telefonisch durchzuführen, wobei hierauf sowohl am Dienstzimmer als auch durch Aushang an der Gerichtstafel (§ 30 Abs. 7 S. 2, 2 S. 4 GVO) hinzuweisen ist. Hierdurch können insbesondere Infektionsgefahren in Wartezimmern oder Wartebereichen reduziert werden. Vom Gerichtsvollzieher in seinem Dienstzimmer abzuhaltende Termine können so terminiert werden, dass eine Anwesenheit mehrerer Personen im Wartebereich vermieden wird. Sämtliche Zahlungen können unbar über das Konto des Gerichtsvollziehers abgewickelt werden (vgl. § 52 GVO). Nach **Wiederaufnahme des Dienstbetriebs** (→ Rn. 9) sollten die Sprechstunden wieder im Geschäftszimmer des Gerichtsvollziehers abgehalten werden, wobei das Publikum darauf verwiesen werden kann, dass eine vorherige telefonische Terminabsprache zu erfolgen hat, um Ansammlungen im Wartebereich zu vermeiden. Darüber hinaus ist auch hier Sorge dafür zu tragen, dass ein Mindestabstand von 1,5 bis 2 Metern eingehalten wird, etwa durch eine entsprechende Reduzierung bzw. Sperrung 84

---

[65] So aber teilweise die Handlungsempfehlungen der Landesverbände des Deutschen Gerichtsvollzieherbundes.
[66] Zöller/Seibel ZPO § 762 Rn. 9.
[67] Vgl. BT-Drs. 16/10069, 27; MüKoZPO/Wagner, ZPO § 802f Rn. 26; Schuschke/Walker/Kessen/Thole/Walker/Vuia ZPO § 802f Rn. 32; aA Zöller/Seibel ZPO § 802f Rn. 17, 18.

der Bestuhlung. Haben sich mehrere Gerichtsvollzieher zu einer Bürogemeinschaft zusammengeschlossen, sind die jeweiligen Termine und Sprechzeiten aufeinander abzustimmen.

c) Außendienst

85 Im Rahmen der Außendiensttätigkeit hat der Gerichtsvollzieher insbesondere auf die Einhaltung eines **Mindestabstands** von 1,5 bis 2 Metern zu achten. Soweit dies nicht möglich ist, insbesondere im Rahmen von Räumungsvollstreckungen (→ Rn. 29), ist zur Vermeidung einer Ansteckung eine geeignete **Mund-Nase-Bedeckung** zu tragen. Die anderen Verfahrensbeteiligten, insbesondere der Schuldner, können allerdings weder zum Tragen eines Mundschutzes noch zur Einhaltung eines Mindestabstands gezwungen werden (→ Rn. 34). Dass das Verhalten des Schuldners ggf. den Tatbestand einer Ordnungswidrigkeit nach den entsprechenden Landesverordnungen erfüllt, ändert hieran nichts. Allerdings stellt das Verhalten des Schuldners eine **Widerstandshandlung** mit der Folge dar, dass der Gerichtsvollzieher zur Anwendung von Gewalt befugt ist und zu diesem Zweck die Unterstützung der polizeilichen Vollzugsorgane nachsuchen kann (§ 753 Abs. 3 ZPO).

86 Die tägliche **Abholung der Eingänge** auf der Verteilungsstelle des Amtsgerichts (§§ 23, 25 GVO) kann – zumindest während eines „Notbetriebs" (→ Rn. 6) – so ausgestaltet werden, dass diese außerhalb der gewöhnlichen Geschäftszeiten des Amtsgerichts erfolgt, sofern ein Zugang gewährleistet ist. Darüber hinaus muss sichergestellt sein, dass eine Zuleitung von Eilaufträgen erfolgt (vgl. § 25 Abs. 4 GVO, § 26 GVO).

3. Rechtsbehelfe

87 Im Folgenden ist der Frage nachzugehen, welche Rechtsbehelfe den Verfahrensbeteiligten gegen Maßnahmen des Gerichtsvollziehers in der „Corona-Krise" (Untätigkeit oder Durchführung des Auftrags) zustehen. Zu den Rechtsbehelfen in **familiengerichtlichen Vollstreckungsverfahren** → Rn. 67. Zu den Rechtsbehelfen gegen die Weigerung einer Justizvollzugsanstalt, einen Schuldner zur **Vollstreckung einer Erzwingungshaft** nach § 802g ZPO aufzunehmen → Rn. 74. Zu den Rechtsbehelfen gegen den **Kostenansatz** → Rn. 78. Zu den Rechtsbehelfen bei der **Verwertung außerhalb der Zwangsvollstreckung** → Rn. 62.

a) Vollstreckungserinnerung (§ 766 ZPO)

88 Zentraler Rechtsbehelf gegen Vollstreckungsmaßnahmen des Gerichtsvollziehers ist die Erinnerung, über die das Vollstreckungsgericht zu entscheiden hat (§ 766 Abs. 1 S. 1 ZPO). Da die Erinnerung **keine aufschiebende Wirkung** hat, sollte stets daran gedacht werden, den Erlass einer einstweiligen Anordnung nach § 766 Abs. 1 S. 2 ZPO, § 732 Abs. 2 ZPO zu beantragen. Der Gerichtsvollzieher ist zu einer Einstellung außerhalb des § 765a Abs. 2 ZPO (→ Rn. 107) nicht befugt.[68] Vollstreckt der **Insolvenzverwalter** aus dem Eröffnungsbeschluss (→ Rn. 32), ist das Insolvenzgericht zur Entscheidung über die Erinnerung berufen (§ 148 Abs. 2 S. 2 InsO).

---

[68] Schuschke/Walker/Kessen/Thole/Walker/Thole ZPO § 766 Rn. 47.

aa) Erinnerungsbefugnis

Die für die Zulässigkeit der Erinnerung erforderliche Erinnerungsbefugnis steht dem **Gläubiger** zu,[69] wenn der Gerichtsvollzieher seinen Antrag unter Hinweis auf die „Corona-Krise" ganz oder teilweise ablehnt, einschließlich der Nichtbeachtung von entsprechenden Weisungen sowie den Kostenansatz. Zu den Rechtsbehelfen gegen den **Kostenansatz** → Rn. 78.

89

Der **Schuldner** ist durch jede gegen ihn gerichtete Vollstreckungsmaßnahme betroffen. Führt der Gerichtsvollzieher in der „Corona-Krise" entsprechende Anträge aus, kann der Schuldner dies rügen, wenn und soweit er durch die Maßnahme selbst in seiner **Gesundheit konkret gefährdet** ist. Für die Erinnerungsbefugnis genügt die bloße Möglichkeit einer solchen Gefährdung. Ob diese tatsächlich besteht und zu einer Einstellung der Zwangsvollstreckung zwingt, ist eine Frage der Begründetheit. Fehlt es an einer konkreten Gefährdung der Gesundheit des Schuldners, kann dieser nicht mit Erfolg geltend machen, die Vollstreckungsmaßnahme habe deshalb zu unterbleiben, weil das **allgemeine Risiko einer weiteren Verbreitung** des Coronavirus besteht (→ Rn. 7). Denn in diesem Fall macht der Schuldner nicht die Beeinträchtigung eines eigenen subjektiven Rechts geltend.

90

Macht der Schuldner geltend, die Durchführung der **Räumungsvollstreckung** sei deshalb unzulässig, weil ein in seinem Hausstand lebender Angehöriger zu einer Personengruppe gehöre, die nach bisherigen Erkenntnissen ein **höheres Risiko für einen schweren Covid-19-Krankheitsverlauf** hat (→ Rn. 103), steht die Erinnerungsbefugnis des Schuldners außer Frage, da die Durchführung der Räumung auch zu einer konkreten Gefährdung seiner eigenen Gesundheit führen kann (zur Begründetheit der Erinnerung in einem solchen Fall → Rn. 95). Dagegen kann der Schuldner sich nicht mit Erfolg auf die Gefährdung der Gesundheit einer dritten Person, etwa eines Mit- oder Untermieters, berufen. Dieser muss vielmehr selbst seine Rechte geltend machen (→ Rn. 92).

91

Ein **Dritter** selbst ist erinnerungsbefugt, wenn er geltend machen kann, durch eine Zwangsvollstreckungsmaßnahme in seinen Rechten verletzt zu sein.[70] Die Unzulässigkeit der Zwangsvollstreckung während der „Corona-Krise" können auch sie nur dann mit Erfolg geltend machen, wenn die Möglichkeit besteht, dass durch die vom Gerichtsvollzieher durchgeführte Maßnahme ihre eigene Gesundheit konkret gefährdet ist (→ Rn. 90).

92

Nicht erinnerungsbefugt ist der **Gerichtvollzieher** selbst, etwa wenn er Weisungen des Vollstreckungsgerichts zur Durchführung einer Zwangsvollstreckungsmaßnahme während der „Corona-Krise" aufgrund der Gefährdung seiner Gesundheit für unzutreffend oder unzumutbar hält.[71] Es ist Sache des Dienstherrn, im Rahmen seiner Fürsorgepflicht für ausreichenden Schutz der Gerichtsvollzieher vor einer Ansteckung zu sorgen (→ Rn. 11). Gehört der Gerichtsvollzieher selbst einer sog. Risikogruppe (→ Rn. 103) an, kann der Dienstherr gehalten sein, für sämtliche Tätigkeiten des Ge-

93

---

[69] Vgl. Schuschke/Walker/Kessen/Thole/Walker/Thole ZPO § 766 Rn. 21.
[70] Zu den Einzelheiten vgl. Schuschke/Walker/Kessen/Thole/Walker/Thole ZPO § 766 Rn. 20, 23 ff.
[71] Vgl. zur fehlenden Erinnerungsbefugnis des Gerichtsvollziehers Schuschke/Walker/Kessen/Thole/Walker/Thole ZPO § 766 Rn. 26 mwN zum Streitstand.

richtsvollziehers, die mit einem persönlichen Kontakt zu den Verfahrensbeteiligten verbunden ist, eine Vertretung einzurichten.

bb) Begründetheit der Erinnerung

94 Bei der Prüfung der Begründetheit kommt es auf den **Zeitpunkt der Entscheidung** an.[72] Unter Berücksichtigung dessen ist im Rahmen der „Corona-Krise" die Sach- und dabei insbesondere die Gefährdungslage im Zeitpunkt der Entscheidung über die Erinnerung zugrunde zu legen.

95 Zur Beurteilung der Rechtmäßigkeit des Verhaltens des Gerichtsvollziehers in der „Corona-Krise" kommt es zunächst darauf an, ob eine **konkrete Gefährdung der Gesundheit** der Verfahrensbeteiligten vorliegt. Ist dies nicht der Fall, weil es zu keinem persönlichen Kontakt kommen muss, hat der Gerichtsvollzieher den Auftrag auszuführen. Andernfalls ist stets einzelfallbezogen zu prüfen, ob das Interesse des Gläubigers an der Durchführung seines Auftrags dem Anspruch der anderen Verfahrensbeteiligten auf Schutz ihrer Gesundheit überwiegt (→ Rn. 8). Dabei kommt es zunächst auf die konkrete Gefahrenlage an. Während eines **„Notbetriebs"** (→ Rn. 6) sind grundsätzlich nur Maßnahmen durchzuführen, für die eine „besondere Eilbedürftigkeit" besteht (→ Rn. 7). Auch dann sind aber geeignete Maßnahmen zum Schutz der Gesundheit der betroffenen Verfahrensbeteiligten zu ergreifen (→ Rn. 80). Sind diese im Einzelfall ungeeignet oder nicht ausreichend, hat die Vollstreckungsmaßnahme zu unterbleiben, etwa wenn der Schuldner selbst oder eine in seinem Hausstand lebende Person zu einer sog. Risikogruppe gehört (→ Rn. 103). Demgegenüber sind Vollstreckungsmaßnahmen nach **Wiederaufnahme des Dienstbetriebs** der Justiz aufgrund inzwischen deutlich gesunkener Infektionszahlen (→ Rn. 9) grundsätzlich durchzuführen und zwar auch dann, wenn der Schuldner oder ein in seinem Hausstand lebender Angehöriger zu einer sog. Risikogruppe gehört, weil der bestehenden Infektionsgefahr nunmehr durch geeignete Schutzmaßnahmen (→ Rn. 80) begegnet werden kann. Vollstreckungen haben nur dann ausnahmsweise und ggf. vorläufig zu unterbleiben, wenn Sicherungsmaßnahmen nicht ausreichend oder ungeeignet sind, etwa weil sich der Schuldner oder eine in seinem Hausstand lebende Person mit dem sog. Coronavirus (SARS-CoV-2) infiziert haben. Bei Bestehen einer behördlich angeordneten **Quarantänemaßnahme** kommt allenfalls eine zeitliche Verschiebung der Vollstreckungsmaßnahme in Betracht (→ Rn. 49).

96 Auf die **Person des Gerichtsvollziehers** kann bei der Beurteilung der Gefahrenlage nicht abgestellt werden, da es Sache des Dienstherrn ist, im Rahmen der diesen treffenden **Fürsorgepflicht** geeignete Maßnahmen zur Verringerung des Infektionsrisikos zu treffen (→ Rn. 11), insbesondere geeignete Schutzmaterialien (Atemschutzmasken, Desinfektionsmittel, Spuckschutz etwa in Form von Plexiglastrennscheiben) zur Verfügung zu stellen oder bei Gerichtsvollziehern, die einer sog. Risikogruppe angehören, für eine Vertretung bezogen auf Tätigkeiten mit einer erhöhten Ansteckungsgefahr zu sorgen (→ Rn. 93).

97 Die **Beweislast** für die die Erinnerung begründenden Tatsachen liegt bei dem jeweiligen Erinnerungsführer, eine Glaubhaftmachung genügt nicht.[73] So hat der Schuld-

---

[72] Keller in Keller, Handbuch Zwangsvollstreckungsrecht, 1. Aufl. 2013, C. Rn. 584.
[73] Schuschke/Walker/Kessen/Thole/Walker/Thole ZPO § 766 Rn. 34.

ner ggf. die zur Begründung einer konkreten Gesundheitsgefahr begründenden Tatsachen (etwa die Zugehörigkeit zu einer sog. Risikogruppe) zu beweisen.

cc) Sofortige Beschwerde

Gegen die Entscheidung des Vollstreckungsgerichts über die Erinnerung ist die sofortige Beschwerde statthaft (§ 793 ZPO), über die das im Rechtszug übergeordnete Gericht (Landgericht) entscheidet. Gegen dessen Entscheidung ist die **Rechtsbeschwerde** nur unter den Voraussetzungen des § 574 ZPO statthaft.

b) Vollstreckungsabwehrklage (§ 767 ZPO)

Materiell-rechtliche Einwendungen oder Einreden gegen den titulierten Anspruch kann der Schuldner nicht im Wege der Vollstreckungserinnerung, sondern nur durch eine Vollstreckungsabwehrklage geltend machen. Die den Schuldnern aufgrund der „Corona-Krise" ggf. zustehenden materiellrechtlichen Einwendungen gem. Art. 240 §§ 1, 3 EGBGB können bei der **Vollstreckung aus Urteilen** nur unter den Voraussetzungen des § 767 Abs. 2 ZPO geltend gemacht werden. Für Vollstreckungsbescheide gilt § 796 Abs. 2 ZPO. Bei der Vollstreckung von **Räumungsurteilen** wird das Mietverhältnis entweder bereits vor dem Inkrafttreten der Neuregelungen wirksam beendet worden sein oder der Mieter ist mit seinen Einwendungen präkludiert, weil er diese nicht bis zum Schluss der mündlichen Verhandlung geltend gemacht hat.[74] Ob eine Vollstreckungsabwehrklage gegen **einstweilige Verfügungen** zulässig ist, ist umstritten, jedenfalls wäre auch insoweit § 767 Abs. 2 ZPO analog anzuwenden.[75]

Praktische Relevanz kann die Geltendmachung materiell-rechtlicher Einwendungen aufgrund der „Corona-Krise" dagegen im Rahmen der Zwangsvollstreckung aus **vollstreckbaren Urkunden** haben,[76] da § 767 Abs. 2 ZPO hier nicht zur Anwendung kommt (§ 794 Abs. 4 ZPO). Auch bei der Vollstreckung aus **Prozessvergleichen** ist § 767 Abs. 2 ZPO unanwendbar.[77] Insoweit kann sich der Schuldner ggf. im Rahmen der Vollstreckungsabwehrklage darauf berufen, dass die Voraussetzungen der Art. 240 §§ 1, 3 EGBGB vorliegen.

c) Vollstreckungsschutz (§ 765a ZPO)

Zur Vermeidung untragbarer, dem allgemeinen Rechtsgefühl widersprechender Härten eröffnet § 765a Abs. 1 ZPO dem **Vollstreckungsgericht** (Rechtspfleger) die Möglichkeit, auf Antrag des Schuldners eine Maßnahme der Zwangsvollstreckung ganz oder teilweise aufzuheben, zu untersagen oder einstweilen einzustellen.[78] Es ist befugt, vor seiner Entscheidung eine **einstweilige Anordnung** zu erlassen (§ 765a Abs. 1 S. 2 ZPO, § 732 Abs. 2 ZPO). Die Bestimmung des § 765a ZPO gilt für die Zwangsvollstreckung aus Titeln der ZPO und auch des ZVG.[79] Entsprechend anwendbar ist sie bei der Vollstreckung des Insolvenzverwalters aus dem Eröffnungsbeschluss nach

---

[74] Zum Präklusionszeitpunkt bei Versäumnisurteilen vgl. Schuschke/Walker/Kessen/Thole/Raebel ZPO § 767 Rn. 34 mwN zum Streitstand.
[75] Vgl. zum Ganzen LG Saarbrücken Urt. v. 27.10.2017 – 1 O 60/17, BeckRS 2017, 134933.
[76] Rauscher COVuR 2020, 2 (13).
[77] Vgl. Schuschke/Walker/Kessen/Thole/Raebel ZPO § 767 Rn. 37.
[78] Zum Vollstreckungsaufschub nach § 258 AO vgl. Rothbächer DStR 2020, 1014 ff.
[79] Zöller/Seibel ZPO § 765a Rn. 2.

§ 148 Abs. 2 InsO (→ Rn. 32).⁸⁰ Ausschließlich der Schuldner (natürliche Personen, juristische Personen und Personengesellschaften) kann einen Vollstreckungsschutz beantragen, nicht dagegen Dritte.⁸¹ In **Räumungssachen** ist der Antrag nach spätestens zwei Wochen vor dem festgesetzten Räumungstermin zu stellen, es sei denn, dass die Gründe, auf denen der Antrag beruht, erst nach diesem Zeitpunkt entstanden sind oder der Schuldner ohne sein Verschulden an einer rechtzeitigen Antragstellung gehindert war (§ 765a Abs. 3 ZPO).

102 Als **Ausnahmevorschrift** ist § 765a Abs. 1 ZPO eng auszulegen. Anzuwenden ist sie nur dann, wenn im Einzelfall das Vorgehen des Gläubigers nach Abwägung der beiderseitigen Belange zu einem untragbaren Ergebnis führen würde. Der Gesetzgeber hat mit der restriktiven Fassung der Vorschrift klarstellen wollen, dass nicht jede Vollstreckungsmaßnahme, die für den Schuldner eine unbillige Härte bedeutet, die Anwendung der Härteklausel rechtfertigt. Die Vollstreckung soll erst an der Grenze der Sittenwidrigkeit haltmachen.⁸² Mit Härten, die jede Zwangsvollstreckung mit sich bringt, muss sich der Schuldner abfinden.⁸³ Es genügt daher auch während der „**Corona-Krise**" nicht, dass der Schuldner zur Begleichung der Forderung(en) auf seine Ersparnisse zurückgreifen muss⁸⁴ und zwar selbst dann, wenn der Vermieter rückständige Mietzahlungen den Zeitraum 1.4. bis 30.6.2020 betreffend eingeklagt hat. Der Gesetzgeber hat bewusst in Art. 240 § 2 EGBGB lediglich die Kündigungsmöglichkeiten beschränkt, ein Leistungsverweigerungsrecht bezogen auf die Mieten steht dem Mieter nicht zu (vgl. Art. 240 § 1 Abs. 4 Nr. 1 EGBGB). Nach der Begründung des Gesetzes sollen die Mieter nach allgemeinen Grundsätzen zur Leistung verpflichtet bleiben und ggf. auch in Verzug geraten (→ § 2 Rn. 11).⁸⁵ Dem Ausnahmecharakter des § 765a ZPO entsprechend liegt eine unbillige Härte nur dann vor, wenn der Schuldner auf den gepfändeten Gegenstand existenziell angewiesen ist.⁸⁶ Zur Pfändbarkeit sog. Corona-Hilfen → Rn. 123.

103 Während eines „**Notbetriebs**" (→ Rn. 6) kann sich die Zwangsvollstreckung, insbesondere die Räumungsvollstreckung (→ Rn. 28), als unbillige Härte darstellen, wenn aufgrund des hohen Ansteckungsrisikos für den Schuldner oder einen Angehörigen⁸⁷ eine **konkrete schwerwiegende Gefahr** für Leben und Gesundheit besteht (Art. 2 Abs. 2 S. 1 GG).⁸⁸ Allerdings genügt die bloße Ansteckungsgefahr und die damit einhergehende Gefahr der Erkrankung an der durch den sog. Coronavirus (SARS-CoV-2) ausgelösten Lungenkrankheit (Covid-19) nicht. Vielmehr muss konkret mit einem schweren Verlauf für den Fall einer Erkrankung zu rechnen sein, was insbesondere dann der Fall ist, wenn der Schuldner oder ein Angehöriger einer Personengruppe angehört, die ein **erhöhtes Risiko** für einen schweren Krankheitsverlauf zeigen (ältere

---

⁸⁰ BGH NJW 2009, 78 Rn. 17 f. = BeckRS 2008, 24123 (jedenfalls wenn der Schuldner eine natürliche Person ist).
⁸¹ Zöller/Seibel ZPO § 765a Rn. 3.
⁸² BGH NJW 2018, 954 Rn. 11 = BeckRS 2017, 129850.
⁸³ Zöller/Seibel ZPO § 765a Rn. 5.
⁸⁴ Vgl. Rauscher COVuR 2020, 2 (14).
⁸⁵ BT-Drs. 19/18110, 36.
⁸⁶ Vgl. BGH NJW 2007, 2703 Rn. 16 = BeckRS 2007, 12300; weitergehend Herlitz jurisPR-MietR 8/2020 Anm. 1.
⁸⁷ Zöller/Seibel ZPO § 765a Rn. 6.
⁸⁸ Vgl. BVerfG NJW 2004, 49 = BeckRS 2003, 24348; BVerfG NJW 2019, 2012 Rn. 19 = BeckRS 2019, 9334; Zöller/Seibel ZPO § 765a Rn. 11.

Personen [mit stetig steigendem Risiko für schweren Verlauf ab etwa 50–60 Jahren]; stark adipöse Menschen; Personen mit bestimmten Vorerkrankungen [des Herz-Kreislauf-Systems, zB koronare Herzerkrankung und Bluthochdruck]; chronische Lungenerkrankungen [zB COPD]; chronische Lebererkrankungen; Patienten mit Diabetes mellitus [Zuckerkrankheit]; Patienten mit einer Krebserkrankung; Patienten mit geschwächtem Immunsystem [zB aufgrund einer Erkrankung, die mit einer Immunschwäche einhergeht oder durch die regelmäßige Einnahme von Medikamenten, die die Immunabwehr beeinflussen und herabsetzen können, wie zB Cortison]).[89] Ob aufgrund von „Vorerkrankungen" eine *konkrete* schwerwiegende Gesundheitsgefahr besteht, wird sich in der Regel nur durch ein **fachärztliches Gutachten** klären lassen. Entsprechenden Beweisangeboten des Schuldners ist sorgfältig nachzugehen.[90] Insoweit kann auch zu berücksichtigen sein, dass dem Schuldner Obdachlosigkeit bzw. die Unterbringung in einer städtischen Notunterkunft droht. Befindet sich der Schuldner in einer behördlich angeordneten **Quarantäne,** begründet dies allein keine besondere Härte (→ Rn. 34).

Nach der **Wiederaufnahme des Dienstbetriebs** (→ Rn. 9) infolge gesunkener Infektionszahlen und der damit einhergehenden Absenkung des Ansteckungsrisikos wird auch bei Personen, die einer sog. Risikogruppe angehören, regelmäßig keine *konkrete* schwerwiegende Gefahr für Leben und Gesundheit vorliegen. Der nach wie vor bestehenden Infektionsgefahr wird regelmäßig durch das Ergreifen geeigneter Schutzmaßnahmen (→ Rn. 80) begegnet werden können und zwar auch für den Fall, dass die Unterbringung in einer städtischen Notunterkunft droht. Denn auch hier obliegt es den staatlichen Behörden aufgrund ihrer Schutzpflicht, im Rahmen der Unterbringung entsprechende Schutzmaßnahmen zu ergreifen. 104

Liegen die Voraussetzungen des § 765a ZPO vor, erfolgt eine **befristete Einstellung** insbesondere während des Bestehens einer hohen Ansteckungsgefahr. Auch kann dem Schuldner aufgegeben werden ihm zumutbare (dem Vollstreckungsgericht nachzuweisende) Maßnahmen zu ergreifen, um eine Verbesserung seines Gesundheitszustandes herbeizuführen.[91] 105

Gegen die Entscheidung des Vollstreckungsgerichts ist der **Rechtsbehelf** der sofortigen Beschwerde (§ 793 ZPO) und gegen die Entscheidung des Beschwerdegerichts die Rechtsbeschwerde unter den Voraussetzungen des § 574 Abs. 1 S. 1 Nr. 2 ZPO statthaft. Gegen den Erlass einer **einstweiligen Anordnung** nach § 765a Abs. 1 S. 2 ZPO, § 732 Abs. 2 ZPO durch den Rechtspfleger ist die befristete Erinnerung nach § 11 Abs. 2 RPflG eröffnet. Erlässt der Richter im Erinnerungsverfahren die einstweilige Anordnung, ist ein Rechtsmittel hiergegen nicht eröffnet.[92] 106

Der **Gerichtsvollzieher** ist zu einer Maßnahme nach § 765a Abs. 1 ZPO nicht befugt, er kann eine Zwangsvollstreckungsmaßnahme zur Erwirkung der Herausgabe von Sachen (§§ 883–886 ZPO) lediglich bis zur Entscheidung des Vollstreckungsgerichts, jedoch nicht länger als eine Woche **aufschieben** (§ 765a Abs. 2 ZPO). Voraussetzung ist, dass ihm die tatsächlichen Verhältnisse, die einen Schutz nach § 765a Abs. 1 S. 1 107

---

[89] Vgl. hierzu https://www.rki.de/DE/Content/InfAZ/N/Neuartiges_Coronavirus/Steckbrief.html#doc13776792bodyText2.
[90] Vgl. BVerfG NJW 2019, 2012 Rn. 20 = BeckRS 2019, 9334.
[91] Zöller/Seibel ZPO § 765a Rn. 11.
[92] Vgl. Zöller/Seibel ZPO § 765a Rn. 28.

ZPO rechtfertigen können, glaubhaft gemacht werden und dem Schuldner die rechtzeitige Anrufung des Vollstreckungsgerichts nicht möglich war (→ Rn. 35).[93]

108 Der Schuldner kann nicht mit Erfolg im Rahmen des § 765a ZPO geltend machen, dass hinsichtlich der zugrunde liegenden Forderung(en) die Voraussetzungen eines Moratoriums nach Art. 240 §§ 1, 3 EGBGB vorliegen, insoweit hat er **Vollstreckungsabwehrklage** zu erheben (→ Rn. 99).[94]

d) Räumungsfrist (§ 721 ZPO)

109 Im Rahmen der Vollstreckung von Urteilen, die auf Räumung von Wohnraum gerichtet sind, hat der Schuldner die Möglichkeit, bei dem Gericht erster Instanz (Prozessgericht) bzw. dem Berufungsgericht (§ 721 Abs. 4 S. 1 ZPO) die **Verlängerung einer gewährten Räumungsfrist** zu beantragen (§ 721 Abs. 3 ZPO). Die Bewilligung einer Verlängerung der Räumungsfrist und die Bestimmung ihrer Dauer stehen im Ermessen des Gerichts, das die Interessen beider Parteien (Mieter und Vermieter) gegeneinander abzuwägen hat. Ist die Zahlung der laufenden Nutzungsentschädigung nicht gewährleistet oder hat der Mieter sich nicht ernsthaft um Ersatzwohnraum gekümmert, ist für eine Verlängerung der Räumungsfrist trotz der Gefahrenlage während der „Corona-Krise" kein Raum. Sollte die Vollstreckung des Urteils für den Mieter aufgrund der konkreten Gefährdung seiner Gesundheit trotz der in Betracht kommenden Sicherungsmaßnahmen eine **unverhältnismäßige Härte** darstellen, ist allenfalls Raum für einen Räumungsschutz nach § 765a ZPO (→ Rn. 101). Für eine undifferenzierte bzw. pauschale Verlängerung der Räumungsfrist ist auch während der „Corona-Krise" kein Raum.[95]

110 Gegen die Entscheidung nach § 721 Abs. 3 ZPO steht dem Mieter bei einer Ablehnung seines Antrags bzw. dem Vermieter bei einer Verlängerung der Räumungsfrist die Möglichkeit der **sofortigen Beschwerde** offen (§ 721 Abs. 6 Nr. 2 ZPO). Gegen die Entscheidung des Beschwerdegerichts ist die Rechtsbeschwerde nur unter den Voraussetzungen des § 574 ZPO statthaft.

e) Zwangsvollstreckung aus Räumungsvergleich (§ 794a ZPO)

111 Für die Vollstreckung von Vergleichen über die Räumung von Wohnraum sieht § 794a ZPO eine dem § 721 ZPO entsprechende Regelung vor. Insoweit kann auf die dortigen Ausführungen Bezug genommen werden (→ Rn. 109); zur Berücksichtigung materiellrechtlicher Einwendungen bei der Vollstreckung aus Räumungsvergleichen → Rn. 100.

f) Dienstaufsichtsbeschwerde

112 Die Dienstaufsichtsbeschwerde unterliegt keiner Frist und keiner Form. Einen bestimmten Antrag an den Dienstvorgesetzten, in einer bestimmten Form gegen den Gerichtsvollzieher vorzugehen, muss und sollte die Beschwerde regelmäßig nicht enthalten.[96] Verweigert der Gerichtsvollzieher die Durchführung des Vollstreckungs-

---

[93] Zöller/Seibel ZPO § 765a Rn. 29.
[94] Zöller/Seibel ZPO § 765a Rn. 14.
[95] So aber LG Berlin NZM 2020, 428 = BeckRS 2020, 4426; Rauscher COVuR 2020, 2 (13); dagegen zutreffend eine umfassende Interessenabwägung vornehmend LG Berlin WuM 2020, 301 = BeckRS 2020, 5730.
[96] Keller in Keller, Handbuch Zwangsvollstreckungsrecht, 1. Aufl. 2013, C. Rn. 592.

auftrags unter Hinweis auf die „Corona-Pandemie" oder führt er den Auftrag gleichwohl aus, ist die Rechtmäßigkeit dieses Verhaltens im Rahmen der **Vollstreckungserinnerung** gem. § 766 Abs. 2 ZPO zu überprüfen (→ Rn. 88), die der Dienstaufsichtsbeschwerde vorgeht. Da die Dienstaufsicht keine Fachaufsicht ist, der Dienstvorgesetzte also den Gerichtsvollzieher nicht anweisen darf, einen bestimmten Vollstreckungsauftrag (nicht) durchzuführen,[97] kann mit der Beschwerde das erstrebte Ziel auch nicht erreicht werden. In der Praxis werden gleichwohl Dienstaufsichtsbeschwerden zu dem verfahrensfremden Zweck erhoben, Druck auf den Gerichtsvollzieher auszuüben.[98]

g) Befangenheitsablehnung

Das Gesetz sieht die Ablehnung eines Gerichtsvollziehers wegen Besorgnis der Befangenheit nicht vor. Die **Neutralität des Gerichtsvollziehers** wird durch § 155 GVG iVm § 19 GVO gewährleistet.[99]   113

III. Die Zwangsvollstreckung durch das Vollstreckungsgericht/ Grundbuchamt

Das Vollstreckungsgericht ist gem. §§ 764, 828 ZPO zuständig für die Zwangsvollstreckung wegen Geldforderungen in Forderungen und andere Vermögensrechte (§§ 829 ff. ZPO) sowie in das unbewegliche Vermögen (§ 869 ZPO iVm dem ZVG). Für die Eintragung einer Sicherungshypothek ist das Grundbuchamt zuständig (§§ 866, 867 ZPO).   114

1. Die Pflicht zur Durchführung von Aufträgen

Im Hinblick auf den Justizgewährungsanspruch (→ Rn. 1) ist es auch für den Bereich der Vollstreckungsgerichts und der Grundbuchämter unzulässig, den Dienstbetrieb einzustellen. Aufträge zur Durchführung von Zwangsvollstreckungsaufträgen sind auch hier im Grundsatz weiterhin auszuführen. Bindende Vorgaben durch die Justizverwaltungen können den hier tätigen Richtern (§ 25 DRiG, § 1 GVG, Art. 97 Abs. 1 GG) und Rechtspflegern (§ 9 RPflG) allerdings nicht gemacht werden. Für die Gerichtsvollzieher → Rn. 17.   115

a) Pfändungs- und Überweisungsbeschlüsse

Für die Bearbeitung der Anträge auf Erlass eines Pfändungs- und Überweisungsbeschlusses ist der Rechtspfleger zuständig (§ 20 Nr. 17 S. 1 RPflG). Über den Pfändungsantrag ist durch Beschluss grundsätzlich[100] ohne Anhörung des Schuldners (§ 834 ZPO) zu entscheiden (§ 764 Abs. 3 ZPO). Die Entscheidung ergeht in aller Regel im **schriftlichen Verfahren,** weshalb auch während eines „Notbetriebs" (→ Rn. 6) die Anträge zügig zu bearbeiten sind. Es ist Aufgabe der Justizverwaltung sicherzustel-   116

---

[97] Schuschke/Walker/Kessen/Thole/Walker/Vuia ZPO Vor §§ 753–763 Rn. 4 mwN.
[98] Vgl. hierzu Keller in Keller, Handbuch Zwangsvollstreckungsrecht, 1. Aufl. 2013, C. Rn. 596 („unredlich").
[99] BGH NJW-RR 2005, 149 (150) = BeckRS 2004, 10078; zur verfassungsrechtlichen Unbedenklichkeit des fehlenden Ablehnungsrechts BVerfG NJW-RR 2005, 365 = BeckRS 2004, 27541.
[100] Ausnahme: § 850b Abs. 3 ZPO.

len, dass hierfür ausreichend Personal zur Verfügung steht (→ Rn. 11). Die Durchführung einer mündlichen Verhandlung mit dem Gläubiger wäre zwar rechtlich möglich (vgl. § 128 Abs. 4 ZPO), kommt aber in der Praxis nicht vor.[101] Zu einem persönlichen Kontakt mit den Verfahrensbeteiligten (Gläubiger, Schuldner, Drittschuldner) kann es allenfalls im Zusammenhang mit der Zustellung der Entscheidung des Vollstreckungsgerichts kommen, weshalb auf die Kommentierung zur Ausführung von Zustellaufträgen durch den Gerichtsvollzieher Bezug genommen werden kann (→ Rn. 53).

b) Sicherungshypothek

117 Die Eintragung einer **Sicherungshypothek** erfolgt durch das Grundbuchamt, das als Vollstreckungsorgan und als Organ der Grundbuchführung tätig wird.[102] Die Eintragung erfolgt nach § 1115 BGB. Hinsichtlich der **Rangwahrung** gilt § 17 GBO, wobei die Regelung nicht gilt, wenn und soweit ein Vollstreckungsmangel besteht.[103] Das Eintragungsverfahren setzt einen persönlichen Kontakt mit den Verfahrensbeteiligten nicht voraus, weshalb es auch während eines „Notbetriebs" (→ Rn. 6) durchzuführen ist. Soweit es im Rahmen der Zustellung zu einem persönlichen Kontakt kommt, kann wiederum auf die Kommentierung zur Ausführung von Zustellaufträgen durch den Gerichtsvollzieher Bezug genommen werden kann (→ Rn. 53).

c) Zwangsversteigerung

118 Bei der Anordnung der **Zwangsversteigerung** (§§ 15 ff., 162, 171 a, 172 ZVG, § 867 Abs. 3 ZPO) bzw. der Entscheidung über den Beitritt (§ 27 ZVG) durch das Vollstreckungsgericht (§§ 15, 19 ZVG) kann das Verfahren zunächst wiederum schriftlich erfolgen, weshalb es auch während eines „Notbetriebs" (→ Rn. 6) in angemessener Zeit zu betreiben ist (→ Rn. 116). Die Entscheidung ergeht durch Beschluss (§ 764 Abs. 3 ZPO) ohne vorherige Anhörung des Schuldners. Eine mündliche Verhandlung findet nicht statt. Hinsichtlich der **Zustellungen** von Amts wegen (§§ 3, 8 ZVG) sowie der Zustellung durch Aufgabe zur Post (§ 4 ZVG) kann auf die Kommentierung zur Ausführung von Zustellaufträgen durch den Gerichtsvollzieher Bezug genommen werden (→ Rn. 53). Bezogen auf die Anberaumung des Versteigerungstermins sind die zeitlichen Vorgaben der § 36 Abs. 2 ZVG, § 43 Abs. 1 S. 1 ZVG zu beachten.

119 Problematisch wird dagegen die Durchführung der **Versteigerung** durch das Vollstreckungsgericht (§§ 35 ff. ZVG). Hinsichtlich der Zustellung der Terminbestimmung an die Beteiligten (§§ 41, 9 ZVG) kann zwar auf die Kommentierung zur Ausführung von Zustellaufträgen durch den Gerichtsvollzieher Bezug genommen werden (→ Rn. 53). Bei der Durchführung des **Versteigerungstermins** wird es aber häufig zu einem länger dauernden Kontakt (vgl. § 73 Abs. 1 ZVG) mehrerer Personen kommen, insbesondere zu den Bietern und ggf. den anwesenden Beteiligten (vgl. §§ 66 ff., 74 ff., 9 ZVG). Insoweit wäre es jedoch mit dem Justizgewährungsanspruch (→ Rn. 1) auch während eines „Notbetriebs" (→ Rn. 6) nicht vereinbar, auf die Durchführung von Versteigerungsterminen vollständig zu verzichten. Das Vollstreckungsgericht muss aber Sorge dafür tragen, dass während der Durchführung des Versteigerungstermins das Infektionsrisiko so weit wie möglich verringert, insbesondere ein ausreichender **Mindestabstand** von 1,5 bis 2 Metern eingehalten wird, etwa dadurch, dass vorhandene Sitz-

---

[101] Zöller/Herget ZPO § 829 Rn. 6.
[102] Zöller/Seibel ZPO § 867 Rn. 1.
[103] Zöller/Seibel ZPO § 867 Rn. 4.

gelegenheiten so gesperrt werden, dass ein ausreichender Abstand eingehalten wird. Andererseits muss auch gewährleistet sein, dass die interessierten Bieter an der Versteigerung teilnehmen können, ggf. darf den durch Sicherheitsleistung ausgewiesenen Bietinteressenten Vorrang beim Zutritt gewährt werden.[104] Insbesondere an kleineren Gerichten wird die Vorgabe zur Einhaltung eines Mindestabstands an ihre Grenzen stoßen. Die **Öffentlichkeit** (§ 169 GVG) wird zwar in zulässiger und verfassungsrechtlich unbedenklicher Weise durch die räumliche Kapazität begrenzt (→ Rn. 63). Indes wird bei der Abhaltung eines Versteigerungstermins die Zurverfügungstellung weniger Sitzplätze nicht ausreichend sein. Insoweit hat das Vollstreckungsgericht den Termin in dem größten zur Verfügung stehenden Saal durchzuführen. Darüber hinaus ist auf eine regelmäßige, ggf. auch dauerhafte ausreichende **Belüftung** des Saals zu achten. Eine Anordnung des Rechtspfleger gem. § 4 Abs. 1 RPflG iVm § 176 Abs. 1 GVG[105] dahingehend, dass die Anwesenden einen Mund-Nase-Schutz (MNS) bzw. nichtmedizinische Atemschutzmasken zu tragen haben, ist indes nicht zulässig. Das Robert Koch-Institut empfiehlt zwar mittlerweile das Tragen einer **Mund-Nase-Bedeckung** („textile Barriere im Sinne eines MNS") in bestimmten Situationen im öffentlichen Raum insbesondere für Situationen, in denen mehrere Menschen in geschlossenen Räumen zusammentreffen und der Abstand von mindestens 1,5 Metern zu anderen Personen nicht eingehalten werden kann (zB in Geschäften, in öffentlichen Verkehrsmitteln, am Arbeitsplatz). Durch eine Mund-Nase-Bedeckung kann das Risiko, eine andere Person durch Husten, Niesen oder Sprechen anzustecken, verringert werden (Fremdschutz).[106] Durch das Nichttragen einer entsprechenden Bedeckung wird die Ordnung durch das Verhalten des Anwesenden jedoch allenfalls dann „konkret" gefährdet, wenn dieser krank, krankheits- oder ansteckungsverdächtig iSd IfSG wäre.[107] Umgekehrt wird das Tragen von Mund-Nase-Bedeckungen im Hinblick auf § 176 Abs. 2 GVG untersagt werden dürfen, weil bei der Annahme von Geboten die Identität des Bieters zu prüfen ist.

Lassen sich in den zur Verfügung stehenden Sälen eines Amtsgericht zu den vorgenannten Bedingungen Versteigerungstermine nicht durchführen, ist es Sache der Justizverwaltung, **geeignete Räumlichkeiten** zur Verfügung zu stellen, sei es durch Anmietung externer Räumlichkeiten oder Aufstellen von Containern/Zelten, sei es durch die Zurverfügungstellung ausreichend großer Säle an einem externen Gericht, ggf. auch an dem Landgericht des jeweiligen Bezirks. Anberaumte Versteigerungstermine müssen ggf. bezogen auf den Versteigerungsort verlegt werden. 120

Hinsichtlich der **Zustellung** des Zuschlagsbeschlusses gem. § 88 ZVG kann auf die Kommentierung zur Ausführung von Zustellaufträgen durch den Gerichtsvollzieher Bezug genommen werden (→ Rn. 53). Die vorstehenden Ausführungen gelten entsprechend für die Durchführung des Verteilungstermins (§§ 105 ff. ZVG). 121

d) Zwangsverwaltung

Bei der Anordnung der **Zwangsverwaltung** (§ 146 Abs. 1 ZVG, §§ 15 ff. ZVG) durch das Vollstreckungsgericht (§ 146 Abs. 1 ZVG, §§ 15, 19 ZVG) kann das Verfahren 122

---
[104] LG Memmingen Rpfleger 2015, 720 = BeckRS 2015, 19631.
[105] Vgl. Zöller/Lückemann ZPO § 176 Rn. 1; Böttcher/Böttcher ZVG, 6. Aufl. 2016, ZVG § 66 Rn. 7; Depré/Bachmann ZVG, 2. Aufl. 2018, ZVG § 66 Rn. 7.
[106] S. https://www.rki.de/SharedDocs/FAQ/NCOV2019/FAQ_Mund_Nasen_Schutz.html.
[107] auf der Heiden NJW 2020, 1023 (1024); aA Zschieschack in Schmidt COVID-19 § 13 Rn. 71.

schriftlich erfolgen, weshalb es auch während eines „Notbetriebs" (→ Rn. 6) in angemessener Zeit zu betreiben ist (→ Rn. 116). Das Gericht hat dem bestellten Verwalter durch einen Gerichtsvollzieher oder durch einen sonstigen Beamten das Grundstück zu übergeben oder ihm die Ermächtigung zu erteilen, sich selbst den Besitz zu verschaffen (§ 150 ZVG). Insoweit kann auf die obigen Ausführungen zur Räumungsvollstreckung durch den Gerichtsvollzieher Bezug genommen werden (→ Rn. 28). Hinsichtlich der Bestimmung eines Verteilungstermins (§ 156 Abs. 2 ZVG) kann auf die obigen Ausführungen zur Zwangsversteigerung Bezug genommen werden (→ Rn. 119).

2. Die Pfändbarkeit sog. Corona-Soforthilfen

123 Erhält der Schuldner Zahlungen aus einem Corona-Soforthilfeprogramm des Bundes bzw. den ergänzenden Programmen der Bundesländer, handelt es sich um eine **unpfändbare Forderung** iSd § 851 Abs. 1 ZPO.[108] Dementsprechend gehört sie gem. § 36 Abs. 1 S. 1 InsO auch nicht (als Neuerwerb) zur Insolvenzmasse. Ein gesetzliches Übertragungsverbot existiert zwar nicht, jedoch ist eine Forderung auch dann unübertragbar, wenn ein Gläubigerwechsel den Inhalt der Leistung ändern würde (§ 399 Alt. 1 BGB), was bei zweckgebundenen Forderungen der Fall ist.[109] Diese sind grundsätzlich nicht übertragbar und damit unpfändbar, soweit durch die Abtretung oder Pfändung der Forderung deren Zweckbindung beeinträchtigt wird. Die Zweckbindung muss sich dabei nicht unmittelbar aus dem Gesetz ableiten, sie kann sich bei öffentlich-rechtlichen Leistungen vielmehr auch aus den einschlägigen Verwaltungsvorschriften ergeben. Bei sog. Corona-Soforthilfen ergibt sich die **Zweckgebundenheit** daraus, dass sie der Sicherung der wirtschaftlichen Existenz des Begünstigten und der Überbrückung seiner aktuellen Liquiditätsengpässe infolge der Corona-Pandemie dient.[110] Damit handelt es sich um eine zweckgebundene Leistung und nicht um Lohnersatz[111], der (in Höhe der für Arbeitseinkommen geltenden Maßstäbe) pfändbar wäre. Ob der Schuldner die sog. Corona-Soforthilfe berechtigterweise in Anspruch genommen hat, ist für die Frage der Pfändbarkeit ohne Belang.[112] Pfändbar ist die Forderung jedoch für sog. **Anlassgläubiger.**[113]

124 Das Vollstreckungsgericht hat die Unpfändbarkeit sog. Corona-Selbsthilfen **von Amts wegen** zu beachten. Der vom Gläubiger gestellte Antrag ist demnach (insoweit) zurückzuweisen. Der Gläubiger kann hiergegen **sofortige Beschwerde** einlegen (§ 567 Abs. 1 Nr. 2 ZPO).[114] Zu den Rechtsbehelfen, die dem Schuldner gegen den erlassenen Pfändungsbeschluss zustehen → Rn. 128.

125 Werden Corona-Soforthilfen auf ein **Konto des Schuldners** überwiesen, verlieren diese mit Eingang auf dem Konto ihre Unpfändbarkeit, da der (unpfändbare) Anspruch des Schuldners auf diese Zahlungen erlischt und zu einem Auszahlungs-

---

[108] LG Köln Beschl. v. 23.4.2020 – 39 T 57/20, BeckRS 2020, 6671; FG Münster Beschl. v. 13.5.2020 – 1 V 1286/20 AO; BeckOK ZPO/Riedel, 36. Ed. 1.3.2020, ZPO § 851 Rn. 10.
[109] Zöller/Herget ZPO § 851 Rn. 3 mwN.
[110] LG Köln Beschl. v. 23.4.2020 – 39 T 57/20, BeckRS 2020, 6671; FG Münster Beschl. v. 13.5.2020 – 1 V 1286/20 AO.
[111] So aber Lissner KKZ 2020, 89 (90).
[112] FG Münster Beschl. v. 13.5.2020 – 1 V 1286/20 AO.
[113] Vgl. BGH NJW-RR 2005, 720 (721) = BeckRS 2004, 12779.
[114] Zöller/Herget ZPO § 829 Rn. 28.

anspruch des Schuldners gegen die Bank in derselben Höhe wird.[115] Handelt es sich bei dem Konto um ein **Pfändungsschutzkonto** iSd § 850k ZPO, steht ihm jedoch die Möglichkeit offen, bei dem Vollstreckungsgericht die Festsetzung eines von § 850k Abs. 1, Abs. 2 S. 1 Nr. 1, Abs. 3 ZPO abweichenden pfändungsfreien Betrags zu beantragen (§ 850k Abs. 4 S. 1 ZPO). Sog. Corona-Hilfen fallen zwar nicht in den Anwendungsbereich der in § 850k Abs. 4 S. 2 ZPO genannten Bestimmungen, insbesondere handelt es sich nicht um sonstige Einkünfte iSv § 850i ZPO.[116] Jedoch ist eine **analoge Anwendung** des § 850k Abs. 4 S. 1 ZPO (iVm § 850f Abs. 1 lit. b) ZPO) geboten.[117] Das insoweit pfändungsfreie Kontoguthaben fällt daher gem. § 36 Abs. 1 S. 2 InsO auch nicht (als Neuerwerb) in die Insolvenzmasse. Eines Rückgriffs auf die eng auszulegende Ausnahmevorschrift des § 765a ZPO (→ Rn. 102) bedarf es daher nicht,[118] insbesondere kommt es nicht darauf an, ob die Pfändung für den Schuldner eine unbillige Härte darstellt. Handelt es sich bei dem Konto des Schuldners nicht um ein Pfändungsschutzkonto iSd § 850k ZPO oder erfolgt die Überweisung auf das Konto eines Dritten, bleibt dem Schuldner nur die Möglichkeit, einen **Vollstreckungsschutzantrag** nach § 765a ZPO zu stellen.[119] Voraussetzung ist dann allerdings, dass die Pfändung der sog. Corona-Soforthilfe eine unbillige Härte für den Schuldner bedeutet, insbesondere weil er auf die Zahlung existenziell angewiesen ist.[120] Dies kann, muss bei Gewährung von Corona-Soforthilfen aber nicht der Fall sein (→ Rn. 102). Im **Insolvenzverfahren** fällt die Corona-Soforthilfe (als Neuerwerb) grundsätzlich gem. § 35 Abs. 1 InsO in die Insolvenzmasse. Auch § 765a ZPO ermöglicht es dann nicht, der Masse kraft Gesetzes ausdrücklich zugewiesene Vermögenswerte wieder zu entziehen.[121] Etwas anderes gilt, wenn das Konto des Schuldners infolge einer Freigabe durch den Insolvenzverwalter – insbesondere gem. § 35 Abs. 2 InsO – in sein insolvenzfreies Vermögen übergegangen ist bzw. das Konto von dem Schuldner zwar nach der Freigabeerklärung eröffnet wurde, es sich jedoch um ein Geschäftskonto für seine (freigegebene) selbstständige Tätigkeit handelt.[122] Die Entscheidung von Streitfällen über die Reichweite der Pfändbarkeit ist gem. § 36 Abs. 4 S. 1 InsO dem Insolvenzgericht als besonderem Vollstreckungsgericht vorbehalten. Darum richtet sich der Rechtsmittelzug in diesen Fällen nicht nach der Insolvenzordnung, sondern nach den allgemeinen vollstreckungsrechtlichen Vorschriften (→ Rn. 128).[123] Die Entscheidung, ob Gegenstände nach § 36 Abs. 1 S. 1 InsO der Insolvenzmasse angehören, ist durch das Prozessgericht zu treffen.

---

[115] LG Köln Beschl. v. 23.4.2020 – 39 T 57/20, BeckRS 2020, 6671; AG Reutlingen VuR 2018, 478f.; Lissner KKZ 2020, 89 (92).
[116] LG Köln Beschl. v. 23.4.2020 – 39 T 57/20, BeckRS 2020, 6671; FG Münster Beschl. v. 13.5.2020 – 1 V 1286/20 AO; iE wohl auch Lissner KKZ 2020, 89 (91).
[117] Vgl. BGH NJW 2006, 2040 Rn. 14 = BeckRS 2006, 05552 („entsprechend dem Rechtsgedanken des § 850k ZPO").
[118] So aber LG Köln Beschl. v. 23.4.2020 – 39 T 57/20, BeckRS 2020, 6671; AG Reutlingen VuR 2018, 478.
[119] Zöller/Seibel ZPO § 765a Rn. 8.
[120] Vgl. BGH NJW 2007, 2703 Rn. 16 = BeckRS 2007, 12300; zu § 258 AO vgl. FG Münster Beschl. v. 13.5.2020 – 1 V 1286/20 AO; in der Sache ebenso Lissner KKZ 2020, 89 (92).
[121] BGH WM 2011, 134 Rn. 7 = BeckRS 2010, 31037; BGH NJW-RR 2008, 496 (499) = BeckRS 2007, 16133.
[122] Vgl. BGHZ 221, 212 Rn. 14f. = NJW 2019, 1451 (1452) = BeckRS 2019, 3046.
[123] BGH NJW-RR 2008, 496 (497) = BeckRS 2007, 16133.

3. Rechtsbehelfe

126 Im Folgenden ist der Frage nachzugehen, welche Rechtsbehelfe den Verfahrensbeteiligten gegen Maßnahmen des Vollstreckungsgerichts in der „Corona-Krise" (Untätigkeit oder Durchführung des Auftrags) zustehen. Zu den Rechtsbehelfen bei der **Pfändung sog. Corona-Soforthilfen** → Rn. 125. Zu den Rechtsbehelfen gegen eine **Aussetzung** oder eine **Unterbrechung** des Verfahrens → Rn. 2, → Rn. 4.

a) Entscheidungen des Vollstreckungsgerichts

127 Lehnt das Vollstreckungsgericht den Antrag des **Gläubigers** auf Durchführung einer Vollstreckungsmaßnahme ab, steht ihm hiergegen das Rechtsmittel der sofortigen Beschwerde offen (§ 793 ZPO, § 11 Abs. 1 RPflG). Hilft der Rechtspfleger bei dem Amtsgericht nicht ab, hat er die Sache dem Landgericht vorzulegen. Gegen dessen Entscheidung findet die Rechtsbeschwerde nur dann statt, wenn sie zugelassen worden ist. Entsprechendes gilt für die Zurückweisung des Beitritts im Rahmen eines Zwangsversteigerungsverfahrens (§ 27 ZVG).

128 Dem **Schuldner** steht gegen Maßnahmen des Vollstreckungsgerichts entweder die Vollstreckungserinnerung gem. § 766 ZPO (→ Rn. 88) oder die sofortige Beschwerde gem. § 793 ZPO, § 11 Abs. 1 RPflG offen. Maßgeblich ist insoweit, ob eine „Entscheidung" des Vollstreckungsgerichts vorliegt, was wiederum davon abhängt, ob der Schuldner zuvor angehört worden ist. Wird der Schuldner nicht zuvor angehört, um den Vollstreckungserfolg nicht zu beeinträchtigen,[124] steht ihm die unbefristete Vollstreckungserinnerung gem. § 766 ZPO zu, wobei der Rechtspfleger eine einstweilige Anordnung erlassen kann (§ 766 Abs. 1 S. 2 ZPO, § 732 Abs. 2 ZPO). Dies gilt auch für den Erlass eines Pfändungs- und Überweisungsbeschlusses.[125] Wurde der Schuldner angehört, ist das Rechtsmittel der sofortigen Beschwerde statthaft.[126] Über diese hat das Landgericht zu entscheiden (→ Rn. 127). Darüber hinaus kann der Schuldner auch insoweit Vollstreckungsschutz nach § 765a ZPO beantragen (→ Rn. 101).

b) Entscheidungen des Grundbuchamts

129 Wird das Grundbuchamt als Vollstreckungsorgan tätig (→ Rn. 117), steht den Beteiligten gegen dessen Entscheidungen die **Beschwerde** nach §§ 71 ff. GBO zu, die als speziellerer Rechtsbehelf der Vollstreckungserinnerung nach § 766 ZPO vorgeht.[127] Über die Beschwerde, die bei dem Grundbuchamt oder dem Beschwerdegericht eingelegt werden kann (§ 73 Abs. 1 GBO), entscheidet das Oberlandesgericht, in dessen Bezirk das Grundbuchamt seinen Sitz hat (§ 72 GBO). Gem. § 76 Abs. 1 GBO kann das Beschwerdegericht eine einstweilige Anordnung erlassen. Gegen den Beschluss des Beschwerdegerichts ist die Rechtsbeschwerde statthaft, wenn sie das Beschwerdegericht in dem Beschluss zugelassen hat (§ 78 GBO).

---

[124] Vgl. hierzu Depré/Cranshaw, ZVG, 2. Aufl. 2018, ZVG § 15 Rn. 190.
[125] Zöller/Herget ZPO § 829 Rn. 29.
[126] Depré/Cranshaw, ZVG, 2. Aufl. 2018, ZVG § 15 Rn. 193, 195; Schuschke/Walker/Kessen/Thole/Walker/Thole ZPO § 766 Rn. 7 mwN.
[127] Schuschke/Walker/Kessen/Thole/Walker/Thole ZPO § 766 Rn. 4 mwN.

c) Untätigkeit des Vollstreckungsorgans

Treffen das Vollstreckungsgericht oder das Grundbuchamt keine Entscheidung, sondern bleiben sie (mit oder Hinweis auf die „Corona-Krise") schlichtweg untätig, steht dem Gläubiger hiergegen nicht das Rechtsmittel der sog. **Untätigkeitsbeschwerde** zu. Eine solche ist jedenfalls seit Inkrafttreten des Gesetzes über den Rechtsschutz bei überlangen Gerichtsverfahren und strafrechtlichen Ermittlungsverfahren vom 24.11.2011 (BGBl. 2011 I 2302) am 3.12.2011 nicht mehr statthaft.[128] Eines Rückgriffs auf diese gesetzlich nicht geregelte Beschwerde[129] bedarf es vorliegend aber auch nicht. Denn die Verfahrensbeteiligten können sich gegen die Untätigkeit des Vollstreckungsorgans mit der **Vollstreckungserinnerung** gem. § 766 ZPO (→ Rn. 88) wenden.[130] Eine unsachliche Verzögerung eines Vollstreckungsantrags ist die Weigerung, eine Vollstreckungshandlung auftragsgemäß auszuführen und erfordert nicht die Zurückweisung des Gesuchs. Die Untätigkeit des Vollstreckungsorgans verletzt dabei den Vollstreckungsanspruch des Gläubigers (→ Rn. 1). Die speziellen Rechtsbehelfe (§ 793 ZPO, § 11 Abs. 1 RPflG; §§ 71 ff. GBO) sind hier in Ermangelung einer „Entscheidung" durch Beschluss (§ 764 Abs. 3 ZPO) nicht anwendbar und sperren daher die Anwendbarkeit des § 766 ZPO nicht.

130

d) Einstweilige Einstellung nach § 30a ZVG

Der Schuldner kann binnen einer Notfrist von zwei Wochen (§ 30b ZVG) die Einstellung des **Zwangsversteigerungsverfahrens** nach § 30a ZVG beantragen. Auf die Zwangsverwaltung findet die Bestimmung keine Anwendung.[131] Danach ist das Verfahren auf Antrag des Schuldners einstweilen auf die Dauer von höchstens sechs Monaten einzustellen, wenn Aussicht besteht, dass durch die Einstellung die Versteigerung vermieden wird, und wenn die Einstellung nach den persönlichen und wirtschaftlichen Verhältnissen des Schuldners sowie nach der Art der Schuld der Billigkeit entspricht. Die Entscheidung ergeht durch Beschluss (§ 30b Abs. 2 S. 1 ZVG). Erfolgt eine mündliche Verhandlung (§ 30b Abs. 2 S. 2 Hs. 2 ZVG), sind vom Vollstreckungsgericht geeignete Sicherungsmaßnahmen zu ergreifen (→ Rn. 144). Gem. § 30c ZVG kann das Verfahren einmal erneut eingestellt werden. Zudem hat das Vollstreckungsgericht die Möglichkeit, Auflagen nach § 30a Abs. 3–5 ZVG anzuordnen. Wird das Verfahren einstweilen eingestellt, darf es grundsätzlich nur auf Antrag des Gläubigers fortgesetzt werden. Wird der Antrag nicht binnen sechs Monaten gestellt, ist das Verfahren aufzuheben (§ 31 ZVG). Hinsichtlich der Zustellung des Aufhebungs- oder Einstellungsbeschlusses (§ 32 ZVG) kann auf die Kommentierung zur Ausführung von Zustellaufträgen durch den Gerichtsvollzieher Bezug genommen werden (→ Rn. 53).

131

Die Voraussetzungen des § 30a Abs. 1 ZVG können vorliegen, wenn der Schuldner etwa im Hinblick auf die Gewährung sog. **Corona-Soforthilfen** darlegt, dass die Befriedigung des Gläubigers oder eine Einigung innerhalb dieses Zeitraums mit Aussicht auf Erfolg abgeschlossen werden kann.[132] Weitere Voraussetzung ist, dass die Einstel-

132

---

[128] Vgl. hierzu BGH NZI 2020, 445 = BeckRS 2020, 4913.
[129] Zu den verfassungsrechtlichen Bedenken hiergegen vgl. BVerfG NJW 2005, 2685 (2687) = BeckRS 2005, 27456.
[130] Vgl. zur Untätigkeit des Gerichtsvollziehers Zöller/Herget ZPO § 766 Rn. 19.
[131] Vgl. Depré/Popp, ZVG, 2. Aufl. 2018, ZVG § 30a Rn. 2.
[132] Depré/Popp, ZVG, 2. Aufl. 2018, ZVG § 30a Rn. 3.

lung nach den persönlichen und wirtschaftlichen Verhältnissen sowie der Art der Schuld der Billigkeit entspricht. Der Antrag ist abzulehnen, wenn die Gläubigerinteressen entgegenstehen (§ 30a Abs. 2 ZVG). Gegen die Entscheidung des Vollstreckungsgerichts ist gem. § 30b Abs. 3 Hs. 1 ZVG die **sofortige Beschwerde** statthaft (→ Rn. 127).

133 Der Schuldner kann nicht mit Erfolg im Rahmen des § 30a ZVG geltend machen, dass hinsichtlich der zugrunde liegenden Forderung(en) die Voraussetzungen eines Moratoriums nach Art. 240 §§ 1, 3 EGBGB vorliegen, insoweit hat er **Vollstreckungsabwehrklage** zu erheben (→ Rn. 99).

134 Der Schuldner hat darüber hinaus die Möglichkeit, einen **Vollstreckungsschutzantrag** nach § 765a ZPO zu stellen, der begründet ist, wenn und soweit die Vollstreckung für ihn eine unbillige Härte darstellen würde (→ Rn. 101). Im Rahmen des Vollstreckungsschutzes kann dann auch berücksichtigt werden, ob dem Schuldner durch eine Zwangsversteigerung die Grundlage seiner wirtschaftlichen Tätigkeit entzogen würde. In Betracht kommt in diesem Fall eine vorläufige (→ Rn. 105) und unter Berücksichtigung des Rechtsgedankens des Art. 240 § 3 Abs. 5 EGBGB für einen Zeitraum von drei Monaten nach dem 30.6.2020 befristete Einstellung.[133]

135 Für das **Teilungsversteigerungsverfahren** gelten die Regelungen in § 180 Abs. 2 und 3 ZVG. Die Voraussetzungen für eine einstweilige Einstellung des Verfahrens sind hier weniger streng als im Rahmen des § 30a ZVG. Insbesondere bietet die Regelung einen breiteren Raum, im Rahmen der Interessenabwägung den Besonderheiten der „Corona-Krise" Rechnung zu tragen. Dabei ist jedoch zu beachten, dass das Teilungsversteigerungsverfahren im Grundsatz das einzig gesetzlich geregelte Verfahren zur Verwertung von Grundstücken ist. Gegenüber dem grundsätzlichen Auseinandersetzungsanspruch kann der Aufschub daher nur in besonderen Ausnahmefällen gewährt werden.[134] Gegen die Entscheidung des Vollstreckungsgerichts ist wiederum gem. § 180 Abs. 2 S. 3, Abs. 3 S. 3 ZVG, § 30b Abs. 3 Hs. 1 ZVG die **sofortige Beschwerde** statthaft (→ Rn. 127). Darüber hinaus besteht auch hier die Möglichkeit eines Vollstreckungsschutzantrags nach § 765a ZPO (→ Rn. 101).[135]

e) Gegenvorstellung

136 Die Gegenvorstellung ist gesetzlich nicht geregelt. Sie stellt eine **Anregung an das Gericht** dar, eine für die Partei unanfechtbare Entscheidung zu ändern. Sie setzt voraus, dass das Gericht zu einer Änderung seiner Entscheidung befugt ist und diese auch von Amts wegen vornehmen darf.[136] Hingegen ist eine Gegenvorstellung unzulässig, sofern das Gericht nach den Bestimmungen der jeweiligen Prozessordnung nicht befugt ist, seine getroffene Entscheidung zu ändern (vgl. § 318 ZPO).[137] Unanfechtbare Entscheidungen können nicht über den Umweg der Gegenvorstellung anfechtbar gemacht werden.[138]

---

[133] Vgl. Rauscher COVuR 2020, 2 (14).
[134] Depré/Popp, ZVG, 2. Aufl. 2018, ZVG § 180 Rn. 22.
[135] BGH NJW 2007, 3430 Rn. 21 = BeckRS 2007, 06590; Zöller/Seibel ZPO § 765a Rn. 1.
[136] BGHZ 220, 90 Rn. 13 = NZI 2018, 958 (959) = BeckRS 2018, 27098; BGH NJW 2018, 3388 Rn. 9 = BeckRS 2018, 22563.
[137] BGH NJW 2018, 3388f. Rn. 9ff. = BeckRS 2018, 22563.
[138] BGHZ 220, 90 Rn. 13 = NZI 2018, 958 (959) = BeckRS 2018, 27098.

Gegen **rechtskräftige Entscheidungen** des Vollstreckungsgerichts oder des Grundbuchamtes ist eine Gegenvorstellung nach dem Gesagten nicht statthaft. Im Rahmen der Tätigkeit des Vollstreckungsgerichts kommt der Gegenvorstellung daher allenfalls im Zusammenhang mit nicht anfechtbaren Entscheidungen, insbesondere vorbereitenden Maßnahmen, Bedeutung zu. Im Zusammenhang mit der Berücksichtigung der Besonderheiten in der „Corona-Krise" ist davon auszugehen, dass diese in der Regel mit den oben genannten Rechtsbehelfen geltend gemacht werden können. Raum für eine Gegenvorstellung kann sein, wenn ein Verfahrensbeteiligter anführt, dass die vom Vollstreckungsgericht ergriffenen oder angeordneten **Sicherungsmaßnahmen** (→ Rn. 119) nicht ausreichend sind. Häufig wird aber auch hier zumindest eine Vollstreckungserinnerung nach § 766 ZPO (→ Rn. 88) statthaft sein. Entsprechendes gilt, wenn sich ein Verfahrensbeteiligter nicht gegen die Durchführung des Zwangsversteigerungsverfahrens an sich, sondern gegen den konkreten Zeitpunkt des unter Beachtung von § 36 Abs. 2 ZVG, § 43 Abs. 1 S. 1 ZVG anberaumten **Versteigerungstermins** oder den **Versteigerungsort** (§ 37 Nr. 2 ZVG) wendet (→ Rn. 120). Darüber hinaus kann der Schuldner diese Einwendungen ggf. nach § 765a ZPO geltend machen. Eine Subsidiarität des Vollstreckungsschutzes gegenüber der gesetzlich nicht geregelten Gegenvorstellung[139] besteht nicht. 137

IV. Die Zwangsvollstreckung durch das Prozessgericht

Das Prozessgericht ist zuständig für die Zwangsvollstreckung zur Erwirkung von vertretbaren Handlungen (§ 887 Abs. 1 ZPO) mit Ausnahme der Herausgabe von Sachen (→ Rn. 15), zur Erwirkung von unvertretbaren Handlungen (§ 888 Abs. 1 S. 1 ZPO, §§ 894 f. ZPO) sowie zur Erwirkung von Unterlassungen und Duldungen (§ 890 Abs. 1 S. 1 ZPO). 138

1. Die Pflicht zur Durchführung von Aufträgen

Im Hinblick auf den Justizgewährungsanspruch (→ Rn. 1) ist es auch für den Bereich des Prozessgerichts unzulässig, den Dienstbetrieb einzustellen. Aufträge zur Durchführung von Zwangsvollstreckungsaufträgen sind auch hier im Grundsatz weiterhin auszuführen. Bindende Vorgaben durch die Justizverwaltungen können wiederum nicht gemacht werden (→ Rn. 115). 139

Über Anträge auf Festsetzung von Zwangs- oder Ordnungsmitteln (§§ 887, 890 ZPO) entscheidet jeweils ausschließlich (§ 802 ZPO) das Prozessgericht des ersten Rechtszugs. Die Entscheidung ergeht durch Beschluss (§ 891 S. 1 ZPO), wobei der Schuldner vorher zu hören ist (§ 891 S. 2 ZPO). Die Entscheidung ergeht in aller Regel im **schriftlichen Verfahren,** weshalb auch während eines „Notbetriebs" (→ Rn. 6) die Anträge zügig zu bearbeiten sind. Es ist Aufgabe der Justizverwaltung sicherzustellen, dass hierfür ausreichend Personal zur Verfügung steht (→ Rn. 11). Hinsichtlich der durchzuführenden Zustellungen kann auf die Kommentierung zur Ausführung von Zustellaufträgen durch den Gerichtsvollzieher Bezug genommen werden kann (→ Rn. 53). Die Durchführung einer **mündlichen Verhandlung** ist möglich (vgl. 140

---

[139] Zur Bedeutung der Gegenvorstellung im Rahmen des § 90 Abs. 2 S. 1 BVerfGG vgl. BVerfGE 122, 190 = NJW 2009, 829 = BeckRS 2009, 30696.

§ 128 Abs. 4 ZPO) und insbesondere dann notwendig, wenn das Gericht eine Beweisaufnahme durchführen muss. Insoweit wäre es wiederum mit dem Justizgewährungsanspruch (→ Rn. 1) auch während eines „Notbetriebs" (→ Rn. 6) nicht vereinbar, auf die Durchführung mündlicher Verhandlungen vollständig zu verzichten. Führt das Gericht eine mündliche Verhandlung durch, hat es dabei die erforderlichen Sicherungsmaßnahmen zu ergreifen (→ Rn. 144).

141 Für den Fall einer **Widerstandshandlung** des Schuldners kommt § 892 ZPO zur Anwendung. Zur Beseitigung des Widerstands kann der Gläubiger einen Gerichtsvollzieher zuziehen. Insoweit kann auf die diesbezüglichen Ausführungen Bezug genommen werden (→ Rn. 37).

2. Die Pflicht zur Ergreifung von Schutzmaßahmen

142 Setzt die Durchführung entsprechender Vollstreckungsanträge einen persönlichen Kontakt mit den Verfahrensbeteiligten voraus, hat das Prozessgericht (der Vorsitzende) entsprechende Sicherungsmaßnamen zu ergreifen.

143 Hinsichtlich der **Zustellung** von Terminsladungen kann auf die Kommentierung zur Ausführung von Zustellaufträgen durch den Gerichtsvollzieher Bezug genommen werden (→ Rn. 53).

144 Bei der Durchführung einer **mündlichen Verhandlung** wird es in der Regel zu einem länger dauernden Kontakt mehrerer Personen kommen, insbesondere der Parteien, ggf. ihrer Prozessbevollmächtigten, Zeugen und Sachverständigen. Zudem sind die Verhandlungen öffentlich (§ 169 GVG). Das Prozessgericht (der Vorsitzende) muss daher durch entsprechende Sicherungsmaßnahmen (→ Rn. 119) Sorge dafür zu tragen, dass während der Durchführung der Verhandlung das Infektionsrisiko so weit wie möglich verringert wird.[140] Zudem sind durch den Vorsitzenden entsprechende sitzungspolizeiliche Anordnungen gem. § 176 Abs. 1 GVG zu treffen; zu den Grenzen solcher Maßnahmen → Rn. 119. Ein Ausschluss der Öffentlichkeit aus Gründen des Infektionsschutzes ist jedoch unzulässig.[141] Lassen sich in den zur Verfügung stehenden Sälen unter diesen Bedingungen mündliche Verhandlungen nicht durchführen, ist es Sache der Justizverwaltung, **geeignete Räumlichkeiten** zur Verfügung zu stellen (→ Rn. 120). Bei einer durch ein entsprechend aussagekräftiges ärztliches Attest (→ Rn. 51) nachgewiesenen **Erkrankung** eines Verfahrensbeteiligten kann eine Terminsverlegung geboten sein, ebenso wie für den Fall, dass sich ein Verfahrensbeteiligter in einer behördlich angeordneten **Quarantänemaßnahme** befindet.

145 Sieht das Prozessgericht (der Vorsitzende) insbesondere während eines „**Notbetriebs**" (→ Rn. 6) von einer Terminierung ab, weil die Durchführung einer mündlichen Verhandlung unter Einhaltung der erforderlichen Sicherungsmaßnahmen nicht durchführbar ist, hat er zur Wahrung des Justizgewährungsanspruchs des Gläubigers (→ Rn. 1) bei einer Änderung der Gefahrenlage zu prüfen, ob nunmehr die Anberaumung eines (zeitnahen) Termins zur mündlichen Verhandlung in Betracht kommt.

---

[140] Vgl. zur Durchführung eines Ortstermins im Rahmen eines selbstständigen Beweisverfahrens LG Saarbrücken Beschl. v. 12.5.2020 – 15OH61/19, BeckRS 2020, 8514.
[141] Zschieschack in Schmidt COVID-19 § 13 Rn. 42; Rauscher COVuR 2020, 2 (15).

3. Rechtsbehelfe

Im Folgenden ist der Frage nachzugehen, welche Rechtsbehelfe den Verfahrensbeteiligten gegen Maßnahmen des Prozessgerichts in der „Corona-Krise" (Untätigkeit oder Durchführung des Verfahrens) zustehen. Zu den Rechtsbehelfen gegen eine **Aussetzung** oder eine **Unterbrechung** des Verfahrens → Rn. 2, → Rn. 4. 146

a) Entscheidungen des Prozessgerichts

Gegen „Entscheidungen" des Prozessgerichts ist sowohl für den Gläubiger (Ablehnung des Antrags) als auch den Schuldner (Erlass des Beschlusses) stets die **sofortige Beschwerde** gem. § 793 ZPO statthaft. Die Vollstreckungserinnerung gem. § 766 ZPO ist generell ausgeschlossen.[142] 147

Macht der Schuldner die **Unzumutbarkeit** der Durchführung bzw. der Duldung der titulierten Handlung (§ 887 Abs. 1 ZPO, § 890 Abs. 1 ZPO) aufgrund der besonderen Belastungen infolge der „Corona-Krise" geltend, sei es, weil bei der Vornahme oder Duldung der Handlung ein (besonderes) Infektionsrisiko besteht, sei es, weil er sein Unternehmen aufgrund des Wegfalls von Betriebseinnahmen (weitgehend) stilllegen musste, wird er mit diesem Einwand im Vollstreckungsverfahren nicht gehört. Vielmehr steht ihm die Möglichkeit einer **Vollstreckungsabwehrklage** offen, wobei ggf. die zeitliche Grenze des § 767 Abs. 2 ZPO zu beachten ist (→ Rn. 99).[143] Ggf. kann der Schuldner auch einen **Vollstreckungsschutzantrag** nach § 765a ZPO stellen (→ Rn. 101). Zuständig ist auch hier das Vollstreckungsgericht (Rechtspfleger).[144] 148

Für den Fall, dass sich der Schuldner auf die (subjektive) **Unmöglichkeit** der Durchführung bzw. der Duldung der titulierten Handlung beruft, gilt das vorstehend Gesagte entsprechend, soweit es um eine vertretbare Handlung geht.[145] Demgegenüber setzt die Verhängung eines Zwangsgelds nach § 888 Abs. 1 ZPO voraus, dass es um eine (nicht vertretbare) Handlung geht, die ausschließlich vom Willen des Schuldners abhängt. Daraus ergibt sich, dass die objektive oder subjektive Unmöglichkeit der Handlung die Anordnung eines Zwangsgeldes ausschließt.[146] Die **Beweislast** liegt insoweit beim Gläubiger, jedoch trifft den Schuldner insoweit eine sekundäre Darlegungslast.[147] 149

Für den Bereich der **Unterlassungen** (§ 890 Abs. 1 ZPO) dürfte sich im Zusammenhang mit der „Corona-Krise" kein praktischer Anwendungsbereich für die Unzumutbarkeit oder die Unmöglichkeit ergeben. 150

b) Vorbereitende Maßnahmen des Prozessgerichts

Die Ablehnung einer Terminsverlegung bzw. -aufhebung ist ebenso wie die Anberaumung eines Termins zur mündlichen Verhandlung durch das Prozessgericht (den Vorsitzenden) gem. bzw. analog § 227 Abs. 4 S. 3 ZPO unanfechtbar. Es besteht aber die 151

---

[142] Schuschke/Walker/Kessen/Thole/Walker/Thole ZPO § 766 Rn. 5 mwN.
[143] Vgl. BGH NJW-RR 2006, 202 (203) = BeckRS 2005, 08399; Zöller/Seibel ZPO § 887 Rn. 7.
[144] LG Frankenthal Rpfleger 1984, 28; Zöller/Seibel ZPO § 765a Rn. 21; Schuschke/Walker/Kessen/Thole/Walker/Thole ZPO § 765a Rn. 8.
[145] Vgl. KG Beschl. v. 9.2.2011 – 19 W 34/10, BeckRS 2011, 07554; LG Berlin GE 2016, 59 = BeckRS 2016, 676; Schuschke/Walker/Kessen/Thole/Walker/Koranyi ZPO § 887 Rn. 24.
[146] BGH NJW-RR 2009, 443 Rn. 13 = BeckRS 2009, 4810.
[147] Vgl. OLG Köln Beschl. v. 3.8.2011 – 16 W 1/11, BeckRS 2013, 17874; Schuschke/Walker/Kessen/Thole/Walker/Koranyi ZPO § 888 Rn. 20 mwN.

Möglichkeit einer **Gegenvorstellung** (→ Rn. 136).¹⁴⁸ Entsprechendes gilt für andere prozessleitende Verfügungen des Vorsitzenden, so etwa bezüglich der wegen der „Corona-Krise" ergriffenen bzw. zu ergreifenden Sicherungsmaßnahmen (→ Rn. 137). Die Ablehnung des Vorsitzenden wegen **Besorgnis der Befangenheit** gem. § 42 ZPO kommt in Betracht, wenn erhebliche Gründe iSd § 227 ZPO offensichtlich vorliegen, die Zurückweisung des Antrags für die betreffende Partei schlechthin unzumutbar ist und somit deren Grundrecht auf rechtliches Gehör verletzt oder sich aus der Ablehnung der Terminsverlegung der Eindruck einer sachwidrigen Benachteiligung einer Partei aufdrängt.¹⁴⁹

c) Untätigkeit des Prozessgerichts

152 Unterlässt das Prozessgericht (der Vorsitzende) die Anberaumung eines Termins zur mündlichen Verhandlung (→ Rn. 145) oder beraumt er diesen erst zu einem erheblich späteren Zeitpunkt an, ist in der Vergangenheit davon ausgegangen worden, dass hiergegen die Möglichkeit einer **Untätigkeitsbeschwerde** analog § 252 ZPO besteht. Für eine solche ist aber jedenfalls seit Inkrafttreten des Gesetzes über den Rechtsschutz bei überlangen Gerichtsverfahren und strafrechtlichen Ermittlungsverfahren vom 24.11.2011 im Hinblick auf § 198 GVG kein Raum mehr (→ Rn. 130).¹⁵⁰

153 Eine **Dienstaufsichtsbeschwerde** gegen den Vorsitzenden hat im Hinblick auf § 26 Abs. 2 DRiG nur Aussicht auf Erfolg, wenn und soweit die unterlassene oder verzögerte Terminierung auf einer dem Gesetz widersprechenden Terminierungspraxis des Vorsitzenden beruht.¹⁵¹ Davon wird in der „Corona-Krise" allenfalls dann ausgegangen werden können, wenn der Vorsitzende generell und ohne Einzelfallbetrachtung eine Terminierung unterlässt oder erheblich verzögert Termine anberaumt.

154 Die Ablehnung des Vorsitzenden wegen **Besorgnis der Befangenheit** gem. § 42 ZPO kommt bei einer Untätigkeit in Betracht bei einem leichtfertigen Umgang mit grundrechtlich geschützten Positionen und schwerwiegender Vernachlässigung verfassungsrechtlich geschützter Grundwerte, wie etwa dem Justizgewährungsanspruch (→ Rn. 1). Ein Ablehnungsgrund kommt ferner bei einer ungebührlichen Verfahrensverzögerung in Betracht, insbesondere bei besonderer Eilbedürftigkeit.¹⁵² Lehnt ein Vorsitzender die Anberaumung eines (zeitnahen) Verhandlungstermins unter Berufung auf die „Corona-Krise" mit einer einzelfallbezogenen Begründung, insbesondere die konkrete Gefahrenlage, ab, wird dies in der Regel die Besorgnis der Befangenheit nicht begründen. In diesem Zusammenhang ist insbesondere zu berücksichtigen, dass dem Vorsitzenden bei der Einschätzung, ob und welche Maßnahmen zur Senkung des Ansteckungsrisikos geeignet und zumutbar sind und dementsprechend die Durchführung einer mündlichen Verhandlung vor allem während eines „Notbetriebs" (→ Rn. 6) möglich ist, ein nur eingeschränkt überprüfbarer **Beurteilungsspielraum** zukommt,¹⁵³ weshalb eine Besorgnis der Befangenheit allenfalls dann in Betracht

---

¹⁴⁸ BAG NZA 1993, 382 = BeckRS 1993, 7241.
¹⁴⁹ BGH NJW 2006, 2492 Rn. 31 = BeckRS 2006, 05748.
¹⁵⁰ Zöller/Feskorn ZPO § 216 Rn. 16; OLG München MDR 2017, 787 = BeckRS 2016, 17641.
¹⁵¹ Vgl. BGHZ 93, 238 = NJW 1985, 1471 (1472) = BeckRS 9998, 100540; Zöller/Feskorn ZPO § 216 Rn. 16.
¹⁵² Zöller/G. Vollkommer ZPO § 42 Rn. 24 mwN.
¹⁵³ Vgl. OLG Karlsruhe Beschl. v. 30.3.2020 = HEs 1 Ws 84/20, BeckRS 2020, 4623 Rn. 12; OLG Stuttgart Beschl. v. 6.4.2020 – H 4 Ws 72/20, BeckRS 2020, 5689 Rn. 19.

kommt, wenn die von dem Vorsitzenden angeführten Gründe offensichtlich willkürlich oder von sachfremden Erwägungen getragen sind.

V. Ausblick

Die „Corona-Krise" hat die Justiz vor besondere Herausforderungen gestellt. Für die Durchführung von Hauptverhandlungsterminen im Strafprozess hat der Gesetzgeber mit dem zum 1.4.2020 in Kraft getretenen Gesetz zur Abmilderung der Folgen der Covid-19-Pandemie im Zivil-, Insolvenz- und Strafverfahrensrecht vom 27.3.2020 (BGBl. 2020 I 569) reagiert und mit § 10 EGStPO eine Regelung zur Hemmung der Unterbrechungsfristen wegen Infektionsschutzmaßnahmen geschaffen. Im Bereich des Zwangsvollstreckungsrechts ist eine Neuregelung zu Recht nicht erfolgt. Wie die vorstehenden Ausführungen gezeigt haben, bietet das Zwangsvollstreckungsrecht ausreichend Instrumentarien, um auf die Herausforderungen der „Corona-Krise" sachgerecht und einzelfallbezogen, insbesondere unter Berücksichtigung der Interessen aller Verfahrensbeteiligten, reagieren zu können. Im Hinblick darauf, dass sich wegen der Vielgestaltigkeit der betroffenen Interessen und der Vollstreckungsmaßnahmen generalisierende Aussagen verbieten, sondern vielmehr eine einzelfallbezogene Interessenabwägung zu erfolgen hat (→ Rn. 8), ließen sich die „pandemiebedingten Problemlagen" in der Zwangsvollstreckung auch nicht durch eine gesetzliche Neuregelung befriedigend lösen.

155

§ 11 Steuerliche Aspekte der Pandemie für Mieter und Vermieter

Inhaltsübersicht

	Rn.
I. Krisenbedingte steuerliche Erleichterungen	1
1. Allgemeines	1
2. Stundung von Steuerforderungen	4
3. Herabsetzung von Steuervorauszahlungen	10
4. Absehen von der Vollstreckung	12
5. Gewerbesteuer	13
6. Antrag	16
II. Die buchhalterische Behandlung verminderter Einnahmen	17
1. Einnahmen aus Vermietung und Verpachtung	17
2. Einnahmen aus Gewerbe	19

I. Krisenbedingte steuerliche Erleichterungen

1. Allgemeines

Mit **BMF-Schreiben vom 19.3.2020** hat das Bundesministerium der Finanzen in Abstimmung mit den obersten Finanzbehörden der Länder auch im Bereich der Steuern Erleichterungen zur Abmilderung der Folgen der Coronapandemie verkündet, um von dieser erheblich betroffenen Personen Liquiditätshilfen zu eröffnen.[1] Schon vorab lässt sich sagen, dass diese Erleichterungen nur Steuerpflichtigen zu Gute kommen können, die von der Pandemie in erheblichem Maße negativ betroffen sind. Zwar wird es durchaus angeregt, auch weniger erheblich Betroffene einzubeziehen und die Prüfung der Voraussetzungen weitgehend herunter zu fahren, um eine schnelle Hilfe zu erreichen und die Kapazitäten der Finanzämter nicht hoffnungslos zu überfordern.[2] Die Handhabung im Einzelnen liegt zwar in der Hand und dem Ermessen der Finanzbehörden. Von dem Inhalt des BMF-Schreibens wird dies aber nicht gedeckt und einem verantwortungsvollen Umgang mit Steuermitteln würde dies auch nicht entsprechen.

Das BMF-Schreiben sieht im Wesentlichen drei Wege der Unterstützung vor. Dies sind die **Stundung von Steuerforderungen, die Herabsetzung von Vorauszahlungen sowie das Absehen von Vollstreckungsmaßnahmen.**

Dabei betreffen die Regelungen des BMF-Schreibens diejenigen Steuern, die von den Landesfinanzbehörden im Auftrag des Bundes verwaltet werden. Das sind insbesondere die **Einkommensteuer einschließlich Solidaritätszuschlag, die Körperschaftsteuer und die Umsatzsteuer.**[3] Da aber § 222 S. 3 und 4 AO laut dem BMF-Schreiben vom 19.3.2020 unberührt bleiben sollen, fallen unter die Erleichterungen und somit auch unter die Stundungen nicht die vom Arbeitgeber einbehaltene Lohnsteuer sowie die von Kreditinstituten einbehaltene Kapitalertragsteuer. Betreffend die

---

[1] IV A 3 – S 0336/19/10007: 002.
[2] Stadler/Sotta BB 2020, 860.
[3] Stadler/Sotta BB 2020, 860.

Lohnsteuer kann lediglich bis zum 31.12.2020 eine Vollstreckung vermieden werden, was für die Parteien des Mietverhältnisses jedoch nicht von Interesse ist.

2. Stundung von Steuerforderungen

4   Laut BMF-Schreiben vom 19.3.2020 können die nachweislich **unmittelbar** und **nicht unerheblich** betroffenen Steuerpflichtigen bis zum 31.12.2020 unter Darlegung ihrer Verhältnisse **Anträge** auf Stundung der bis zu diesem Zeitpunkt bereits fälligen oder fällig werdenden Steuern, die von den Landesfinanzbehörden im Auftrag des Bundes verwaltet werden, stellen. Diese Anträge sind nicht deshalb abzulehnen, weil die Steuerpflichtigen die entstandenen Schäden nicht im Einzelnen wertmäßig nachweisen können. Bei der Nachprüfung der **Voraussetzungen für Stundungen** sind keine strengen Anforderungen zu stellen. Auf die Erhebung von **Stundungszinsen** kann in der Regel verzichtet werden.

5   An die Darlegung seiner Verhältnisse werden gegenüber dem Steuerpflichtigen also **keine besonders hohen Anforderungen** gestellt und auf eine strenge Prüfung verzichtet. Dies sollte den Steuerpflichtigen aber nicht zu wissentlich unrichtigen Anträgen verleiten, denn er macht sich nach §§ 370, 378 AO ggf. strafbar. Sollte sich die finanzielle Situation des Steuerpflichtigen verbessern, sollte er, ist seinen Anträgen entsprochen worden, dies dem Finanzamt mitteilen. Zwar enthält das BMF-Schreiben hierzu keine Aussagen. Der Steuerpflichtige könnte aber gegen seine **Anzeigepflicht** nach § 153 AO verstoßen.

6   Das BMF-Schreiben sieht lediglich vor, dass im Falle der Stundung auf **Zinsen** verzichtet werden kann. Zwingend ist dies indes nicht, so dass es im Ermessen des Finanzamts liegt, wie es im Einzelfall verfährt. Dem gewollten Förderzweck würde jedoch ein großzügiger Umgang mit dieser Regelung entsprechen.

7   Das BMF hat zwar eine Aussage dazu getroffen, dass diese erleichterte Stundungserreichung bis zum 31.12.2020 beantragt werden kann. Sie betrifft bis zu diesem Zeitpunkt fällig gewordene oder werdende Steuern. Eine Aussage darüber, für welchen Zeitraum die Stundung erfolgen kann, trifft es nicht.[4] Jedenfalls dürfte eine Stundung bis zum 31.12.2020 in Betracht kommen.[5] Dem entspricht es, dass die von den Ländern angebotenen **Antragsformulare** eine Stundung für drei, sechs Monate oder bis zum 31.12.2020 vorsehen.

8   Eine Stundung kann auch für die **nach dem 31.12.2020 fällig werdenden Steuern** beantragt werden. Hierfür bedarf es aber einer besonderen Begründung. Die weniger komplizierte Antragstellung, die bis zum 31.12.2020 gilt, greift nur noch eingeschränkt ein.

9   Soll die **Umsatzsteuer** gestundet werden, ist dies für jede Umsatzsteuervoranmeldung gesondert zu beantragen und zugleich die SEPA Ermächtigung zu löschen, also die Einzugsermächtigung für die Zahlung zu streichen, da die Umsatzsteuer mit Einreichung der Voranmeldung fällig ist.

---

[4] Stadler/Sotta BB 2020, 860.
[5] Giese/Graßl/Holtmann/Krug DStR 2020, 752.

3. Herabsetzung von Steuervorauszahlungen

Unter den gleichen Erleichterungen kann der Steuerpflichtige, wobei es sowohl der Mieter als auch der Vermieter sein kann, einen **Antrag auf Herabsetzung der Einkommens- oder Körperschaftsvorauszahlungen** für die Zeit bis zum 31.12.2020 fällig werdenden Vorauszahlungen stellen. Auch an diese sind keine zu strengen Anforderungen zu stellen. Ebenso kann er mit **besonderer Begründung** eine Herabsetzung auch nach dem 1.1.2021 stellen. 10

Das BMF-Schreiben vom 24.4.2020 bietet darüber hinaus die Möglichkeit eines **Verlustrücktrages** auf Vorauszahlungen in 2019, wenn eine Veranlagung für 2019 noch nicht erfolgt ist.[6] Dies führt zunächst zu einer Herabsetzung der Vorauszahlungen und einer dadurch bedingten Rückzahlung an den Steuerpflichtigen. Allerdings ist dies nur ein bedingter Finanzvorteil, denn die Nachzahlungen werden gestundet und sind ggf. verzinslich nachzuzahlen, wenn dies die Veranlagung für 2020 ergibt. Voraussetzung ist auch hier der Antrag des Steuerpflichtigen, der von der Pandemie negativ erheblich betroffen sein muss. 11

4. Absehen von der Vollstreckung

Wird dem Finanzamt aufgrund Mitteilung des Vollstreckungsschuldners oder auf andere Weise bekannt, dass der Vollstreckungsschuldner unmittelbar und nicht unerheblich betroffen ist, soll bis zum 31.12.2020 von **Vollstreckungsmaßnahmen** bei allen rückständigen oder bis zu diesem Zeitpunkt fällig werdenden Steuern betreffend die Einkommens-, Körperschafts- und Umsatzsteuer abgesehen werden. In den betreffenden Fällen sind die im Zeitraum ab dem 19.3.2020 bis zum 31.12.2020 verwirkten **Säumniszuschläge** für diese Steuern zum 31.12.2020 zu erlassen. Die Finanzämter können den Erlass der Säumniszuschläge durch Allgemeinverfügung (§ 118 S. 2 AO) regeln. 12

5. Gewerbesteuer

Da die Gewerbesteuer nicht dem Bundesrecht unterliegt haben die Bundesländer weitgehend mit dem BMF-Schreiben vom 19.3.2020 wortgleiche Erlasse herausgegeben, nach denen gleichfalls die Stundung, die Herabsetzung der Vorauszahlung oder eine Aussetzung der Vollstreckung erreicht werden kann. 13

In der Regel obliegt es dem Finanzamt, den **Gewerbesteuermessbetrag** festzusetzen, während die Einziehung der Gewerbesteuer häufig den Gemeinden übertragen ist. Ist dies der Fall, muss beim Finanzamt die Herabsetzung des Messbetrages beantragt werden, die dann auch die Gemeinde ab dem Zeitpunkt der Herabsetzung bei der Bemessung der Vorauszahlungen bindet. Ist die Erhebung der Gewerbesteuer nicht den Gemeinden nach Landesrecht übertragen, kann beim Finanzamt sogleich die Herabsetzung der Vorauszahlung beantragt werden. 14

---

[6] IV C 8-S 2225/20/1003: 010.

15 Auch die Stundung und die Aussetzung der Vollstreckung können nur beim **Finanzamt** beantragt werden, wenn diesem die Steuererhebung obliegt. Anderenfalls müssen Stundung und Aussetzung der Vollstreckung bei der **Gemeinde** beantragt werden.

6. Antrag

16 Alle vorbeschriebenen Maßnahmen bedürfen eines Antrages. Die obersten Landesfinanzbehörden der Länder haben hierfür entsprechende Formulare herausgegeben, die in der Regel bereits **Stundungs-, Herabsetzung- Vollstreckungsaussetzungsantrag und den Antrag für den Bemessungsbetrag der Gewerbesteuer** enthalten. Sie können für alle Länder über Elster.de heruntergeladen werden. Es ist aber nicht erforderlich, dass der Vordruck des entsprechenden Bundeslandes genutzt wird. Einfach zu laden ist der Antrag unter www.sachsen.de.

II. Die buchhalterische Behandlung verminderter Einnahmen

1. Einnahmen aus Vermietung und Verpachtung

17 Zahlt der Mieter zwischen dem 1.4.2020 und 30.6.2020 seine Miete nicht oder nur teilweise, darf der Vermieter diesem zwar nicht kündigen. Sein Zahlungsanspruch aber bleibt unberührt.

18 Handelt es sich bei dem Vermieter um eine natürliche Person oder eine GbR oder sonstige Personen die die Einnahmen aus Vermietung und Verpachtung zu versteuern haben, sind nach § 11 Abs. 1 EStG nur die Mieten zu erfassen, die dem Vermieter **tatsächlich zufließen** und auf seinem Konto eingehen. Ob der Vermieter einen höheren Anspruch auf die Miete hat, ob er die Miete gestundet oder vielleicht sogar teilweise erlassen hat, ist unerheblich.

2. Einnahmen aus Gewerbe

19 Handelt es sich hingegen um Einkünfte aus **Gewerbebetrieb,** weil der Vermieter ein **bilanzierender Kaufmann** ist (AG, GmbH, GmbH & Co KG), sind die Einkünfte durch Aufstellung einer Bilanz zu ermitteln. Erfasst wird der Unterschied des Vermögens am Anfang gegenüber dem am Ende des Jahres. Zu dem Vermögen gehören auch **Forderungen.** Daher kommt es nicht darauf an, ob der Mieter seine Miete bezahlt hat. Denn das Corona-Folgen-Abmilderungsgesetz sieht lediglich ein Kündigungsverbot vor, die Mietforderung bleibt aber bestehen. Die Miete ist auch dann auf die Wohnung zu ihrem Fälligkeitszeitpunkt zu aktivieren, wenn der Vermieter sie gestundet oder mit dem Mieter eine Ratenzahlungsvereinbarung getroffen hat, denn sie ist entstanden.

20 Anders verhält es sich, wenn der Mieter seine Zahlungspflicht **bestreitet.** Dann ist die Forderung nicht als Aktiva zu aktivieren. Das könnte dann der Fall sein, wenn der Gewerberaummieter meint, er könne aufgrund der Schließung seines Geschäftes die Miete mindern (hierzu siehe aber → § 3).

Stichwortverzeichnis

Fette Zahlen bezeichnen die Paragraphen, magere Zahlen die Randnummern.

Abdingbarkeit des Art. 240 § 2 EGBGB **2** 69
Absehen von Vollstreckungsmaßnahmen
– rückständige Steuern **11** 12
Abstandsgebot **7** 7, 26
Abstandsregelung **4** 39 f.
Allgemeine Geschäftsbedingungen
– allgemeine Anforderungen **9** 21 ff.
– Auslegung **9** 26
– Einbeziehung als Vertragsbestandteil **9** 22
– Inhaltskontrolle **9** 28
– Regelungsbereiche **9** 33 ff. siehe auch Regelungsbereiche
– Transparenzgebot **9** 31
– Überblick **9** 1, 21 ff.
– überraschende Klauseln **9** 24
– unangemessene Benachteiligung **9** 29
– Unklarheitsregel **9** 26
– Verwendung gegenüber Unternehmer **9** 23
– Verwendung gegenüber Verbraucher **9** 23
Amtshaftungsanspruch **8** 6, 56 ff., 77, 89
Amtspflicht
– Drittbezogenheit **8** 59 ff.
– Organisationsverschulden **8** 63
– schuldhafte Verletzung **8** 56, 63
– subjektives Recht **8** 62
Analogie zu Art. 240 § 2 EGBGB **2** 2, 43 ff.
– Befriedigung innerhalb der Schonfrist **2** 52
– Befriedigung vor der Kündigung **2** 51
– Planwidrigkeit **2** 3, 47 ff.
– Räumungsverfügung nach § 940a Abs. 3 ZPO **2** 53
– Regelungslücke **2** 45 f.
– Umfang **2** 43
Anmietung ohne Besichtigung **1** 7 ff.
– Beschaffenheitsvereinbarung **1** 11 ff.
  – Sollbeschaffenheit **1** 12 ff.
– grob fahrlässige Unkenntnis von Mängeln bei Vertragsabschluss **1** 26 ff.
– Wohnung
  – Widerrufsrecht **1** 9 ff.
Antrag für Soforthilfen und Förderkredite **6** 12 ff., 24
Anwendungsbereich des Art. 240 § 2 EGBGB **2** 8
Anwendungsbereich des Art. 240 § 2 EGBGB
– persönlich **2** 8
Anwendungsbereich des Art. 240 § 2 EGBGB
– sachlich **2** 8
– zeitlich **2** 10
  – laufende Mietverträge **2** 10
  – Neuabschlüsse **2** 10
Arbeitsunfähigkeitsbescheinigung **10** 51

Atemschutzmasken **10** 11, 119
Außerordentliche Kündigung **9** 14, 61, 73
Auslegung des Art. 240 § 2 EGBGB **2** 2
Aussetzung der/des **6** 25 f., 62
– Insolvenzantragspflicht nach InsO **6** 26
– Leasingprozesses nach § 148 ZPO **6** 62
– Zahlung von Leasingraten **6** 25
Automatikklausel **4** 42

Bahnhof **4** 80
Behördliche Auflagen und Anforderungen **9** 58
Beschleunigungsbeschwerde **10** 67
Beschleunigungsgebot bei Räumungsverfahren **2** 63
Beschleunigungsrüge **10** 67
Betriebseinschränkung **7** 24
Betriebskosten **2** 15; **4** 106 ff.; **7** 24
– Betriebskostenabrechnung **2** 15
Betriebspflicht **4** 63 ff., 75, 78; **9** 59
– Sonntagsöffnung **4** 78
Betriebsschließung
– Schäden **8** 10
– staatliche **8** 1
Betriebsunterbrechung **4** 14; **9** 5 ff.
Betriebsuntersagung **7** 3, 24
– Auswirkungen auf den Mietvertrag **9** 5 ff.
Buchhaltung
– Einnahmen aus Gewerbe **11** 19 f.
– Einnahmen aus Vermietung und Verpachtung **11** 17 f.

Corona-Soforthilfen **10** 123 ff., 132
– Insolvenzmasse **10** 123 ff.
– Insolvenzverfahren **10** 125
– Pfändbarkeit **10** 123
  – Pfändungsschutzkonto **10** 125
  – unbillige Härte **10** 125
– Zweckbindung **10** 123

Darlegungs- und Beweislast **2** 54 ff.
– allgemeine Grundsätze **2** 54
– fehlende Mieten innerhalb der Schonzeit **2** 55
  – gerichtliche Hinweis- und Aufklärungspflicht **2** 56
– Glaubhaftmachung **2** 58
– Ursächlichkeit durch die COVID-19-Pandemie **2** 57
Datenschutz **9** 89
Desinfektionsmittel **10** 11
Dienstanweisung für Gerichtsvollzieher **10** 7
Dienstaufsichtsbeschwerde **10** 112, 153

Stichwortverzeichnis

Dienstbetrieb der Justiz **10** 5
- Erlasse **10** 6, 19
- erweiterter Dienstbetrieb **10** 9
- Notbetrieb **10** 6

Dienstgeschäfte der Justiz **10** 6
- unaufschiebbare **10** 6

Dokumentationspflicht der Vollstreckungsorgane **10** 13

Drittschutz
- Verletzung subjektiv öffentlicher Rechte **8** 59
- von Rechtsverordnungen **8** 61

Dulde und liquidiere **8** 66

Durchführbarkeit der Zwangsvollstreckung
- Durchführungsinteresse **10** 8
- Interessenabwägung **10** 8

Durchführung des Mietverhältnisses **1** 56 ff.
- Besichtigung vermieteter Räume anlässlich Neuvermietung/Verkauf **1** 114 ff.
- Inanspruchnahme der Kaution im laufenden Mietverhältnis **1** 104 ff.
- Informationspflichten über Corona-Infektionen innerhalb der Mietsache oder des Gebäudes **1** 110 ff.
- Mangelbeseitigung und Gewährleistung **1** 56 ff.
  - Duldung von Mangelbeseitigungsmaßnahmen **1** 56 ff.
  - Duldung von Modernisierungsmaßnahmen **1** 67 ff.
  - Minderung **1** 63 f.
  - Schadens- und Aufwendungsersatz **1** 65 f.
- Nutzung der Mietsache **1** 79 ff.
  - Abgrenzung: Wohnnutzung/gewerbliche Nutzung **1** 82 f.
  - Homeoffice **1** 79 ff.
  - Internetfähigkeit der Mietsache **1** 88 ff.
  - Nutzungsänderung von Gewerberäumen **1** 84 ff.
- Schnittstelle Betriebskosten **1** 94 f.
  - Abgrenzung zu Modernisierungskosten **1** 99 ff.
  - Kosten der Gebäudereinigung **1** 96 ff.
  - Übersendung von Belegkopien **1** 102
- Zahlungsverzug des Mieters bei Barzahlung, postalischer Geldversendung oder monatlicher Überweisung **1** 72 ff.

Eidesstattliche Versicherung
- Herausgabevollstreckung **10** 27

Eigenbedarf **10** 31

Eigentumseingriff
- Recht am eingerichteten und ausgeübten Gewerbebetrieb **8** 51
- Verwertungsmöglichkeit von Grundeigentum **8** 52

Eigentumswohnung **5** 11 ff.
- Betriebskostenabrechnung **5** 16 ff.
- Hausgeld **5** 11 ff.

Einkaufszentrum **4** 14, 29, 106
Einnahmeverluste **2** 4
Einstweilige Einstellung gem. § 30a ZVG **10** 131 ff.
Eintrittsvereinbarung/Eintrittsmodell **6** 6 f., 53

Entschädigungsansprüche
- allgemeine **8** 13
- allgemeines Polizei- und Ordnungsrecht **8** 19 ff., 54 f.
- enteignender Eingriff **8** 17, 41 ff.
- enteignungsgleicher Eingriff **8** 17, 64
- Infektionsschutzgesetz **8** 7 ff., 53
- Rückgriff **8** 18
- Verlust **8** 67 ff.

Entschädigungsumfang
- entgangener Gewinn **8** 38
- entzogene Vermögenssubstanz **8** 51
- Geld **8** 8
- Naturalrestitution **8** 64
- Rechtsberatungskosten **8** 39
- Wertausgleich für Vermögensschäden **8** 37
- Zerstörung von Gegenständen **8** 11

Erforderliche Genehmigungen **9** 57
Erreichbarkeit der Mietsache **4** 41

Familiengericht **10** 69
Familiengerichtliches Verfahren **10** 65 ff.
- Widerstand **10** 65

Ferienhausmiete **7** 29
Feststellungsinteresse **4** 102
Feststellungsklage **4** 102
Finanzierungsleasing **6** 6 f., 10, 34 ff., 50, 66
- Abtretung **6** 8
  - Abtretungskonstruktion **6** 8
  - des Leasinggebers ohne Einschränkungen **6** 8
- Liefervertrag **6** 6 f., 10, 34 ff., 50, 66
  - Abnahme der Waren **6** 34 f.
  - als Geschäftsgrundlage **6** 6, 50
  - Insolvenz des Lieferanten **6** 10, 66
  - Leistungshindernisse **6** 36
  - Lieferfristen **6** 37
  - Rechtsnatur **6** 7
  - Übergabe der Waren **6** 34
- Rückabwicklung **6** 48
- Rücktritt **6** 48

Flughafen **4** 13, 18, 80
Force-Majeure-Klauseln **9** 34, 64
Förderprogramme **6** 12, 14, 16
- für Leasing Kunden **6** 14, 16
- für Leasinggesellschaften **6** 12, 16

Formularklauseln
- Verwendung im Mietrecht **9** 3, 21

Formularvertrag
- Verwendung im Mietrecht **9** 3, 21

Fortbestand des Mietvertrags **9** 71
Freihändiger Verkauf **10** 62

254

Stichwortverzeichnis

Fürsorgepflicht des Dienstherrn **10** 11 f., 96
– Atemschutzmasken **10** 11, 96
– Desinfektionsmittel **10** 11
– Geschäftszimmer **10** 12
– Heimarbeit **10** 11
– Publikumsverkehr **10** 11
– Risikogruppe **10** 11, 96
– Schutzmaterialien **10** 11
– Spuckschutz **10** 11, 96

Garantiehaftung
– Ausschluss **9** 82
Gebrauchsentziehung **4** 113
Gebrauchsüberlassung **3** 5
– Unmöglichkeit **3** 5
Gefährdungslage **10** 13, 23, 94
Gegenvorstellung **10** 136 ff., 151
Gerichtsvollzieher **10** 2, 12, 15 ff., 30, 39 ff., 89 ff.
– Abnahme der Vermögensauskunft **10** 42 ff.
– Anordnungen **10** 19
– Befangenheitsablehnung **10** 113
– Dienstaufsicht **10** 20
– – Dienstaufsichtsbeschwerde **10** 112
– Dienstpflicht **10** 16
– Dienstvorgesetzter **10** 17
– Eigenverantwortlichkeit **10** 17, 19
– Erlasse der Bundesländer **10** 19
– Geschäftszimmer **10** 12
– Handlungsempfehlungen **10** 18
– – Außendienst **10** 18 f.
– – Vollziehung von Anordnungen **10** 18
– Leistungsaufforderung **10** 16
– Risikogruppe **10** 93
– Schutzpflicht siehe auch Schutzpflicht des Gerichtsvollziehers
– Verwaltungsrechtsweg **10** 20
– Vollstreckungsauftrag **10** 16
– – Ermessen **10** 16, 18
– Vorführungen **10** 75
– Weisungen **10** 17 f., 30, 39 f., 89
– Zwischenverfügung **10** 2, 23
Gerichtsvollzieherordnung **10** 17
Geschäftsgrundlage **4** 20; **7** 4
– große Geschäftsgrundlage **4** 20, 57; **7** 4
Geschäftsrisiko **4** 14
– Risikoübernahme **4** 14
Gestaltungsmöglichkeit im Formularvertrag **9** 1 ff., 33 ff.
Gewaltenteilung **4** 56
Gewaltschutzsachen **10** 18
Gewerbesteuer **11** 13 ff.
– Gewerbesteuermessbetrag **11** 14
– Vollstreckung **11** 15
Gewerbliches Leasing **6** 19 ff.
Gewinn des Mieters **4** 13
Glaubhaftmachung Art. 240 § 2 EGBGB **2** 58 ff.
– anstelle Beweisführung **2** 61

– Beweiserleichterung **2** 62
– Gerichtliche Schätzung **2** 62
– Gesetzesmaterialien **2** 59
– Regelungszweck **2** 60
Gleitklausel **4** 42
Grundbuchamt **10** 2, 114, 117
– als Vollstreckungsorgan **10** 129 ff.

Haftungsausschluss **9** 66
Heimarbeit **10** 11
Herabsetzung von Steuervorauszahlungen **11** 10 f.
Herausgabevollstreckung **10** 25 ff.
– eidesstattliche Versicherung **10** 27
– Insolvenzverwalter **10** 26
– nach § 95 Abs. 1 Nr. 2 FamFG **10** 69
– Protokoll **10** 27
– Zuschlagsbeschluss **10** 26
Herrichtung der Mietsache **9** 61
Hinweispflicht der Vollstreckungsorgane **10** 14
Hinweispflichten **9** 88

Identität von Liefer- und Leasingsache **6** 34
Immobilien-Leasing **6** 67
Infektionsgefahr **10** 8
– Sicherungsmaßnahmen **10** 9
Infektionsschutzgesetz
– analoge Anwendung **8** 8 ff., 11 f.
– Sperrwirkung **8** 13 ff.
Infektionsschutzmaßnahmen
– freiwillige Übernahme **8** 89
– Gefahrbekämpfung **8** 11
– Gefahrverhütung **8** 11 f.
– Vertretbarkeit **8** 63
Informations- und Abstimmungspflichten **9** 63
Informationspflichten **9** 89
Insolvenzantragspflicht **6** 26
Insolvenzverfahren **10** 53, 125
– Corona-Soforthilfe **10** 125
Insolvenzverwalter **10** 26, 32, 76, 125
Instrumentarium, staatliches
– Inanspruchnahme **8** 19, 33, 37 f.
– Mieter und Vermieter **8** 24 f.
Interessenabwägung
– Zwangsvollstreckung **10** 155

Jobcenter **2** 28, 52
– Bewilligung **2** 28
– Übernahmeerklärung Mietrückstände **2** 52
Justizgewährungsanspruch **10** 1
Justizvollzugsanstalt **10** 74

Kausalität der Nichtleistung der Miete **2** 21 ff.
– Beispiele des Gesetzgebers **2** 23
– Fehlen der Kausalität **2** 22
– Gewerberaummiete **2** 24
– Schließungsanordnung nach § 28 IfSG **2** 24
– Typisierungen **2** 25

Stichwortverzeichnis

– Arbeitgeber/Auftragsgeber **2** 26
– persönliche Gründe **2** 27
– Umsatzrückgang **2** 24
Kautionsverwertung **2** 67
Kindesherausgabe **10** 26, 65
Klage
– zukünftige Leistungen **4** 99 ff.
Klageanträge beim Leasing **6** 65 f.
– Insolvenz des Lieferanten **6** 66
– Rückabwicklung des Liefervertrags **6** 65
Kodifizierung von Leasingverträgen **6** 2
Konkurrenzschutz **4** 36
Kontaktbeschränkungen **3** 29
Krisengewinner **7** 21 f.
Kundenbeschränkung **4** 39
Kundenfrequenz **4** 16
Kündigung Leasingvertrag **6** 19 ff., 60 ff.
– durch den Leasinggeber **6** 19, 22 ff., 60 ff.
– Verzicht auf Kündigung **6** 29
– durch den Leasingnehmer **6** 64
– Kündigungssperre **6** 26
– Kündigungsverzicht **6** 29
Kündigung Mietvertrag
– außerordentliche **4** 94, 103 ff., 112 ff.
– Fristsetzung **4** 113
– Gebrauchsentziehung **4** 113
– Mieter **4** 113
– Unzumutbarkeit **4** 104
– Vermieter **4** 123 ff.
Kündigung nach dem 30. 6. 2022 **2** 30, 33 ff.
– § 314 BGB **2** 34
– frühere Kündigungen **2** 30, 35
– Kosten der Kündigung/Kündigungsabwehr **2** 30
– Nachzahlung **2** 36 ff.
– Heilungswirkung durch Auslegung **2** 38
– Keine Wirkung der Nachzahlung **2** 37
– Teilzahlungen **2** 39
Kündigungsverbot **2** 29, 31 ff., 40 ff.
– keine Geltung **2** 29
– Methodik **2** 31 f.
– Lex specialis **2** 31
– Sonder- und Ausnahmetatbestand **2** 31
– Verbotsgesetz **2** 32, 35, 37
– Nachzahlungspflicht innerhalb der Schonzeit **2** 40 ff.
– Grundsatz: keine Kündigung **2** 41
– Neuer Kündigungsgrund bei grundloser Nichtleistung **2** 42
Landesjustizverwaltung
– Handlungsempfehlungen **10** 18
– Kontaktaufnahme **10** 18
– Weisungen an Gerichtsvollzieher **10** 17 f., 30, 39 f.
Laufzeit de Mietvertrags **9** 71

Laufzeit Leasingvertrag **6** 17, 28, 54
– Laufzeitbeginn **6** 17
– Laufzeitverlängerung **6** 28, 54
Leasing- und Lieferprozess **6** 59 ff.
Leasingdreieck **6** 6, 11, 40 ff., 55 ff.
– Insolvenzrisiken **6** 55 ff.
– Schäden **6** 11, 43, 58
– Typisches Leasingdreieck **6** 6, 11, 40
– Uneinbringlichkeit von Forderungen **6** 56
– Verzögerungsschäden **6** 40
Leasinggeber **6** 3, 8, 31, 46
– Beschaffungspflicht **6** 46
– Freizeichnung **6** 8, 31
– Hauptleistungspflicht **6** 3
Leasingnehmer **6** 15 ff., 30, 58 ff.
– Beginn der Ratenzahlungspflicht **6** 17
– Durchsetzung der Ansprüche **6** 65
– Eigenschäden **6** 58
– Leistungsverweigerungsrecht **6** 15, 30, 61
Leasingprozess **6** 59 ff.
– prozessuale Probleme **6** 59 ff.
Leasingrecht als Richterrecht **6** 2
Leasingtypische Abtretungskonstruktion **6** 8, 32
Leasingtypische Besonderheiten **6** 5 ff.
Leasingvertrag **6** 3 ff.
– als atypischer Mietvertrag **6** 5
– als Dauerschuldverhältnis **6** 3
– als wesentliches Dauerschuldverhältnis **6** 4
– Rechtsnatur **6** 5
Leasingverträge **2** 9
– bewegliche Sachen **2** 9
– Immobilienleasing **2** 9
Leistungsaufforderung durch Gerichtsvollzieher **10** 16

Mangel der Mietsache **3** 1 ff., 18 ff., 25 ff., 33, 36 f.; **4** 41, 58; **9** 12, 85
– Abwehranspruch **3** 27
– Beeinträchtigung der Gebrauchstauglichkeit **3** 1
– Definition **3** 5
– höhere Gewalt **3** 26
– Kenntnis **4** 58
– Kontaktbeschränkungen **3** 29
– Kündigung **3** 4; **4** 113 ff.
– Kündigungsrecht **3** 36 f.
– Covid-19-Pandemie **3** 37
– Naturkatastrophen **3** 25
– öffentlich-rechtliche Eingriffe **3** 18 ff.
– betriebs- oder mietbedingt **3** 21
– Erreichung des Vertragszwecks **3** 19
– Nutzungsbezogenheit **3** 22
– Schadensersatz **3** 2, 33
– Selbsthilferecht **3** 3
– Sphärentheorie/Verwendungsrisiko **3** 20
Marktmiete **4** 43, 45
Material-Adverse-Change-Klausel **9** 34
Mietbeginn **9** 61

Stichwortverzeichnis

Miete **2** 15 f., 66, 68; **7** 24 f.; **9** 74
– Anpassung der Miete **4** 42; **7** 24 f.
– Betriebskostenabrechnung **2** 15
– Erhöhung **2** 68
– geldwerte Leistungen **2** 16
– Minderung **2** 68; **4** 15
– Schonzeit **2** 66
  – Verzugseintritt **2** 66
  – Zahlungspflicht **2** 66
– Unterstützungsleistungen des Staates **7** 25
Mieterstruktur **4** 13
– Risikosphäre **4** 13
Mietgebrauch **4** 32
Mietreduktion **4** 15, 18
Mietverträge über bewegliche Sachen **7** 30 f.
Mietzahlungsverpflichtung
– Fortbestand **9** 7
Mietzweck **4** 32; **9** 52
Minderung der Miete **3** 30 f.; **4** 15, 58, 82, 107 ff.; **9** 12
– Ausschluss **4** 58
– Betriebskosten **4** 107 ff.
– Umfang bei Schließungsanordnung **3** 31
Mindestmiete **4** 80, 91 ff.
Mund-Nasen-Bedeckungen **5** 38, 71, 119; **10** 55, 82

Nebenkosten **4** 106
Nebenpflichten **9** 87
Nichtigkeit
– temporäre **9** 10
Nichtleistung der Miete **2** 11 ff.
– Begriff der Miete **2** 13
– Betriebskostenabrechnung **2** 15
– geldwerte Leistungen **2** 16
– Kausalität **2** 21
– Länge der Verzugsdauer **2** 19
– Leistungshandlung **2** 12
– teilweise Nichtleistung in der Schonzeit **2** 18, 20
– unpünktliche Zahlung **2** 14
– vollständige Nichtleistung **2** 17
Nichtraucherschutzgesetz **4** 29
Nutzungspflicht **4** 63
Nutzungsrecht **4** 63

Öffentliche Versteigerung **10** 59, 62 f.
– Öffentlichkeit **10** 63

Pacht **7** 8
Pfandverwertung **10** 59 ff.
– freihändiger Verkauf **10** 62
– öffentliche Versteigerung **10** 62
– Quarantäne **10** 59
Plenarsitzung zum COVFAG **2** 5
Präsensversteigerung **10** 59, 62
– Sicherungsmaßnahmen **10** 59, 62

Prioritätsgrundsatz **10** 7
Prozessgericht **10** 2, 38, 138 ff.
– Zwangsvollstreckung **10** 138 ff.
  – Beurteilungsspielraum **10** 154
  – Dienstaufsichtsbeschwerde **10** 153
  – mündliche Verhandlung **10** 144
  – rechtliches Gehör **10** 151
  – Rechtsbehelfe **10** 146 ff.
  – Unmöglichkeit **10** 149
  – Untätigkeit **10** 152 ff.
  – Unzumutbarkeit **10** 148
  – Zustellung durch Post **10** 143
Publikumsverkehr **10** 11, 18

Quarantäne **10** 2, 34, 36, 43, 75

Rangverlust **10** 23
Räumungsfrist **10** 109 f.
Räumungsfrist nach § 721 ZPO **2** 64 f.
– Abhängigkeit von Zahlung der Nutzungsentschädigung **2** 65, 109
Räumungsvergleich **10** 111
Räumungsvollstreckung **10** 28 ff., 69, 91, 95, 103, 122
– Anwesenheitsrecht **10** 29
– durch Insolvenzverwalter **10** 32
– Durchführungsinteresse **10** 31
  – Nutzungsentschädigung **10** 31
– familiengerichtliches Verfahren **10** 69
– Obdachlosigkeit **10** 34
– Quarantäne **10** 34
– Räumung **10** 32, 35 ff., 91, 95
  – Räumungstermin **10** 101
– Risikogruppe **10** 34
– unbillige Härte **10** 34
Rechte und Pflichten der Vertragsparteien im Zusammenhang mit Corona
– außerordentliche Kündigung **9** 14
– Mangel **9** 12
– Mietzahlungsverpflichtung **9** 3
– Minderung **9** 12
– Nichtigkeit (temporäre) **9** 10
– Schadensersatz **9** 17
– Störung der Geschäftsgrundlage **9** 13
– Überblick **9** 1
– Unmöglichkeit **9** 11
rechtliches Gehör **10** 4
Rechtsbehelfe Zwangsvollstreckung **10** 87 ff., 126 ff.
– familiengerichtliche Vollstreckungsverfahren **10** 67
– Kostenansatz **10** 78, 87, 89
– Untätigkeitsbeschwerde **10** 130
– Verlängerung der Räumungsfrist **10** 109
– Vollstreckung durch Grundbuchamt **10** 129
– Vollstreckung durch Prozessgericht **10** 146 ff.

257

Stichwortverzeichnis

- Vollstreckung durch Vollstreckungsgericht **10** 126 ff.
  - sofortige Beschwerde **10** 128
  - Untätigkeit **10** 126
  - Vollstreckungserinnerung **10** 128
  - Vollstreckungsschutz **10** 128
- Vollstreckungsabwehrklage **10** 99
- Vollstreckungserinnerung siehe Vollstreckungserinnerung
- Vollstreckungsschutz siehe Vollstreckungsschutz
- Weigerung Justizvollzugsanstalt **10** 74, 87

Rechtsschutz
- Klagegegner **8** 5
- Landgericht **8** 6
- Primärrechtsschutz **8** 5
- Sekundärebene **8** 6
- Zivilgericht **8** 6

Regelungsbereiche in AGB
- allgemein **9** 35
- behördliche Auflagen und Anforderungen **9** 58
- Beschränkung der Mängelhaftung **9** 82 ff.
- Betriebspflicht **9** 59
- Force-Majeure-Klauseln **9** 34, 64
- Genehmigungen, Einholung von **9** 57
- Haftungsausschluss **9** 63 ff., 66
- Herrichtung der Mietsache **9** 61 ff.
- Hinweispflichten **9** 88 f.
- Informations- und Abstimmungspflicht **9** 63
- Laufzeit **9** 71 ff.
- Material-Adverse-Change-Klausel **9** 34
- Mietbeginn, Verschiebung **9** 61
- Miete **9** 74 ff.
- Mietzweck **9** 52
- Nebenpflichten **9** 87 ff.
- Sonderkündigungsrecht **9** 72
- Übergabetermin **9** 61, 63, 65
- Versicherungspflichten **9** 90 ff.

Regelungszweck des Art. 240 § 2 EGBGB **2** 6 f.
- abschließende Regelung **2** 7

Regressfall **6** 64
Risikobewertung des RKI **10** 13
Risikogruppe **10** 11, 34, 43, 50, 55, 93, 95, 104
Risikosphäre **4** 13 ff., 29, 45, 69
Risikoübernahme **4** 14
Risikoverlagerung **4** 19
Risikozuweisung **7** 8 ff.
- allgemeines Lebensrisiko **7** 19
- Risikoüberschreitung **7** 9
- Vertragsrisiko **7** 8
- Verwendungsrisiko **7** 8

Rückgabe der Leasingsache **6** 51, 51 f.
- Annahmeverzug **6** 51 f.

Rückgabe der Mietsache **1** 120 ff.

Sachpfändung **10** 22
SB-Warenhaus **4** 50

Schadensersatz **9** 17
Schaufenster **4** 41
Schließungsanordnungen **3** 23 ff.
- Betriebspflicht **3** 28
- Mangel **3** 34
  - Schadensersatz **3** 34
- Minderung **3** 31
  - Lieferservice/online Handel **3** 32
- Umfeldmangel **3** 34
  - Schadensersatz **3** 34
- Vertragszweck **3** 23
- Verwendungsrisiko **3** 24

Schriftform **4** 126 ff.
Schuldnerverzeichnis **10** 7
Schutzpflicht des Gerichtsvollziehers **10** 80 ff.
- Außendienst **10** 85 ff.
  - Mund-Nase-Bedeckung **10** 85
  - Verteilungsstelle Amtsgericht **10** 86
- Innendienst **10** 82 ff.
  - Geschäftszimmer **10** 84
  - Mund-Nase-Bedeckung **10** 82
  - Protokoll **10** 83
- Übertragungswege **10** 81

Schutzschirmverfahren **6** 27
Sicherungshypothek **10** 114, 117
Sicherungsmaßnahmen **10** 9, 23 f., 26, 33, 40 ff., 59, 68, 72, 81 ff., 109, 131, 137, 151
- Dienstbetrieb Gerichtsvollzieher **10** 33, 40 ff., 68, 72, 81 ff.

Sichtbeschränkung **4** 41
Sollbeschaffenheit **3** 9, 11 ff.
- Bestimmung durch Parteien **3** 9

Sollbeschaffenheit
- Betretungsmöglichkeit der Mietsache **3** 17
- Fehlen einer Vereinbarung **3** 16
- Vereinbarung **3** 11 ff.
  - Form **3** 12
  - konkludent **3** 15
  - Verortung im Vertrag **3** 14

Sonderkündigungsrecht **9** 72
Sonderopfer
- Definition **8** 42
- gruppenbezogenes **8** 49
- Sozialbindungsschwelle **8** 43
- tatbestandliche Voraussetzung **8** 32 ff.
- Zumutbarkeitskriterium **8** 34

Sonderordnungsbehörden **8** 20, 23
Sonderstandorte **4** 12 ff., 106
- Einkaufszentrum **4** 14, 106
- Flughafen **4** 13, 18
- SB-Warenhaus **4** 50

Sonntagsöffnung **4** 78
Sorgerechtsentscheidungen **10** 18
Spuckschutz **10** 11
Staatsleistungen
- freiwillige **8** 86 f.

Staffelmiete **4** 42, 45

Stichwortverzeichnis

Steuerliche Erleichterungen **11** 2, 16
– Absehen von Vollstreckungsmaßnahmen **11** 2, 12
– Antrag **11** 16
– Herabsetzung der Vorauszahlungen **11** 2, 10 f.
– Stundung Steuerforderungen **11** 2, 4 ff.
Stillstand der Rechtspflege **10** 2
Störung der Geschäftsgrundlage **2** 68; **9** 13, 79
Stundung von Leasingraten **6** 25 f.
Stundung von Steuerforderungen **11** 4 ff.
– Antrag **11** 4, 7, 16
– Anzeigepflicht **11** 5
– Stundungszinsen **11** 4, 6
– Voraussetzungen **11** 4

Taschenpfändung **10** 22
Teilöffnung **4** 21 ff., 68
Teilschließung **4** 21 ff., 68
Teilungsversteigerungsverfahren **10** 135
Treu und Glauben
– Überschreitung des vertragsgemäßen Gebrauchs **4** 32

Übergabe der Mietsache **1** 35 ff.
– Unmöglichkeit **1** 37 ff.
– Verzug **1** 52 ff.
Übergabetermin **9** 61, 63, 65
Übernahmebestätigung **6** 40, 47
Umsatz durch Mietobjekt **4** 16
Umsatzmiete **4** 80 ff., 90
– Minderung **4** 82
– Berechnung **4** 83
Umsatzsteuer **11** 9
Umweltmangel **9** 85
Unmittelbarkeitszusammenhang **9** 12
Unmöglichkeit der Leistung **4** 16; **6** 38; **9** 11
Untätigkeit des Vollstreckungsorgans **10** 130
– Grundbuchamt **10** 130
– Untätigkeitsbeschwerde **10** 130
– Vollstreckungsgericht **10** 130
Untätigkeitsbeschwerde **10** 130, 152
Unterbrechung gem. § 245 ZPO **10** 2
Unterhaltssachen
– einstweilige Anordnung **10** 70
– Vollstreckung von Titeln **10** 70
Unterlassungsanordnung gem. § 1 GewSchG **10** 68
Unterzeichnung des Mietvertrages **1** 30 ff.
– Verbrauchervertrag **1** 30 ff.

Verbraucherdarlehensrecht **6** 22
Verbraucherleasing **6** 22 ff.
Verbraucherpreisindex **4** 42
Verfallklausel **6** 20
Verlustrücktrag **11** 11
Vermieterpfandrecht **10** 62
Vermietung von Sondereigentum **5** 1 ff.
– Belegeinsicht **5** 21 ff.

– Beschlüsse der Wohnungseigentümer **5** 70 ff.
– Außenflächen **5** 71
– Mindestabstand und Mund-Nasen-Bedeckungen **5** 71
– Personenaufzug **5** 71
– Treppenhaus **5** 71
– Betriebskostenabrechnung **5** 16 ff.
– Einwirkungen auf Mieter **5** 68 ff.
– Hausgeld **5** 11 ff.
– Hygienemaßnahmen **5** 35
– Infektionsschutzgesetz **5** 62 ff.
– Jahresabrechnung **5** 16 ff.
– Mindestabstand **5** 35 f., 71
– Mund-Nasen-Bedeckungen **5** 38, 71
– Notgeschäftsführung **5** 54 ff.
– Online-Teilnahme an Versammlung **5** 39 ff.
– Regelungen des COVMG **5** 1 ff.
– schriftliche Beschlüsse **5** 47 ff.
– Versammlung der Wohnungseigentümer **5** 32 ff.
– Verwalter **5** 4 ff.
– Verwaltervertrag **5** 6
– virtuelle Versammlung **5** 39 ff.
– WEModG **5** 28 ff., 39 ff.
– Wirtschaftsplan **5** 7 ff.
Vermögensauskunft **10** 19, 41 ff., 55, 83
– Abnahme durch Gerichtsvollzieher **10** 41 ff.
– Anwesenheitsrecht **10** 42
– Fristsetzung **10** 42
– Geschäftsräume **10** 42
– Kombiaufträge **10** 46
– Ladung **10** 48
– Arbeitsunfähigkeitsbescheinigung **10** 51
– Erzwingungshaftbefehl **10** 48
– Glaubhaftmachung einer Covid19-Infektion **10** 49
– Ladung **10** 19
Versicherung
– Betriebsschließungsversicherung **9** 90
– Betriebsunterbrechungsversicherung **9** 90
Versicherungsleistungen
– Legalzession **8** 77 ff.
– Nichtgewährung **8** 88
– Versicherungszahlung **8** 75
Versicherungspflicht des Mieters **9** 90
Vertragsanpassung **7** 27, 33
Vertragsauslegung **4** 85
Vertragsgestaltung **9** 1 ff., 33 ff.
Vertragsstrafe **4** 79
Vertragsverlängerung **4** 58
Verweigerung der Leistung **6** 39
Verwendungsrisiko **4** 16 f., 26
Verzögerungsschäden im Leasingdreieck **6** 40
Verzugszinssatz **6** 33, 63
Vollstreckung von Haftbefehlen **10** 71 ff.
– Arbeitsunfähigkeitsbescheinigung **10** 71
– ärztliches Attest **10** 71

259

Stichwortverzeichnis

- Erzwingungshaftbefehl **10** 1
- Nachverhaftung **10** 72
- Sicherungsmaßnahmen **10** 72
- Vermögensauskunft **10** 72

Vollstreckungsabwehrklage **10** 99, 108, 133, 148
Vollstreckungsauftrag **10** 16, 28, 112
Vollstreckungserinnerung **10** 74, 78, 87 ff., 112, 128 ff., 147
- Beweislast **10** 96
- Erinnerungsbefugnis **10** 89 ff.
- Gefährdungslage **10** 94
- Insolvenzverwalter **10** 88
- Risikogruppe **10** 95
- sofortige Beschwerde **10** 98
- Vollstreckungsgericht **10** 88

Vollstreckungsgericht **10** 2, 35, 43, 88, 101, 105, 114 ff.
- Zuständigkeit **10** 114
- Zwangsversteigerung **10** 118
  - Durchführung **10** 119
  - Mund-Nasen-Bedeckung **10** 119
  - Öffentlichkeit **10** 119
- Zwangsverwaltung **10** 122
- Zwangsvollstreckung **10** 114

Vollstreckungsorgan **10** 4, 14
- Dokumentationspflicht **10** 14
- Hinweispflicht **10** 14
- Untätigkeit **10** 14

Vollstreckungsschutz gem. § 765a ZPO **10** 101 ff.
- befristete Einstellung **10** 106
- einstweilige Anordnung **10** 101, 106
- fachärztliches Gutachten **10** 103
- Obdachlosigkeit **10** 103
- Quarantäne **10** 103
- Räumungssachen **10** 101
- unbillige Härte **10** 102

Vorführung von Zeugen, Parteien und Beteiligten **10** 75
- Anordnungen des Gerichts **10** 75
- Quarantäne **10** 75

Vorrang vertraglicher Regelungen **9** 18 f.

Wegfall der Geschäftsgrundlage
- Gewaltenteilung **4** 56
- Wertsicherung **4** 45

wirtschaftliche Notlage **7** 11
Wirtschaftliche Bedeutung des Leasings **6** 12

Wohnraummiete **7** 20
Wohnungszuweisung **10** 30
Zählersperre **10** 19, 37 ff.
- Duldung **10** 37
- Widerstand des Schuldners **10** 37
- Zutrittsgewährung **10** 37

Zahlungsaussetzung der Leasingraten **6** 25
Zahlungsverzug **2** 1; **4** 94 ff.; **7** 34
- Schonzeit **2** 1
- Zahlungsverzugskündigung **7** 34

Zuständigkeitsbestimmung gem. § 36 ZPO **10** 2
Zustellaufträge **10** 18
Zustellung im Rahmen der Zwangsvollstreckung
- Betriebsaufgabe **10** 58
- Betriebsschließung **10** 58
- Quarantäne **10** 56
  - Ersatzzustellung **10** 56 ff.
- Zustellaufträge **10** 53
- Zustellung durch die Post **10** 53 ff., 65, 116 ff., 131, 143
  - Annahmeverweigerung **10** 55 ff.
  - Hochrisikokontakt **10** 55
  - Insolvenzverfahren **10** 54
  - kontaktlose Übergabe **10** 55
  - persönliche Übergabe **10** 55 ff.
- Zustellung durch Gerichtsvollzieher **10** 53
- Zustellungsart **10** 53
- Ermessen **10** 53

Zwangsversteigerung **10** 118, 122, 134
Zwangsverwaltung **10** 122, 131
Zwangsvollstreckung **10** 1, 15 ff., 114 ff., 138 ff.
- Gerichtsvollzieher **10** 15 ff.
- Prozessgericht **10** 138 ff.
- Vollstreckungsgericht/Grundbuchamt **10** 114 ff.

Zwangsvollstreckungsverfahren
- Aussetzung **10** 4
- Eilbedürftigkeit **10** 7
  - besondere **10** 7
- Kostenansatz **10** 78, 89
- Vollstreckungserinnerung **10** 78, 89
- Terminverlegung **10** 4
- Unterbrechung **10** 3
- Anwaltsverlust **10** 3

Zweckveranlasser **8** 25 ff.